本书为2018年度国家社科基金课题
（现代医学科学时代的医疗刑法研究：18BFX105）支持项目

现代医学科学时代的医疗刑法研究

于慧玲　李军海　景年红　著

Research on Medical Criminal Law in the Era of Modern Medical Science

法律出版社 LAW PRESS · CHINA
北京

图书在版编目(CIP)数据

现代医学科学时代的医疗刑法研究 / 于慧玲，李军海，景年红著. -- 北京 : 法律出版社，2023
ISBN 978-7-5197-7323-6

Ⅰ. ①现… Ⅱ. ①于… ②李… ③景… Ⅲ. ①医疗事故－刑事犯罪－刑法－研究－中国 Ⅳ. ①D924.393.4

中国国家版本馆 CIP 数据核字(2023)第174395号

现代医学科学时代的医疗刑法研究
XIANDAI YIXUE KEXUE SHIDAI DE YILIAO XINGFA YANJIU

于慧玲　李军海　景年红　著

责任编辑　魏艳丽
装帧设计　汪奇峰

出版发行 法律出版社
编辑统筹 法商出版分社
责任校对 王　丰
责任印制 胡晓雅
经　　销 新华书店

开本 710毫米×1000毫米　1/16
印张 27　**字数** 455千
版本 2023年9月第1版
印次 2023年9月第1次印刷
印刷 唐山玺诚印务有限公司

地址:北京市丰台区莲花池西里7号(100073)
网址:www.lawpress.com.cn
投稿邮箱:info@lawpress.com.cn
举报盗版邮箱:jbwq@lawpress.com.cn

销售电话:010-83938349
客服电话:010-83938350
咨询电话:010-63939796

书号:ISBN 978-7-5197-7323-6
定价:108.00元

序

时代课题是理论研究与创新的驱动力，新时代的法学研究需立足法治中国建设实践的时代命题，中国医疗刑事法学研究要紧跟现代医学发展与法治进程的步伐，科学研判现代医学科学时代医疗犯罪的新形态，理性分析刑法理论与刑法制度所面临的理论困境和制度挑战，积极借鉴域外医疗刑事法治理论与刑事立法经验，深入探寻我国开展医疗法治建设的有效路径，完善医疗刑事立法，推进刑事司法改革，有效应对新型医疗犯罪，维护良好的医疗卫生法律秩序，保障和约束现代医疗法益的实现。

20 世纪下半叶以来，随着医学技术的飞速发展及其在医疗临床上的日益广泛应用，医疗领域所引生的伦理与法律问题不断增多，给人类社会发展带来了尖锐挑战。而医疗犯罪就是医学技术发展所引生的众多伦理与法律问题之一，也是当今社会健康发展必须要直面并应对的重要理论问题与实践难题。

在学界，人们对医疗犯罪有着不同的称谓，有学者称之为医事犯罪，有学者称之为卫生犯罪，而本人则称其为生命科技犯罪。尽管不同称谓意味着研究对象外延上会存在很大不同，但在该领域核心问题的研究上实际上并无实质性差异，即无论是医疗犯罪、医事犯罪、卫生犯罪的研究，还是生命科技犯罪的研究，其研究的核心和重点都集中在现代医学技术研发与应用过程中所引生的相关犯罪上。近年来，随着我国医学技术的不断发展，医学技术研发和应用所引生的犯罪现象已经越来越多，也越来越复杂，成为亟须我国刑法应对的一个重要问题。多年来一直备受关注的人体器官买卖泛滥问题以及 2018 年震惊世界的“基因编辑婴儿事件”等，无疑都从某个侧面说明了医疗犯罪在我国的严峻性及其刑法规制的必要性。正是在这种背景下，有关医疗犯罪的研究逐渐成为国内刑法学界乃至生命法学界研究的热点，由此涌现出了一大批较有影响的学术著作。于慧玲、李军海与景年红教授合著的这本《现代医学科学时代的医疗刑法研究》显然就是其中之一，是医疗刑法（医事刑法或生命科技刑法）研究领域又一部重量级著作。

《现代医学科学时代的医疗刑法研究》除导论外，共设五章，分别探讨了现代医学科学时代医疗刑法的基本范畴、基本原理、新型医疗犯罪与刑法困境、域外医疗刑法制度以及中国医疗刑法制度完善与发展。与国内学界已有的相关著作相比，本书汲取了已有著作之所长，在体系上更加完善，在内容更加丰实，在学术积累上也愈加厚重。尤其是在中国医疗刑法制度完善与发展方面，著作不仅在指出目前我国刑事立法不足的基础上提出了相应的对策建议，而且从刑法观的转型、立法模式展望、罪名体系重构以及刑罚制度改革等多个角度进行了较有针对性的思考和分析，为该领域的学术研究提供了一种更加全面的展示，呈现了更加多维的思考。

总体来看，本书既有明确的问题意识，又有针对性的对策建议，既瞄准国内外医疗刑法的前沿理论，又立足国内外医疗刑法的司法实践，是一部问题与对策相呼应、国内与国外相结合、理论与实践相支撑的著作，也是一部资料翔实、具有较高理论水平的学术著作。该著作不仅有助于从医疗刑法的角度进一步丰富国内外刑法学理论研究，使原本在刑法学界处于边缘地位的医疗刑法研究受到更多关注和重视，而且对于日益重要且越发成为显学的医事法学、卫生法学乃至生命法学研究也会带来极有助益的推进。

当代医学技术的发展尤其是以基因技术为核心的生物医学技术的进步将人类推到了一个生命科学与生物技术的世纪，这在极大造福人类的同时，也极其显见地增加了人类社会的风险，使风险社会越来越成为当今时代最为突出的特征。在这种背景下，以更加审慎的态度应对当代医学技术的进步，在最大化利用这一技术造福人类的同时尽可能防范和减少其负面效应，亦即统筹医学技术发展与社会安全的关系，无疑成为当代立法尤其是作为犯罪最后一道防线的刑法所理应肩负的光荣使命。而刑法这一使命的达致显然离不开越来越多诸如于慧玲、李军海及景年红教授等在内的刑法学乃至生命法学理论工作者的共同努力。在此意义上，本书对于于慧玲等教授来说或许只是为其承担的国家社科基金做了一个交代，但对于整个医事刑法学界乃至生命法学而言，则更是一个新研究高潮的开始。衷心希望学界能够有更多同仁投入医事刑法研究乃至整个生命法学研究的事业之中，能够产出越来越多诸如此著的高水平成果，为国家乃至国际社会更好地应对医疗犯罪乃至生命科技犯罪的挑战贡献更多智识！

刘长秋

2023 年 1 月 25 日于沪

目录

引　言

美国著名社会学家杰里米·里夫金在《生物技术世纪》一书中指出：未来世纪中，生命科学、生物技术将在社会生活中发挥重要作用，将会影响我们生活的方方面面……其影响甚至是震撼性的。① 现代医学科学时代，生命医学和生物技术的高速发展及惊人进步正以空前的广度和深度介入人自出生至死亡的全过程，极大地冲击着已有的社会关系和现存的法律秩序：人类辅助生殖技术的应用，解决了人类的生育难题，却对传统家庭形式的亲子关系造成严重破坏；人体器官移植、基因治疗、AI 辅助医疗等新兴医疗技术的快速发展，极大地提高人的健康质量，却对人体组织权、人的隐私权等提出了严峻挑战；新兴生命科学中的医疗安乐死在一定程度上优化了死亡的方式，却对人的生命权带来重大的冲击。与此同时，各种新型医疗犯罪不断冲击着世界各国已有的刑事法律制度，对传统刑法理论带来严峻挑战。

全面把握现代医学科学发展以及现代医疗技术应用中的形势，科学研判现代医学科学时代的医疗犯罪新形态，理性分析刑法理论与刑法制度所面临的理论困境和制度挑战，积极探寻国家在医疗法治建设中的发展道路，对于完善医疗刑事立法，推进刑事司法，进而建立良好的医疗卫生法律秩序，具有深刻的理论意义和深远的实践意义。

---

① ［美］杰里米·里夫金：《生物技术世纪：用基因重塑世界》，付立杰等译，上海科技教育出版社 2000 年版。转引自武菊芳、李喜英、刘桂玲：《现代生命科学发展对伦理观的影响》，载《中国医学伦理学》2003 年第 4 期，第 44 页。

第一章 导 论

第一节 现代医学科学时代的医疗刑法研究背景

一、现代医学的发展与现代医疗技术的广泛应用

医学是用来研究、预防和治疗人类身心疾病的一种综合性知识体系与实践活动，目的在于保持和促进人的身体和心理健康，防治疾病、延长寿命。① 随着工业技术的发展，医疗技术实现了新的突破，继而推动了现代医学的形成与发展。

（一）20 世纪医学科学的重大发展

1. 医学技术的三次革命

20 世纪 30 年代第三次科技革命开启了医学技术的三次革命，第一次医学技术革命发生在 20 世纪 30 年代到 50 年代。1935 年，氨苯磺胺被证实具有杀菌作用，20 世纪 40 年代，人工合成磺胺类药物促进了医药化工技术的快速发展；1928 年，青霉素被发现，1941 年英美两国合作对青霉素进行生产研究，打开了大规模生产青霉素的局面。此次医学技术革命使人类第一次获得特效治疗细菌感染性疾病的手段和方法，开辟了抗生素化学治疗的新时代。第二次医学技术革命发生在 20 世纪 70 年代前期，以电子计算机 X 线断层扫描仪（Computed Tomography，

---

① 参见刘虹、张宗明、林辉主编：《新编医学哲学》，东南大学出版社 2010 年版，第 122－124 页。

CT）和核磁共振成像技术（MRI）的发明和应用为最重要标志的诊断学技术的革命，使早期肿瘤和许多早期的病变得以被快速、准确地检测出，这是一次诊断学技术的革命，开创了影像学诊断的新路径。第三次革命发生在 20 世纪 70 年代后期，科学家们运用遗传工程技术先后生产出生长抑制素、人胰岛素、生长激素、干扰素、乙型肝炎疫苗等多种生物制品，开拓了生物学治疗的全新领域。

2. 分子生物学的发展

作为现代医学发展中的新兴边缘学科，分子生物学从分子水平探讨生物大分子的结构与功能，以阐明生命现象的本质，奠定了分子遗传学的基础，为研究生物膜的结构与功能创设了条件。

20 世纪 30 年代，生物化学家们发现细胞内许多分子参与了各种复杂的生物化学反应，分子生物学由此逐步建立。1938 年，美国洛克菲勒基金会自然科学部的主任沃伦·韦弗（Warren Weaver）提出“分子生物学”一词。1953 年，美国生物学家詹姆斯·沃森（James Watson）和英国物理学家、生物学家弗朗西斯·克里克（Francis Crick）发现 DNA 分子的双螺旋结构，标志着分子生物学的真正诞生。后来，弗朗西斯·克里克（Francis Crick）进一步提出分子遗传的中心法则，揭示了核酸与蛋白质之间的内在关系。1961 年，DNA 分子杂交技术创立，为核酸的分析和鉴定，以及基因诊断奠定了基础。

20 世纪 70 年代，生物学家取得重大基础研究成果。美国病毒学家霍华德·马丁·特明（Howard Martin Temin）和生物学家戴维·巴尔的摩（David Baltimore）在致癌 RNA 病毒中发现了反转录酶；美国分子生物学家丹尼尔·那森斯（Daniel Nathans）、美国著名微生物学家汉弥尔顿·史密斯（Hamilton Othanel Smith）和瑞士微生物学家沃纳·亚伯（Werner Arber）发现了限制性内切酶；美国生物化学家斯坦利·诺曼·科恩（Stanley Norman Cohen）和生物学家赫伯特·博耶（Herbert Boyer）建立了重组 DNA 技术。生物基础科学研究的重大突破，极大地推动了生物工程学的诞生。

20 世纪 80 年代，基因技术促进了神经分子生物学等新兴学科的产生。20 世纪 90 年代，基因治疗技术也逐渐成熟，临床上开始应用该项技术治疗腺苷脱氨酶缺乏症（ADA）基因缺陷导致的遗传病，并取得成功。进入 21 世纪，人类基因工程技术取得长足发展，2012 年以来，基因组编辑发生了巨大改变，基因组编辑作为一种治疗手段迅速应用到临床。

3. 医学遗传学的发展

医学遗传学作为一门探索生命起源和进化历程的学科，经历了漫长的发展，20 世纪后，关于人类疾病与遗传关系的研究大致经历了三个时期：细胞遗传学时期、由细胞水平向分子水平过渡时期、分子遗传学时期。

（1）细胞遗传学时期（1900—1939 年）

1900 年，欧洲三名生物学家霍・德弗里斯（H. de. Vries）、卡尔・科伦斯（C. Correns）、埃里克・冯・切马克（E. von S. Tschermak）先后独立地“重新发现”孟德尔遗传定律，史称孟德尔法则的重新发现。

1902 年，美国遗传学家萨顿（W. S. Sutton）发现染色体极可能就是孟德尔在其工作中假设的遗传因子，提出了染色体是遗传因子的载体的观点。1905 年，英国生物学家贝特逊（W. Bateson）提出“遗传学”（genetics）概念。1909 年，丹麦遗传学家约翰逊（W. L. Johannsen）最先提出用“基因”一词代替孟德尔的遗传因子概念。1910 年左右，美国遗传学家摩尔根（T. H. Morgan）提出基因的连锁交换规律，创立了以染色体遗传为核心的细胞遗传学。孟德尔定律的重现与摩尔根细胞遗传学的确立，奠定了人类遗传学的理论基础。

（2）从细胞水平向分子水平过渡时期（1941—1952 年）

1941 年，美国遗传学家乔治・比德尔（George Wells Beadle）和爱德华・劳里・塔特姆（Edward Lawrie Tatum）提出“一个基因一种酶”的假说，创立了微生物遗传学、生化遗传学。1944 年，美国科学家艾弗里（Avery O. T.）在肺炎双球菌的转化实验中，证明遗传物质是 DNA 而不是蛋白质。1952 年，美国微生物学家赫尔希（Hershey A. D.）和蔡斯（Chase M.）等用同位素示踪法在研究 T2 噬菌体感染细菌的实验中，再次确认了 DNA 是遗传物质。

从“一个基因一种酶”假说的提出，到确定遗传物质为 DNA 而不是蛋白质，是医学遗传学由细胞遗传学向分子遗传学过渡的时期，这一时期，遗传学有了突飞猛进的发展。至此，相关发现为遗传物质的化学本质及基因的功能奠定了初步的理论基础，而遗传学也实现了从细胞遗传学向分子遗传学的过渡。

（3）分子遗传学时期（1953 年至今）

自 1953 年沃森等提出 DNA 双螺旋结构至今，遗传学一直处于分子遗传学时期，众多的分子遗传学研究成果极大地推动了遗传学的发展。

1953 年，美国生物学家詹姆斯・沃森（James Watson）和英国物理学家弗朗西斯・克里克（Francis Crick）提出 DNA 结构的双螺旋模式，标志着分子遗传学的正式诞生。1958 年，美国生物化学家阿瑟·科恩伯格（Arthur Kornberg）发现 DNA 合成酶。1957—1969 年，美国分子生物学家尼伦伯格（M. Nirenberg）和柯兰拉（Khorana，H. G.）破译出 64 种遗传密码。1961 年，法国科学家雅各布（F. Jacob）和莫诺（J. Monod）提出乳糖操纵子学说，阐明了微生物基因表达的调控机制。同年，克里克（F. Crick）和同事们用实验证明了他于 1958 年提出的关于遗传三联密码的推测。1972 年，现代遗传工程之父保罗·博格（Paul Berg）建立 DNA 重组技术。1973 年，美国生物化学家博耶（H. Boyer）和科恩（S. Coben）首次用质粒克隆 DNA。1970 年，美国遗传学家霍华德·马丁·特明（Howard Martin Temin）发现了反转录酶。1977 年，英国生物化学家桑格（F. Sanger）和吉尔伯特（W. Gilbert）建立 DNA 测序方法。1978 年，美国生物学家史密斯（Hamilton Othanel Smith）等人因发现限制性内切酶而获得 1978 年度诺贝尔生理学或医学奖。1980 年，美国青年细菌学家詹姆斯·夏皮罗（James Shapiro）发现转录子。1982 年，美国耶鲁大学生物系的奥特曼（Sidney Altman）和科罗拉多大学化学系的切赫（Thomas Robert Cech）发现核酶。1985 年，美国科学家穆利斯（K. Mullis）建立了聚合酶链反应。

1986 年年末，分子遗传学研究领域转向基因方面，其中主要包含人类基因组计划和其他生物的基因组计划。在人类基因组计划方面，1986 年 5 月，美国生物学家、诺贝尔奖获得者杜尔贝科（Dulbecco）首次提出了“人类基因组工程”。1990 年 10 月，美国国会正式批准启动人类基因组计划，标志着基因组研究和后基因组时代随之开启。1992 年 10 月，美国遗传学家沃尔拉特（Vollrath D.）等分别完成人类 Y 染色体的物理图谱。1993 年 10 月，美国公布了 1993—1995 年的人类基因组测序工作计划。1995 年 12 月，美、法科学家公布了有 15,000 个标记的人类基因组的物理图谱。1999 年，国际人类基因组计划联合研究小组完成了人类第 22 号染色体测序工作。

4. 器官移植与人造器官的发展

早在 19 世纪，欧洲就有人开始就器官移植方面进行实验研究。1824 年赖辛格（Reisinger）首次设计出了角膜移植术式，并成功地给鸡、兔实施了异种角膜移植。20 世纪，随着医学科学的进步与发展，人体器官移植不断出现突破性发展。

1954 年，在美国波士顿的布里格姆医院，约瑟夫·默里（Joseph Murry）实施了世界第一例纯合双生子间的肾移植手术，手术的成功开辟了器官移植的新纪元，也为其他器官（如肝、胰和心脏等）的移植铺平了道路。1955 年美国医生休姆（Hume）在肾移植中使用了类固醇激素，使同种移植有了新的进展。1956 年，美国的唐纳·托马斯（Donnar Thomas）做了第一例骨髓移植手术，获得成功。1960 年诺贝尔奖获得者梅达沃（P. Medawar）发现了免疫防御系统在对移植物排斥中的作用。1963 年肝移植、肺移植获得成功。1966 年胰腺移植获得成功。1967 年南非外科医生巴纳德（Barnard）进行了首例心脏移植手术。1974 年，美国唐纳·托马斯（Donnall Thomas）成功地进行了个体之间的骨髓细胞移植，从而为白血病、再生障碍性贫血、地中海贫血等遗传性疾病和免疫系统疾病的治疗展示了广阔的前景。自 20 世纪 80 年代以来，世界范围内掀起了器官移植的热潮，器官移植由单器官向多器官联合方向发展。

（二）21 世纪医学科学的新发展

21 世纪是生命科学与信息科学交汇发展的时代，医学发展的主旋律就是将人文科学和医学科学融合在一起。医疗行为从以往的强调治疗性到现在的采用更具有技术性的手段作用于人体，甚至介入了人的产生方式，对人自身生命体进行深入而彻底地改变。

1. 分子生物学逐渐成为新世纪医学发展的龙头

进入 21 世纪以来，现代医学基于科技的发展和进步，特别是显微技术的长足发展，对人体的微观结构有了更为深入的了解，并获得了人类基因等一系列突破性的研究成果。2000 年，国际人类基因组计划联合研究小组继 1999 年完成了人类第 22 号染色体测序工作之后，又完成了人类第 21 号染色体的测序。2000 年 6 月 26 日，国际人类基因组测序联盟与 Celera 公司联合发布了“人类基因组工作草图”，并于 2001 年 2 月在《自然》和《科学》杂志上公布了人类基因组“精确图”。2003 年 4 月，美国人类基因组研究项目首席科学家柯林斯（Collins F）博士在华盛顿宣布人类基因组计划完成，并得到了人类基因组“完成图”，这标志着人类基因组计划的圆满完成和“后基因组时代”的到来。2004 年，人类基因完成图绘制的成功标志着人体基因工程得到了突破性的进展，人类正式进入“基因时代”。基因芯片（gene chips）使治疗技术取得重大突破，如器官移植、恶性肿瘤治疗、“蛋白质类药物”等纳米技术（nanotechnology）在医学实践中的应用等。

2. 医学与众多学科融合发展为疾病诊断与治疗带来新突破

21 世纪医学突破性的进展有赖于以生物医学为先导的多学科交叉与融合。现代医学的一些重要学科如分子生物学、免疫学、药物学、治疗学、生物信息学、医学遗传学、医学影像学的发展及传染病的新动态与医学模式的转变，特别是医学高新技术的发展，如人类辅助生殖、器官移植、克隆技术等，极大地促进了人文社会科学与医学的相互渗透，产生了社会医学、医学社会学、医学伦理学和医学法学等新的边缘学科。随着学科融合的明显趋势，医学模式的核心也随之转移，从以疾病为中心转向以病人为中心，其中尤为值得注意的是由此引发的医学伦理道德和法律问题。

二、现代医学科学发展与医疗技术应用的风险与伦理挑战

（一）现代医学科学发展与医疗技术应用的风险特征

德国社会学家乌尔里希·贝克早期强调“风险可以被界定为系统地处理现代化自身引致的危险和不安全感方式”[①]。其指出风险是潜在的，是现代化生产引发的，具有系统性、多样性、灾难性、全球性的特征。[②] 进入 21 世纪以来，现代医学科学以前所未有的广度和深度认识生命，以人体器官移植技术、人类辅助生殖技术、人体基因工程技术、安乐死为主要表现形式的现代医疗技术的出现和兴起为人类医学带来了革命性的变化，极大地改善了某些疾病的治疗方式，在人类医学领域发展中具有划时代的意义，与此同时，亦在一定程度给人类带来前所未有的风险。现代风险其实正是现代科学技术自身发展到一定程度时的产物，这表明现代化和科学技术的发展孕育了矛盾的自我，科学技术发展越快、越成功，风险就越多、越明显。[③] 医疗本身具有一定的侵害性和社会风险，与传统医疗相比，现代医学科学技术应用的风险已经发生了根本性的变化，并表现出以下基本特征。

1. 现代医疗风险的不可预测性

现代医疗风险的不可预测性，即指现代风险不再是人们通过一定手段可以预测到的直接风险。例如，基因编辑辅助生殖的脱靶效应造成受试者何种损害？

---

① ［德］乌尔里希·贝克：《风险社会》，何博闻译，译林出版社 2004 年版，第 19 页。

② 参见［德］乌尔里希·贝克：《风险社会》，何博闻译，译林出版社 2004 年版，第 25－57 页。

③ 参见王耀忠：《现代风险社会中危害性原则的角色定位》，载《现代法学》2012 年第 3 期，第 20 页。

何种程度的损害？在医学科学高度发展的今天尚不能准确预测和防范。美国一项研究表明，使用人类辅助生殖技术（Assisted Reproductive Technology，ART）出生的孩子的出生缺陷比自然受孕的孩子大约多一倍。与普通人群中的婴儿相比，通过人类辅助生殖技术出生的孩子有更大的风险，包括死亡率、神经系统疾病、智力迟钝、视力和听力障碍、学习障碍，以及行为和情绪问题。[①]

2. 现代医疗风险的灾难性

现代医学科学技术从发展伊始就是一把“双刃剑”，超出法律和伦理框架的技术滥用，将会对人类社会发展产生巨大影响，甚至会给人类发展带来灾难性的侵害。以基因医疗技术的适用为例，早在1999年，国外就出现过临床安全问题，美国一名18岁的患者在宾夕法尼亚大学接受基因治疗试验，在试验期间，该名患者出现多器官衰竭后死亡。该事件为人类敲响了“基因医疗是否安全”的第一声警钟。2018年11月，我国发生的“基因编辑”婴儿事件，行为人滥用基因编辑技术对胚胎基因进行编辑，为人类发展带来难以预测的风险，造成国际社会的极大恐慌。2019年7月，日本文部科学省首次允许一项在动物体内培育用以移植的人体器官的研究，即人与动物的细胞混合而成的“动物性聚合胚胎”研究，再次引发人们对出现“人兽杂交”生物的担忧。[②] 凡此种种突破伦理或法律底线的滥用现代医疗技术行为，或将严重破坏人类生殖秩序，甚至使人类面临自我毁灭的灾难。

3. 现代医疗风险的全球性

医学科学作为现代科学发展的急先锋，在技术高度发达和全球经济一体化进程中具有明显的全球化趋势。人工辅助生殖技术、人体器官移植技术、基因医疗技术、AI辅助医疗技术等一经产生便会迅速在全球范围内被广泛应用并得到发展。与此同时，现代医疗犯罪的全球化趋势也日趋明显。例如，世界范围内愈演愈烈的人体器官跨国走私、买卖等犯罪，跨国非法组织代孕、非法组织买卖人类生殖细胞等犯罪。

---

① See Cahterine A. Clements, *What About the Children? A Call for Regulation of Assisted Reproductive Technology* , Indiana Law Journal , Vol. 84 : Iss. 1 , Article 7. p. 334.

② 参见《日本首次允许人兽混合胚胎研究，民众忧现杂交生物》，载 https://baijiahao.baidu.com/s?id=1640492357345116712&wfr=spider&for=pc。

（二）现代医学科学发展与医疗技术应用对生命伦理的冲击

生命伦理作为一种伦理范畴，反映了人对生命的认识与基本态度，是调节和维护人与人、动物、植物等所有生命形式之间关系的行为规范和行为准则。[①] 随着现代医学科学技术的不断发展，医学以前所未有的方式深度“介入”生命，现代医学科学技术在改善生命质量和延长寿命的同时，其不当利用和滥用将对人的生命价值、人的尊严、人的自主决定权、隐私权以及传统伦理关系等产生极大的挑战，冲击已有的生命伦理秩序。

1. 对生命价值至上性的背离

生命是万事万物的开始，是具有唯一性和终结性的，是高于一切而客观存在的。[②] 价值属于关系范畴，一般“是指事务的用途以及积极意义，在哲学上是客体对主体需要以及各种形态”[③]。每个个体生命，从出生到成长再到衰老直至死亡，是生命具有唯一性和终结性的自然表现，也是生命价值具有至高无上地位的唯一理由。基于对生命价值的珍视和维护，现代医疗科学技术得以快速发展，并给人类带来极大恩惠。而现代医学科学技术的不当使用和滥用严重侵害人的生命健康，背离了人的生命价值至上性。以人体器官移植技术为例，随着器官移植需求数量与日俱增，人体器官供需矛盾突出，非法摘取人的活体器官，严重危及供者生命健康的事件时有发生。

2. 对生命自然性的违背

达尔文在《物种起源》中指出，自然界中的生物是通过生存斗争而实现自然选择的，自然界生物的发展变化是自然选择的过程，在这一过程中，适者生存，不适者将会被自然界淘汰。[④] 自然性是人的生命的基本属性，人从受孕、出生、衰老直至死亡本应是一个顺应自然的过程，高度发达的现代医学科学及技术的应用理应保持对自然生命的极大敬畏与尊重。当前，以克隆人、基因编辑、代孕等为急先锋的现代医疗技术的不当利用，破坏了自然赋予生命的规律，给

---

① 参见吴远青、罗筱维：《生命伦理视角下的〈坠落的人〉解读》，载《牡丹江大学学报》2022年第1期，第49页。

② 参见甘绍平：《以人为本的生命价值理念》，载《中国人民大学学报》2005年第3期，第69－45页。

③ 杨同卫、张新庆：《生命价值论及其在医疗决策中的运用——兼论有待澄清的几个理论误区》，载《科学与社会》2017年第4期，第61页。

④ 参见［英］达尔文：《物种起源》，谢蕴贞译，科学出版社1972年版，第676页。

人类的繁衍生息带来前所未有的伦理风险。

3. 对尊严崇高性的漠视

“生命的尊严是超等价物的一切事物的基点。”① 人的尊严的概念由来已久，并且在法律领域发挥着重要作用。马克思认为，“尊严就是最能使人高尚起来”，“并高出于众人之上的东西”。② “人的尊严”（human dignity）就是指人的尊贵和庄严，指人具有一种高于物和其他生命形式的，且令他人敬畏，独立而不可侵犯的身份或地位。③ 法学语境中的“人的尊严”被视为“宪法的最高价值”，是生命权、健康权、身体权等具体人格权的终极哲学理据。人类生殖细胞、人体组织等承载着人格尊严，不允许将其作为“物”，以金钱衡量。人类辅助生殖中的基因编辑、人体配子买卖，器官移植中的“活体器官买卖”等将人类生殖细胞、人体组织视同一般的“物”，甚至将人的生命作为可以自由设计的客体，而商业代孕中的“子宫租赁”则将妇女的身体当作可交易的生育工具，凡此种种行为是对人的尊严的极大漠视和消解。

三、现代医学科学发展与医疗技术应用对刑法的挑战

法律是社会伦理的见证与外部沉淀，刑法作为具有有力强制性和严厉惩罚性的法律规范，同样也因医学科学进步所带来的伦理冲击而面临新的课题。

（一）刑法犯罪构成理论面临新的课题

犯罪构成理论在整个刑法学体系与犯罪体系中占据核心地位，大陆法系国家采用“三阶层递进式”犯罪构成体系，即构成要件的该当性、违法性和有责性组成。英美法系国家采用“双层次”构成体系，即犯罪本体要件、责任充足要件。④ 苏联则采用“耦合式”犯罪构成体系，即犯罪客体、犯罪主体、犯罪客观方面、犯罪主观方面。我国刑法中的犯罪构成体系与苏联的犯罪构成体系具有明显的继承关系，即坚持“耦合式”四要件犯罪构成论。“耦合式”四要

---

① ［日］池田大作、［英］阿诺尔德·汤因比：《眺望人类新纪元》，郁龙余译，天地图书有限公司2000年版，第484页。

② 参见《马克思恩格斯全集》（第40卷），人民出版社1982年版。

③ 参见韩跃红、孙书行：《人的尊严和生命的尊严释义》，载《哲学研究》2006年第3期，第63-67页。

④ 严格意义上，在英美法系国家并不存在“犯罪构成”的概念和专业术语，其一般使用“犯罪要素”来阐述犯罪构成的要件。

件犯罪构成体系尽管在理论上存在纷争，尤其是理论界对犯罪客体要件多有疑问，并有学者试图探索构建我国新型的犯罪构成理论体系，正如陈兴良教授所说“我国也出现了建构独特的犯罪构成体系的学术努力”①。但是，时至今日，“耦合式”四要件犯罪构成理论依然在我国刑法犯罪构成理论中占据主导地位，并在司法实践中得到有效验证。本书从我国犯罪“耦合式”四要件构成体系的逻辑结构，审视现代医学科学与技术应用对我国传统刑法犯罪构成理论的冲击。

1. 就犯罪的客体而言。我国传统犯罪构成理论认为，犯罪客体是刑法所保护的而为犯罪行为所侵害的社会关系。现代医学科学与技术的应用，尤其是生命医学科学与技术的应用正以前所未有的广度和深度改变着人们的生活方式，并由此衍生出复杂的新型社会关系。例如，人类辅助生殖医疗中的捐精者与出生婴儿的关系、捐精者与出生婴儿父母的关系、克隆人与被克隆人之间的关系、代孕母亲与出生婴儿之间的关系、“三分离代孕”出生的婴儿与捐卵者、代孕者、养育者之间的关系。在英国，依据《人类授精和胚胎学法案》的规定，代孕母亲是孩子的合法母亲，代孕母亲的丈夫或生活伴侣是出生孩子的父亲（第二父母），除非他不同意代孕。在美国，新泽西州最高法院在一起涉及两名妇女对其中一人通过子宫内人工授精怀上的孩子的监护权纠纷的案件中提出一个具有全新法律意义的概念，即“现代生殖技术创造的家庭”。器官移植医疗、基因治疗等现代医疗技术应用同样在不断衍生出一些新型的社会关系，比如，器官捐献者与器官移植接受者之间的关系等。

除此之外，与现代新型医疗关系密不可分的“犯罪对象”：人类配子、胚胎、人体器官、人类基因等亦表现出不同于“人”与“物”等传统犯罪对象的特质。1984 年，英国《诺克卫生和社会保障部委员会关于人工授精和胚胎的调查报告》即肯定了人类胚胎的特殊地位，认为其具有成为人类生命体的潜在可能性，应该得到尊重。该报告建议从科学、伦理以及政策的实用性等出发，以早期胚胎发育到第 14 天作为限制时点，对人类早期胚胎体外研究加以时间上的限制，即所谓的“14 天规则”。近几年来，“冷冻胚胎遗产纠纷案”“基因编辑婴儿案”等有关现代医疗案件的发生，在我国引发了学者对“胚胎”“基因”等法律性质的极大关注和深度讨论，并提出一些极具颠覆性的概念。例如，杨立新教授即主张将“冷冻胚胎”视为伦理物，他的主要理由有：一是人和物是

① 陈兴良：《构成要件的理论考察》，载《清华法学》2008 年第 1 期，第 14 页。

人类社会的基本构成要素，非此即彼，胚胎脱离了人体，自然就不能属于人，虽然其具有发展为生命的无限可能，但不能将其归属于人，只能属于物了，因此将胚胎看成物。二是冷冻胚胎作为物，是具有特殊属性的，其特殊性主要表现在具有无限发展可能性，其有可能发展成为人，成为一独立个体。[①] 可见，作为现代医疗犯罪客体物质承担者的犯罪对象虽呈物质存在形态，但却不同于一般的“物”，凡此种种，极大地冲击着我国现行犯罪客体构成要件理论。

2. 就犯罪的客观方面而言。我国现行刑法理论认为，犯罪客观方面是以危害行为为核心的犯罪客观外在要素。考察现代医疗犯罪中的危害行为不难发现其有别于寻常犯罪的行为特征。

其一，现代医疗犯罪的危害行为具有高度专业性。人类辅助生殖中的基因编辑婴儿、基于性别选择的胚胎植入前检测（preimplantation genetic testing, PGT）、安乐死医疗等现代医疗犯罪其客观行为表现为高度的专业化，其中时常充斥着科学与伦理、理性与感性、机会与风险的矛盾。对于高度专业化的医疗行为，需要在诸多矛盾中进行利益的平衡，并最终确定刑法的取舍，即行为“罪”与“非罪”的价值判断。以对人类胚胎研究的刑法规制为例，其中充斥着各种伦理的争议，存在个人健康权与人类尊严——人类生命的神圣不可侵犯性的对峙，当代利益与后代利益的冲突等。如何平衡医学科学研究及技术应用与人类既有的伦理秩序关系？如何界分“赠卵”行为的“是”与“非”？如何认定“非商业代孕形式掩盖下的实际商业代孕”？“医学因素的代孕”与“社会因素的代孕”是否均应绝对禁止？刑法上应当如何评价再造子宫辅助生殖的行为？

其二，现代医疗犯罪的特定危害行为与相关犯罪行为的竞合性。例如，在非法器官移植行为中的非法强迫、组织出卖人体器官与非法实施器官移植手术的竞合；为摘取人体器官的人口贩卖与故意伤害的竞合等。可见，我国刑法正面临来自现代医学科学与技术应用所带来的前所未有的拷问。

3. 就犯罪的主观罪过而言。本书认为现代医疗领域的犯罪对我国刑法罪过理论的冲击主要表现为两种情形：

其一，医疗犯罪主观罪过的复合性。我国传统的刑法学理论以及我国现行

---

① 参见杨立新：《人的冷冻胚胎的法律属性及其继承问题》，载《人民司法》2014 年第 13 期，第 26－30 页。

《刑法》对罪过采取“两级四种”分类：故意（直接故意、间接故意）或过失（疏忽大意的过失、过于自信的过失）。但是，现代医疗犯罪的主观罪过具有明显的复合性，即故意合过失都存在。储槐植教授认为，复合罪过是指同一罪名犯罪心态既有故意也有过失的罪过形式。[①] 这种复合性罪过在现代医疗中，一是表现为在故意犯罪中，行为对法规范违法与构成要件结果侵害的故意，而对非构成要件结果（或加重结果）的过失。二是在过失犯罪中，表现为：一方面，行为人具有明显的违反法规范的主观故意；另一方面，行为人对危害结果的发生是一种过失心态。复杂的犯罪罪过形态冲击着我国现行的“两级四种”罪过理论。

其二，（超）强人工智能的类人类思维活动。随着人工智能的快速发展，人工智能被广泛应用于医学影像、辅助诊疗等临床领域。人工智能由弱人工智能发展为强人工智能，并不断向类人类智能迈进。在医疗的一些领域，医生越来越容易接受 AI 在医疗中的应用，例如利用 AI 识别人类无法识别的基因突变等。未来超强人工智能在医疗临床的应用是否会发生类似“Jeffry Van der Goot 案”[②]中木马程序脱离于编写人的预判和控制，木马“独立”发动攻击行为？类似行为的主观方面该如何予以考量？（超）强人工智能的“意志”与传统刑法理论中的意志自由能否等同？有学者认为，超出设计和编制的程序范围，在自主意识和意志支配之下实施行为的智能机器人，具有辨认能力和控制能力，与具备刑事责任能力的自然人所具有的辨认能力和控制能力并无本质上的不同。[③] 也有学者主张（超）强人工智能的独立判断与决定“意志”能够消减人（自然人和法人）的主观罪过。

可见，（超）强人工智能基于其超强学习能力而具备的一些独立判断和决定，带来了人工智能犯罪罪过认定的难题，极大地冲击着传统犯罪主观罪过理论，对此，本书在第四章中将专门论述。

---

① 参见储槐植、杨书文：《复合罪过形式探析——刑法理论对现行刑法内含的新法律现象之解读》，载《法学研究》1999 年第 1 期，第 53 页。

② 2016 年荷兰人 Jeffry Van der Goot 编写了一 个 Twitter 木马程序，借此对当地的时尚秀发出死亡威胁。该木马是一段算法随机混入 Jeffry 个人 Twitter 状态。Jeffry 坚称他无意威胁任何人，也不能预判木马会做什么。最终他没有受到任何指控，仅是在警方的要求下撤下了该木马。参见王肃之：《人工智能犯罪的理论与立法问题初探》，载《大连理工大学学报（社会科学版）》2018 年第 4 期，第 54 页。

③ 参见刘宪权：《涉人工智能犯罪刑法规制的路径》，载《现代法学》2019 年第 1 期，第 79 页。

4. 就犯罪的主体而言。现代医疗犯罪对犯罪主体要件构成理论的冲击集中表现为两种情形：

其一，AI 辅助医疗中人工智能体的犯罪主体地位问题。高度专业化的现代医疗活动已经不再是单纯的人的活动，特别是人工智能体的广泛应用，医疗机器人日益应用于辅助诊疗，人可以与机器密切协作，共同完成复杂的诊疗手术。如何界定人工智能技术应用中智能医疗机器人的法律主体地位问题？可否赋予智能医疗机器人犯罪主体资格？有学者对此持有肯定态度，主张智能机器脑可以像人脑一样进化，产生自主意识和意志，并通过深度学习机制与嵌入成长经历，达到甚至超越人类的思维水平，有可能以“人工人”的方式成为人类社会中新的一员。① 国外也有学者持有肯定态度，主张智能机器人有独立的意识，能够进行独立的判断，具有独立的权利能力、行为能力和责任能力，具备了权利主体的智能性这一本质性要素。② 另有学者对此持有否定态度，认为，机器人是机器，只是人类创造的客体，尽管智能机器人具有类似人的某些特质，但归根到底它还是由人类创造并服务于人类的一种智慧型工具，人工智能体不具备辨认、控制、受刑能力。③ 折中者则主张根据人工智能体的智能化程度对其主体地位进行区别对待，认为弱人工智能不具备犯罪主体资格。④

其二，医疗网络犯罪主体的共犯认定问题。网络技术的普及与应用日益促使网络空间成为新型犯罪场域，而网络犯罪场域的无限性和开放性使网络犯罪更多以共同犯罪的形式出现，在从犯罪预备到犯罪既遂的链条中需要各犯罪人互相联络，密切配合。例如，全国首例贩卖人体器官案的地下人体器官买卖主要是通过网络将肾源中介、患者中介、医院中介的信息连接在一起，然后在现实中操作交易。

依据我国《刑法》第 25 条第 1 款的规定，共同犯罪是指二人以上共同故意犯罪。在“共同故意”这一条件要素下，又特别要求共同犯罪参与人需存在意

---

① 参见刘宪权、胡荷佳：《论人工智能时代智能机器人的刑事责任能力》，载《法学》2018 年第 1 期，第 44 页。

② See Jalms Hendler, Alice M. MulVehill, *Social Machines: The Coming Collision of Artificial Intellgence*, Social Networkillg, and Humanity Apress, 2016, p. 101.

③ 参见姚万勤：《对通过新增罪名应对人工智能风险的质疑》，载《当代法学》2019 年第 3 期，第 7 – 8 页。

④ 参见徐绍曦：《反思与证立：强人工智能法律主体性审视》，载《中共中央党校（国家行政学院）学报》2019 年第 3 期，第 82 – 87 页。

思联络[①]，此为认定共犯构成的基础点。但是，当犯罪行为人以互联网为平台实施共同犯罪行为时，意思联络的方式和程度的显性特征大多已消解在互联网发展变迁的特性中。[②] 在人与人的沟通过程当中，人们可以根据对方的面部表情、语速、声音、语调以及手势动作判断其所处的心理状态。沟通方式通常被划分为三种：口头沟通、书面沟通以及非语言沟通。[③] 在网络犯罪场域，非语言沟通被强化，表情包等符号语言作为一种图像化的非语言的视觉交流符号被广泛运用，并能够表达出丰富的含义。其中，对于无特别约定的一般性符号语言完全可以确认为共同犯罪的意思联络方式。但是，在网络犯罪符号语言中，行为人惯常使用的往往是有约定的符号语言，这种约定之后存在特殊含义的符号语言，因其符号内涵通常不为外人所明知，各共同犯罪人的意思联络表现被淡化，共同危害行为难以确定。

（二）国家刑事立法面临新的课题

就立法层面而言，将现代医疗危害行为规定为犯罪的根据是该行为的法益侵害性。值得注意的是，现代医疗中的人类辅助生殖、人体器官移植、基因治疗、AI 辅助医疗、安乐死医疗关乎人的生命开始、健康维系与生命终结等问题，具有显著的生命伦理特征，因而现代医疗刑事立法必须审慎面对生命、伦理、宗教、医学、哲学、法学等复杂而又敏感的问题。从世界各国刑事立法经验来看，现代医疗刑事立法的共性问题集中表现在以下两个方面。

1. 生命伦理语境下的现代医疗犯罪圈的划定

美国著名政治学家塞缪尔·P. 亨廷顿分析说："现代性产生稳定性，而现代化却产生不稳定性。"[④] 亨廷顿的观点深刻揭示了社会转型过程中的社会分化与社会整合的矛盾产生不稳定性。在当代，受社会转型[⑤]和医疗转型的双重影

---

① 参见高铭暄、马克昌主编：《刑法学》，北京大学出版社、高等教育出版社 2016 年版，第 164－166 页。

② 参见篌开心：《网络共同犯罪中意思联络的重构》，载《湖北经济学院学报（人文社会科学版）》2022 年第 2 期，第 92 页。

③ 参见［美］斯蒂芬·P. 罗宾斯：《管人的真理》，慕云五、尚玉钒译，机械工业出版社 2016 年版，第 106 页。

④ ［美］塞缪尔·P. 亨廷顿：《变动社会的政治秩序》，上海译文出版社 1989 年版，第 45 页。

⑤ 社会转型时期是社会向现代化迈进总过程的一个过渡性阶段。广义的转型是指从农业社会向工业社会、从传统社会向现代化社会的转型；狭义的转型是指一种社会形态在政治经济体制上加速变迁的一个时期。

响，现代医学科学研究与医疗技术应用的秩序杂乱，新的矛盾与冲突凸显。例如，医务人员与患者之间的矛盾与冲突、人体器官供者与人体器官受者之间的矛盾与冲突等，这些矛盾的激化和冲突的升级则进一步引发相关医疗犯罪。面对日益凸显的各种新型医疗犯罪，欧美一些国家以及日韩等亚洲国家做出了积极回应，它们或通过刑事修法，或通过行政刑法的制定，增设医疗犯罪新罪名，应对新型医疗犯罪。例如，通过增设从活人身上采集或者摘取配子、人兽杂交罪、违反许可从事辅助生殖罪、超期使用人类胚胎罪、使用非超期人类胚胎罪、基因编辑造人罪、购买配子罪、购买胚胎罪、为买卖胚胎从事中介服务罪、为商业目的进行试管胎儿受孕罪等罪名，应对辅助生殖犯罪；通过增设组织出卖人体器官罪、器官移植人口贩卖罪等新罪名，应对器官移植犯罪；通过增设因遗传特征研究或基因样板鉴别侵害人身罪、申请研究样本或第三人的遗传特征罪、干预胚胎的遗传物质的治疗或实验罪等新罪名，应对基因治疗犯罪；通过增设协助自杀罪、受嘱托杀人罪等新罪名，应对安乐死医疗犯罪。但是，各国医疗刑事立法始终受制于其生命伦理、道德意识、宗教文化等价值评判，并因生命伦理、道德意识以及宗教信仰等的差异，形成本国或大或小的现代医疗犯罪圈。以辅助生殖医疗犯罪为例，依据意大利《医学辅助生殖规范》的规定，研究人员或科学家进行克隆研究，构成犯罪。而在日本，依据《人类克隆技术条例法案》的规定，克隆技术研究并不构成犯罪。同时，在意大利，配子、胚胎捐赠与商业化均构成犯罪，而在加拿大、法国、德国等国家只有将人配子、胚胎商业化的行为才构成犯罪。与此同时，更多国家基于本国生命伦理、道德意识等价值取向，对现代医疗犯罪采取相对保守的刑事立法态度，导致刑事立法一般滞后于现代医疗犯罪。2011 年，我国《刑法修正案（八）》对组织出卖人体器官罪做出专门规定，之后，《刑法修正案（十一）》又增设了非法植入基因编辑、克隆胚胎罪，非法采集人类遗传资源、走私人类遗传资源材料罪两个罪名。但是，我国医疗刑事立法对配子买卖、商业代孕、安乐死等涉及现代医疗犯罪的规制，总体上保持较为审慎的态度，专门刑事立法较少。

2. 生命伦理语境下的现代医疗犯罪刑事可罚性的确定

除上述问题外，现代医疗犯罪刑事立法需要面临的另一个难题即生命伦理语境下的医疗危害行为的可罚性。“可罚性”① 在犯罪论中具有独立的地位，作为犯罪成立独立要件的“可罚性”，即“作为体系范畴的可罚性”，在大陆法系国家是指在构成要件的该当性、违法性和有责性之外，对行为进行的“值得处罚”的实质性评价。在我国则是指在“犯罪构成四要件”之外，对行为进行的“值得处罚”的实质评价。在当代，新兴医疗技术不断优化人类的生与死，患者的自我决定权越来越得到法律的认可和保护。生命伦理对医疗危害行为刑事可罚性的制约体现在各国刑事立法对违法辅助生殖行为、违法器官移植行为、违法基因治疗行为、医疗安乐死行为的刑事可罚性具有不同的立场。以医疗安乐死为例，尽管目前除了荷兰、比利时、卢森堡、新西兰、西班牙等少数国家和美国部分州将安乐死合法化，在世界多数国家和地区，无论是主动安乐死还是被动安乐死都属于违法行为，但是对于医疗安乐死的可罚性，各国刑法的基本立场不尽相同，抑或表现为根本对立。一些国家的刑事立法原则上否定安乐死的可罚性，另有一些国家（地区）的刑事立法将医疗安乐死规定为重罪。2015年德国刑事立法“业务性促进自杀罪”的夭折②体现了安乐死不可罚的基本立场。而美国纽约州法律将安乐死规定为二级谋杀，则体现了对医疗辅助死亡重罚的基本立场。不仅如此，即使在安乐死合法化的荷兰、比利时等国家，关于医疗安乐死的可罚与否，无论是在立法论、司法论还是法教义学上，旷日持久的论辩仍在延续。

（三）国家刑事司法面临新的课题

国家刑事司法面临的现代医疗犯罪新课题突出表现为对新型医疗危害行为的定性。就我国医疗刑事司法而言，随着现代医学科学的发展与新兴医疗技术的广泛应用，非法行医、非法节育、医疗事故等传统的医疗犯罪行为逐步演化

---

① 在刑法学上，“可罚性”一词具有多种含义。第一，“可罚性”是指某行为是“处罚的对象”这种事实。第二，“可罚性”是指行为“值得处罚”这种实质的评价。“值得处罚”这种实质评价意义上的“可罚性”，被称为“实质意义中的可罚性”。“实质意义中的可罚性”是“形式意义中的可罚性”的前提和根据，是立法论中进行犯罪化或者非犯罪化的标准。第三，“可罚性”被用来指独立的犯罪成立要件，即把“可罚性”评价视为犯罪论体系上的一个评价阶段。作为独立的犯罪成立要件的“可罚性”，被称为“作为体系范畴的可罚性”。

② 2015年，《德国刑法典》第217条增设“业务性促进自杀罪”，规定“以促进自杀为目的，业务性地向其提供、创设或者介绍机会的，处三年以下有期徒刑或者罚金刑”。2020年2月26日，德国联邦宪法法院判定《德国刑法典》第217条“业务性促进自杀罪”违宪。参见［德］埃里克·希尔根多夫：《医疗刑法导论》，王芳凯译，北京大学出版社2021年版，第102－105页。

为非法进行人工辅助生殖、非法进行人体器官移植、非法进行基因治疗等犯罪。

1. 新型医疗危害行为的定罪困难

犯罪构成的核心是危害行为，日本刑法学家大塚仁指出，刑法中的行为，永远是受到构成要件评价的行为，与构成要件评价无关的行为在刑法中是完全无用的东西。[①] 在法规范意义上，危害行为无疑是国家刑法罪状条款的核心构成，同时是被法律确定的不法行为。当国家刑法将作为构成要件的不法行为定型，做出概念性规定或概念性描述时，危害行为罪与非罪的判断标准也便被刑法条文明确规定了。在现行刑法对多数现代医疗犯罪尚无专门规定的情况下，由于罪刑法定语境下司法权的限制性，诸多医疗危害行为难以被定罪。例如：辅助生殖中的替换精子的行为能否成立犯罪？应适用何种罪名？可否以“以危险方式危害公共安全罪”、“诈骗罪”或者其他相应罪名定罪量刑？再如，商业化代孕行为、人的配子买卖行为、以人体器官移植为目的的旅游行为、（超）强人工智能体辅助医疗的行为等均存在不同程度的定罪困难。

2. 竞合医疗危害行为的定罪困惑

竞合在汉语中是争相符合之意，英文中是concurrence，德文中指Konkuurrenz，有同时发生、出现或者竞争之意。[②] 德国刑法中的竞合是指行为单数或者行为复数同时触犯数个法规的情形。[③] 在刑事司法工作中，准确区分此罪与彼罪，是保障司法公正的前提，现代医疗犯罪是一种复杂的社会现象，各种犯罪之间具有明显的行为竞合性，具体表现为两种情形：一是单数行为触犯数个罪名的行为，例如基于人体器官移植的人口贩卖可能构成“拐卖妇女、儿童罪”与“组织出卖人体器官罪”。二是基于同一个犯意的复数行为同时触犯数个法规的情形，例如组织出卖人体器官中可能存在“组织出卖人体器官行为”与“故意伤害行为”等数个行为，并可能同时触犯“组织出卖人体器官罪”与“故意伤害罪”。

---

① 参见［日］大塚仁：《犯罪论的基本问题》，冯军译，中国政法大学出版社 1993 年版，第 25 页。

② 参见陈兴良：《教义刑法学》（第 3 版），中国人民大学出版社 2017 年版，第 714 页。

③ 参见方鹏：《德国刑法竞合理论与日本罪数理论之内容比较与体系解构——兼及中国罪数理论的走向选择和体系重构》，载《比较法研究》2011 年第 3 期，第 82 页。

第二节 现代医学科学时代的医疗刑法研究概况

考证刑事法演进历程，医疗领域并非刑事法律的“真空”，早在公元前1776年，《汉穆拉比法典》就对“医疗过失”的刑事责任进行了明确规定：“倘医生以青铜刀为自由民施行严重的手术，而致此自由民于死，或以青铜刀割自由民之眼疮，而毁坏自由民之眼，则彼应断指。”[①] 而我国《唐律疏议》则最早规定了医疗过失犯罪，成为后世医疗事故罪立法之范本，为其后历代立法所延续。受外国立法的影响，清政府的《大清新刑律》有关于医事犯罪的处罚规定。民国时期的刑事立法保留了清政府关于医事犯罪的规定，只是将某些罪的处罚加重。

19世纪末20世纪初，随着现代医学科学的发展与技术的应用，相关医疗犯罪逐步显现。尤其是近十几年，人工辅助生殖、器官移植、基因治疗、安乐死医疗等现代医疗技术所诱发的新型犯罪极大地动摇了已有的刑法理论与制度，域内外学者对医疗犯罪与医疗刑法表现出极大的关切，现代医疗刑法的研究日益展开并向纵深发展。

一、域外国家（地区）现代医疗刑法研究考察

域外国家和地区对医疗刑法的研究最早可以追溯到19世纪的德国。早在1899年，德国刑法学家海姆贝尔格即有《刑法与医学》的论著，其后，被誉为“医事刑法先驱”的德国刑法学家爱德特·史密斯所著《刑法中的医师》《现代医学与刑法》对医疗刑法进行了较为系统的研究。当代德国著名刑法学家、德国尤里乌斯－马克西米利安－维尔兹堡大学刑法学教授：埃里克·希尔根多夫（Eric Hilgendorf）著有《医疗刑法导论》一书，明确界定了医疗干预、医疗义务、医疗违法阻却等医疗刑法的基本问题，特别是对安乐死、器官移植、胚胎保护和干细胞研究等现代医学科学时代的医疗刑法进行了深入研究。

关于域外国家和地区对医疗刑法的更多学术研究成果和研究概况，国内外已有学者进行过专门论述。其中，日本刑法学者齐藤诚二教授对德、日医疗刑

---

① 世界著名法典汉译丛书编委会编：《汉穆拉比法典》，法律出版社2000年版，第97页。

法进行了重点梳理。对此，杨丹教授在《医疗刑法研究》中有所引介，熊永明教授在其所著《现代生命科技犯罪及其刑法规制》一书对域外现代生命科技犯罪及其刑法研究进行了全面考察，并将域外现代生命科技犯罪及其刑法研究概括为："研究势头强劲""研究队伍强大""研究程度深入"三个特征[①]，对本书提供了有益帮助，在此不再赘述。本书主要从研究范式与价值目标两个维度来考察域外现代医疗刑法的研究状况。

（一）域外医疗刑法研究的基本范式

医疗领域本身即是一个极为复杂的问题，现代医学科学时代的医疗有着医学科学、生命伦理、社会道德、价值判断、宗教信仰等复杂的社会问题，如果没有对生命、宗教、哲学、伦理、社会、历史与医学、生物技术等知识的储备，便难以对现代医学科学时代的医疗刑法诸多复杂问题进行深刻理解和阐释。域外国家（地区）对现代医疗刑法的研究受哲学思想、道德伦理、宗教文化的影响至深，其对现代医疗刑法研究的视域突破了纯粹的法研究视野，形成了法学、宗教、伦理等多视角的医疗刑法研究范式。

1. 现代医疗刑法的法哲学论辩

法哲学是以抽象的思维方法探求法律最高、普遍、统一的整体原理及知识的学问，法哲学思想对域外现代医疗刑法研究意义深远。在西方早期，生命的意义与健康和充实的生活息息相关，以至于医学与柏拉图思想中的哲学相提并论：一个治愈身体，另一个治愈灵魂。受德国古典哲学及新康德主义哲学和法学思想的深刻影响，以法哲学的思维研究现代医疗刑法者不乏其人，研究者以对医疗刑法本身的哲学基础和内涵的理解，探究医疗刑法的根本原理，如医疗刑法在法律现象中的地位、价值、理念以及它的最终使命等。

（1）生命价值的法哲学论辩

刑法如何评价人类辅助生殖、人体器官移植、基因治疗、安乐死等现代医疗活动的"罪"与"非罪"，人类的生命价值是无法绕开的命题。域外对此有三种相互竞争的观点：即生命主义、生命的神圣/不可侵犯性与生命质量。生命主义认为，人的生命是一种绝对的道德价值。因为它的绝对价值，任何缩短病人的生命或者不努力延长人的生命的行为都是错误的。无论是严重残疾的新生

---

① 参见熊永明：《现代生命科技犯罪及其刑法规制》，法律出版社2012年版，第4－8页。

婴儿的生命，还是患有晚期痴呆症的老年妇女的生命，“生命主义”禁止将生命缩短并要求对其进行保存。无论延长生命的治疗会带来怎样的痛苦或费用，都必须进行治疗。简言之，“生命主义”要求不惜一切代价保护人的生命。

生命的神圣/不可侵犯性观点主张“生命权”本质上是一种不被故意杀害的权利，该学说虽然并不要求不惜一切代价保护生命，承认可预见缩短寿命的行为并不总是错误的，是否错误将在很大程度上取决于是否有充分的理由冒着缩短寿命的风险。例如，治疗垂死癌症患者的医生显然有充分的理由给予合理剂量的姑息性药物以减轻患者的疼痛，即使可预见的副作用可能或将会缩短患者的生命，但其核心是禁止故意杀人的原则，缩短是由作为还是不作为引起的也无关紧要，故意通过拒绝治疗或食物、水或温暖来缩短患者的生命，其错误不亚于注射致命的毒药。一个好的动机，如减轻病人或亲属的痛苦，或病人的死亡愿望，也不能弥补一个不好的意图。简言之，任何旨在缩短患者生命的行为，无论是作为目的还是作为达到目的的手段，无论进一步的动机如何，都违反了该原则。一种治疗可能不值得，因为它没有提供合理的受益希望，或者因为即使它确实提供了预期的益处，也会被治疗所施加的负担（如过度疼痛）所抵销。但是，需要注意的是所谓的“是否值得”始终是治疗是否值得，而不是患者的生命是否值得。任何人做出后一种判断，并得出某些生命“不值得过”的结论，那么一个人将丧失任何阻却故意杀人的原则基础。生命权的哲学基础是这样的前提，即人类拥有一种内在的尊严或价值，因为这种能力是人类本性所固有的①。这种支撑人类生命不可侵犯性的根本能力，不能与一种可操作的能力相混淆。因此，婴儿、昏迷的人、精神错乱的人以及那些处于永久植物状态的人，尽管无法发挥他们的根本能力，却仍然是神圣不可侵犯的存在。以此，一些域外学者反对判断一个人死了会更好的观点，认为对任何人来说，判断某人死了会更好都是令人反感的，因为这样做等于用生命质量判断取代生命价值判断。除此之外，他还认为，接受一个人死了会更好这一观点将无情地导致非自愿的安乐死。

生命质量学说认为，生命的价值是工具性的，它为具有足够价值或质量的生活提供载体。因为它不仅关注评估治疗的价值，还关注患者生命的价值。这

① See John Keown, *Euthanasia*, *Ethics and Public Policy*, 2nd edition, Cambridge University Press, 2018, p. 38.

种观点认为某些患者的生命低于最低质量阈值，无论是由于疾病、受伤还是残疾。这种对人类生命的评价基于这样一个原则，即由于某些生命不值得过，因此，有意结束它们是正确的，无论是作为还是不作为。当然，对生命质量的评价以及生命是否值得活下去，在一定程度上必须是客观的，例如，幸福和快乐、没有痛苦和苦难、能够自我发展的才能、实现有价值的事情、拥有丰富的社会关系、理解和欣赏世界等。当生活缺少了这些，生命被消极的精神状态所主宰，如痛苦、痛苦、孤独、恐惧等，生命就变得不值得。

对于三种不同的生命价值观，极少有人坚持生命主义，大多数人都认为这种观点过于极端以至于荒谬。相较之下，许多生物伦理学家，特别是在美国和英国的，认为某些患者缺乏足够的生活质量会“死得更好”。生命不可侵犯的观点在历史上影响了职业医学伦理和刑法，它认为所有患者都因共同的人性而享有与生俱来的不可被剥夺的尊严，因此故意结束患者的生命总是错误的。

（2）生命自治的法哲学论辩

“自由价值”在欧洲启蒙哲学中具有极为重要的地位。孟德斯鸠认为，自由是做法律所许可的一切事情的权利；洛克认为，人类对于自由的向往是其他任何人或者事物都无法阻挡的，与此同时，也是不可让渡的，而且在所有的人权当中，自由可以说是人类最基本的权利，没有自由，也就没有其他。① “个人自治”本质上是个人选择自己生活的自由。② 域外学者关于“生命自治”的法哲学论辩主要集中于人体器官移植、安乐死两个命题，其中对活体器官移植、医助自杀的罪与非罪的论辩存在两种对立性观点，具有典型的刑法学意义。

其一，一种生命自治至上的立场。基于生命自由价值的立场，域外一些学者强调生命自治，认为赋予一个人生命价值的是它被自己所重视，如果一个人认为他或她的生命不再有价值，那么它就没有价值。

对于活体器官移植（LOD）问题，在域外活体器官移植已经有了相当长的历史。从 20 世纪 50 年代开始，用活人捐献的器官来替换一个生病的器官的可能性就存在了。首例长期成功的活体肾移植于 1954 年发生在一对同卵双胞胎身上。1959 年，首例同种肾移植进行了。1962 年，首例活体肾移植在没有血缘关系的人之间进行。在现代医学，活体器官移植已经发展成为一种常见的医学治

---

① 参见陈嘉明：《现代性与后现代性十五讲》，北京大学出版社 2006 年版，第 6 页。

② See Razj, *The Morality of Freedom*, Oxford University Press, 1986, p. 371.

疗方法。其中，肝脏、肾脏、肺叶、胰腺部分和小肠都可以由活人捐献。域外有学者认为，根据自治原则，每个人都有权自己做决定。他可以对自己做决定，包括有权对自己的身体做出决定。因此，任何限制自主权的法律规定都侵犯了器官赠与人和受赠人的自由。

对于医学安乐死问题，域外学者将安乐死分为两种：一种是医生故意终止患者的生命（VAE），通常被理解为应患者要求（或至少在患者同意的情况下）实施的安乐死。另一种是医生协助自杀（PAS），由医生故意帮助患者结束自己的生命，帮助的形式可能是为患者提供自杀手段，例如为患者提供致命药物，或提供有关方法的建议。一些支持 VAE 合法化的学者认为，有能力的垂死者有权判断自己的生命不再值得活下去。他们可以拒绝医疗援助，并需要医疗援助结束她（或者他）的生命，实现人类生命自主权的内在价值。一些坚定的 VAE 倡导者认为，VAE 不是行善，其核心理由是尊重患者的自主权。

其二，一种生命自治有限的立场。论辩中，生命绝对自治的主张受到责难。

关于人体器官移植，域外更多学者普遍关注有偿器官移植的危险和可能的社会分裂，强调其可能产生“滑坡效应”或“特洛伊木马现象”。例如，长期担任世界卫生组织全球移植主任的卢克·诺埃尔博士断言，“市场可以受到监管的想法……是一个神话；它将不可避免地伤害最脆弱的人。器官买卖即使合法化，也只会导致经纪人的使用增加，甚至有组织犯罪”，“商业主义和器官交易违反社会共有的人性和基本尊严……并侵犯穷人或弱势群体的权利”①。

关于安乐死，一些学者认为，自治不是绝对的，自治的行使只有在按照健全的道德价值观框架行使时才值得尊重。只有承认其他道德价值，尤其是对人类生命本身的尊重时，自治才有效。乔治城大学约翰·基翁教授即针对安乐死合法化的主张发出诘问：为什么尊重自治应该被视为道德上的绝对？如果人们自主地这样做，是否应该允许他们将自己卖为奴隶？他充分考虑了支持自愿医疗辅助死亡的非刑事化（而非合法化）的 10 个论据。他认为这些观点的基础是：尊重个人的自主权；同情那些受苦的人；称涉及允许某些临终医疗做法但禁止其他做法的法律伪善；所谓的自杀权利；公众舆论自愿接受医疗协助死亡；指称现有法律未能规范临终医疗行为；荷兰和俄勒冈州关于自愿医疗辅助死亡

---

① Fikresus Amahazion, *Human Rights*, *Epistemic Communities*, *and World Culture*: *The Diffusion of Legislation Against the Organ Trade*, Published by ProQuest LLC (2015), p. 73.

合法化的经验提供的证据；反对自愿接受医疗协助死亡非罪化是基于宗教信仰；临终关怀的经济学。基翁教授对这些论点提出了反驳，认为安乐死的合法化将引导我们走上一条不归路①。例如，缺乏能力的非自愿安乐死的人，如婴儿和老年人痴呆将被安乐死，甚至是慢性疾病患者、精神疾病患者，或者只是年老孤独和“厌倦了生活”的人。

2. 现代医疗刑法的道德意识论辩

在现代医疗刑法的道德论辩中，当代社会面临的重大的和有争议的问题，莫过于人身与生命自治的限度，包括辅助生殖、VAE、PAS 与人体器官移植问题，域外学者对此形成两种根本对立的观点。

（1）对人身与生命自治的道德诘难

论辩中，人身与生命绝对自治的主张普遍受到责难。

其一，关于人类辅助生殖的质疑。有学者指出，代际基因组编辑在道德上困扰着当代基因组学发现的人类观念的两种意义：第一，它威胁着人类基因遗传的完整性；第二，它威胁着人类基因组身份的完整性。第一个问题涉及对代际间遗传禀赋传递路线的干扰，这可以说是将国际“人类大家庭”联系在一起；第二个问题涉及对人类基因禀赋概念类别的边界条件的干扰——这是“人类家庭”与非人类的区别。② 因此，克隆和遗传基因改变可以被视为危害人类的一种特殊罪行：它们是通过将进化的技术掌握在自己的手中，并指导人类改变其本质（从而威胁改变人权基础），它是为了发展一个新物种，有时被称为“后人类”。③

其二，关于有偿捐献器官的诘难。关于人体器官捐赠，域外有学者坚决反对器官捐赠的任何补偿，无论是活体的还是死者的。这种观点可以被称为严格的利他主义，因为只有利他捐献器官才是道德上可以接受的。域外有学者认为，现已被广泛接受的器官捐献和分配的做法已经使器官商品化，因为包括医生和保健工作者在内的每个人都从利他捐赠中获得经济利益，而器官接受者也从身

---

① See John Keown, *Euthanasia*, *Ethics and Public Policy*, 2nd edition, Cambridge University Press, 2018, p. 67.

② See Nuffield Council on Bioethics, *Genome Editing and Human Reproduction*: *Social and Ethical Issues*, p. 91.

③ See Nuffield Council on Bioethics, *Genome Editing and Human Reproduction*: *Social and Ethical Issues*, p. 95.

体上获得利益。[①] 也有学者认为，出售人体器官牟利是一种剥削性的、侮辱性的行为，与生命的神圣性等基本人类价值观格格不入。[②] 这一论点背后的理由是，贫穷是一种使人丧失能力的因素，它迫使贫穷的个人将出售他们的器官作为最后的手段。如果肾脏等器官销售者的经济状况更好，他们就不会决定把自己的器官卖给与自己没有血缘关系的陌生人。尽管这些器官销售者有时似乎是在“选择”出售他们的器官，但他们的选择实际上是由于经济上的绝望而做出的妥协。

其三，对于安乐死合法化的诘难。穆斯蒂尔勋爵在为乔治城大学约翰·基翁教授所著《安乐死、伦理和公共政策：反对合法化的论据》的再版序言中指出，关于安乐死的辩论是“我们这个时代的重大道德和法律问题”[③] 并且期望道德和政策问题成为分析安乐死相关讨论的法律问题的组成部分。约翰·基翁在《安乐死、伦理学和公共政策：反对合法化的论据》一书中关于安乐死中最敏感的道德、法律和社会问题的阐述指出，医学应该是一种道德事业，其部分由宗教或精神动机引导并实现其目标，但是医学本身不应该成为一种宗教。任何绝对化的人类活动都是一种偶像崇拜。只有在超越单纯的身体健康的宗教对人类的生活意义影响地更广泛的背景下，药物才能受到适当的限制并被放在适当的位置。取而代之的应该是在什么样的社会或什么样的医疗保健中我们要面对苦难？在这里，我们可以分享安乐死支持者的核心关切。我们双方可以团结起来，共同对抗一切形式的不必要的人类苦难。但是，应该将强调通过杀死患者的方法施予救济与以帮助患者减轻痛苦的做法相区分。基翁教授认为，所有形式的安乐死在道德上都是站不住脚的，它们应该在法律上被禁止。他认为，人们确实在绝症期间遭受了太长时间的痛苦，对这种情况的核心关注应该首先是我们是否会致力于减轻这种痛苦或忽视它，直到达到绝望的程度。在荷兰，我们采取了过快的极端措施来应对这种痛苦，直至生命的尽头。相反，我们应该开始讨论不治疗决定，特别是关于忽视治疗中疼痛和痛苦的整体治疗。在医学背景下，不可侵犯的道德禁止故意杀人没有例外。故意缩短患者生命的医

① See Mark Cherry, *Kidney for Sale by Owner*: *Human Organs*, *Transplantation*, *and the Market*, Washington: Georgetown University Press, 2005, p. 41.

② See Russell Scott, *The Body as Property*, Viking Press, 1981, p. 184 – 186.

③ John Keown, *Euthanasia*, *Ethics and Public Policy*, 2nd edition, Cambridge University Press, 2018, p. 13.

生，无论患者是身患绝症的成年人还是患有唐氏综合征的儿童，都违反了这一原则。否则在医学实践中提供这样的判断将不可避免地导致人们做出这样的判断：那些没有能力的人死了也会更好。他认为自愿医疗辅助死亡合法化的必然结果是“滑坡”：引入非自愿安乐死。他认为有实证证据表明，这种情况实际上已经在荷兰发生了，例如荷兰法院支持对婴儿实施非自愿安乐死的判例。有学者认为在比利时也存在同样的情况，自安乐死在比利时于 2002 年合法化以来，经验表明，认为安乐死可以被允许作为一种“严格条件”适用并受到严格控制的狭隘、明确的例外做法是一种幻想。一旦允许安乐死，法律规定的限制条件就会一个接一个地消失。供应创造了需求，然后人为地增加了需求。甚至出现了申请安乐死的人数激增的现象，2013 年，比利时每天宣布 5 起安乐死案例，这还不包括所有未宣布的案例，向委员会申报的安乐死案件数量继续急剧上升。[①]

（2）对人身、生命自治的道德辩护

其一，关于人体器官买卖。域外少数学者认为，基于道德理由禁止付款以防止剥削忽视了一个重要的事实：对需要钱养活孩子或为父母购买医疗保健的人来说，不出售身体器官的选择比出售更糟糕。[②]

其二，关于安乐死。域外一些安乐死合法化的支持者认为，杀死一个人有时在道德上是合理的，例如，在正义的战争中杀人。支持生命不可侵犯的人对这一反对意见的标准回应是，在道德上禁止杀害他人只适用于故意杀害无辜者。然而，我们许多人怀疑这一点能否令人信服，因为在有些情况下，否认某一人是无辜的是难以置信的。关于 PAS 合法化的道德辩护，域外学者认为，一个人身患绝症，遭受无法忍受的痛苦并且没有医疗救助的希望，继续处于绝症的状态，痛苦只会导致更多的痛苦，这会威胁到个人价值感，即外在尊严。这种价值感是由于她的道德成就而积累的。无论谁失去了道德能动性，失去了追求道德卓越的能力，在生物学和道德上都会陷入死亡的过程。如果人类存在的意义，就人格而言，只是为了追求有尊严的生活，那么这种追求是可能的，因为个人

---

① See David Albert Jones & Chris Gastmans, *Euthanasia and Assisted Suicide ：Lessons From Belgium*, Cambridge University Press, 2017, p. 44.

② See George Abouna et al. , *The Negative Impact of Paid Organ Donation*, in Walter Land and John Dossetor, eds. , Organ Replacement Therapy: Ethics, Justice, Commerce (Berlin; Springer – Verlag, 1991) p . 167.

首先有能力追求它。如果其身患的绝症以一种似乎不可逆转的方式破坏了这种能力，那么疾病正在将她带入一种存在形式，人的生命将变得毫无意义。澳大利亚墨尔本拉筹伯大学罗伯特·扬教授认为，当一个人遭受无法忍受的痛苦，并且不存在减轻这种痛苦的现实希望，尽管实施了姑息性支持和社会支持措施，仅限于将那些在请求协助死亡时有能力的人的医疗援助合法化……更有可能被接受。[①] 美国一名75岁癌症晚期患者，在临终请求说道：我过着美好而漫长的一生，并未想过早地离开这个世界。然而，随着我临近死亡，如果我的痛苦变得难以忍受，我希望能够通过服用我的医生为此目的开出的药物，以和平和有尊严的方式死去。因为这将涉及我的痛苦、我的生命和我的死亡，所以如果情况迫使我这样做，我会寻求为自己做出关键选择的权利和责任，我强烈地觉得这个非常个人和私人的决定应该留给我和我的良心。[②]

3. 域外现代医疗刑法的宗教文化论辩

西方的法律文明有其深刻的宗教渊源，宗教文化对域外现代医疗刑法研究的影响根深蒂固。

（1）对现代医疗技术设计人类生命的宗教批判

域外一些学者从宗教的角度出发，认为生命是上帝的礼物，上帝是生命的主宰。作为上帝的礼物，生命是神圣的，它必须被接受、珍惜和保护，而不是被侵犯或终止。生命神圣性的传统教义认为，人的生命是按照创作者的形象创造的，从宗教文化的这一基本立场出发，域外有学者呼吁恢复生命的神圣性，反对现代医疗技术带来的对人类生命日益增加的工具化，反对辅助生殖、安乐死等现代医疗技术对人的生命的“设计”和“安排”。有学者认为，按照宗教的推理，承认人类生命是神圣的，就应当阻止人们将其他人变成可以根据自己的目标进行控制和操纵的对象。现代医学与医学本身采用了一种世俗化的宗教气息，使健康成为绝对。允许医生进行安乐死的行为，强化了医学的这种世俗宗教特征，即完全控制生命。医学对生命的贡献是相对的，不应该让药物控制人类的生活。否则，就很难阻止医学自行决定生死，就像今天经常发生的设计

---

① See Robert Young, *Debating the Morality and Legality of Medically Assisted Dying*; Critical Notice of Emily Jacksonand John Keown, Debating Euthanasia. Oxford: Hart Publishing, 2012 Crim Law and Philos 159 (2013).

② See Michael J. Cholbi, *Euthanasia and Assisted Suicide Santa Barbara*, California: Praeger, an imprint of ABC – CLIO, LLC, [2017] p. 16.

婴儿、安乐死等现象。

（2）支持生命“安排”的宗教论据

随着启蒙运动的兴起，自由主义崛起，在域外宗教文化演进中，生命神圣标语逐渐消退，神学家所倡导的对生命的绝对尊重的价值观也受到撼动。有学者从宗教的关怀文化出发，肯定 PAS 的安乐死行为，主张无论是在基督教传统内部还是外部，处理苦难和关怀他人一直是医学的明确目标，教会培养的是关怀。在宗教传统中，尊重人的生命，不应像生命主义那样将其视为绝对价值。人的生命具有很高的价值，但也有比保护自己的生命更高的价值。或许殉道的价值，为他人的福祉而牺牲生命，是最好的。基于同情和选择的理由，如果遵循严格的保护措施以防止虐待，身患绝症且精神正常的成年人应该有合法权利要求并接受医生提供的药物，以在患者发现自己的痛苦时加速难以忍受的死亡过程。① 即使不能否认医生实际上结束了病人的生命。

（二）域外医疗刑法研究的价值目标

1. 功利主义价值目标

杰里米·边沁认为，（就整个共同体而言）当一项行动增大共同体幸福的倾向大于减小这一幸福的倾向时，它就可以说是符合功利原理重要的结果，是那些影响人类福利的结果，是痛苦的减少与快乐的增加，如果行为在可预见的未来实现了各方的快乐或福利的净增，那么这一行为就是正确的②。19 世纪末功利主义的代表人物亨利·西季威克（Henry Sidgwick）提出，在特定的环境下，客观的正当的行为是能产生最大整体幸福的行为，即把将受到其幸福影响的所有存在物都考虑进来的行为。我们把这种理论称为普遍快乐主义。③ 域外医疗刑法研究从功利主义立场出发，认为道德上正确的行为是能够产生最大幸福的行为，评价行为是否正确的唯一标准是行为结果。

（1）关于基因编辑辅助生殖

域外有学者从功利主义出发，认为如果这样的实验在生物学上不是鲁莽的，

---

① See United Church of Christ, *Faithfully Facing Dying*, http://www.ucc.org/faithfully_facing_dying (accessed January 12, 2016).

② 参见［英］边沁：《道德与立法原理导论》，时殷弘译，商务印书馆 2000 年版，第 59 页。

③ 参见颜厥安：《鼠肝与虫臂的管制：法理学与生命伦理论文集》，台北，元照出版有限公司 2004 年版。

并且与未来人民的福祉相符，不会在社会上造成分裂，也不会在没有事先社会辩论的情况下启动，那么它们不一定会破坏人权或未来权利的观念。鉴于目前的科学知识水平，任何可遗传的基因组编辑程序都不太可能在不久的将来满足这些条件。另有学者提出基因编辑的两个关键原则：一是任何基因组修饰（研究或治疗中）都应以对人类健康有益为目的。它不允许进行其他目的的基因组修饰；例如，它不允许企图超越正常功能或出于与健康无关的福利目的来增强人类特征。二是目标绝不能是可以传递给后代的变化。功利主义生物伦理学家朱利安·萨弗勒斯库（Julian Savulescu）提出遗传基因编辑的“生产性收益原则”①，主张应该尽一切努力使未来人民的福利最大化，包括在可行的情况下，通过扩展或扩大其遗传的功能。域外相关立法也体现了这一功利主义的价值目标，例如，《奥维耶多公约》第 13 条规定，仅出于预防，诊断或治疗目的，并且仅当其目的不是在任何后代的基因组中引入任何修饰时，才可以尝试寻求修饰人类基因组的干预措施。《英国人类受精和胚胎学法》（1990 年）关于生殖生物医学被控制的三个级别的规定体现了其功利主义特征：该法区分绝对禁止（并受到刑事处罚）的那些事物和那些在许可下允许的事物；通过许可制度，允许英国人类受精与胚胎管理局（HFEA）确定哪些许可活动可以由谁进行，在什么情况下进行；并通过 HFEA 对诊所进行监督，以确保许可活动是根据许可条件并符合管理局的法定业务守则进行的。② 该立法还使 HFEA 对持有执照的行为拥有三重控制权活动，首先是行为所涉及的细胞的种类（配子和胚胎），其次涉及所进行的活动的种类（创造、保存、使用），最后涉及与这些细胞有关的实践的目的。1990 年的《德国胚胎保护法》也首先明确规定，正确使用辅助生殖技术是为了怀孕。

（2）关于安乐死

安乐死的概念在功利主义理论中得到了很好的支持。功利主义被定义为“正确的行动是具有最大效用的行动”。

功利主义主张，人应该提倡追求“最大幸福”。一种行为如有助于增进幸

---

① Savulescu J., *Procreative Beneficence: Why We Should Select the Best Children*, Bioethics 15 (5 - 6): 413 - 26 (2001).

② 根据 1990 年《英国人类受精和胚胎学法》第 25 条的规定，管理局必须维持《行为准则》，以就许可活动的正确进行以及责任人的正确执行提供指导。根据牌照行事的其他人，管理局具有检查职能，并且在考虑是否授予或撤销许可时，许可委员会有权考虑是否遵守《业务守则》的任何规定。在 HFEA 的历史上，实践守则机制用于强制某些行为的程度有所不同。

福，则为正确的；若导致产生和幸福相反的东西，则为错误的。功利主义认为安乐死应当符合社会利益最大化，此处的利益最大化包括患者的利益、患者家人的利益与整个社会的利益。其一，对于个人来说，安乐死是对个人生命的尊重，是对个人生命质量的优化。有学者指出，医生的职责不是将生命延长到最后一秒，而是设法使患者恢复健康状态，如果不可能，减轻任何痛苦。或者，如果治疗是“不相称的”，无论是因为治疗是徒劳的（没有提供治疗益处的合理希望），还是因为它会给患者带来过多的负担（如过度的疼痛或费用），都没有义务进行治疗。① 其二，对于患者家属来说，安乐死的施行使患者家属得到精神和物质上的安慰。其三，对于社会而言，安乐死体现了医疗资源配置的合理性，通过遵从对无法治愈患者的意愿实施安乐死，减轻并消除了患者的痛苦，同时将有限的医疗资源转运用于那些可以治愈的患者身上。

2. 个人主义价值目标

个人主义价值观对域外生命法学研究有着重要的影响。在西方，自文艺复兴和启蒙运动以来占主导地位的价值观是个人主义价值观，在个人主义看来，任何个人都有选择自己的目标和实现目标的方法的最大限度的自由，并有着最大限度的行动自由。“个人主义”价值观突出的是“人的自由”，通常亦可称其为“自由主义”，在法律语境下则可称其为“个人自治”。尽管，关于“自由主义”或“个人自治”的定义和解释众说纷纭，但其深层次含义不外乎以下两个方面：一是个体的自由是神圣不可侵犯的，不容他人破坏和践踏，它是公民最根本的权利，超越其他一切权利，从某一角度来说，这种自由主义也非常具有个人主义的倾向。二是公民自由的权利是不容被社会干涉的，个人的权利也不应随意被侵犯，作为统治阶级，也必须做到让民众信服。可见，自由主义是一种对于自由权的保障。

个人自治是域外现代医疗刑法的重要命题，其本质上是个人选择自己生活的自由。② 自主安排自己的生命是个人主义价值备受尊崇的社会中的理性而务实的时代回应。在纯粹自由主义者看来，自杀与被害人同意的帮助自杀之间没有

---

① See John Keown, *Euthanasia*, *Ethics and Public Policy*, 2nd edition, Cambridge University Press, 2018, p. 45.

② See Razj, *The Morality of Freedom*, Oxford University Press, 1986, p. 371.

区别，个人放弃生命的同意应当被尊重。[①] 1989 年，时任荷兰卫生委员会主席、荷兰安乐死法的主要制定者埃尔斯·波斯特（Els Borst）博士提出以个人自由意志为核心的安乐死实质条件：（i）安乐死请求必须仅来自患者，并且必须完全自由和自愿。（ii）患者的要求必须经过深思熟虑、持久。（iii）患者必须经历了无法忍受的（不一定是身体上的）痛苦，并且没有改善的希望。（iv）安乐死必须是最后的手段。必须考虑并发现其他缓解患者情况的替代方案。（v）安乐死必须由医生执行。（vi）医师必须咨询具有该领域经验的独立医师联盟。在美国，在某个时刻选择死亡的权利的法律问题主导着关于安乐死和医生协助自杀的辩论，论辩的结果是每个人都有权做出“对个人尊严和自主权至关重要的选择”，该权利包括“对死亡的时间和方式进行某种控制”的权利。美国著名法学家罗纳德·M. 德沃金认为，一般人都同意，具有行为能力的成年公民都拥有生命自主权，所谓生命自主权指的是，决定者得以做出关乎自己生命的重大决定的权利，无论我们对堕胎和安乐死持有什么样的立场，我们都希望拥有为自己做主的权利。[②] 在公众最同情地作出反应的某些安乐死案件中，在确定仁慈杀戮行为的严重性时，在个人主义哲学的精神范围内，考虑病人自己对行为的态度，应明确区分经病人同意或经其明确要求实施的安乐死和未经病人同意实施的安乐死。只有在经请求或至少在死者同意实施的情况下，安乐死才可被视为与自杀援助相等同。海伦·西尔文在《安乐死：比较刑法研究》一文中指出，人被赋予了与生俱来的个人尊严，他是自己的目的，而不仅仅是服务于外部社会目的，如国家的目的，甚至是人类同胞的目的。[③]

当然，域外学者认为，个人自治并非绝对，医生不仅在终止生命本身，而且在终止生命的决定中发挥核心作用。医生不是漫不经心地遵从患者意愿的机器人，他们是专业人士，他们应该对任何医疗干预请求的优劣做出自己的判断。一个负责任的医生不会仅仅因为病人主动要求就同意杀死病人，就如同医生不会仅仅因为病人要求就切除一个肾脏一样。VAE 的根本而非修辞上的理由，与其说是患者的自主请求，不如说是医生的判断，即应该批准该请求，因为死亡将

---

① See the Law Commission Consultation Paper No. 139, Consentin the Criminal Law, London: HMSO, 1995.

② 参见［美］罗纳德·M. 德沃金：《生命的自主权：堕胎、安乐死与个人自由的论辩》，郭贞伶、陈雅汝译，中国政法大学出版社 2013 年版，第 210－285 页。

③ See Cf. Silving, *The Con－Flict of Liberty and Equality*, 35 Iowal. Rev. 357（1950）.

使患者受益。诚然，在 VAE 活动家提出的建议中，如果没有患者的自主请求，就不会做出这种判断。但即使在这样的提议下，自主请求也不是决定性的，它需要医生对请求做出判断，由医生决定病人是否真的选择死亡更好。如果医生可以对自主患者做出这种判断，那么从逻辑上讲，医生可以对无能力的患者做出这种判断。VAE 的正当理由是尊重患者自主权和善意义务，但缺乏自主权并不能取消善意义务。如果安乐死可以提供给那些要求安乐死的有能力的受难者，为什么拒绝那些受苦但无能力要求安乐死的人加速死亡的好处？医生的角色不仅被设想为确保患者的请求是自主的，而且要考虑请求的优点，以及这些优点可能是什么。

3. 人道主义价值目标

人道主义（humanism）一词源自拉丁文 *humanistas*，意为人道精神。早在启蒙运动时期，意大利刑法学家贝卡里亚指出："一切违背人的自然感情的法律的命运，就同一座直接横断河流的堤坝一样，或者被立即冲垮和淹没，或者被自己造成的漩涡所侵蚀，并逐渐地溃灭。"① 域外现代医疗刑法的研究具有显著的人道主义色彩，即提倡关怀人、尊重人和以人为中心。人道主义精神在安乐死与医生协助自杀的论辩中发挥了突出作用，具体体现在两个方面：

其一，人道主义精神为安乐死的合法化提供了有利的道义支持。解除患者痛苦是域外安乐死支持者的立论，有学者认为，在安乐死应当具备的三个特征中，同意安乐死是一项会缩短寿命的决定；它仅限于医学背景（安乐死涉及医生缩短患者的生命，而不是亲属缩短）；并且认为死亡对患者有益，通常是因为患者患有严重的疾病（或者可能是因为患者的状况被视为"侮辱"）。没有"对患者有益"这一特征，则无法将安乐死与出于自私动机的冷血谋杀区分开来。②

其二，人道主义精神为 PAS 犯罪的缓和刑罚提供了有利辩护。包括英国和美国多数州在内的刑法都将医生安乐死行为等同于其他任何人主动故意杀人的作为——谋杀。只有在满足某些条件的情况下才能保护医生免受起诉，但刑罚的适用是宽缓的，经常可以成功援引"必要性"辩护，一个人的行为是正当的，

---

① ［意］切萨雷·贝卡里亚：《论犯罪与刑罚》，黄风译，北京大学出版社 2008 年版，第 46 页。

② See John Keown, *Euthanasia*, *Ethics and Public Policy*, 2nd edition, Cambridge University Press, 2009, p. 9 – 10.

以防止在没有合理替代方案的情况下发生迫在眉睫的更大伤害。在 Repouille 案中[①]被告杀害了他愚蠢、畸形的孩子，被指控为一级谋杀，陪审团作出了二级谋杀的判决，并提出了最大限度的宽恕建议。[②] 法官对被告适用不少于 5 年，不超过 10 年的监禁刑，并给予缓刑。在这种情况下使用的另一种方法是不以动机为理由，而以其他一些理由来决定案件，例如缺乏因果关系或暂时精神错乱。在广为人知的新罕布什尔州诉桑德案中，一位医生向医院口述了一份声明，他曾四次向一名癌症绝症患者的静脉中注入 10 立方厘米的空气，陪审团以没有充分的因果关系证据证明他"在仁慈行为中"谋杀了一名病人为由，宣布他无罪。

二、我国域内现代医疗刑法研究概况

20 世纪 80 年代末，随着现代医学科学技术在医疗临床的广泛应用，其风险和危害亦逐渐显露，我国医疗刑法研究不断升温，学界对于医学科学领域内犯罪问题的关切和研究已经形成多维度、多元化的发展格局与发展趋势，相关研究日益深入，成果显著。本书借助国家社科基金、教育部、法学会等官网检索现代医疗刑法相关课题立项；通过知网数据库检索现代医疗刑法相关学术期刊论文、学位论文；通过互联网数据检索、线下文献查阅统计现代医疗刑法相关著作。

（一）现代医疗刑法相关国家课题立项概况

自 2010 年至 2020 年的 10 年间，国家社科基金项目、教育部人文社科项目以及司法部国家法治与法学理论部级研究课题立项统计如下。

1. 国家社科基金项目

检索数据显示，这 10 年中，全国哲学社会科学规划课题有 46 项现代医学科学研究与医疗技术应用法律规制相关立项。第一，从项目类型上看，重大项目 1 项，重点项目 1 项，一般项目 29 项，青年项目 15 项。第二，从学科分布来看，法学 30 项，法哲学 16 项。第三，从研究角度来看，主要有生命伦理和法律

---

① See the statement of the facts: of this case as recited in the opinion of Judge L. Hand in Repouille v. United States, 165 F. 2d 152 (2d Cir. 1947). The federal courts were concerned with the case in connection with Repouille's petition for naturalization. His crime, for which he served no sentence, was held to be a crimeinvolving moral turpitude for purposes of naturalization.

② See Mannheim, Crimnal Justice and Social Reconstuction 14 (1946).

规制，涉及现代医学科学技术的生命伦理问题研究的 15 项；涉及现代医学科学技术的法律规制的有 26 项，其中，涉及医疗刑法研究的 16 项，其他 5 项。第四，从立项的具体选题上看，主要包括尖端医疗、基因编辑与基因治疗、器官移植、人工智能医学、辅助生殖等关键词。其中，尖端医疗或现代医学技术或生命科技法律规制的有 17 项，基因编辑或基因治疗法律规制的有 7 项，器官移植法律规制的有 4 项，辅助生殖法律规制的有 3 项，人类增强技术法律规制的有 3 项，人的尊严法律规制的 3 项，放弃治疗的法律规制 1 项，克隆人法律规制 1 项，人工智能医学法律规制 1 项，其他（受试者权利等）6 项。（见图 1－1 至图 1－4）

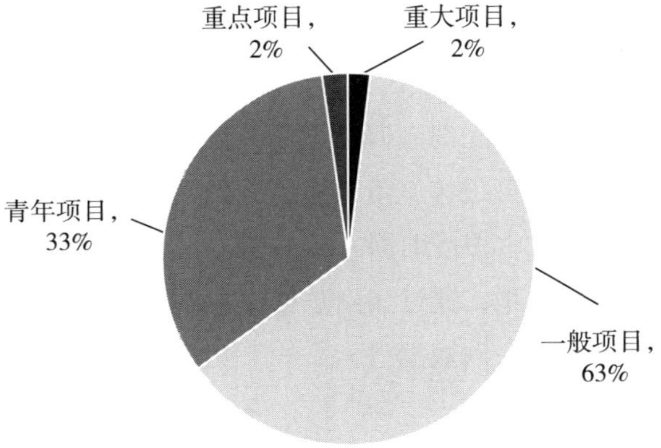

图 1－1　国家社科基金项目类型

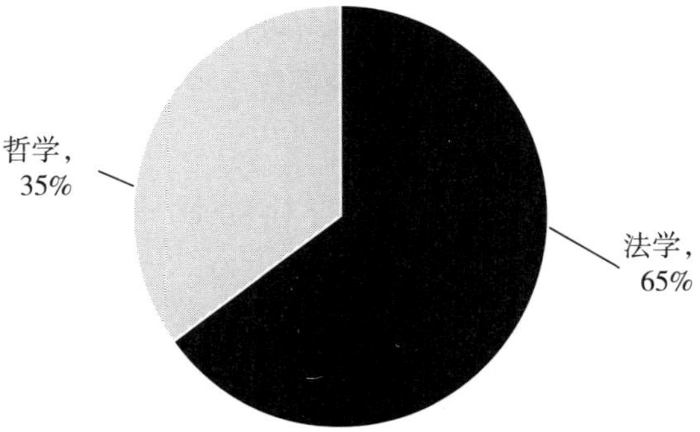

图 1－2　国家社科基金项目学科分布

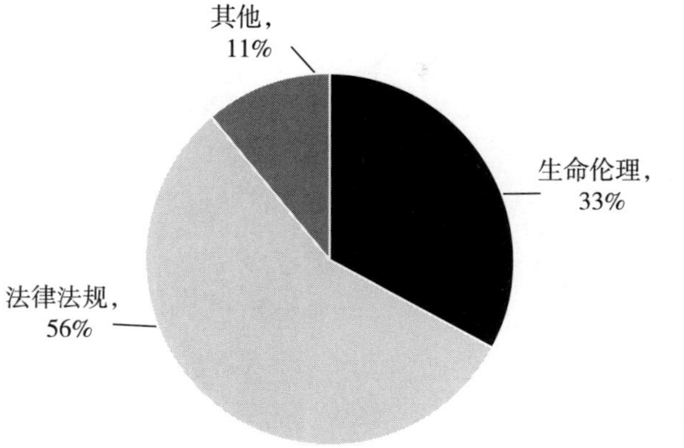

图 1－3 国家社科基金项目研究角度

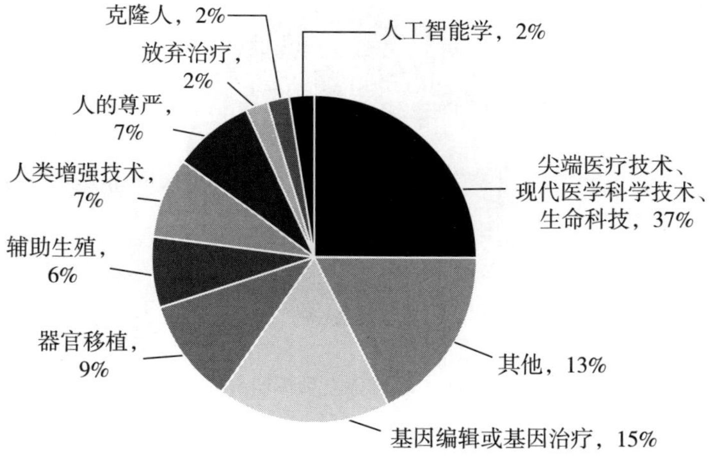

图 1－4 国家社科基金项目具体选题

2. 教育部立项

2010 年至 2022 年，教育部人文社会科学研究项目中与现代医学科学技术法律规制相关立项共有 17 项。第一，从项目类型上看，教育部人文社会科学研究一般项目（规划基金项目）有 8 项，人文社会科学研究青年基金项目有 8 项，自筹经费项目 1 项。第二，从学科分布看，法学 9 项，法哲学 3 项，交叉学科/综合研究 2 项，其他 3 项。第三，从立项的具体选题来看，相关立项更注重医疗领域微观层面和具体领域的法学研究，如人类辅助生殖、医疗人工智能医学、跨境代孕、冻融胚胎等法律规制和管理研究。（见图 1－5 至图 1－7）

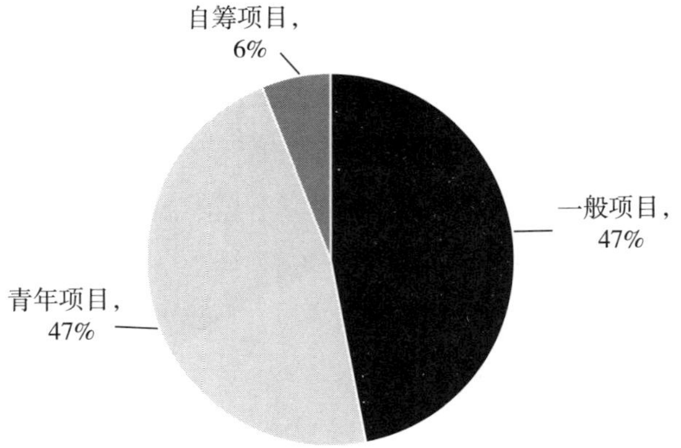

图1-5 教育部立项的项目类型

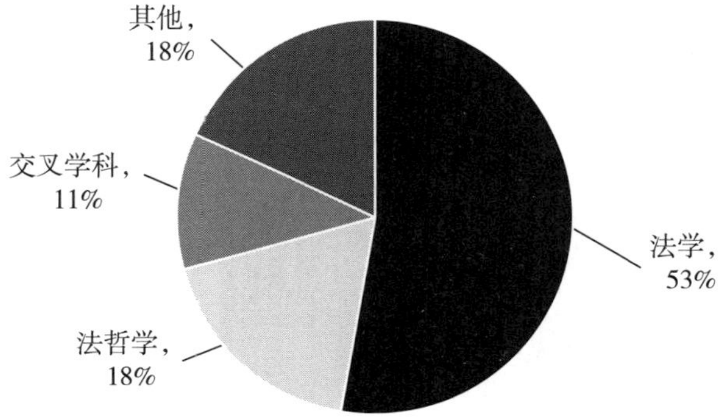

图1-6 教育部立项学科分布

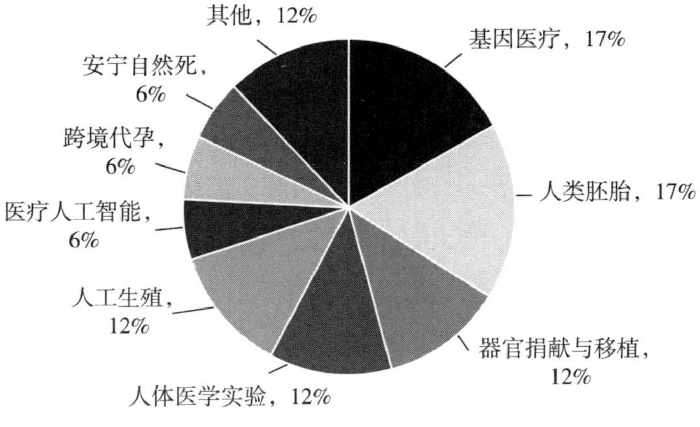

图1-7 教育部立项具体选题

3. 司法部立项

检索数据显示，2015年以来①，司法部课题研究有9项医疗领域的法治理论研究立项，选题主要聚焦在新兴医疗技术、尖端医疗技术等，包括基因编辑与信息保护、基因干预技术、纳米技术、患者的医疗权等重点问题，涵盖了刑法、行政法、民法等基本的法律部门。（见图1－8）

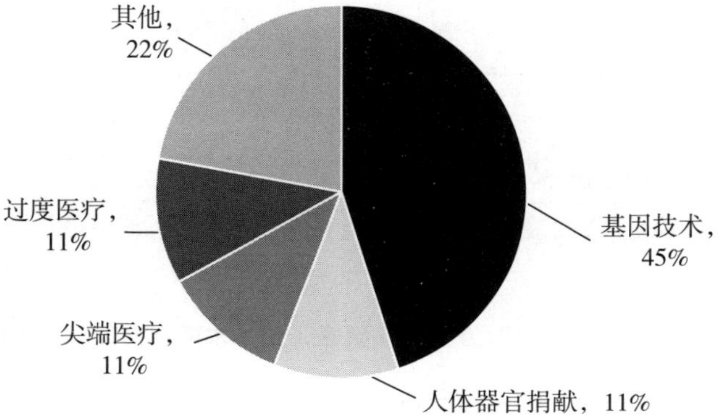

图1－8　司法部立项具体选题

（二）现代医疗刑法学术研究概况

1. 学术期刊、学位论文

本书通过中国知网进行文献检索与梳理，学术期刊的检索条件设为，主题栏中“医疗犯罪”②；年限从1983年到2022年；分组浏览为“发表年度”；文献语言为“中文文献”。检索学术期刊相关文章2318篇，学位论文1262篇；学位论文的检索条件为主题栏中以“医疗刑法”，其他条件不变，检索学术期刊相关文章1303篇，学位论文865篇。检索出的文献主要分布在医疗事故罪、非法行医罪、强制医疗、刑法规制等方面。（见图1－9、图1－10）

① 2010—2014年司法部相关立项官方未发布，本书未能检索到具体数据。

② 本书在文献检索时在主题栏一个框内输入相关的名词，名词之间使用一个空格，空格代表将两个及以上的主题词信息合并检索，检索出的内容包含两个及以上主题词的文献。

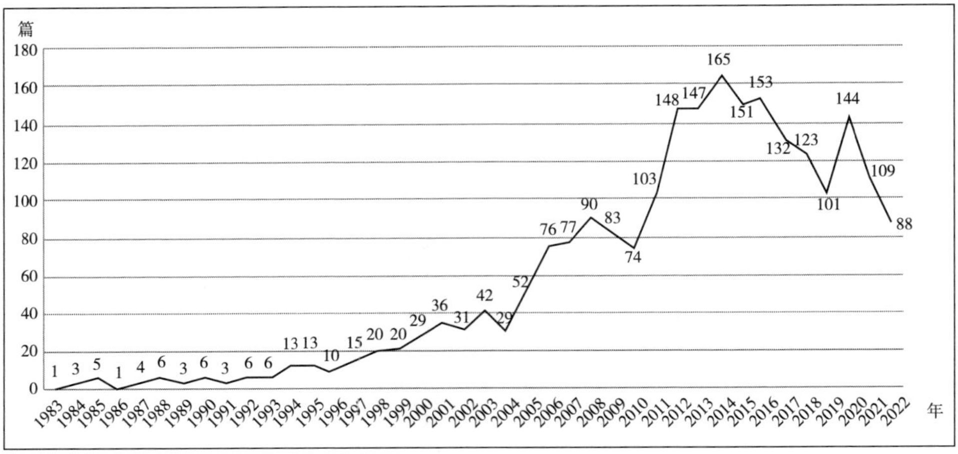

图 1-9（A） 主题为“医疗犯罪”的学术期刊文献年度趋势

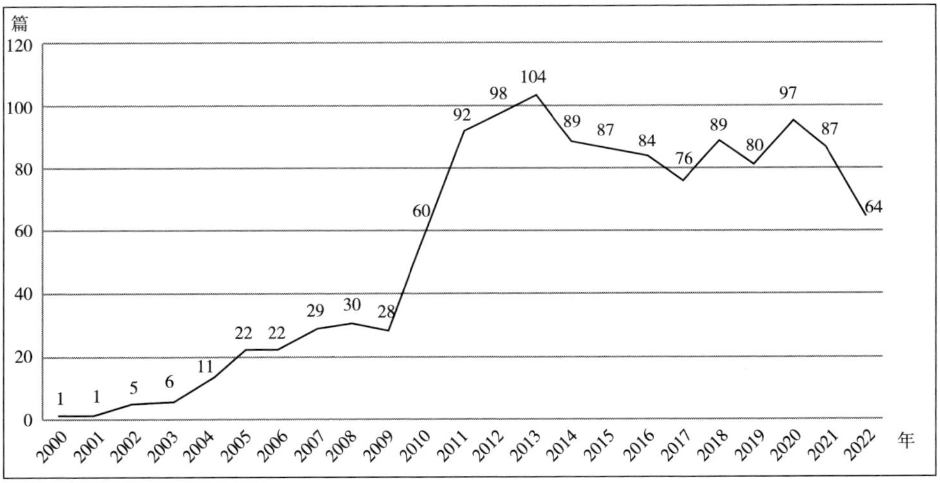

图 1-9（B） 主题为“医疗犯罪”的学位论文文献年度趋势

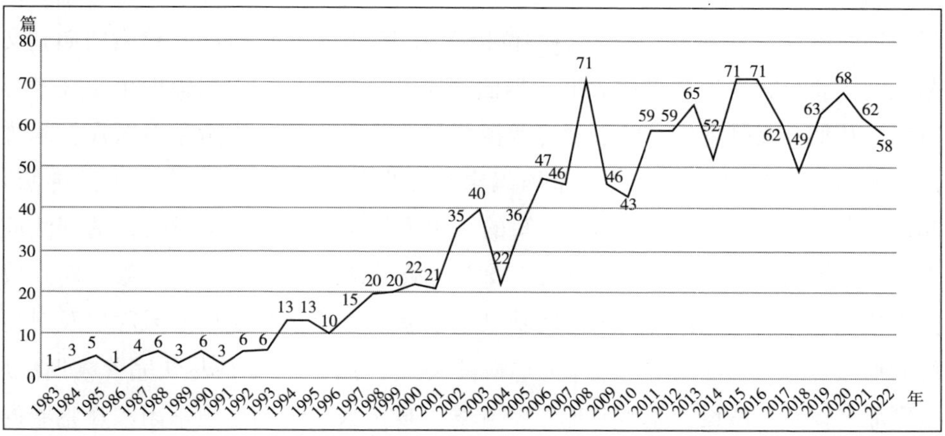

图 1－10（A） 主题为“医疗刑法”的学术期刊文献年度趋势

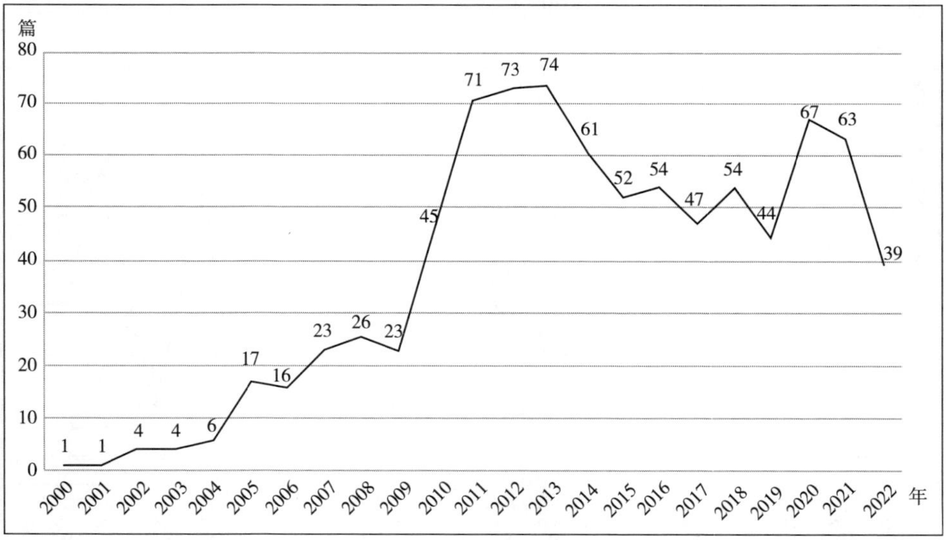

图 1－10（B） 主题为“医疗刑法”的学位论文文献年度趋势

图 1－9 和图 1－10 显示，2000 年以来，我国学术界对医疗犯罪与医疗刑法等相关问题日益关注，相关学术研究成果逐年增加。医疗刑法研究从无到有、由浅入深，体系化、规范化研究是我国医疗刑法未来发展的基本方向。

有关辅助生殖、器官移植、基因编辑、AI 辅助医疗、安乐死等医疗刑法学术期刊检索数据如下：

（1）以“辅助生殖刑法”为主题的检索情况，获取相关期刊文献49篇，最早一篇学术论文发表于2002年，学位论文47篇（见图1－11）。检索的期刊文献主题主要分布在生命科技犯罪、刑法规制、刑事责任、人类辅助生殖技术等方面。从期刊文献来看，以于慧玲教授撰写的《人类辅助生殖基因医疗技术滥用的风险与刑法规制——以“基因编辑婴儿事件”为例》（载《东岳论坛》2019年第12期）和余秋莉博士撰写的《论人体生殖系基因编辑行为的刑法应对——兼评贺建奎“基因编辑婴儿”案》（载《法律适用》2020年第4期）较为有代表性。前文全面考量了人类辅助生殖基因医疗技术滥用的风险以及对传统的刑法理论与刑法制度所带来的严峻挑战，呼吁我国刑法应尽快完善《刑法》分则罪名体系：增设“基因犯罪”类罪名，规定人类辅助生殖基因医疗犯罪的相关具体罪名；后文通过对“贺建奎基因编辑婴儿案”司法判例的实证研究，全面检视我国现代刑法应对现代医疗犯罪的不足与困境，并以比较法的视野积极探索我国人体生殖基因编辑的刑事立法。

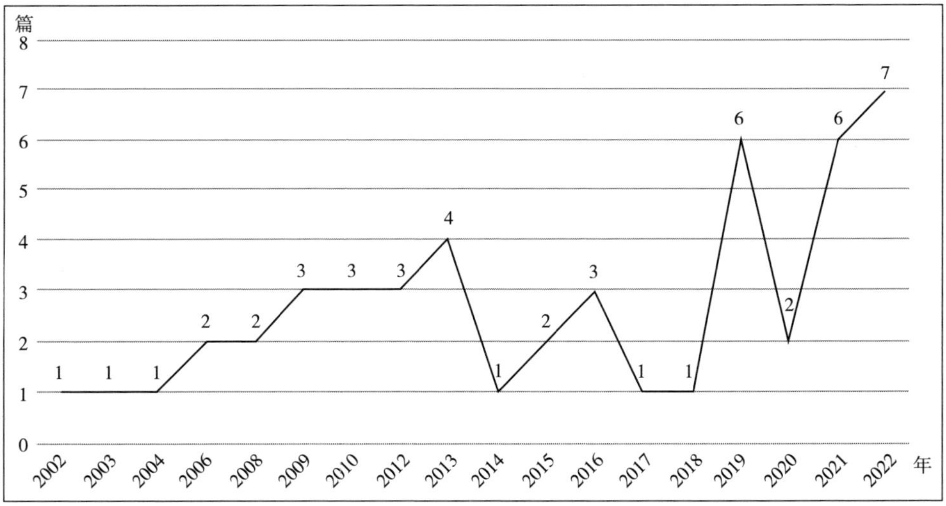

图1－11（A） 主题为“辅助生殖刑法”的学术期刊文献年度趋势

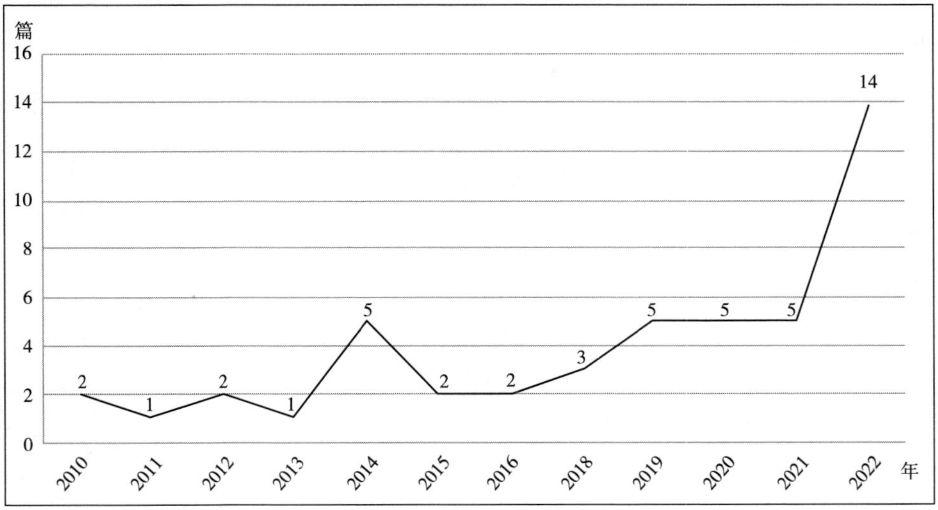

图 1－11（B） 主题为“辅助生殖刑法”的学位论文文献年度趋势

其中，又以“克隆刑法”为主题，检索相关期刊文献共 61 篇，最早一篇文献发表于 2008 年，学位论文共 23 篇（见图 1－12）。检索的期刊文献主题主要分布在、基因编辑、尖端医疗、克隆胚胎罪等方面。刘建利教授撰写的《刑法视野下克隆技术规制的根据与方法》（载《政法论坛》2015 年第 4 期）和刘长秋研究员撰写的《刑法学视域下的克隆人及其立法》（载《现代法学》2010 年第 4 期）具有代表意义。前文充分考量了生殖性克隆中的新型权利体系，以及生殖性克隆对克隆人的健康与福祉、女性人权、次世代的安全、现有社会秩序以及人类尊严等新型权利内容的威胁和侵害，主张在我国应该采取以刑法为主，以行政法为补充的混合规制模式规制克隆人犯罪行为；后文在廓清、厘定克隆人犯罪的基本范畴和理论的基础上，充分阐释了对克隆人犯罪加以刑法规制的必要性，并进而主张在我国尽快制定“克隆技术管理法”，修改现行《刑法》，增设“非法从事生殖性人体克隆研究罪”。

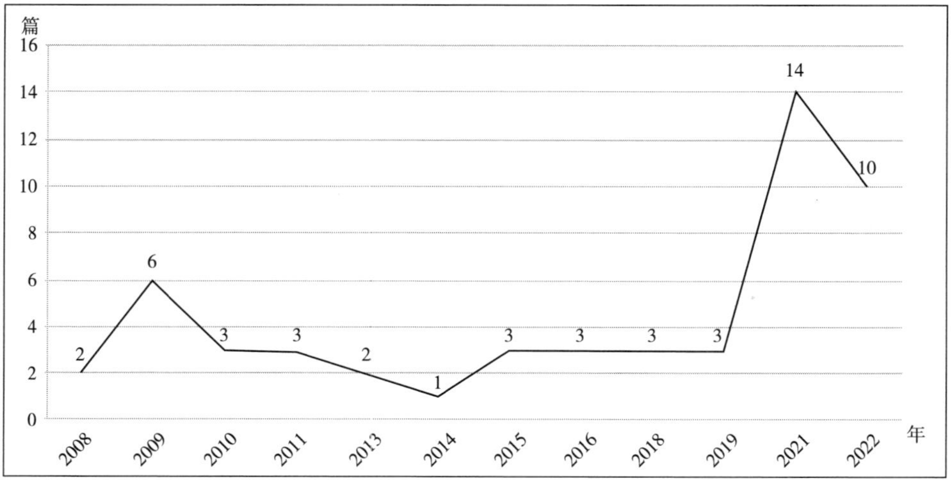

图 1－12（A） 主题为“克隆刑法”的学术期刊文献年度趋势

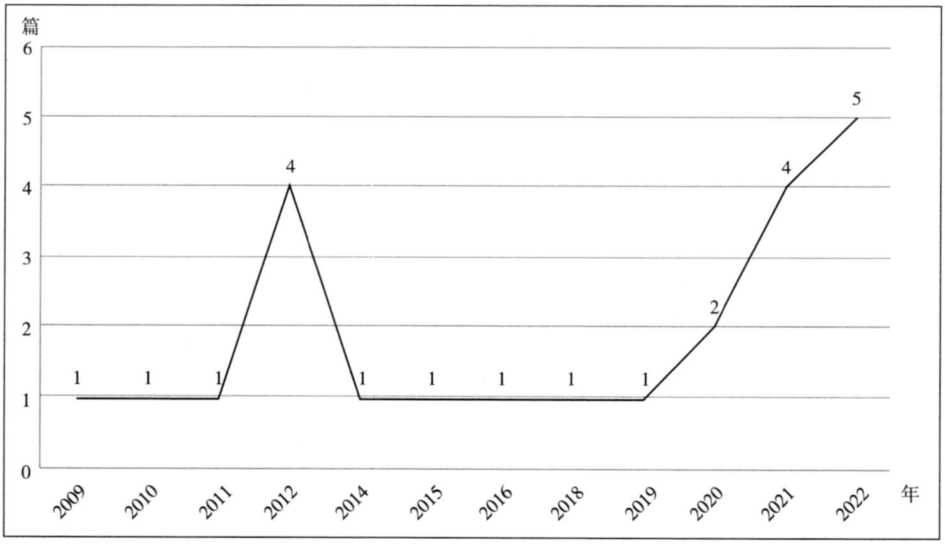

图 1－12（B） 主题为“克隆刑法”的学位论文文献年度趋势

（2）以“器官移植刑法”为主题进行检索，获取相关期刊文献 199 篇，最早一篇学术论文发表于 1984 年，学位论文 169 篇（见图 1－13）。期刊文献主题主要分布在器官移植、组织出卖人体器官罪、人体器官买卖、刑法规制等方面。早期期刊学术文献中，刘明祥教授撰写的《器官移植涉及的刑法问题》（载《中国法学》2001 年第 6 期）和张明楷教授撰写的《组织出卖人体器官罪的基本问题》（载《吉林大学社会科学学报》2011 年第 5 期）较有代表性，前文论证了活体器官、死体器官移植合法性的成立条件，阐述了买卖人体器官犯罪、非法摘取人体器官犯罪、进行人体试验犯罪，提出尽快增设买卖器官罪、非法摘取人体器官罪、进行人体试验罪的建议。后文对《刑法修正案（八）》增设的组织出卖人体器官罪的构成要件、不同情形下的被害人承诺效力以及组织出卖人体器官罪与故意杀人罪、故意伤害罪的区别进行了深入研究。近年期刊学术文献中，刘建利教授撰写的《人体器官移植法律规制的问题及完善》载（《东南大学学报（哲学社会科学版）》2019年第6期）和刘长秋研究员撰写的《人体器官买卖的刑法规制研究——法律伦理主义视角下的分析》（载《自然辩证法通讯》2021年第10期）对于器官移植犯罪与刑法规制的研究具有代表性意义。前文在厘定死体器官、活体器官等基本范畴的基础上，系统阐释了我国人体器官移植法律规制的现状及问题，文中关于“加强解释并完善立法以有效规制新型器官犯罪行为”的主张对于完善我国人体器官移植刑事法律制度具有建设性意义；后文以法教义学的批判功能为基点，深刻检视了我国现行《刑法》关于人体器官移植犯罪的制度性缺陷，并从伦理与法律相互关系的视角阐释了人体器官买卖的本质与社会危害性，文中关于“扩展刑法对人体器官买卖犯罪的打击范围”的修法建议，不仅体现了理论研究者的专业理性，更体现了理论研究者对国家医疗刑事法治的关怀。

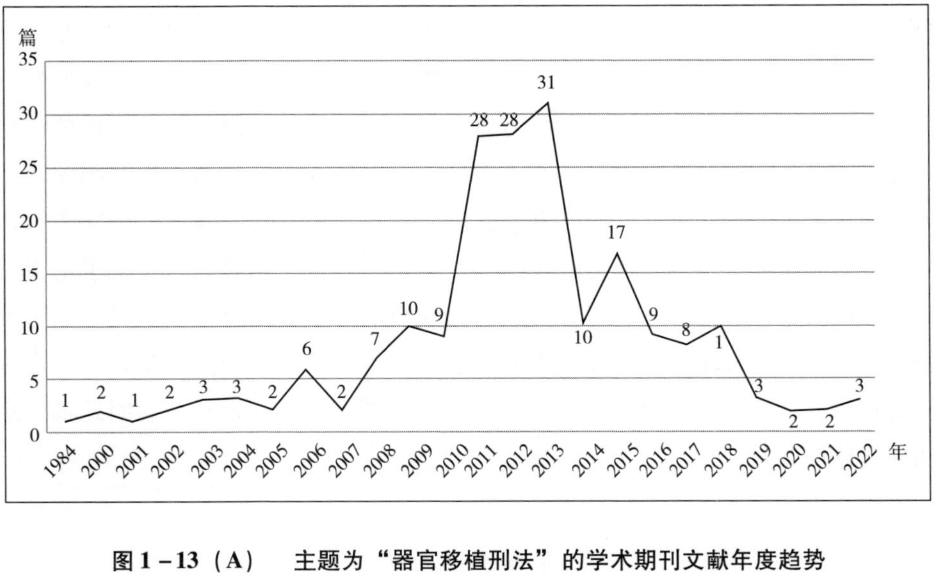

图1-13（A） 主题为“器官移植刑法”的学术期刊文献年度趋势

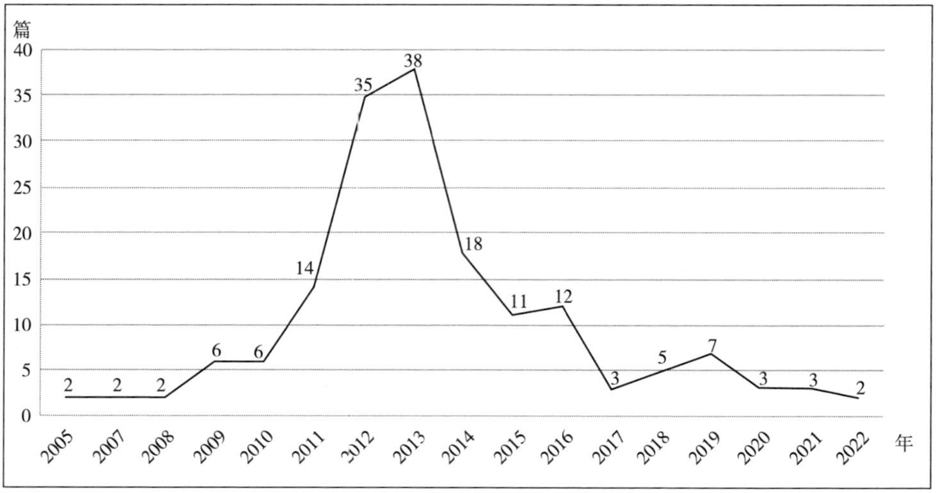

图1－13（B） 主题为“器官移植刑法”的学位论文文献年度趋势

（3）以“基因刑法”为主题进行检索，获取相关期刊文献共215篇，最早一篇期刊文献发表于2001年，学位论文68篇（见图1－14）。检索的期刊文献主题主要分布在基因编辑、刑法规制、刑法修正案（十一）等相关方面。期刊学术文献中，魏汉涛教授撰写的《人类基因编辑行为的刑法规制》（载《法商研究》2021年第5期）和姜涛教授撰写的《基因编辑之刑法规制及其限度》（载《东方法学》2021年第2期）较有代表性。前文以现代风险理论为基本立场考察人类基因编辑行为的风险，主张刑法应当根据基因编辑伴生风险的特点采取有所为和有所不为的态度，认为刑法对基因编辑的规制要以被允许的危险理论和生命伦理理论为限度，平衡人类基因编辑技术的进步与人类基因编辑技术潜在风险的管控；后文以公共利益、国家利益、公共安全与人体健康为基本立场，系统阐述了基因编辑所带来的刑法治理与利益平衡难题，并基于基因编辑犯罪的反常性考量，提出完善我国基因编辑刑事立法的建设性意见。更为难得的是，后文论者强调基因编辑犯罪仅是滥用生物科技行为的类型之一，刑法应有前瞻性地增设“滥用科技罪”这一类型性罪名，而不是只对基因编辑规定相关具体性罪名。①

① 参见姜涛：《基因编辑之刑法规制及其限度》，载《东方法学》2021年第2期，第69页。

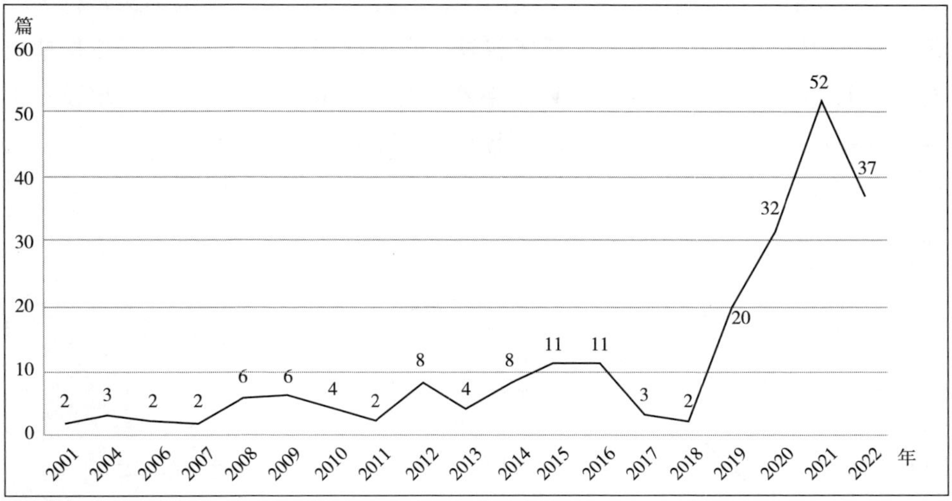

图 1 – 14（A） 主题为“基因刑法”的学术期刊文献年度趋势

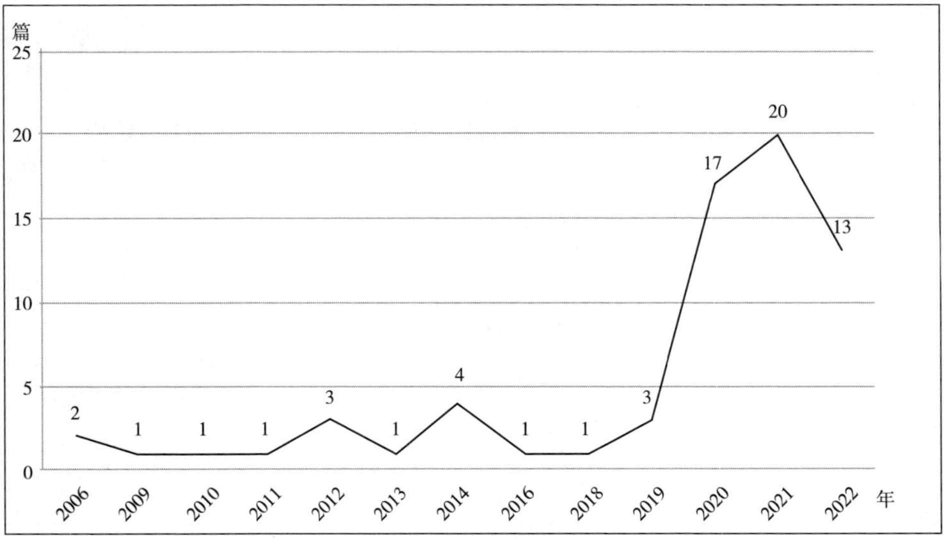

图 1 – 14（B） 主题为“基因刑法”的学位论文文献年度趋势

（4）以“人工智能医疗刑法”为主题进行检索，获取期刊文献 30 篇，学位论文 17 篇（见图 1 – 15）。皮勇教授撰写的《论医疗人工智能的刑法问题》（载《法律科学（西北政法大学学报）》2021 年第 1 期）和黄陈辰博士撰写的《手术机器人医疗事故中刑事责任的主体、归属与实现》（载《重庆大学学报（社会科学版）》网络首发日期：2020 年 06 月 10 日）较有代表性。前文对医疗人工智能的刑法地位进行了深入研究，主张医疗人工智能不能成为医疗行为主体和医事犯罪主体。后文论述了手术机器人在医疗事故中的刑事责任主体地位与刑事责任的实现，并主张应当赋予手术机器人刑事责任主体地位、增设人工智能事故罪并创制适用于人工智能机器人的专门刑罚。

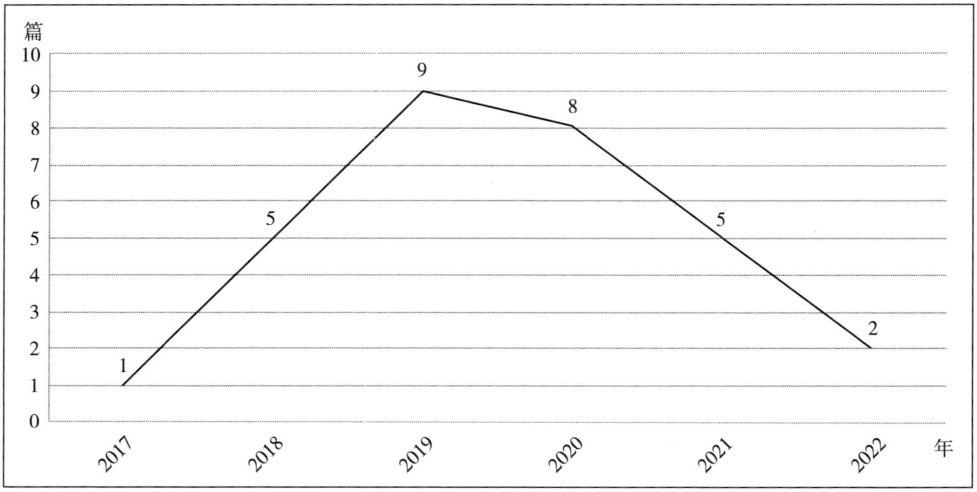

图 1－15（A）　主题为“人工智能医疗刑法”的学术期刊文献年度趋势

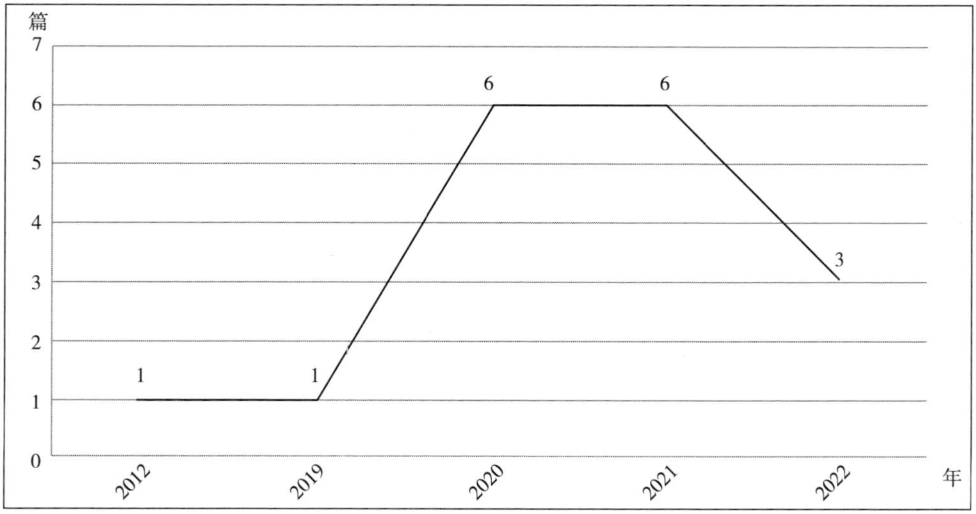

图 1－15（B）　主题为“人工智能医疗刑法”的学位论文文献年度趋势

（5）以“安乐死刑法”为主题进行检索，获取相关期刊文献共 327 篇（近年发表趋势见图 1－16），最早一篇学术论文发表于 1984 年，学位论文 195 篇。检索的期刊文献主题主要分布在安乐死、非犯罪化、安乐死立法、尊严死等方面。期刊学术文献中，侯艳芳教授撰写的《我国医疗过程中促进死亡行为的非犯罪化刑法应对》（载《山东大学学报（哲学社会科学版）》2015 年第 1 期），付子堂教授、王业平博士的《法律家长主义与安乐死合法化的范围界限》（载《法学杂志》2021 年第 3 期）和王卓教授、李莎莎教授的《老龄化背景下安乐死合法性的考量——基于 20 世纪 80 年代以来中国安乐死研究的学术史》（载《自然辩证法通讯》2020 年第 11 期）较有代表性。

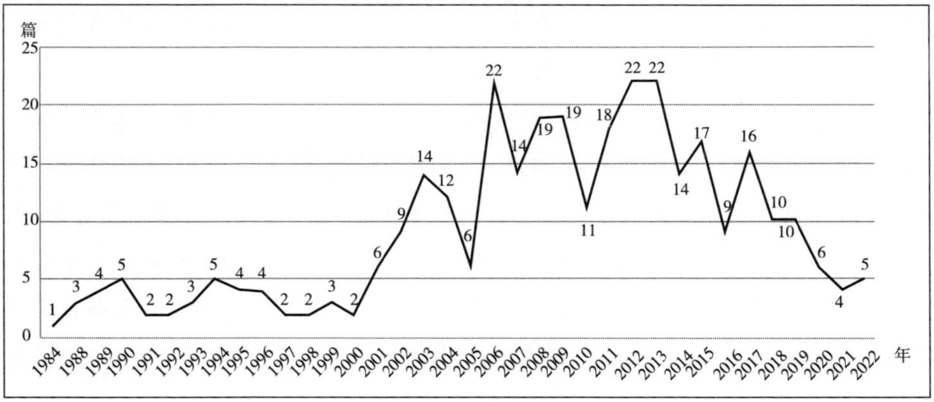

图 1－16（A） 主题为“安乐死”并含“刑法”的学术期刊文献年度趋势

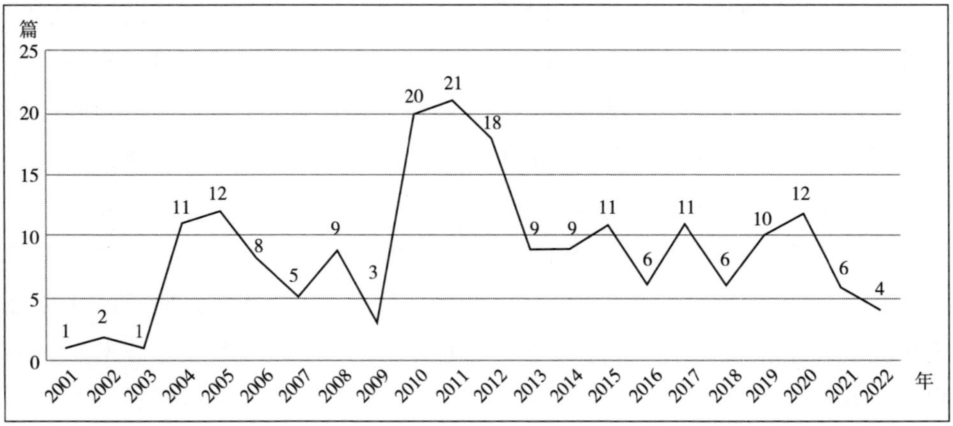

图 1－16（B） 主题为“安乐死”并含“刑法”的学位论文文献年度趋势

《我国医疗过程中促进死亡行为的非犯罪化刑法应对》一文基于我国安乐死尚未合法化的立法现状，通过对死亡权之“基本人权”的理性考量，主张“坚持以运用社会相当性理论阻却刑事违法为原则，以运用期待可能性理论阻却刑事责任为例外的立场”。①阻却我国医疗过程中促进死亡行为的犯罪化。

《法律家长主义与安乐死合法化的范围界限》一文以法学研究者的专业敏锐性直面当前我国安乐死的现状：频发的医生帮助绝症晚期患者安乐死的生动现实与法律将安乐死帮助行为犯罪化的局限。该文认为无论是“违法性阻却事由”，还是“责任阻却事由”，抑或“政策阻却事由”均无法为安乐死的正当性提供充足的依据。唯有站在软法律家长主义的解释立场，可以明确积极的安乐死以及消极的安乐死合法化的结论。

《老龄化背景下安乐死合法性的考量——基于20世纪80年代以来中国安乐死研究的学术史》一文通过对我国自20世纪80年代以来，近40年安乐死的学术研究成果的考察，认为安乐死的合法化主要面临伦理习俗、法律制度等障碍，实现安乐死从社会事实到法律事实的转变，一方面，需要持续深入安乐死规范性研究，推动包括刑法在内的法律系统对安乐死的接纳。另一方面，需要通过对社会现状进行具有深度和广度的实证研究，探寻安乐死实质合法性的依据。

2. 专著（论文集）

目前，我国刑法体系的架构以及犯罪学理论的研究在引鉴域外前沿思想的基础上，经过长期积淀和发展，日臻完善。对于现代医学科学领域内犯罪问题的关切日益成为学者关注的重点和热点，学者在理论研究方兴未艾，并取得重要研究成果。本书检索、查阅到的相关医疗刑法专著（论文集）30多部，其中代表性著作（论文集）10多部。

（1）2002年，郭自力教授著有《生物医学的法律和伦理问题》一书，本书对安乐死、器官移植、基因工程、人工生殖、代理母亲、人体试验等涉及的伦理和法律问题进行了深入探讨，对器官移植中的刑事犯罪和新生殖技术的刑法规制等问题进行了前瞻性研究。

① 参见侯艳芳：《我国医疗过程中促进死亡行为的非犯罪化刑法应对》，载《山东大学学报（哲学社会科学版）》2015年第1期，第141页。

（2）2005 年，康均心教授主编的《人类生死与刑事法律改革》一书，开启了我国刑法学界对人的生命周期的刑事法律问题研究。其“生存篇”对人工授精、试管婴儿、代孕母亲、克隆技术等辅助生殖技术进行系统的伦理道德评析和刑事法律评析；其“死亡篇”对安乐死、脑死亡等进行法律评析。其“下篇”对器官移植涉及的犯罪及其防控等问题进行了详尽研究。

（3）2006 年，刘长秋研究员所著《生命科技犯罪及其刑法应对策略研究》一书是国内首部系统研究生命科技犯罪的专著。该书总论对生命科技犯罪及其刑法应对策略进行概括研究，分论对基因犯罪、辅助生殖犯罪、器官移植犯罪、人体实验犯罪以及美容整形犯罪五类具体的生命科技犯罪及其刑法应对策略进行类型化的深入研究，填补了国内生命科技犯罪学研究的空白，弥补了国内生命科技刑法学研究的不足。

（4）2009 年，刘维新教授所著《医事刑事法初论》一书对医事犯罪基础理论和医事刑法进行了系统研究。该书第五章论述了器官移植涉及的刑法效应、脑死亡问题的刑事法规制、辅助生殖的刑事法规制、克隆的刑事法规制和人类基因的刑事法保护等现代医疗犯罪与刑事法律问题。

（5）2010 年，杨丹博士所著《医疗刑法研究》，是我国首部医疗刑法著作。该书对医疗犯罪的刑事责任分配、医疗犯罪的刑罚配置、医疗犯罪的成立要件等问题的系统研究，奠定了我国医疗刑法研究的基础。第十章“尖端医疗与医疗刑法的未来发展”重点论述了人工生殖的相关犯罪、器官移植的罪与非罪等相关刑法问题。

（6）2012 年，李长兵教授著有《医疗技术革命对刑法的挑战及其应对》，该书对脑死亡、安乐死、基因技术、器官移植、人体试验等新型医疗技术的基本范畴进行了较高学术水准的厘定，对医疗技术革命的挑战与刑法应对进行了系统阐述。

（7）2012 年，熊永明教授所著《现代生命科技犯罪及其刑法规制》是继刘长秋教授所著《生命科技犯罪及其刑法应对策略研究》之后，国内又一部系统研究生命科技犯罪与刑法应对的专著。本书通过对当代生命科技发展对我国刑事立法、刑事司法、刑事守法、刑法理论冲击的理性分析，阐明了我国生命科技刑事立法的原则和策略，具体分析了基因工程、人类辅助生殖、器官移植、人体试验等各种与生命科技发展相关问题的刑法规制。

（8）2014 年，刘明祥、曹菲、侯艳芳教授编著的《医学进步带来的刑法问题思考》一书通过对医学进步带来的医疗刑法理论、医疗行为正当化根据问题的考察，开拓性地提出了安乐死、器官移植、人体实验的刑法规制，对完善我国相关立法、指导相关司法实践、推进相关理论研究具有重要意义。

（9）2015 年，熊永明教授所著《我国人体器官移植犯罪及其刑法规制》是一部系统研究人体器官移植犯罪的著作，该书对器官移植犯罪基本范畴的厘定、对器官移植犯罪现象的客观分析等深化了我国刑事理论研究，对我国器官移植的刑事立法建议具有应用价值。

（10）2016 年，杨丹教授所著《尖端医疗领域刑法理论及立法对策研究》系统研究了尖端医疗领域所涉及的共同的、基础性的刑法理论问题，对人类辅助生殖、克隆人、人体基因工程、器官移植等尖端技术提出了相应的刑法立法对策。

（11）2017 年，刘建利教授主编的《医事刑法重点问题研究》涵盖了医事刑法基础理论、医疗行为与刑法规制等医事刑法上的重要问题。

（12）2019 年，熊永明教授所著《器官移植的刑法问题研究》一书是其本人继《我国人体器官移植犯罪及其刑法规制》之后的又一力作。该书深化了对器官移植的相关概念、基本属性以及基本原理的研究，并对人体器官摘取犯罪与刑法规制、人体器官交易犯罪与刑法规制、人体器官植入犯罪与刑法规制进行了类型化考察与研究。

（13）2019 年，刘建利教授所著《医事行为的刑法规制》一书阐述了医事行为刑法规制的基本立场和尖端医事行为的刑法挑战及应对。该书对人体器官移植、晚期医疗行为的刑法规制、新型医疗行为的刑法规制等现代医疗刑法问题进行了重点研究。

（三）现代医疗刑法学术研究评述

在域外，尤其是德、日等国家和地区，医疗刑法已经是一个成熟的独立的刑法研究分支，但是，医疗刑法对于域内学者实属刑法研究的陌生领域。在熟悉的刑法领域探究陌生的医疗问题，其中的困难显而易见。值得欣慰的是，学者们以涉足刑法研究新领域的勇气、以洞察刑法研究发展新课题的学术担当，积极探索医学发展与医疗科技革命中的新型犯罪与新的刑事法律问题。其中富有建树的前瞻性研究成果为我国医疗刑法这一新领域的研究奠定了基础。

1. 对新型医疗犯罪问题的关切

现代医学的发展与医疗技术的革命，给包括刑法学在内的法学研究带来极大挑战，同时为法学研究带来新的课题。自20世纪80年代以来，我国法学界日益关注安乐死、人体器官移植、辅助生殖、基因编辑、克隆技术等现代医疗技术引发的法律问题，刑法学界密切关注现代医学科学技术的滥用和不当利用引发的新型犯罪和刑法问题。其中，安乐死与器官移植是我国学者较早关注的医疗刑法研究领域。就安乐死而言，自1986年陕西汉中安乐死案以来，我国安乐死刑法学研究已有近40年的历史，至今依然热度未减，有关安乐死的学术研究在激烈争鸣中日益深化，安乐死罪与非罪的争辩难解难分。就器官移植犯罪相关研究而言，可谓成果显著，有学术论文，也有学位论文，还有学术专著，前文已有所述。近几年，国内因辅助生殖、基因编辑、克隆技术、基因治疗等的研究与应用引发的社会新矛盾、热点问题时有发生，法学界对辅助生殖、基因编辑、克隆技术等领域的犯罪有所关注。2018年，贺建奎等人“基因编辑婴儿”案再次推高国内学者对辅助生殖法律问题的研究热度。与此同时，在国家生育政策调整以及新生人口增长缓慢的形势下，商业化代孕、配子买卖等社会现象引人关注，学界对辅助生殖相关犯罪与刑法问题的关注度呈跃进式上升趋势。对于AI辅助医疗，目前我国刑法学界也有所关注，并形成少量研究成果。

2. 对医疗刑法相关基本范畴的阐释

作为反映医疗犯罪与医疗刑法的普遍本质的基本概念，医疗犯罪与医疗刑法的相关基本范畴是医疗刑法研究的基础，应当首先被厘定、廓清。医疗刑法是医学与法学的交叉学科，其中涉及的基本概念有别于刑法学中的一般性概念。我国学者积极借鉴域外学者对医疗犯罪与医疗刑法相关基本范畴的界定，以法学的维度阐释安乐死、人体器官移植、辅助生殖、基因治疗、知情同意、死亡权、生育权、医疗父权、器官移植犯罪等概念的内涵、本质属性等，中国语境下的医疗犯罪与医疗刑法相关基本范畴日渐清晰。例如，有学者指出，器官移植犯罪是一类犯罪的总称，是指在器官移植之前、器官移植过程中以及器官移植之后与器官移植有关的法定犯罪和待“犯罪化”的各种严重危害社会的行为的统称。①

---

① 参见康均心主编：《人类生死与刑事法律改革》，中国人民公安大学出版社2005年版，第424页。

3. 对医疗刑法相关基本原理的论证

作为刑法学研究的特殊领域，医疗刑法的基本原理具有刑法一般原理统领下的特殊性，我国学者多有关于这些特殊问题的研究，并取得相应理论成果，本书在此摘其要者介绍如下。

（1）医疗行为的正当化与合法化问题

关于医疗行为的正当化与合法化，有学者从一般意义上论证医疗行为的正当化与合法化，认为患者的同意是医疗行为正当化的核心根据。只有获得了患者的同意，医疗行为才是正当的，这是对患者的自我决定权的尊重，是对人的尊严的尊重。① 另有学者对辅助生殖、人体器官移植、基因治疗、安乐死等现代医疗行为的正当性与合法性分而论之，例如，关于人体器官移植合法性问题，有学者认为，器官移植行为合法化的前提在于符合被害人承诺的原理，另外，器官移植还必须具有社会相当性。②

（2）医疗犯罪特殊对象的法律属性问题

人类辅助生殖、人体器官移植等医疗犯罪的犯罪对象经常表现为既非人，也非物的存在形态，如胚胎、配子、人体器官等。有学者认为，“胚胎”“配子”既不是真正意义上的人，也不能降格为一般的物。③ 对于人体器官，学界普遍认为，未与人身分离的活人器官在法律上与活人一样，不属于法律上的物，而应定位于“人格之载体”。④ 而对于已与人体分离的活体器官及遗体器官，学界普遍认同应视为法律上的物，是一种“特殊的物”。

（3）医疗行为阻却犯罪性问题

医疗行为阻却违法性也称为“医务人员的豁免”，在刑法上则可称为“阻却犯罪性行为”。我国现行《刑法》明确规定的违法阻却事由为正当防卫与紧急避险。学界具有共识性的观点认为，超法规医疗行为的违法阻却事由有三种情形：正当业务行为、可容性危险和患者的有效承诺。

（4）医疗犯罪的刑事责任问题

关于医疗犯罪的刑事责任，有学者认为，在复杂的医疗过程中，损害结果

---

① 参见杨丹、冯军：《医疗刑法研究》，载《法学家》2009 年第 6 期，第 150 页。

② 参见熊永明：《活体器官移植合法化条件解读》，载《云南大学学报（法学版）》2009 年第 5 期，第 93 页。

③ 参见熊永明：《现代生命科技犯罪及其刑法规制》，法律出版社 2012 年版，第 255 页。

④ 参见吴颖雄、田侃：《人体器官的法律属性及其权利归属探讨》，载《中国卫生事业管理》2012 年第 3 期，第 202 页。

的发生可能是诸多因素共同作用的结果，该损害结果能否归责于医生，是认定因果关系时需要着力解决的问题。① 我国医疗过失犯罪的刑事责任理论经历了由注意义务违反到客观归责的理论嬗变。传统过失犯理论无论是作为旧过失论的结果预见义务违反还是作为新过失论的结果回避义务违反，都由于其注意义务标准之模糊性和与因果关系循环论证问题无法准确认定复杂的医疗过失犯罪问题，从而易于扩大责任范围。② 目前我国学者普遍坚持客观归责原则，以客观危险的存在或危害结果的发生为核心认定医疗过失犯的刑事责任。

4. 对医疗刑事立法的前瞻性研究

关于医疗刑事立法的原则，有学者论述了生命科技刑事立法的必要性、协调性、严密性、民主性、前瞻性、国际性原则。③ 关于立法模式，有学者主张独立的散在式立法模式。例如，克隆人刑事立法，有学者主张制定一部禁止克隆人的单行刑法。也有学者主张采取编纂式的刑事立法模式。④ 关于罪名设置，有学者主张通过新设罪名，规制辅助生殖、器官移植等新型医疗犯罪，如增设非法转让辅助生殖技术罪、滥用辅助生殖技术罪、代孕罪、从事代孕业务罪、实施代孕手术罪⑤等辅助生殖罪；增设买卖人体器官罪、商业化器官移植类罪、违反信息规则类器官移植犯罪⑥等人体器官移植罪。

法学界与法律实务界有关现代医疗刑法相关问题研究极大地推进了我国刑法研究的进程，最大限度地保障了医疗科技的创新与应用。但是，由于我国医疗刑法研究起步较晚，医疗刑法的研究基础薄弱，存在靶点分散，系统性不足等问题，具体表现如下。

（1）现代医疗刑法的基本范畴有待进一步厘定

我国医疗刑法历经近40年的学术研究，尽管初步建立起理论研究的基本概念体系，但是，目前我国学者关于医疗行为、医疗犯罪、医疗刑法等基本概念的理解尚有分歧、表述不尽统一。对于医疗领域的犯罪，有学者表述为“医疗犯罪”，有学者表述为“医事犯罪”。对于“医疗刑法”也有学者表述为“医事

---

① 参见杨丹、冯军：《医疗刑法研究》，载《法学家》2009年第6期，第148页。

② 参见李川：《从注意义务违反到客观归责：医疗过失犯之理论嬗变与归责限缩》，载《法学论坛》2014年第5期，第146页。

③ 参见熊永明：《现代生命科技犯罪及其刑法规制》，法律出版社2012年版，第46－54页。

④ 参见郭立新：《刑法立法正当性研究》，中国检察出版社2005年版，第174页。

⑤ 参见刘长秋：《人类辅助生殖技术的刑法学思考》，载《东方法学》2008年第2期，第48页。

⑥ 参见熊永明：《现代生命科技犯罪及其刑法规制》，法律出版社2012年版，第173－175页。

刑法”。基本概念认识上的分歧以及适用上的不统一势必制约理论研究的深化，带来司法适用的困惑。

（2）现代医疗刑法的理论研究缺乏建构性

医疗刑法是德日刑法理论的一个极为重要的分支，其理论体系构建、判例实证研究均已经达到相当的高度。与之形成鲜明对照的是，我国医疗刑法现有研究过多关注现代医疗刑法领域的实然问题和司法现象，对现代医疗刑法深层刑法理论问题关注较少，系统性研究现代医疗行为犯罪的文献不多，研究成果相对分散，缺乏对于现代医疗刑法基本原理的深入研究，尚未形成相对完善的现代医疗刑法基本理论体系，如AI辅助医疗中的犯罪主体问题、生殖系基因编辑中的罪过问题、非法代孕的犯罪边界问题、安乐死承诺的有效性等。

（3）现代医疗刑事立法的总体架构有待深入研究

面对现代医学科学技术引发的新问题，刑法的回应不能仅限于不断增设新罪名以适应其不断的发展，更应着力构建一种全新的现代医疗刑法学的基本理论框架。如现代医学科学技术行为诱发的具体刑法问题、现代医疗犯罪设立的原则和方式、侵害的法益种类、各种具体犯罪的概念和犯罪构成、犯罪行为构造、犯罪主体范围、犯罪对象认定、我国未来医疗刑事立法完善与发展的方向及目标等一系列理论问题都仍待解决。

第三节　现代医学科学时代的医疗刑法研究方法

医疗领域本身即是一个极为复杂的问题，现代医学科学时代的医疗刑法面对着医学与法学的价值目标、社会功能等复杂问题。本书运用文献研究法、比较研究法、实证研究法，考察、论证、构建中国未来的医疗刑法制度。

一、文献研究法——对域内外现代医疗法律法规的考察

本课题研究通过线上线下检索到人类辅助生殖医疗、人体器官移植医疗、基因治疗、AI辅助医疗、安乐死医疗相关政策、法律法规等规范性文件190多件。其中域外100多件，涉及英国、法国、德国、美国、意大利、新西兰、澳大利亚、加拿大、日本等国家或地区。域内法律法规、司法解释等规范性文件90多件。包括《中华人民共和国民法典》《中华人民共和国药品管理法》《中华

人民共和国医师法》《中华人民共和国生物安全法》《中华人民共和国刑法》《中华人民共和国人类遗传资源管理条例》《人类辅助生殖技术管理办法》等。以下在表 1 –1 至表 1 –5 中列举中外重要的现代医疗规范性文件。

表 1 –1 人类辅助生殖重要规范性文件

文件名称	国家（组织）或机构	发布年份
《世界人类基因组与人权宣言》	联合国教科文组织	1998
《在生物学和医学应用方面保护人权和人类尊严公约：人权和生物医学公约》（《奥维耶多公约》）	欧洲委员会	1997
《人类辅助生殖技术管理办法》	中国	2001
《关于更新其对人类基因组和人权的思考的报告》	联合国教科文组织国际生物伦理委员会	2015
《人类细胞研究中基因组编辑的伦理与法律评估》（讨论文件，第 10 号）	德国	2017
《编辑人类 DNA：种系遗传修饰的道德和社会意义》	荷兰	2017
《人类基因组编辑：科学、伦理和治理》	美国国家科学、工程和医学研究院	2017
《基因组编辑和人类生殖：社会和伦理问题》	纳菲尔德生物伦理委员会	2018
《人类基因组编辑管制框架》	世界卫生组织（WHO）	2021
《中华人民共和国刑法》	中国	2021
《德国刑法典》	德国	2019
《法国刑法典》	法国	1994

表 1 –2 人体器官移植医疗重要规范性文件

文件名称	国家（组织）或机构	发布年份
美国《联邦遗体捐献法》（UAGA）	全美统一州法律委员会（NCCUSL）	1968
《生物伦理法》	法国	1988
《英国人体器官移植法》（HOTA）	英国	1989

续表

文件名称	国家（组织）或机构	发布年份
《欧洲人权与生物医学公约》	欧洲委员会	1997
《世界生物伦理准则宣言》	联合国教科文组织	2005
《人体器官移植条例》	中国	2007
《伊斯坦布尔器官贩运和移植旅游宣言》	国际器官移植学会	2008
《中华人民共和国刑法》	中国	2011
《打击贩运人体器官公约》	欧洲委员会	2014
《联合国打击跨国有组织犯罪公约关于预防、禁止和惩治贩运人口特别是妇女和儿童行为的补充议定书》	联合国	1998

表 1－3　基因治疗重要规范性文件

文件名称	国家（组织）或机构	年份
《世界基因组人权宣言》	联合国教科文组织（UNESCO）	1997
《欧洲人权与生物医学公约》	欧洲理事会	1997
《基因技术规制法》	德国	1990
《法国刑法典》第二卷第二编	法国	1994
《人类体细胞基因治疗的设计和呈批考虑要点》	美国国家卫生研究院（NIH）	1985
《基因技术法 2000》（Gene Technology Act 2000）	澳大利亚	2000
《基因治疗产品非临床研究与评价技术指导原则（试行）》	中国	2021

表 1－4　AI 医疗重要规范性文件

文件名称	国家（组织）	年份
“数字医疗行动计划”（eHealth：An action plan for a European eHealth Area）（2004－2010）	欧盟委员会	2004
《英国人工智能产业发展报告》	英国	2017
《新一代人工智能发展规划》	中国	2017

续表

文件名称	国家（组织）	年份
《法国人工智能发展战略》	法国	2018
《人工智能道德准则》Ethics Guidelines for Trustworthy AI（可信赖 AI 的伦理准则）	欧盟委员会	2019
《美国人工智能倡议》（行政令）	美国	2019
《人工智能法》提案	欧盟委员会	2021

表 1－5 安乐死医疗重要规范性文件

文件名称	国家（组织）	年份
《欧盟基本权利宪章》	欧盟委员会	2007
《统一重危患者权利法》	美国联邦统一州法委员会	1985
《荷兰王国安乐死法》	荷兰	2001
《比利时安乐死法》	比利时	2002 年通过，2005 年、2014 年两次修订
《安乐死法案》	西班牙	2021
《生命终结选择法案》	新西兰	2020 年通过，2021 年下半年生效

二、比较研究法——对域内外现代医疗刑法制度的比较考察

本书对域外主要国家及地区和我国的人类辅助生殖、器官移植、基因治疗、AI 医疗、安乐死医疗每个问题的刑法制度进行了单独考察，并以不源于任何特定法律制度的中性术语予以表述，这些通用术语是超国家的、自主的，在一定程度上是通用的。本书通过对各国相关法律制度进行较为详尽的考察，了解不同法律制度如何解决相同或相似的问题，并力图解决与现代医疗刑法相关的三个核心问题：第一，人类辅助生殖、器官移植、基因治疗、AI 医疗、安乐死等现代医疗技术应用给传统刑法制度带来的冲击或挑战。第二，国际组织、域外部分国家（地区）以及我国对现代医疗犯罪的立法回应。例如，“同意”对于罪与非罪以及量刑的意义、“自愿安乐死”罪与非罪的维度等。第三，考察各

国，特别是我国有关现代医疗犯罪的刑事司法状况。

通过对当前世界部分国家及地区有关现代医疗刑法的已有罪刑制度的考察，笔者发现欧洲一些国家对人类辅助生殖、人体器官移植、基因治疗、安乐死医疗等领域规定了更多可直接适用的具体罪名。其中《法国刑法典》最具有代表性，最新《法国刑法典》可直接适用于现代医学研究与技术应用的条文为第511－1条至第511－25－1条，形成了较为完善的现代医疗刑法罪名体系。具体罪名包括容许从自身摘取细胞、配子罪，购买人体器官罪，人体器官买卖中介服务罪，非法摘取人体器官罪，购买人的胚胎罪，购买人的胚胎中介服务罪，人体胚胎克隆罪，人体胚胎克隆研究罪等。此外，澳大利亚的《人类胚胎研究法案》中也规定了多个可直接适用于现代医疗相关犯罪的罪名，例如违反许可从事辅助生殖罪，超期使用人类胚胎罪，使用非超期人类胚胎罪，进口或者出口克隆的人类胚胎罪，宣传游说进行商业代孕，为移植而输出血液、切除组织和器官罪，从事人体组织或器官买卖活动罪等。

我国刑法可直接适用于现代医学研究与技术应用的相关犯罪的专有罪名较少，目前只有《中华人民共和国刑法》第234条之一规定的组织出卖人体器官罪，第334条之一规定的非法采集人类遗传资源、走私人类遗传资源材料罪，第336条之一规定的非法植入基因编辑、克隆胚胎罪。除此之外，涉现代医疗相关犯罪只能适用其他罪名，常见的罪名有故意杀人罪、故意伤害罪、医疗事故罪、非法行医罪、非法进行节育手术罪。

三、实证研究法——对现代医疗刑法基本原理的验证

本书通过Alpha案例库、中国裁判文书网等，筛选2011年至2022年2月的相关刑事裁判文书，发现其中人类辅助生殖相关刑事裁判文书66例；器官移植相关刑事裁判文书21例；基因治疗相关刑事裁判1例；安乐死医疗相关犯罪1例。本书通过个案研究和案例统计，对现代医疗刑法的基础理论、犯罪论、刑罚论进行验证，其中既有证实研究，也有证伪研究。

（一）实证研究对现代医疗刑法基础理论的验证

实证研究以案件为主要研究对象，本书主要是以裁判文书为主要实证材料的刑法实证研究。尤其是裁判文书中记载法官适用《刑法》《刑事诉讼法》的规定而做出的“事实”认定以及最终的定罪量刑结果，其中蕴含了对刑法基础

理论的验证。

1. 实质犯罪二元价值论的验证

结果无价值与行为无价值是以德、日为代表的大陆法系国家对实质犯罪的两种价值论，随着刑法理论的不断发展和完善，行为无价值与结果无价值的二元论，逐渐成为学术界的通说。① 在我国，以周光权教授等坚持的实质犯罪的二元论价值论得到了广泛支持。二元论价值立场以行为为基础的同时兼顾法益的保护。从检索的涉现代医疗犯罪的案例来看，二元论价值立场在域内现代医疗相关犯罪的司法裁判中有两种基本情形：一种情形是在非医疗业务类犯罪中，司法裁判沿着“危害行为—危害结果”的逻辑轨迹进行犯罪性评价，行为无价值居于优先地位。例如我国刑法中的组织出卖人体器官罪等。另一种情形是在医疗业务类犯罪中，司法裁判沿着“危害结果—危害行为”的逻辑轨迹进行犯罪性评价，结果无价值较行为无价值具有优先、主导地位，例如我国刑法中的医疗事故罪等。

2. 紧急避险原理的验证

紧急避险是刑法出罪的重要根据，在英美刑法理论中，紧急避险是合法辩护的重要事由。在我国刑法理论中，紧急避险是一种法定的排除犯罪性的行为。依据《中华人民共和国刑法》第 21 条规定，紧急避险的本质是避免现实危险、保护较大合法权益。现代医疗中的紧急避险时常发生患者（患者家属）或被害人知情同意权与其生命健康权的冲突、患者医疗法益与医疗特殊干预权的冲突、医疗法益的冲突。显然，在医疗刑法法益价值体系中，生命安全权、健康权较知情同意权、医疗特殊干预权具有绝对的优先性。医疗活动中的知情同意权体现的是医疗活动中的患者自我决定权，其目的在于保障患者之权利、维护患者的尊严、避免患者受欺诈和胁迫、促进医疗目的之实现。② 医疗特殊干预权是医疗机构在特殊情况下对患方自我决定权的限制，目的是更好地保护患者利益，其与以维护生命健康利益为目的的患者的生命健康权具有目的上的一致性。我国《医疗机构管理条例》第 32 条规定：“医务人员在诊疗活动中应当向患者说明病情和医疗措施。需要实施手术、特殊检查、特殊治疗的，医务人员应当及时向患者具体说明医疗风险、替代医疗方案等情况，并取得其明确同意；不能

---

① 参见夏巍予、林思婷：《论二元的行为无价值论与中国刑法的衔接》，载《学理论》2014 年第 16 期，第 135 页。

② 参见黄丁全：《医事法》，中国政法大学出版社 2003 年版，第 245 页。

或者不宜向患者说明的，应当向患者的近亲属说明，并取得其明确同意。因抢救生命垂危的患者等紧急情况，不能取得患者或者其近亲属意见的，经医疗机构负责人或者授权的负责人批准，可以立即实施相应的医疗措施。”紧急避险原理在我国现代医疗犯罪司法裁判样本验证中一方面体现在对患者（受害人）知情同意权的排除，另一方面体现在对知情同意原则之例外的特殊专断治疗权的确认。以检索的器官移植犯罪司法裁判样本来看，组织出卖人体器官的行为，受害人是否知情同意并不影响定罪或量刑，相反，组织出卖人体器官犯罪在不少情况下获得受害人的同意。

（二）实证研究对现代医疗犯罪论的验证

本课题以检索的案件裁判文书为样本，对2011年至2022年2月我国现代医疗犯罪地域分布、行为手段、发展趋向等进行实证考察。

1. 量变统计分析对现代医疗犯罪之分布领域的验证

数据分析显示，辅助生殖相关犯罪、器官移植相关犯罪在现代医疗犯罪中所占比例较大。犯罪行为包括故意伤害、非法拘禁、非法行医、诈骗、买卖国家机关证件等。其中不乏恶性刑事案件，例如，郑某、周某1、赵某1、周某2、樊某、王某1、王某2、李某、王某3、赵某2、杨某、支某、刘某、苏某组织出卖人体器官案［（2014）一中刑终字第2489号］，被告人郑某等人共非法买卖人体肾脏51个，涉案金额达人民币1034万余元。再如，湖南衡阳吕某非法拘禁38名外籍女性从事代孕案，法院经审理查明，吕某自2018年八九月经人介绍加入一家助孕中心后，便以高薪引诱外籍女子入境非法务工或从事代孕。外籍女子入境后，吕某等人采取多种方式胁迫其同意代孕。该组织非法拘禁38名外籍女性，对其实施胚胎移植受孕手术，等受孕后又分别将受害人安置在广州从化、湖南衡阳等地公寓居住，直至生育。

2. 量变统计分析对现代医疗犯罪之发展趋势的验证

课题研究通过对Alpha、中国裁判文书网检索的数据分析，发现有关辅助生殖犯罪、器官医疗犯罪、基因治疗犯罪、AI医疗犯罪、安乐死医疗犯罪案件总量不大，尤其是基因治疗、AI医疗相关犯罪并无检索数据。但是，这并不意味不存在与基因治疗、AI医疗相关的犯罪。相反，我们从检索数据与我国医疗领域犯罪现象的对比发现，现代医疗领域犯罪存在的极大“黑数”[①]。这一“黑数”的存在也从实证的角度验证了我国医疗刑法的两个问题：一是现代医疗领域犯罪司法裁判对医学鉴定与伦理审查的依赖性，存在定罪量刑的困难。二是我国刑法对现代医疗领域的相关犯罪较少做出专门规定，对于有时发生的与刑法设定的基础范式不合拍的新事实，我国刑法无可直接适用的罪名，刑法供给明显不足，现代医疗犯罪大都只能以医疗事故罪、非法行医罪、故意伤害罪、故意杀人罪等他种罪名定罪处罚。

全面考察域内外辅助生殖、器官移植、基因治疗、安乐死等相关犯罪现象，可以发现现代医疗犯罪总体上呈现隐性波动增长趋势。近几年来有关现代医疗的新型犯罪案件频频发生，课题研究有多处涉及域内外一些典型案例的研究。例如，德国植入前基因诊断治疗案、美国费尔德曼器官移植诈骗案、荷兰医生对老年痴呆症患者实施安乐死案、我国的贺建奎基因编辑婴儿案等。

3. 量变统计分析对现代医疗犯罪之新形态的验证

本课题通过分析现代医疗相关犯罪案件的裁判文书，认为以与现代医疗行为关联程度为标准，可将现代医疗犯罪分为两类：非法医疗（研究）犯罪；非法医疗上游犯罪。

（1）非法医疗（研究）犯罪是典型的现代医疗犯罪。数据分析显示，非法医疗犯罪行为又可以划分为两类，一是非法医疗技术应用犯罪行为，例如代孕等行为。二是非法医疗研究犯罪行为，例如基因编辑辅助生殖等行为。

（2）非法医疗上游犯罪是对非法医疗犯罪具有极大推动性的犯罪，上游医疗犯罪行为可以划分为非法组织行为、中介服务行为、欺诈行为等。例如，组织出卖人体器官行为、人体器官买卖中介服务行为、为器官移植实行的非法拘禁行为等。

（三）实证研究对现代医疗刑罚论的验证

1. 从罪名看，在检索涉现代医疗犯罪的 89 例有效案件刑罚判决中，组织出卖人体器官罪[②]共 15 例，在器官移植犯罪中占比为 71.42%。另有诈骗罪、非法

---

① 所谓犯罪黑数，又称犯罪暗数、刑事隐案，是指一些隐案或犯罪虽然已经发生，却因各种原因没有被计算在官方正式的犯罪统计之中，对这部分的犯罪估计值。来自百度百科，http.//baike. baidu. com/item/犯罪黑数/4385523？fr = aladdin。

② 因非法植入基因编辑、克隆胚胎罪与非法采集人类遗传资源、走私人类遗传资源材料罪属我国《刑法修正案（十一）》新增加的两个医疗犯罪专属罪名，在我国刑事司法中尚无相关案件的裁判。

经营罪、故意毁坏尸体罪等其他罪名，在现代医疗犯罪中占比为16.30%。另有非法拘禁罪、买卖国家机关证件罪、医疗事故罪、非法行医罪等其他罪名。

2. 从刑罚种类看，依据筛选的裁判文书中的刑罚裁量结果的统计分析，我国刑罚体系主刑中的短期自由刑、附加刑中的财产刑（罚金、没收财产）在辅助生殖相关犯罪、器官移植相关犯罪、基因治疗相关犯罪、安乐死相关犯罪案件中适用比例较高。

3. 从刑罚的实现看，在相关的89个有效案件中，被判处实刑的占比较高。以涉人类辅助生殖犯罪为例，被判处3年以下有期徒刑的占比为56%，3年以上7年以下有期徒刑的占比为23.2%，7年以上有期徒刑的占比为6.4%，被判处拘役的占比仅为14.4%。

第二章　现代医学科学时代的医疗刑法基本范畴

第一节　医疗与医疗行为

一、概念的引入

（一）医疗的概念阐释

何为医疗，这并不是一个容易回答的问题。如果从医疗的字源来看，我们会发现医和它的繁体本是两个不同的字，简体的医（yī）是会意兼形声，从匚，从矢。《说文解字》："盛弓弩矢，器也"，指用方形器具盛装箭头，暗指与外伤有关。繁体的医为"醫"，由三部分构成。除"医"之外，"殳"甲骨文字形，像手持一种长柄勾头似的器具，可以取物，暗指手术器具。"酉"金文字，形象酒坛，古代许多种酒可药用，也可消毒。此外"医"还有一个从"巫"的异体——"毉"。古语云"巫医同源"，远古时代巫就是医。巫用符咒来降神驱邪除灾，也用药草等为人治病。[①] 因此，从文字起源来看，治病除疾是"医"的初衷。

从医学的起源来看，古人生产劳动的经验是通过原始思维以巫术的形式而综合到医学起源的过程中的。从历史的角度来

---

① 参见李学勤主编：《字源》，天津古籍出版社 2012 年版，第 1117 页；刘钊主编：《新甲骨文编》，福建人民出版社 2014 年版，第 734 页。

看，巫术医学作为医学文化中的重要现象，在医学起源阶段起到过重要作用，所以不能将其排除在医学范畴之外。[①] 当然，医疗活动或者医疗措施受到人类自身文化发展过程认识的影响，不同历史时期会存在很大的不同，但无论历史文化环境如何演变，人类对疾病的理解及如何治愈疾病都是医疗最核心的议题。

时至今日，在世界卫生组织并没有统一定义的情况下，医疗概念的界定成为纷繁复杂的问题。有人理解为医治疗养，有人理解为伤病之诊断与治疗，也有人理解为医疗是医治或治疗等直接涉及可使病情变化的行为，不一而足。但其共同之处无疑是均将医疗的概念等同于治疗的概念。

医疗活动并不是医学本身，但当医疗活动具有了自觉行为目标时，便开始了其体系化、专业化的路程。毋庸置疑，医疗活动自原始医学到巫术医学，再到经验医学乃至生物医学，目标都是对于疾病以及如何治愈疾病进行的探索和研究。无论是现代生物医学形成的医疗，还是经验医学形成的原始、神秘医疗，专业化基础之上的“医疗”与每一个人的健康都息息相关。因此，医疗的内涵和外延不应也无法脱离社会大众的一般概念或认知。

在医疗实践中，随着医学知识与医疗技术的不断向前发展，以一定疾病存在为前提和基础的传统医疗遇到了现代医学科学的挑战。一般认为，医疗应以一定的疾病存在为前提，经由诊断或医疗措施而予以除去或预防肉体或精神上的痛苦为目的。但是在现代医学之下的医疗，是指应用现代医学知识，运用医疗技术以恢复、保持和增强人的身心健康为目的的活动。可见，现代医学的概念已经突破了传统医疗以治疗为主的思维定式，并将疾病的预防与复健也包含到其中。医疗活动本身典型的历史性和社会性决定了人们对医疗活动的认识也是处于不断发展过程中，而学界关于医疗行为内涵与外延的认识产生不同的理解也成为必然。

（二）医疗行为的概念界定

随着医疗实践中出现了诸如以改善某些特性为目标的基因改良行为、人体器官移植行为、AI 辅助医疗、安乐死医疗等新型医疗服务行为。从法律层面，特别是从刑法层面准确界定医疗行为的概念关涉医疗犯罪的定性与刑事处罚。

---

① 参见马伯英：《中国医学文化史》（上编），上海人民出版社 2010 年版，第 147 页。

1. 日本学界关于医疗行为概念的界定

（1）医疗行为概念在广度上的二分法

《日本医疗法》第1条之二第1款规定："医疗，应当以对生命的尊重和维护个人尊严为宗旨，基于医师、齿科医师、药剂师、护士及其他医疗承担者与医疗接受者之间的信赖关系，根据治疗接受者的身心状况而实施。其内容不仅限于治疗，还包括为预防疾病而采取的措施和恢复训练，且必须是优质且适当的。"据此，有日本学者对医疗行为的概念从广义和狭义的角度进行界定。

在日本，广义的医疗行为是指包括生育的处置、按摩、针灸等出于医疗目的而实施的疾病治疗与预防的行为。广义的医疗行为概念强调医疗行为的目的性，即以诊疗为目的所实施的医疗行为，包括疾病的治疗与预防，而对医疗行为的实施者并无特殊身份的要求。日本刑法学家大谷实教授主张"只要医疗行为人的行为具有医学适应性及医疗技术正当性，在客观上有治愈患者的倾向，均属于医疗行为"。①

在日本，狭义的医疗行为则是指在广义的医疗行为中只能由医师实施的医疗行为。该定义实际上将所有非医务人员所进行的医疗活动排除在外，将医疗行为限定为执业医师所进行的出于医疗目的而实施的医疗活动。

该种分类也被认为是根据医疗行为主体身份不同而进行的划分，即非医师医疗行为与医师医疗行为。其中，非医师医疗行为被认为属于对人体不具有危险性的行为。医师医疗行为属于对人体具有危险性的行为。日本学者认为，在医疗行为中，最主要的是医师医疗行为，而医师医疗行为的中心则是诊疗，而诊疗又可以细分为诊断和治疗。所谓诊疗，是指医师为了治疗疾病、预防疾病、矫正畸形、助产等，向对象使用医学知识、技能的活动。诊断是指就患者的伤病、身体的现状等进行的诊察，并根据现代的医学对疾病的产生原因及应该选择治疗的方法作出判断。治疗是指因治疗目的而进行的手术以及其他医疗措施。治疗，既包括作为治疗前提的诊断，也包括作为事前治疗的预防，但不包括不具备治疗目的的整形美容手术等行为。正如日本学者所指出的，"不具有治疗目的的整形美容手术，向第三者采血和采皮，还有为实验目的的行为，都符合伤

---

① 参见康弼周：《组织医疗过失责任归属之研究》，载《司法研究年报》第12辑，第13篇，我国台湾地区"司法院"印行2000年版，第66页。

害罪，由于许诺及其他，只不过使其合法而已”①。

（2）医疗行为概念在维度上的二分法

在日本，还有学者将医疗行为的概念从医学和行政法两个不同维度予以界定。

医学上的医疗行为须具备两方面的条件：一是医学的适应性；二是医术的正当性。所谓医学的适应性，是指医疗技术必须在医疗专业上得到承认。在此意义上，不仅治疗、减轻、预防疾病、矫正畸形、助产或医学上的堕胎等传统医疗行为包括在内。同时，以医学进步为目的的医疗试验和以诊疗为目的对病患所为的人体试验等都符合医学适应性的要求。所谓医术的正当性，是指医疗行为按照获得承认的医疗技术水平所实施，在医学上是正确的。作为例外，尚未获得承认的医疗技术如试验医疗，也须征得患者的真实同意才获得其正当性。抑或对医疗行为进行有效性和有害性的利益衡量，如若有效性超过有害性，具有客观治疗效果时，则符合医术正当性的要求，否则便不具备医术正当性的要求。例如曾在社会上名噪一时的“断骨增高术”，便是由于其有害性超过其有效性从而丧失其医术正当性的适例。

行政法上的医疗行为则是指符合医疗法律规定的行为。《日本医师法》第17条规定“非医师不得从事医业”。基于这一法律规定，行政法上的医疗行为的重心在于主体合法性和医疗行为外在合法性的审查，该种医疗行为的侧重点并不在于对医疗行为医学的适应性和技术的正当性的判断，而主要针对的是执业资格。该定义实际上将所有非医务人员所进行的医疗活动排除在外，将医疗行为限定为执业医师所进行的医疗活动。该定义既包括不以诊察为目的的如对人体有侵袭性的红外线照射行为，也包括如人体试验之类不以诊治疾病为目的的改变人体结构或身体机能之行为。②

2. 我国台湾地区学者关于医疗行为概念的界定

（1）依据卫生行政法规作出的界定

由于医疗行为内容的复杂性，我国台湾地区的医师法等相关法律并未对医疗行为的概念作出明确规定，但是基于医政管理的需要，台湾卫生行政部门对医疗行为做出了相应的解释。1991年9月23日，台湾卫署医字第0910062996

---

① ［日］平野龙一：《注解特别刑法：医事·药事编》（第5卷），青林书院1983年版。转引自臧冬斌：《医疗犯罪比较研究》，中国人民公安大学出版社2005年版，第43－44页。

② 参见黄丁全：《医事法新论》，法律出版社2013年版，第22页。

号函明确规定："称医疗业务行为者，系指凡以治疗、矫正或预防人体疾病、伤害、残缺或保健为直接目的，所为之诊察、诊断及治疗；或基于诊察、诊断结果，以治疗为目的，所为之处方、用药、施术或处置等行为之全部或一部的总称。"① 我国台湾地区有学者认为该规定是对医疗行为概念的内涵和外延的界定，从内涵上来看，医疗行为的目的在于疾病的治疗（矫正）、预防以及保健。从外延来看，医疗行为包括两种：一种是以治疗、矫正或预防人体疾病、伤害、残缺以及保健为目的的诊察、诊断及治疗行为；另一种则是指基于诊察、诊断结果以治疗为目的，所实施的处方、用药、施术或处置等行为。

（2）医疗行为概念的新拓展

医疗行为的内涵与外延随着医学科学的进步与医疗技术的发展不断发生变化。随着现代医疗技术的发展，我国台湾地区有学者对医疗行为的目的性限定概念提出质疑。例如，在医师对患者使用危险性和疗效均属于未知新药物或新治疗技术的实验性诊疗行为、以美容为目的的美容手术以及非治疗性的堕胎手术等显然不具有诊疗目的。另外，处于医学和法学争论核心的安乐死同样不具备诊疗目的，将上述各类行为排除在医疗行为的范围之外显然不妥。因此，有我国台湾地区的学者提出了广义的医疗行为概念，认为广义的医疗行为概念并不以诊疗目的为限，其包括增进医学技术试验行为在内的各种基于治疗目的，以及与疾病有关的诊断治疗与疾病预防、畸形矫正、助产、堕胎等行为。

在台湾地区司法实践中，广义的医疗行为概念正在逐步被采纳。有学者提出："医疗行为之内容，在概念上包括主观之意图（以治疗、矫正或预防人体疾病、伤害、残缺为目的）及客观的行为（诊察、诊断、处方、用药、施行手术）。凡外观上符合这两项要件者，就应认为是医疗行为，不受主体是否是医事人员或病患的认知所影响，也不问属性是公法上的行为或私法上的行为。"②

3. 域内关于医疗行为概念的界定

（1）规范性文件对医疗行为的规定

我国域内立法对医疗行为概念并没有作出明确的规定，医疗行为的外延散见于不同的法律及行政规范中。例如，1987 年 6 月 29 日国务院颁布施行的《医疗事故处理办法》（已失效）曾将医疗事故直接定义为"在诊疗护理工作中，

① 转引自黄丁全著：《医事法新论》，法律出版社 2013 年版，第 22 页。
② 黄丁全：《医事法新论》，法律出版社 2013 年版，第 23 页。

因医务人员诊疗护理过失，直接造成病员死亡、残废、组织器官损伤导致功能障碍”。1999 年施行的《执业医师法》（已失效）第 2 条第 1 款规定：“依法取得执业医师资格或者执业助理医师资格，经注册在医疗、预防、保健机构中执业的专业医务人员，适用本法。”该条规定将医师执业活动的范围限定为医疗、预防、保健，并且医疗与预防、保健并列。但是，此处的医疗行为范围仅限于诊疗活动，且必须由医务人员实施。2002 年 4 月 4 日国务院颁布的《医疗事故处理条例》第 2 条，在对医疗事故的定义时规定：“本条例所称医疗事故，是指医疗机构及其医务人员在医疗活动中，违反医疗卫生管理法律、行政法规、部门规章和诊疗护理规范、常规，过失造成患者人身损害的事故。”将诊疗护理工作的表达方式规定为包括“在医疗活动中”。2022 年 3 月 1 日起施行的《医师法》第 3 条将医师的职责规定为“防病治病、保护人民健康”。由此可见，当前我国法律法规关于医疗行为的规定仍以疾病为中心，其主要内容则为疾病的预防、诊断、治疗及护理等行为。

（2）学界关于医疗行为概念的界定

域内学者对于医疗行为的内涵和外延也进行了深入探究，并形成了具有代表性的观点。

第一种观点认为，医疗行为是指医务人员对患者疾病的诊断、治疗、愈后判断及疗养指导等具有综合性的行为。[①] 该观点以行为主体和行为目的为标准，将医疗行为的概念限定为行为主体必须为医务人员且行为必须要以诊疗为目的。该概念所涵盖的医疗行为范围相当广泛，包括疾病的检查、诊断等，还包括给药以及处方、病例记录、术后疗养指导，也包括中医的望、问、推拿、针灸等。

第二种观点认为，“医疗行为应当是指对疾病的预防、诊断、治疗、护理和对身体之矫正、助产、堕胎等以医学知识与医学技术为行为的准则，直接作用于人体，导致人体的形态和/或功能发生一定变化或恢复的医学行为的总称”[②]。该主张认为，医疗行为须以医疗目的而实施，同时明确医疗目的与治疗目的并非同一概念。概念中提到的“医学知识与医学技术为行为的准则”，亦即要符合前述日本学者所提到的医学适应性与医疗技术的正当性。同时该观点认为，医疗行为还需具备直接作用于人体和人体的形态和/或功能发生一定变化或恢复为

---

① 参见柳经纬、李茂年：《医患关系法论》，中信出版社 2002 年版，第 14 页。

② 臧冬斌：《医疗犯罪比较研究》，中国人民公安大学出版社 2005 年版，第 49 页。

结果的特征。该概念扩大了医疗行为的主观目的要求，将不符合治疗目的的如医疗美容等行为纳入到医疗行为之中，同时注意到了医疗行为的最本质属性即“医疗技术性”，有一定的合理之处。但该概念将医疗行为本身这一中性概念限定为合法医疗行为，则不当地排除了非法医疗行为在实践中大量存在的事实，更是无法与非法行医中的行医行为相协调。

第三种观点认为，“医疗行为是指，取得相关医学资格或者以诊疗服务为职业的自然人或单位以人体形态、构造和生理机能的优化、变更或者恢复为目的，以适当的现代医学理论和技术手段为准则，对医疗需求者进行具有损伤性的医学过程”①。该概念将医疗行为的损伤性即必要的医学损害或者损害危险作为医疗行为的本质特征。

第四种观点认为，“医疗行为是指医务工作者出于正当目的，经就诊人或其监护人、亲属、关系人同意，对其进行身体检查、疾病治疗或进行计划生育手术的行为”②。该概念对医疗行为范围的简单列举，无法涵盖医疗美容、实验性治疗等医疗活动。同时，该概念将医疗行为限定为经过就诊人或其监护人、亲属、关系人同意的行为，即排除了医疗实践中的诸如传染病的强制治疗、吸毒者的强制戒毒等医疗行为。

第五种观点认为，“医疗行为的本质是医疗的医学判断及技术应用，只要是缺乏医师的医学判断及其技术而对人体实施的行为都不是医疗行为”③。该概念从医疗行为的技术性角度界定医疗行为，将医疗行为的目的性予以屏蔽。

4. 本书的观点

综合域内外关于医疗行为概念的立法例和理论阐释，其中的争议主要集中于医疗行为的主体是否必须限定为医务人员、医疗行为的目的是否限于诊疗目的、医疗目的是否具有正当性、医疗行为是否必须经过利害关系人或权利人的同意等问题。

（1）医疗行为的主体是否限于医务人员？本书认为，从医疗行为的本质属性出发，方可准确地理解医疗行为的主体问题。

首先，医疗技术人员的范围并不限于具有医疗执业资格人员。不容否认，

---

① 莫洪宪、杨文博：《医事刑法学中医疗行为概念的新界定》，载《国家检察官学院学报》2011年第2期，第92页。

② 王政勋：《正当行为论》，法律出版社2000年版，第346页。

③ 龚赛红：《医疗损害赔偿立法研究》，法律出版社2001年版，第2页。

由于医疗行业的高度专业性，各国对医疗行业都规定了非常严格的准入制度。例如根据我国《医师法》《护士条例》等有关医务人员的规范性文件可知，依据医务人员所从事的具体专业不同又分为医疗技术人员、护理人员、药剂人员、医师四类，其他行为主体即使从事具有前述医学适应性与正当性的行为，也不属于法律意义上的医疗行为，这就是所谓的“法律上的医疗行为”。这类医疗行为将非医务人员所从事的医疗活动排除在外，对医疗行为进行了行政法上的法律认定，又称为“形式的医疗行为”，与此相对应的是“医学上的医疗行为”，又称为“实质的医疗行为”。

如前所述，医疗行为的核心或本质属性在于医疗的技术性，即具备医学适应性和医疗技术即可，而无须判断行为主体是否属于医务人员。一方面，从历史发展的角度来看，西医的产生和发展是以医学技术为基础，中医则“以古代哲学为理论依据，以经络学说等为基础”，民族医学是在少数民族地区、少数民族聚居区使用的具有民族特色的治疗方法。1980 年国务院批准原卫生部制定的《关于允许个体开业行医问题的请示报告》，其中规定：“各地开业医生中，中医、针灸、正骨、推拿、按摩、镶牙等技术，是国家和集体医疗机构中比较薄弱的科目。”“有简易治疗的（如针灸、推拿、按摩等）可收一定的治疗费。”由此反映出，当时的行政法规承认推拿、正骨、针灸等为医疗行为，并称为“简易治疗”。另一方面，当前随着居家医疗的兴起，由家政服务人员实施的如按摩、推拿、针灸以及更换腹膜透析的透析液、吸痰等行为也日益常见，这些行为的实施人员并不具备医务人员的资格，却运用了一定的医疗技术。又如，随着急救医学知识的普及，医学上常用的心肺复苏术等也越来越多地被非医务人员掌握和应用，他们在病人发生紧急情况时，及时采取措施及实施相关技术使病人起死回生。从医学上讲，这些非医务人员实施的心肺复苏术，显然属于医疗行为。

可见，医疗实践中的医疗行为，不仅表现为医务人员所为，也表现为非医务人员所为，从刑法的行为规范意义来看，医疗行为的主体不应限定为医务人员。

其次，医疗行为的主体范围还包括医疗机构。早在 1994 年 2 月 26 日，国务院发布（2016 年、2022 年国务院修订）的《医疗机构管理条例》即对从事疾病诊断、治疗活动的医院、卫生院、疗养院、门诊部、诊所、卫生所（室）以及急救站等医疗机构的执业条件、执业活动等予以明确规定。此后，一些行政法规对有关专门医疗活动做出具体规定。例如，依据我国《人体器官移植条例》第 11 条第 2 款的规定，医疗机构从事人体器官移植应当具备的条件有：①有与从事人体器官移植相适应的执业医师和其他医务人员；②有满足人体器官移植所需要的设备、设施；③有由医学、法学、伦理学等方面专家组成的人体器官移植技术临床应用与伦理委员会，该委员会中从事人体器官移植的医学专家不超过委员人数的 1/4；④有完善的人体器官移植质量监控等管理制度。因此，从实质上的医疗行为来看，此类欠缺实施手术所必需的医疗资格和能力的器官移植行为属于医疗行为的范畴。

综上，本书认为医疗刑法所规制的医疗行为，其主体范围并不限定为医务人员。

（2）医疗行为的主观目的是否限定于诊疗？目前域内外学者对医疗行为概念的界定大都将诊疗目的作为医疗行为的主观要素。本书认为，医疗行为的主观目的并不限于诊疗目的。主要原因有二：

其一，从医疗给付的内容来看，快速发展的现代文明，极大地改变着人们的生活，人们的心理与社会需求更加丰富，对医疗的需求不再是单纯地解除“身体病痛”。医学发展也已经由“生物医学模式”转向“生物—心理—社会医学模式”。医疗也不再是单纯地医治身体的疾病，针对疾病的诊疗，只是医疗行为的基本功能。对生命及健康的佑护及人类尊严的维护，最大限度满足人民对生命质量和生活质量的优化目标则是医疗职业更高的要求，这一要求明显超出了诊疗的范围。随着社会的发展、科学技术的进步以及医疗需求者对医疗服务要求的多样化趋势，医方根据医疗需求者提供的医疗给付内容，例如，变性手术、医美等已经远远超出了或者不再限于解除病痛的诊疗目的。

其二，从医疗技术发展的规律来看，现代医学科学技术的发展为医疗技术输入了巨大的能力，生物医学、生殖医学及基因科技等正在改变人类本身及其人类的社会生活。以人类基因科学技术的发展为例，人类及其后代的性格、能力、智力等都可以通过改变人类基因的方法予以实现，而该类技术一旦运用于临床，突破以疾病为中心的诊疗目的限制实属必然。例如，世界卫生组织《人类基因组编辑：一个治理框架》（以下简称《治理框架》）将基因组编辑作为实验室的科学研究、临床前和临床研究、临床护理（治疗和预防）、生殖（既作为避免或帮助避免遗传性疾病的手段，也作为克服不育的手段）、增强（以改善某些特性）工作的一部分。其中，以改善某些特性为目标的“增强”即基因改良行为，并不是以诊疗为目的而实施的基因选择行为，而是以更强、更健康、更完美为旗号对于基因的“有利特征”所进行的选择。

（3）医疗目的不具正当性的行为，是否属于医疗行为？医疗目的不具正当性的行为，主要是指附着于正当性目的医疗行为中的某些不正当目的的行为。例如，以牟取暴利为目的的器官移植行为或者是以非法人体试验为目的等医疗相关行为。正如有学者所言，虽然就医疗行为目的的正当性而言，这类行为明显不属于医疗行为，但从刑法学的角度来说，应当将此类行为归为医疗行为。因为这些行为带有一定的医疗目的，且该类行为多是在对生命、健康进行维持、保护和恢复等过程中，运用医学专业知识和理论，利用相关的医学资源和条件针对患者实施的，大多依附于正当性的医疗行为而不能独立存在，以致严重侵犯了国家的医疗工作秩序和就诊人的相关权利，因此某些具备不正当性目的的医疗行为应当囊括在医疗行为的范围之内。① 而该观点更是适用于现代医学科学时代的新型医疗犯罪。比如，贺建奎团队所实施的国家明令禁止的以生殖为目的的人类胚胎基因编辑活动，明显不具有正当的医疗目的，其违反了医疗应用的伦理性及安全性，不仅不能维护个人的尊严及对生命的佑护，而且践踏了人类的尊严，存在危险因素和大量的不确定性，给社会和人类造成大量未知风险。由于该类行为对医疗行为规范、医疗秩序保护法益的侵犯，应当将该类附着于正当医疗目的中的某些不正当性目的的行为纳入其中。

（4）医疗行为是否必须经过权利人或利害关系人的同意？本书认为，如果认为医疗行为必须经过权利人或利害关系人的同意，显然是不当缩小了医疗行为的范围。知情同意原则是现代医学临床伦理学和医学科研伦理学的基本原则，但在现代医学科学时代，存在以欺诈、虚构事实、隐瞒真相的方法侵犯权利人或利益相关人知情同意权的医疗行为。

基于以上分析，本书从狭义和广义两个维度来界定现代医疗行为。

狭义的医疗行为以传统的医疗行为为主，是指医务人员或者具备医学知识及技能的人员或机构，以疾病的诊断、治疗、矫正与预防人类疾病、损害、残缺的发生或健康促进为目的，运用医疗技术所实施的诊断、治疗、护理、康复等行为的总称。狭义医疗行为的核心在于行为人对人体疾病实施的诊断、治疗与康复。

---

① 参见于慧玲：《论医疗犯罪的行为标准》，载《医学与法学》2012 年第 4 期，第 69 页。

广义的医疗行为则是医学发展与医疗科学技术进步的结果，是指医疗机构及其医务人员或者其他医疗相关机构以及具备医学知识与技能的人员，运用医学科学知识和医疗技术所实施的医疗相关活动。广义的医疗行为除上述狭义医疗行为中的传统临床型医疗行为、诊疗目的性医疗行为外，还包括实验性医疗行为、非诊疗目的性医疗行为以及附着于正当性目的的医疗行为中的某些不正当性目的的医疗行为。①

本书正是以广义医疗行为概念为视域考察现代医学科学时代的医疗刑法相关问题。

二、医疗行为的类型划分

（一）治疗性医疗行为与非治疗性医疗行为

该分类是以医疗目的为标准所做的划分。

治疗性医疗行为，是指以目前的疾病治疗及将来疾病的预防为目的而实施的医学上公认的合乎医学水准的医疗行为。如诊断、诊查、注射给药、麻醉手术、放射线使用等。

非治疗性医疗行为，是指接受治疗方并无疾患，也无须要预防、恢复、增进的客观利益，仍施以医学技术方法的医疗行为。例如，以非基于治疗之上需要而实施的人工流产、变性手术、为捐血者抽血检验、为器官捐赠者摘除器官、为精卵或骨髓捐赠者取精卵或抽取其脊髓液等。虽然该类行为不具有治疗性，但其需要运用医学专业知识和医疗技术，普遍带有侵袭性，甚至可能危及人的生命及健康。非治疗性医疗行为还包括以科学研究为目的的实验性医疗行为以及其他不以疾病治疗和预防为目的的医疗行为。例如，单纯以科学研究为目的、对自愿接受者施行的实验性医疗行为，其更偏重实验性，有益于将来维护人类的健康；还有些人体增强技术，如基因改良行为，不再满足于疾病的治疗和人体的健康，而是以追求更强、更完美为目的所在。

（二）协议性医疗行为与强制性医疗行为

该分类是以医疗行为的发起原因为标准进行的划分。

协议性医疗行为，是指由医患双方自愿达成一致意见，以医疗服务的形式

① 参见于慧玲：《论医疗犯罪的行为标准》，载《医学与法学》2012 年第 4 期，第 68 页。

确立，由患方主动寻求帮助和服务的医疗行为。协议性医疗的法律关系通常以医疗合同的形式予以确立，医患合同双方当事人属于平等的民事主体，双方在医疗期间均须履行对应的义务，如医方负有依合同约定为患者提供医疗服务的义务，患者则负有支付医疗费的义务。医方提供医疗服务以患方支付医疗费为对价。因此，协议性医疗行为是基于个人需要，由医患双方基于平等和自愿建立的民事契约之上的医疗行为，医疗行为发起的原因是基于医疗合同。

强制性医疗行为，是指在缺乏患者知情同意的情况下，患者被动接受的医疗行为。强制性医疗行为又可以分为合法强制性医疗行为和非法强制性医疗行为。合法强制性医疗行为主要是基于公共利益和社会安全的需要，强制其接受医疗的行为，医疗行为发起的原因在于法律的授权。例如，我国《传染病防治法》第 39 条第 1 款规定，医疗机构发现甲类传染病时，应当对病人、病原携带者，予以隔离治疗。非法强制性医疗行为是指违背知情同意的原则，以欺骗、利诱或者暴力、胁迫以及其他违背他人意愿等方式所进行的医疗行为，此类医疗行为具有严重的社会危害性和法益侵害性。

（三）诺成性医疗行为与专断性医疗行为

该分类是以是否以医患双方的意思表示一致为标准进行的划分。

诺成性医疗行为，是指基于医患双方对医疗服务的意思表示一致所成立的医疗行为。诺成性医疗行为的确立通常表现为，患方在医院就诊时的挂号和支付医疗服务费可视为要约，医方接诊并对患方进行诊疗行为则视为承诺。

专断性医疗行为，是指医方在没有得到患者明确许可时所进行的医疗行为。专断性医疗行为的常见情形为紧急医疗行为和推定承诺医疗行为。紧急医疗行为，是指当患者处于无意识状态，不立刻实施诊疗活动可能会造成严重威胁生命的后果时，即便没有经过病人的许可，医方也可以实施诊疗活动。该种情形属于知情同意原则的例外情形，实施紧急医疗行为的目的在于维护紧急状态下相较于患者的知情同意权更为优越的生命、健康利益，因而符合紧急避险的要义所在。推定承诺医疗行为，即推定被害人承诺的医疗行为，是指为了被害人的利益而实施的医疗行为，尽管事先没有得到被害人的现实承诺，但推定被害人会对该行为同意的情形。推定同意承诺也可以成为专断性医疗行为合法性事由。

（四）义务性医疗行为与道义性医疗行为

该分类是以提供医疗服务的原因为标准进行的划分。

义务性医疗行为，是指医方基于医疗职责要求而对患者实施的医疗行为。义务性医疗行为的产生既包括基于医患合约产生的私法上的医疗合同义务，也包括基于法律规定产生的公法上的医疗义务。例如，根据我国《医师法》第27条第1款的规定，“对需要紧急救治的患者，医师应当采取紧急措施进行诊治，不得拒绝急救处置”。由此可知，义务性医疗行为并不限于约定的义务，还包含法定的义务。

道义性医疗行为，是一种非职责性医疗行为，是指医师或者其他非医务人员为了患者的生命健康，在紧急情况下实施的医疗救治行为。对于处于危急状态的患者所实施的救治行为，其本质属于见义勇为行为。对此我国《民法典》第184条规定：“因自愿实施紧急救助行为造成受助人损害的，救助人不承担民事责任”。《医师法》第27条第3款规定：“国家鼓励医师积极参与公共交通工具等公共场所急救服务；医师因自愿实施急救造成受助人损害的，不承担民事责任。”

三、现代医学科学时代的医疗行为新特征

相较于传统医疗行为的不确定性、专业性、侵袭性等一般性特征，现代医学的高速发展和现代医疗技术的重大革新，赋予了现代医学科学时代的医疗行为更多新特征。

（一）对社会影响的深刻性

近现代医学自17世纪奠基以来，经过长达几个世纪的自我发展和兼容并蓄，日益成熟和完善。到了20世纪，科学技术步入飞跃式发展阶段，现代科技与医学的融合更为紧密，在突飞猛进的革命式变革中，现代医学以前所未有的广度和深度触及人类自我以及道德生活领域，延伸至几乎一切与人类相关的领域，例如自我形象、人格尊严、生命与死亡，甚至世代利益等。不容否认的是，现代医学的每一次进步也都会给社会进步造成巨大的影响，冲击着人们的传统社会观念。例如，基因治疗技术在修补基因片段的同时对人们生命存在的体悟形成挑战，生殖技术在组合生命的同时重构了人们对生命尊严的信仰，克隆技

术在替换器官的同时重新界定了生命的概念。同时，现代医学也对人们的生活方式造成深远的冲击，例如对胎儿的产前诊断，不仅造成人们对堕胎恐惧感的消失，甚至导致堕胎习惯在社会上的蔓延。

（二）满足人类生命健康需求的高度性

有学者曾指出："如果说18世纪的关键词是追求幸福，19世纪的关键词是追求自由，20世纪的关键词是追求健康，那么21世纪的关键词就是追求完美。"① 随着现代医疗技术的发展，人们对人为地赋予人类额外能力的关注已经超过了对疾病治疗和恢复健康的关注。从现代医学技术与传统医学技术的比较中可知，传统医学技术主要着眼于疾病的治疗并减轻人类的痛苦，医疗技术的开发、应用以及发展的目的相对单纯，即医学技术是为了治疗疾病这一目的而寻找技术手段，各种医疗技术的存在均遵循治疗疾病的目标，较少对人体生命进行干预。现代医疗技术则不然，它已经摆脱了以疾病为中心的医疗目的，不再单纯是人类借以达到增进健康、控制疾病的工具，其在维护人类健康、延长人类寿命、提高患者的生活质量等方面起到了重要作用。正如有学者所言："现代技术为人类欲求和需要的对象增加了新的对象和新的种类，即这些对象的所有种类，因此也增加了它自己的任务……也许偶然通过技术发明的事实生产出来的目标成为生活必需品，一旦这些目标将来并入社会经济的习惯性食谱，这样一来它们就给技术提出了任务：继续关心目标，并改善实现目标的手段。"②以人类辅助生殖技术、人体器官移植、基因治疗乃至安乐死来说，人类拥有了更大的自由去掌控自己的生命和死亡，人类在生存目标和人生道路上面临更加多元化的选择。

（三）医疗风险的不可控性

人类对疾病和健康的认识以及对健康状态的控制，虽然已经取得了长足的进步，但还远未达到至善至美的地步。单就医疗技术而言，生物的多样性以及生命的复杂性决定了医疗风险的不可避免性。生物多样性是指人类每个个体之

---

① ［法］乔治·维加埃罗主编：《身体的历史（卷一）》，张竝、赵济鸿译，华东师范大学出版社2013年版，第4页。

② ［德］汉斯·约纳斯：《技术、医学与伦理学》，张荣译，上海译文出版社2008年版，第5－7页。

间虽然在基本结构和功能上并无本质差别，但个体之间细微但重要的差别是不可避免的，而这种差别有可能未被正确认识，甚至未被认识，原因在于医学及其相关知识尚未达到完全揭示人类生理病理现象及其规律的境地。以20世纪50年代在全世界广泛使用的“反应停”为例，其虽然能够有效阻止怀孕早期的呕吐，但也妨碍了孕妇对胎儿的血液供应，最终导致了大量“海豹畸形婴儿”出生的灾难性后果。这充分体现了化学药物因不确定性所带来的恶害。在当代，以基因编辑基础研究中的“脱靶效应”和“镶嵌现象”为例，由于胚胎基因编辑技术未能突破该问题的难点，以至于造成意想不到的基因改变，或增加胎儿罹患疾病、产生残障的可能性，甚或造成难以预测和控制的镶嵌型胚胎的形成。更为严重的是被编辑的错误基因，一旦进入人类基因序列的“基因池”，就会不断复制、转移和突变，其变化之大、速度之快，为现代医疗技术所不可控。

（四）医疗技术与多领域前沿科学的高度融合性

不容否认，医学科学是以对人的生命活动规律以及疾病、健康问题的研究为使命。人体是一个具有思维、社会、自然等多方面属性不可分割、高度协调的统一体。在人的疾病中既可以找到分子水平上的结构缺陷，也可以通过器官功能的生理生化指标发现异常，还可以从人际关系、家庭、心理等方面追溯到心理障碍，各种社会的、生理的要素在疾病的形成、发展、治疗上紧密相连、互为因果。受研究手段和认识能力的限制，在很长一段时间内，医学对于如此复杂又高度统一的人体生命现象和多种因素互相影响并发生作用的有关健康、疾病的研究，只能分门别类地对某个侧面进行单一或孤立研究。

19世纪末20世纪初，随着近代物理、化学、生物科学等的进一步发展，试验生理学、遗传学、细胞病理学、细菌理论等一系列生物医学基础学科得以建立。与此同时，自然科学的各门类与技术的结合越来越紧密，成为现代医学技术发展的重要标志。医学科学的发展已经证明，病理生理学、组织胚胎学、细胞生物学、医学统计学、生物化学等众多医学交叉学科，都曾属于医学科学发展的前沿阵地，并共同推动着医学科学的革命性发展。

自20世纪40年代至70年代以来，以信息技术发展为特征的现代科学技术也直接影响了医学科学事业的进步和走向。在医疗实践中，现代电子显微技术、激光技术、原子核技术、生物工程、电子计算机、超声技术等被广泛使用。人类进入21世纪后，现代医学科学与生命科学的关系已经融为一体。有学者断言："生命科学将成为新的科学革命中心的地位，而构成生命科学体系的学科群：分子生物学、分子遗传学、神经科学、发育生物学、社会生态学等都将成为带头学科。"① 如果说传统医疗技术发展的驱动力主要来自医学领域对于疾病诊断和治疗的经验总结，那么现代医疗技术则具有多学科、多领域高度融合的特征，形成了科学—技术—社会相互融合的完整体系。

第二节　医疗犯罪与医疗刑法

一、医疗犯罪的法理意涵

（一）医疗犯罪的理论学说

我国刑法中并没有规定医疗犯罪的概念，理论界对医疗犯罪概念的界定也各不相同。

我国台湾地区学者曾从狭义、广义、最广义三个层次对医疗犯罪的概念进行了阐释。狭义的医疗犯罪，是指医务人员在医疗过程中，过失致人重伤或死亡的行为。同时，又包括医务人员为谋取不正当利益，利用医疗业务之便实施的故意伤害、故意杀人等传统型犯罪。广义的医疗犯罪，是指医务人员利用医疗专业技术和知识滥用医疗权而实施的犯罪，包括不适当医疗、未被法律许可的医疗、滥用医疗权的医疗、违反医学伦理的医疗四种情形。该概念中医疗犯罪侵害的法益并不限于人身权益，同时包括财产法益在内的其他社会法益。最广义的医疗犯罪，则是指行为人无医务人员资格而擅自行医的行为，其保护的法益在于社会公共利益或国家的行政法益，对患者身体或生命健康造成危害并不是犯罪成立的必要要件。②

我国域内学者依据刑法的规定及相关的刑法理论，对医疗犯罪的概念进行理论阐释。有学者提出，医疗犯罪是指："行为人在医疗行为实施的过程中，由于过失严重侵害患者人身、财产权益或者违反国家医疗管理法律法规以及诊疗

---

① 秦守哲、于国艺：《世纪之交的现代医学交叉学科及其发展》，载《山东医科大学学报（社会科学版）》1998 年第 1 期，第 19 页。

② 参见臧冬斌：《医疗犯罪比较研究》，中国人民公安大学出版社 2005 年版，第 3－5 页。

护理常规，情节严重，依照刑法规定应受刑罚处罚的行为。”① 也有学者提出，医疗犯罪是：“行为人在实施医疗行为时，违反了国家医疗管理法律法规以及相关规章制度，因为过失或过失心态造成了患者合法权益的严重损害，依照刑法规定应当受到处罚的行为。”② 还有学者提出：“我国刑法中的医疗犯罪，是指非法进行医疗行为以及在合法的、非法的医疗行为中过失致被害人人身伤害的行为。”③ 还有学者认为：“医疗犯罪是指医务人员在诊疗中因违反强制性规定，不遵守诊疗规定，间接地增加了医疗行为对人体造成损害的可能性，致使患者病情加重或伤残死亡等严重损害后果的行为。”④

（二）医疗犯罪的概念厘定

本书认为，从社会价值判断来看，犯罪是与社会共同规范和价值观相悖的行为。作为刑事犯罪的一种特殊类型，将医疗犯罪概念从形式上与实质上分别予以界定更为合理。

形式上的医疗犯罪概念，是从法规范学意义上对医疗犯罪概念的界定。结合我国《刑法》第 13 条对犯罪概念的规定，所谓医疗犯罪是指行为人在医疗活动中，侵害刑法所保护的医疗法益，依照刑法规定应受刑罚处罚的行为。

实质上的医疗犯罪概念则是对医疗危害行为的社会价值判断。法国社会学的三大奠基人之一埃米尔·杜尔凯姆（Émile Durkheim，1858—1917）认为，“某种行为在伤害公众良知的强烈而明显的感受时被视为犯罪行为”⑤。因此，实质上的医疗犯罪概念是指行为人在医疗相关活动中所实施的危害生命健康、生命伦理以及生命尊严等具有严重社会危害性的行为的总称。

二、医疗犯罪本质阐述

（一）犯罪本质理论

犯罪本质，是区分罪与非罪的最根本界限，在我国传统刑法理论中形成了较大的争议。其中，社会危害性说、法益侵犯说、规范违反说成为三种最有影

---

① 虞凯：《浅议医疗犯罪的含义及特征》，载《中国卫生法制》2006 年第 6 期，第 10 页。
② 陈石：《我国医疗犯罪问题研究》，河北师范大学 2013 年硕士学位论文，第 5 页。
③ 臧冬斌：《医疗犯罪概念辨析》，载《法制博览》2017 年第 23 期，第 118 页。
④ 王瑞东：《医疗犯罪中医疗机构刑事责任问题研究》，吉林财经大学 2018 年硕士学位论文。
⑤ ［法］埃米尔·迪尔凯姆：《自杀论》，冯韵文译，商务印书馆 1996 年版。

响力的学说。

1. 社会危害性说

社会危害性说认为，犯罪的本质在于社会危害性，即行为侵犯了刑法所保护的社会关系。该观点是对苏联刑法理论的借鉴或者说是移植，也是我国犯罪本质的通说。社会危害性作为我国犯罪概念的基石，同时是我国犯罪构成四要件理论体系的基础，我国整个刑法学体系都是建立在以社会危害性为中心的理论之上。随着刑法理论界对于传统四要件犯罪构成体系的反思和德日三阶层犯罪构成理论的引进，学界掀起了反思、批判乃至重建我国犯罪构成体系的热潮，进而引发了对于犯罪的本质——社会危害性理论的评判。

我国的社会危害性理论之所以遇到前所未有的冲击，关键点在于其不能满足罪刑法定基本原则要求的“刑法规范明确性”和“条文确定性”。所谓刑法规范明确性，即对构成犯罪的行为和犯罪的具体法律后果，刑法应做出实体性的规定。所谓条文确定性，即刑法的条文必须文字表达确切、意思清楚。由于“社会危害性”的高度概括性和过于抽象性，其语义含混不清。有学者指出，“对于犯罪本质做社会危害性的认识，无论它受到怎样言辞至极的赞扬与称颂，社会危害性并不具有基本的规范质量，更不具有规范性。它只是对于犯罪的政治的或者社会定义的否定评价。……不仅通过其‘犯罪本质’的外衣为突破罪刑法定原则的刑罚处罚提供一种貌似具有刑法色彩的理论依据，而且也在实践中对于国家法治起着反作用”①。

社会危害性作为一个未经法律评价的超规范解释，与罪刑法定原则形成了一种对立之势。同时，社会危害性在实体性以及专属性方面的缺陷也使其面临巨大的挑战和危机。由此，陈兴良教授提出将社会危害性的概念逐出注释刑法学领域，主张为了避免将对犯罪概念的解读变成一个纯粹的法律形式，需要引入一个具有实质意义的概念：法益及其法益侵害。犯罪客体功能全部由刑法法益替代。②

2. 法益侵害说

法益侵害说认为，犯罪的本质是对法益的侵犯，即犯罪侵犯的是法律所保护的利益。

---

① 李海东：《刑法原理入门：犯罪论基础》，法律出版社 1998 年版，第 8 页。

② 参见陈兴良：《社会危害性理论——一个反思性检讨》，载《法学研究》2000 年第 1 期，第 13 页。

法益侵害说最早发端于德国学者毕恩鲍姆（J. M. F. Birnbaum），其在批判权利侵害说的基础上，提出“犯罪是对法所保护的生活利益侵害或者引起危险（威胁），犯罪的本质是侵犯法益”①。之后，该观点又得到了李斯特等人的继承和发展，并逐步发展为现代刑法的核心。法益已经被认为属于刑法建立刑罚正当性的前提与特定行为入罪化的实质标准。在现代德日刑法学说中，刑法以保护法益作为其主要任务，已成为主流观点和学说。② 法益侵害说认为，法益是先于实定法的存在，独立于并受到法规范的保护，其并非立法者的创造，仅是立法者对生活利益的确认。同时，法益侵害说将法益定位为判断结果不法与否的核心，而且拘束实证法律解释，将法益区分为源于市民生活礼仪的个人法益和以超个人体制、独立于个人利益之外为前提的整体法益（亦可称“超个人法益”“集体法益”）。

总的来说，法益侵害说源于个人主义与自由主义思想的影响，主张作为国家和社会基础的个人生存和发展，强调国家权力的严格限制和个人自由的实现，即法益侵害说建立在限制国家刑罚权、严控刑罚边界、避免刑罚扩张的刑法观之上。其价值取向在我国刑法学界具有相当的影响力，得到了包括陈兴良教授、张明楷教授、黎宏教授在内的诸多著名刑法学者的极力主张。其中，张明楷教授身体力行，不断将法益侵害说和结果无价值论的立场贯彻到刑法教义学各个理论领域。法益侵害说的提出，极大丰富了我国犯罪构成体系和刑法学基础理论的研究，一方面强化了罪刑法定原则的形式主义价值，同时丰富了犯罪概念的实质性内容，增加了犯罪构成体系中实质违法性的判断内容。另一方面，正是法益侵害说的出现促使我国刑法理论以更加成熟的心态反思、清理和批判我国的社会危害性理论，使其不断寻求自身生存的价值和空间。

不容否认的是，由于受到风险社会观以及积极的一般预防论的影响，法益保护论确实面临着自身的危机。例如，该理论无法解释诸如“秩序”“环境”之类难以还原为人的生命、身体、自由、财产等具体生活利益的抽象法益；又如，由于对传统具体生活利益保护的提前，“刑法介入的时间也将原来具体侵害的危险提前到了发生侵害危险的可能性”。由此，传统的“没有法益侵害，就没有犯罪”的限定犯罪成立范围的机能受到极大的冲击，以至于有研究者提出了

① 张明楷：《刑法学》（第 2 版），法律出版社 2003 年版，第 107 页。

② 参见舒洪水、张晶：《近现代法益理论的发展及其功能化解读》，载《中国刑事法杂志》2010 年第 9 期，第 16 页。

刑法的任务应当从法益论向维护规范论转变。①

3. 规范违反说

规范违反说认为，犯罪的本质在于对法规范或者法秩序的违反，而社会伦理规范则是法规范的实质。

规范违反说的产生源于德日刑法犯罪论的结果无价值论与行为无价值论之争。犯罪的本质是法益侵害还是规范违反，这无疑是结果无价值论与行为无价值论之争的焦点所在。客观因果不法论在德国的兴起，为结果无价值论理论体系的正式形成创造了条件。客观因果不法论认为，不法概念的构建与“行为人之非难”无关，不法的重点是对客观上发生的法益侵害的评价。因此，结果无价值关注的不是行为人实施侵害法益的行为，而是现实世界中发生了法益侵害。行为无价值论认为，结果无价值论只看到结果无价值一面，有失片面。可见，行为无价值论是在批判和反思客观因果不法论的基础上产生的。早期德日的行为无价值论具有浓郁的道德色彩，行为无价值被理解为对伦理规范的违反。但是，近年来，德日的行为无价值论出现了“去道德化”的趋向。在 20 世纪 80 年代，德国主流刑法理论逐步接受由盖拉斯（Gallas）所主张的行为规范违反的行为无价值内涵。当代德国，以行为规范违反与法益侵害为基本特征的行为无价值概念成为通说。德国著名刑法学家京特·雅科布斯（Gunther Jakobs）认为，规范既不是社会伦理规范，也不是实定法规范本身，而是从其之于社会机构的意义来界定，即规范是对个人在特定情况下按特定方式行事的期待，不是利害算计的结果，而只是由于其作为个人而存在。在其理论体系中，刑法中的利益只能由规范本身构成，并且这一利益是唯一的利益类型。②

在我国，随着德日刑法理论的引入，法益侵害说与规范违反说这一本是德日刑法阶层犯罪理论中“违法性”层级中的争论，为域内学者所日益关注。由于法益侵害说自身存在的不全面、不经济、不清晰以及不及时等危机，我国有学者尝试突围法益侵害说，并致力于规范违反说地位的确立。周光权教授为行为无价值论的力倡者，主张违法性的实质是违反法秩序或者法规范，而法规范的实质是社会伦理规范，法是国民生活的道义、伦理，所以，违反刑法的实质

---

① 参见［德］雅各布斯：《罪责原则》，许玉秀译，载《刑事法杂志》第 40 卷第 2 期（1996 年），第 53 – 55 页。

② 参见劳东燕：《结果无价值论与行为无价值论之争的中国展开》，载《清华法学》2015 年第 3 期，第 69 – 70 页。

就是违反刑法规范背后的社会伦理规范①。伦理道德规范的相对性，导致其内容的不确定性，所以以伦理规范违反作为犯罪的本质难以实现构成要件的明确性，最终可能导致处罚范围的不当扩大，甚至滑向主观归罪的困境之中。周光权教授也承认，伦理规范违反说“可能违背行为刑法的基本原理，强化一元的道德观，过分限制个人自由，使刑法陷入‘思想刑法’或者‘心情刑法’的境地”②。并对自己的观点进行了调整，以行为规范违反说替代伦理规范违反说。在其后续研究中，周光权教授更强调法益侵害的导向性。从总体发展趋势来看，规范违反说不断向法益侵害说靠拢。

4. 本书的观点

（1）法益侵害说的提倡。受风险社会观、积极一般预防论等理论的影响，法益理论在刑法理论界和司法界独当一面的情况正面临来自社会危害性说，尤其是规范违反说的巨大挑战。为了使刑法应对风险四伏的现代社会，法益侵犯说的提倡和坚持就显得非常必要。

（2）法益侵害说的发展。法益侵害说需要不断完善和修正自我。张明楷教授借助于日益精神化、抽象化的法益概念和实质解释论，使刑法更加以一般预防为取向，重视法益保护甚于个体自由保障。周光权教授也在研究中注意到规范违反说、社会保护立场对个体自由保障的潜在危险，表现出对法益侵害说的坚持，甚至放在更优先的地位。正如著名刑法学家乌尔斯·金德霍伊泽尔所指出的：“在刑法目的这一问题上，法益保护与规范效力的保障并非相互排斥，而是两个分属不同层次、完全能够彼此兼容的思想。”③ 因此，法益保护与规范效力是统一的，刑法的目的在于保障行为规范的效力，行为规范的目的则在于保护法益。正是在此意义上，与其说犯罪的本质是法益侵害，还不如说犯罪的本质是对行为规范保护下的法益侵害更为确切。

（二）医疗犯罪的本质

综上，本书认为，犯罪的本质是行为对规范保护法益的侵害，医疗犯罪的本质则是医疗行为对医疗法益的侵害。

---

① 周光权：《论刑法学中的规范违反说》，载《环球法律评论》2005 年第 2 期，第 168 页。

② 周光权：《新行为无价值论的中国展开》，载《中国法学》2012 年第 1 期，第 177 页。

③ [德] 乌尔斯·金德霍伊泽尔：《法益保护与规范效力的保障——论刑法的目的》，陈璇译，载《中外法学》2015 年第 2 期，第 549 – 550 页。

1. 医疗犯罪本质之“社会危害”与“规范违反”的审视

其一，将医疗行为的社会危害性作为医疗犯罪的本质并不适宜。根据社会危害性说理论，医疗犯罪的本质在于医疗行为的社会危害性。如前所述，作为超规范解释的社会危害性理论，若未经法律评价，则仅仅是对于社会定义或者对于犯罪的否定性评价而已。而且，由于社会危害性并不是犯罪所专有，那么就无法划清与行政违法行为和民事侵权行为的界限。因此，医疗行为的社会危害性作为医疗犯罪的本质并不合理。

其二，将规范违反说作为医疗犯罪的本质也不尽合理。根据规范违反说的观点，医疗犯罪的本质在于对于刑法规范背后的社会伦理规范的违反。该观点对于那些由于特定法律规定而纳入刑事处罚对象的犯罪来说，并不合理。事实上，社会伦理规范并非刑法规范的内容，因为“何种价值具有伦理的正当性，不同的人可能会得出不同的结论，刑法应当保障各种各样的价值观并存，而不是以特定的价值观为优先”①。即使刑法将伦理规范纳入刑法规范中，也是因为伦理规范所维护的价值即法益达到了需要动用刑法进行保护的程度，成为需要在国家的范围内予以保护的共同利益。以非法植入基因编辑、克隆胚胎罪为例，依据《民法典》第1002条的规定，生命权不仅限于生命安全维护权，还包括生命尊严维护权。生命尊严维护权既是人格尊严的重要和必要组成部分，也是人格尊严中最有价值的部分，对自然人生命存续的维护与尊重也是其内容的一部分。将基因编辑、克隆的人类胚胎植入人体或者动物体内或者将基因编辑、克隆的动物胚胎植入人体的行为所侵犯的不仅仅是人的生命安全与健康，更是人类的遗传安全与人性的尊严。在立法过程中，《刑法修正案（十一）》（一审稿）和《刑法修正案（十一）》（二审稿）中均存在“违反国家有关规定”的表述，但在最后定稿时，却将其删除。将“违反国家有关规定”这一表述删除，表明刑法将基因编辑、克隆的人类胚胎植入人体或动物体内，或将基因编辑、克隆的动物胚胎植入人体的行为，采取了绝对禁止的态度，将人类遗传安全和人性尊严直接作为刑法保护的法益。

2. 医疗犯罪本质之“法益侵害”的提倡

如前所述，将行为规范保护下的法益侵害作为犯罪的本质更为合理，因此，

---

① ［日］西田典之：《日本刑法总论》，刘明祥、王昭武译，中国人民大学出版社2007年版，第23页。

医疗犯罪的本质是对医疗法益的侵犯。

不容否认，医疗行为是行为人以人体组织、身体以及生命作为行为对象，运用医学专业知识，导致人体形态或功能发生变化的行为，由医疗行为本身的这一特性所决定，医疗犯罪的认定与医疗技术规范紧密相关。因此，针对不特定多数人实施的业务型医疗行为对行为主体的专业要求非常高，体现在医疗行为主体的专业知识和专业技能水平上，即通过行政规范的方式实行严格的资格准入制度。除此之外，相关卫生法规对医疗行为涉及的业务诊疗技术规范、常规、职业规则等进行调整，涉及如辅助生殖技术、基因治疗等现代医疗技术更是由专门的卫生行政法规、部门规章等予以调整。

需要注意的是，虽然现代医疗行为犯罪越来越呈现出鲜明的法定犯特征，即以行政违法作为构成犯罪的成立条件。但是，刑法对医疗犯罪行为予以惩处，并不意味着刑法的任务仅仅在于惩处行为人违反医疗行政规范的行为。日本有学者指出："因为行政法规也不是仅仅为了单纯强制国民服从而对国民发布命令、禁止，而是为了维持、实现行政主体认为有价值的事态、关系才发布命令、禁止，国家对这种有价值的事态的关系是一种利益。"① 由此，刑法的目的是通过刑法来保障规范的有效性，从而达到保护法益的目的。对于刑法目的而言，医疗规范为医疗法益的保护而服务，国家则通过刑法来保障医疗规范得到切实的遵守。

三、医疗犯罪的构成要件要素

所谓医疗犯罪的构成要件要素，是医疗犯罪构成要件的内部组成因素，医疗犯罪构成要件要素的外延是犯罪构成要件外延的一部分。

（一）对医疗法益的严重侵害性

1. 法益理论与医疗法益

（1）法益理论的一元论与二元论

医疗法益即医疗活动中有关主体依法所享有的利益，其性质受到法益理论一元论与二元论的影响。

---

① ［日］福田平：《行政刑法》，有斐阁 1978 年版，第 36 页。转引自刘艳红：《法益性的欠缺与法定犯的出罪》，载《比较法研究》2019 年第 1 期，第 88 页。

早期的法益一元论，即“个人法益论”，认为法益是为了实现个人自由而存在的对象，主张将“国家为了个人而存在”作为法益理论的基础。认为国家刑罚权的发动必须建立在以人为本的前提和基础下，那些过于抽象和空洞的利益并不具有正当性。同时认为，集体法益只能作为保护个人法益而被功能化的媒介，只有能够从个人法益推导出的集体法益才有正当性的可能，如若刑法规范没有与集体法益直接相关的被保护的个人法益，则必须将其从核心刑法中剔除。因此，对于早期法益一元论论者而言，法益的唯一主体是个人，只有这样才能实现法益对刑事立法的限制。由于该观点将集体法益排除在刑法保护对象之外，忽视了在个人自由空间中除保障权益之外，还包含对个人行使自由权利基本条件保障的情形，出现了与现实需求之间的紧张关系。针对早期法益一元论的缺陷，后期法益一元论论者提出了缓和法益一元论。缓和法益一元论承认刑法对于集体法益的保护，主张将部分集体法益纳入一元论中的“个人法益”体系之中。

与法益一元论论者的主张不同，法益二元论论者认为，法益可以分为集体法益与个人法益，二者相互独立，集体法益无法还原为个人法益。正如有学者所言：“集体法益是一个整体上不可分的客体，无论是国家安全、司法秩序，还是社会的金融秩序、市场秩序，它们都可以被每一个人平等、完整地享有，但是无法被分配或归属于个人。”①

综上，虽然缓和一元论和二元论都不否认刑法保护的对象包括集体法益，但缓和一元论认为只有能够还原为个人法益的集体法益才具有正当性，二元论论者则认为集体法益是刑法独立的保护对象，具有不可分配性。可见，二者的根本分歧就在于对还原论理解的差异，前者认为个人法益必须能还原为个人利益才能具有正当性，主张刑法的主要目的在于保护个人利益，只有那些对个人利益造成现实侵害或危险的行为才能够被纳入刑法规制的范围；后者则认为集体法益无须要求个人利益的实际受损，只要能够还原为社会公众的普遍利益就具有正当性。

（2）医疗法益二元论的提倡

本书认为，在现代刑法语境下，医疗法益应当坚持以法益二元论为基础的

---

① 马春晓：《现代刑法的法益观：法益二元论的提倡》，载《环球法律评论》2019 年第 6 期，第 137－138 页。

集体法益与个人法益相统一。

对于医疗犯罪中的个人法益，学界并无争议，因此，本书重点阐述集体医疗法益。集体法益亦可称为整体法益、超个人法益。总体来说，我国刑法理论界对集体法益观采取了比较谨慎的态度。有学者质疑集体法益观的短板和缺陷，认为集体法益观是建立在国家本位主义的刑法观之上，犯罪化的主要根据在于对管理秩序的违反，存在犯罪标准模糊化、过度推崇刑法作为前置法保障工具的功能等问题。针对此缺点，有学者提出，我国理论界对管理秩序的法益语焉不详，如果将其作为行政管理秩序进行模糊界定，会导致管理秩序沦为“口袋法益”，从而丧失对行政犯构成要件解释的指导作用。① 医疗事故罪、非法行医罪等典型医疗犯罪在理论上存在同样的困惑。以非法行医罪为例，有学者以“医疗管理秩序的目的在于使卫生行政部门更好地管理医师，如若因为违反医疗管理秩序就进行（刑事）处罚是不可接受的”为理由，认为非法行医罪侵害的法益并非集体法益，必须从个人利益出发认定其所保护的法益是个人的生命、身体健康。②

本书认为以上观点值得商榷，我国医疗管理制度本身并非管理秩序的内容，将二者同等对待的观点实际上混淆了公权运行和私权自治的区别。虽然公权力是保障医疗秩序正常运行的建构性制度设置，但不能将不同层次、性质、价值导向的医疗法律关系同等对待，也不能将任何医疗过程中的任何违规行为与医疗行政管理制度相关联。虽然医疗犯罪中前置法的行政管理制度与以此为核心形成的管理秩序密切相关，但并不完全等同，刑法不应将保障前置法作为其唯一的目的，而应当以保护特定的集体法益或个人法益为己任。对与此密切相关的行政管理规范的确认和加固，只是刑法适用的自然结果，正如有学者所言：“简单将某项行政管理制度或以此为核心形成的管理秩序，等同于刑法上值得保护的秩序法益，无疑是片面的。”③

法益二元论所主张的集体法益是当前刑法立法结构性变化的体现，这种变化折射出的是立法者所关注的犯罪法益议题由个人转向集体。正如有学者所言，

---

① 参见李文吉：《我国刑法中管理秩序法益还原为实体性法益之提倡》，载《河北法学》2020 年第 5 期，第 2 页。

② 参见姚诗：《非法行医罪“情节严重”的解释立场与实质标准》，载《政治与法律》2012 年第 4 期，第 113 页。

③ 王志远：《侵犯商业秘密罪保护法益的秩序化界定及其教义学展开》，载《政治与法律》2021 年第 6 期，第 45 页。

现代社会的发展和治理决定了法益观的转变和立法的修正，而其中最深层的原因则是个人与国家关系的变化带来国家任务与刑法任务的改变。[1] 以非法植入基因编辑、克隆胚胎罪为例，人类辅助生殖基因医疗技术进行基因编辑的对象不仅仅是个体疾病的治疗，而是未出生的人类胚胎。无论是以生殖为目的的人类胚胎基因编辑行为，还是生殖性克隆的行为均是严重违反科技伦理和生命伦理的行为，使人类面临巨大的伦理和法律危机，严重侵犯了人类的遗传安全和人性尊严，而不仅仅是具体人的生命与健康，因此属于典型的危害集体法益犯罪。当然，集体法益的内容并不能仅仅被模糊地理解为某项管理制度或管理秩序或是抽象的概念，其是明确的、可以具体感知的。

综上，无论是早期法益一元论还是缓和法益一元论都因其自身难以克服的理论缺陷，无法满足现代医疗刑法法益保护的需要。二元论从人本主义法益论出发，赋予法益内容体系以集体法益，更清晰地表明法益主体不仅包括“自我”，还包括“超我”；不仅包括“个体”，还包括“集体”。立足现代医学科学时代，倡导医疗法益二元论，有利于科学认知新兴医疗法益的概念内涵，更好地阐明我国医疗刑事立法现状与发展趋势。

2. 医疗新型法益的特征

近些年，法学界多有关于“新型利益”“新型法益”问题的讨论和争议，谢晖教授认为新型权利“是自觉的、法定（裁定）的和统一的”[2]。另有学者认为：“所谓新型权利的‘新’，即其并未被现行法律所承认，尤其是未被现行立法所确认。中外权利发展史上的一个普遍现象是，一项权利先在学理和司法判例上获得承认，而后立法加以确认，获得正式法律地位之前的权利一般称为新型权利。”[3] 学者们着眼于法益与法规范的关系，对新型法益进行了富有建树性的讨论与研究，无疑对于从理论上廓清概念，进而推动立法活动具有极为重要的意义。本书认为，现代医疗法益的产生基础、权利内容、权利属性均不同于传统法益。

（1）从医疗法益产生的基础来看。新型医疗法益的产生源于现代医学科学技术的兴起与应用。其一，权利意识是权利发展的前提条件。近代以来，科技

---

① 参见马春晓：《现代刑法的法益观：法益二元论的提倡》，载《环球法律评论》2019 年第 6 期，第 143 页。

② 谢晖：《论新型权利的基础理念》，载《法学论坛》2019 年第 3 期，第 5 页。

③ 陈彦晶：《新型权利“新”在哪里》，载《北京日报》2018 年 6 月 11 日版。

的发展威胁人类的生存与发展，从而进一步唤醒人们的权利意识。在现代医学的发展进程中，人越来越成为科学研究的对象，肝脏、肾脏、角膜等人体器官以及配子、卵子等人体组织成为“商品”；生物基因成为某种专利等。医学科学发展与技术应用以前所未有的广度和深度影响人的生命，从而极大地唤醒了人们的新型医疗权利意识。其二，现代医学科学技术的更新与突破必然在实践中催生新的社会关系。例如，通过捐精实施的人工辅助生殖衍生新的亲子关系、人体器官移植衍生的器官之上的权利义务关系、基因治疗衍生的基因之上的权利义务关系等。其三，现代医疗科技对现实的冲击。如克隆人技术、代孕技术的应用打破了人类繁衍的自然规律，颠覆了传统的婚姻家庭伦理关系等。

（2）从医疗法益的内容来看。在人类社会发展中，权利体系始终是开放的。英美法系国家关于“权利束”概念的开放性为发现和认可新的权利提供了便利，并成为英美法的一个主流观念和主导范式。如果将此概念予以扩展，那么“医疗权利束”就可应运而生，此中所包含的新兴权利可以因医疗科技的发展而不断涌现，成为“人权”新内涵的组成部分。医疗法益，是现代医学科技发展应用而产生的新型法益，它发轫于现代医学科技的进步，即随着人类辅助生殖、器官移植、基因治疗、AI 辅助医疗、安乐死医疗等现代医疗技术的发展与应用，人们萌发了对“基因隐私权”“基因平等权”“基因财产权”“生命尊严权”“安宁死亡权”等新型医疗权利的探索与构建。这些医疗权利既包含精神权利的部分内容，也包含有公民自由权利的部分内容，还部分地兼有财产利益的内容，是一种综合性权利。

（3）从医疗法益的属性来看。现代医疗法益首先表现为人格权利，但是现代医疗法益不同于一般人格权，其具有人格尊严的根本属性。人格尊严原则是康德伦理学的重要原则，即人不能被当作其他人所期望的客体。在当代，人格尊严已经被国际组织确立为最高医学伦理准则，并为世界各国法律所普遍认可。在现代医疗技术应用中，无论是源于器官移植中的人体器官之上的权利，还是源于辅助生殖、基因治疗中的基因之上的权利等医疗权利的设立与实现均应以人格尊严为最高伦理准则，以体现人格尊严的根本属性。

（二）医疗行为的严重违法性

1. 违法性在犯罪要件要素中的地位

受苏联刑法学的影响，在我国的平面耦合式犯罪构成理论中，刑事违法性并无独立的地位，却在法定的犯罪概念的三个特征——社会危害性、刑事违法性、应受刑罚处罚性中占有一席之地。我国的刑事违法性仅限于从规范角度对行为做出判断，行为触犯了刑法，即可视为社会危害性的存在。与大陆法系三阶层的犯罪构成体系相比较，在我国，行为具备该当性通常就具有实质的刑事违法性。由于三阶层犯罪构成体系中该当性的行为具备形式违法性的功能，因此，若将我国刑事违法性置于三阶层的犯罪构成体系中，则可以认为我国刑事违法性具有三阶层中该当性的功能。只是三阶层违法性的判断以不存在违法阻却事由为根据，属于实质性判断。而我国的刑事违法性仅是犯罪客观要件符合性的判断，仅相当于三阶层符合性判断的阶段，我国的违法阻却事由的判断，是在犯罪构成要件之外另行设置，以此来判断行为是否符合犯罪构成要件，是否具有实质的社会危害性。周光权教授指出："无论采取哪一种学说，对于刑事违法性的判断都要先审查实定法上的构成要件，得出行为不法的初步结论后，再考虑违法阻却事由是否存在。"①

2. 医疗犯罪的刑事违法性判断

从医疗犯罪的刑事违法性判断来看，实务中存在大量的刑法与行政法、民法相互交错的案件，其中，刑事违法性与行政法、民法之间的违法性关系及其如何处理都是不可回避的问题。尤其是医疗犯罪前置法的公法性质以及刑法对公权力的制约，使得行政法与刑事法之间关系的处理更为复杂，即对于已经具备行政要素的犯罪客观要件，法定犯客观要件该当性的判断是依赖行政法律规范进行判断，还是具备行政要素后依据刑法独立进行判断。

本书认为，医疗行为是否违反民事、行政等法律法规对医疗犯罪的成立并不具有绝对意义，而应视不同情形区别对待。

（1）医疗民事、行政合法行为当然排斥医疗行为的犯罪性。当前，刑法理论界存在严格的违法一元论、缓和一元论和违法多元论等不同的解决思路。严格的违法一元论主张，在某一法领域违法的行为，在其他法领域不能被认为是合法的；反之，某个法领域合法的行为，在别的法领域不能作为违法行为看待。"在刑法上被评价为违法的行为，在民法、行政法等其他法领域中也要认定为违法；在民法、行政法等法域评价为违法的，在刑法上也要按照违法行为处

---

① 周光权：《论刑法所固有的违法性》，载《政法论坛》2021年第5期，第38页。

理”。[①] 违法多元论主张，承认法秩序的多义性，将违法性在民法、行政法、刑法等领域相对或多义地把握。也就是说，在违法性判断方面，刑法与民法、行政法中的判断是相对独立的、多元的，并没有必然的联系。缓和的违法一元论主张刑法中的违法具有独特性，要具备特定的“量”的违法。也就是说，在合法性的判断上，刑法与其他部门法具有一致性，即在民法中认定为合法的行为，在刑法中不具有违法性。但是，刑法的违法性判断又具有独特性，相比其他法领域的违法概念，附加了“量”的要求。因此，民法、行政法中的违法行为不必然属于刑法中的违法行为。[②] 虽然这些思路不同，但是有一点是有共识的，即对于其他部门法认定为合法行为的，刑法不得认定为是违法行为。正如前文所述，医疗犯罪所侵犯法益的本质是医疗行为对医疗法律规范保护下医疗法益的侵犯，如若行政违法不存在，对法益又不存在任何实质的侵犯，那么就应当果断地否定待处理案件的犯罪性，从而使其成为从实质上排除违法性的事由。从这一意义来看，刑法对医疗犯罪行为的认定与前置法存在的关联性是不可否认的。例如，根据《医疗事故处理条例》第 2 条的规定，医疗事故的发生必须以违反了医疗卫生管理法律、行政法规、部门规章和诊疗护理规范、常规为前提。如果医师严格遵守了相关的规定仍然造成了患者的人身损害，则不属于医疗事故。[③]

（2）其他部门法认定为违法的行为对犯罪的成立并不具有绝对意义。其他部门法认定为是违法的行为刑法是否必然认定为犯罪？本书认为，不同部门法规范保护目的存在差异，对应的违法性并不必然具有刑事违法性，刑法的违法性判断具有独立的价值判断和规范目的。

一方面，刑事违法性的判断不能不顾及前置法。在医疗犯罪中，作为促进人类发展、增进人类福祉的医疗行为，必须是一项安全性和科学性得到证实的行为。刑法作为犯罪认定的医疗行为，多数以成熟医疗规范的存在作为前提条件。即使不以违反前置法为要件、无须依赖行政法律规定的非法植入基因编辑、克隆胚胎罪虽然受到刑法的绝对禁止，但关于是否违反医疗伦理的专业认定，

---

① ［日］木村龟二：《违法性的统一性的理论》，载《法学研讨》156 号（1969 年），第 48 页。

② 参见吴镝飞：《法秩序统一视域下的刑事违法性判断》，载《法学评论》2019 年第 3 期，第 48 页。

③ 《医疗事故处理条例》第 2 条规定，本条例所称医疗事故，是指医疗机构及其医务人员在医疗活动中，违反医疗卫生管理法律、行政法规、部门规章和诊疗护理规范、常规，过失造成患者人身损害的事故。

则无法脱离医疗职业规范的影响和制约。

前置法在我国刑法立法中的存在方式主要包括两种类型：一类是《刑法》分则条文在罪名中直接使用“非法”“违反国家有关规定”等术语，如非法行医罪，非法进行节育手术罪，非法采集人类遗传资源、走私人类遗传资源材料罪等；另一类是根据刑法规制对象的专业性与特殊性，需要寻求前置法的规定进行判断，如医疗事故罪中的“医务人员由于严重不负责任”的规定。毋庸置疑，《刑法》分则相关规定的前置法内容，虽然与刑事违法性之间不具有一致性，却能够成为刑事违法性判断的基础。例如，对非法行医罪的认定要考虑医疗领域内行政法律、行政法规。刑法作为兜底法，规定未取得医生执业资格的人非法行医、情节严重的行为，具有刑事违法性。2022 年 3 月 1 日施行的《医师法》，对于医师的具体行医规范作了相应的规定，同时对具有医师资格的人行医的范围等情形也进行了详细的规定。① 可见，《刑法》关于非法行医的规定和《医师法》关于禁止非医师行医的规定无论在目的上还是形式上都是一致的，违法性判断的结论也是相同的。因此，在法秩序统一性的前提和基础之下，刑法规范与行政法规范的目的是一致的，对刑事违法和行政违法分别判断后通常可以得出相同的结论。换言之，刑法在认定非法行医罪的过程中顾及了前置法的立场与态度。

另一方面，医疗民事、行政违法不等于医疗犯罪。行为所具有的民事、行政违法性仅为犯罪的成立提供一定程度的支持。对于刑事违法性要作出独立的判断，不仅要受到刑法的本质——法益保护的根本制约，而且要考虑犯罪成立要件的违法性与前置法涵括了“量”的不同和“质”的不同。在医疗犯罪的判断过程中，需基于违法性的实质性判断。前置法的违反仅仅是判断构成要件该当性是否具备的“辅助性”工具，对刑法前置法的判断绝不等同于刑法对前置法的从属。同样，在对医疗犯罪的法定犯进行判断时，既要判断行政犯“违反规定”的内容，又要充分认识到其仅仅是客观构成要件判断的有限支撑而已，是否具备刑事违法性，需要进行独立的刑事违法判断。

---

① 《医师法》第 2 条规定，本法所称医师，是指依法取得医师资格，经注册在医疗卫生机构中执业的专业医务人员，包括执业医师和执业助理医师。第 59 条规定，违反本法规定，非医师行医的，由县级以上人民政府卫生健康主管部门责令停止非法执业活动，没收违法所得和药品、医疗器械，并处违法所得 2 倍以上 10 倍以下的罚款，违法所得不足一万元的，按一万元计算。

（三）医疗犯罪的罪过性

刑法学上的罪过，是指行为人对自己所实施犯罪行为及危害结果所持的心理态度，主要包含犯罪的故意与过失，医疗犯罪也概莫能外。

1. 医疗犯罪的过失罪过

医疗行为以医学知识与技术为基础，行为人对其所实施的可能给患者造成的危害结果应当具有一定的预见能力，对于危害患者生命健康的不当医疗行为应当善尽注意义务。如果行为人在实施医疗行为的过程中，由于疏忽或者过于自信而未尽到注意义务，则构成医疗过失。可以肯定传统医疗中的犯罪主要为过失行为。早期的世界各国立法大都将医疗犯罪确定为过失犯罪。依据我国《医疗事故处理条例》第 2 条的规定，“医疗事故”的行为人只是具有违章故意，而并非故意导致就诊人“死亡”或“身体健康严重受损”的危害后果。现实中，医务人员对患者死亡或身体健康严重受损的后果，均是希望不发生或不希望发生，这与既不希望危害结果发生也不希望危害结果不发生的间接故意在主观恶性上有着本质的区别。

本书认为，在现代医学科学时代的新型医疗犯罪中，对于过失罪过的讨论，离不开对注意义务的研究，事实上过失犯罪行为刑事违法性的边界往往是由过失犯罪行为的注意义务决定的。

（1）医疗过失及其类型

医疗过失是刑法意义上的重大业务过失，其本质在于医务人员在实施特定的医疗行为时，没有尽到作为合格医务人员而被赋予的注意义务，欠缺医疗谨慎的主观态度，将患者置于不确定的风险之中。

医疗过失类型可以分为诊断过失和治疗过失、护理过失。

诊断过失是指诊断失误，又被称为误诊，由于受到医疗技术的限制，误诊在临床上不可避免，因此，尽最大可能避免重大误诊给患者可能带来的伤害，是医患双方共同的追求。误诊可能出现的情况是医疗信息收集的过失、误诊疾病性质或程度、病因确定或是延迟发现等。

治疗过失是指在诊疗过程中，包括手术过失、用药过失以及输血过失在内的过失，可能因为医务人员失当的治疗行为，给患者造成严重的医疗损害。

护理过失是指在具有一定独立性的护理行为过程中的，如护理不周、未执行医嘱、遗忘交代患者相关重要事宜等重大过失行为。

（2）医疗注意义务以及类型

医疗过失犯罪的本质在于注意义务的违反，在现代社会事务多样化发展的趋势下，各种对专门业务进行规范的法律、行政法规等也日趋增多，而这些法律、法规所规定的安全规则，便是对行为人注意义务的明文规定。具体到医疗过失来说，注意义务的来源主要包括但不限于以下三方面：

一是法律、行政法规以及司法解释中所规定的注意义务。在我国，《民法典》《医师法》《母婴保健法》《医疗事故处理条例》《献血法》《全国医院工作条例》《红十字会法》等相关法律法规以及司法解释构成了当前医疗法律规范体系。医疗活动相关人员应该遵守的法律、行政法规、诊疗常规以及职业道德等在这些规范性文件中都有详尽的规定，其中包括医务人员在特定情况下的注意义务和注意程度，还包括医务人员要履行的一般注意义务和需要达到特别的注意程度等内容。

二是医疗习惯与常规所要求的注意义务。医疗习惯与常规，又称业界常识，主要是指临床医学对于某一种疾病诊断或治疗方法等的通常做法。医疗行为的复杂性和技术性决定了法律法规不可能将所有的行为都纳入调整范围，一些医疗习惯与常规虽无法律法规的明确规定，但却是约定俗成的基本行为准则，其所要求的注意义务是医疗活动的注意义务的重要来源。

三是医学书籍及文献等专业技术规范所要求的注意义务。医学书籍及文献所描述的有关诊疗规定、药物使用说明以及手术操作规程等，应当作为医师实施诊疗行为时遵守的准则。

2. 医疗犯罪的故意罪过

医疗犯罪故意，是指行为人对于医疗危害行为本身出于故意，对于危害结果是积极追求或者放任的态度。医疗故意的罪过主要建立在行为人对行为本身的心理态度之上。医疗犯罪中的主观故意，在认识因素上表现为对其违犯医疗卫生管理法律、行政法规、部门规章和诊疗护理规范、常规医疗危害行为的明知；在意志因素上表现为对造成患者人身损害结果（危险），或国家医疗卫生秩序损害（危害）的积极追求或放任。行为人在对违法、违规行为有认识的情况下仍然实施，就能够表明行为人主观上的恶意，就可以认定主观罪过为故意。

（四）医疗犯罪主体的有责性

“没有责任就没有刑罚”，这是现代刑事法治的一个根本原理，对于医疗犯罪而言，只有当行为人存在医疗相关个人责任时才成立犯罪。

刑法学界对犯罪构成条件中的有责性基本达成共识，认为有责性是指："对实施犯罪行为的人的非难可能性。非难可能性是指对实施犯罪行为的人，进行非难的可行性和必要性。"① 本书认为，刑事责任的非难对象是指向犯罪行为人，因此，对医疗行为人给予的责任非难，需要综合考虑行为时的主体性要素与客体性要素。

1. 医疗犯罪有责性的主体性要素

依据我国现行《刑法》的规定，主体性要素是指行为人具有责任能力，具体来说，包括刑事责任年龄和精神健康状况。② 对于非业务性医疗犯罪而言，主体性要素，即刑事责任能力，这与一般犯罪的主体性要素并无不同。而业务性医疗犯罪，除了需要具备一般犯罪的主体性要素，即一般刑事责任能力之外，还包括行为人的医疗执业能力要素。

2. 医疗犯罪有责性的客体性要素

从医疗犯罪有责性成立的意义上来看，客体性要素亦可称之为医疗犯罪有责性的"消极要素"，是指不能够期待行为人实施其他适法行为的具体客观情况，在刑法学理论上亦称为"期待可能性"。在以人权保障为核心的现代刑事法治理念下，法律并非对所有实施医疗危害的行为人一律作有罪处理，除了根据行为人自身的主体性因素而定，还受行为人行为时的客观条件限制。具体来说，非业务性医疗犯罪有责性的客观要素主要是指是否存在缺乏期待可能性作为责任阻却事由。我国现行《刑法》将其规定为"不可抗力和意外事件"③。对于业务性医疗犯罪而言，医疗活动不仅受到医务人员知识水平和判断能力等主体性

---

① 李玉兰、任忠臣、谭翠：《浅析"有责性"理论》，载《法制与经济》2010 年第 5 期，第 50 页。

② 《刑法》第 17 条第 1 款、第 2 款、第 3 款规定，已满 16 周岁的人犯罪，应当负刑事责任。已满 14 周岁不满 16 周岁的人，犯故意杀人、故意伤害致人重伤或者死亡、强奸、抢劫、贩卖毒品、放火、爆炸、投放危险物质罪的，应当负刑事责任。已满 12 周岁不满 14 周岁的人，犯故意杀人、故意伤害罪，致人死亡或者以特别残忍手段致人重伤造成严重残疾，情节恶劣，经最高人民检察院核准追诉的，应当负刑事责任。《刑法》第 18 条规定，精神病人在不能辨认或者不能控制自己行为的时候造成危害结果，经法定程序鉴定确认的，不负刑事责任，但是应当责令他的家属或者监护人严加看管和医疗；在必要的时候，由政府强制医疗。间歇性的精神病人在精神正常的时候犯罪，应当负刑事责任。尚未完全丧失辨认或者控制自己行为能力的精神病人犯罪的，应当负刑事责任，但是可以从轻或者减轻处罚。

③ 《刑法》第 16 条规定，行为在客观上虽然造成了损害结果，但是不是出于故意或者过失，而是由于不能抗拒或者不能预见的原因所引起的，不是犯罪。

要素的影响，而且受到医疗发展水平、医疗技术条件等的制约。与此同时，人类生命科学的无限性与医学技术的有限性使得医疗活动具有内生的风险性。因而犯罪有责性的客体性要素除了要排除一般性客观阻却事由，还需要遵循医疗活动常规，体现生命医学发展规律。在医疗活动中，常见的有责性消极要素有患者特殊体质、医疗技术不能等客观情况。对此，我国有关卫生法规也作出了相应规定。例如，我国《医疗事故处理条例》第33条明确规定，在医疗活动中由于患者病情异常或者患者体质特殊而发生医疗意外的，以及在现有医学科学技术条件下发生无法预料或者不能防范的不良后果的，均不属于医疗事故。

四、医疗刑法及其运行

（一）医疗刑法的法理意涵

1. 医疗刑法概念的理论学说

德国有学者指出，所谓医疗刑法就是以医生的医疗行为为中心，伴随医疗从业者职业上的活动的犯罪和刑罚的法律之总称。这一概念将医疗刑法界定为医疗行为中所实施的犯罪所涉及的刑法，因此，可以称为医疗行为核心说。我国台湾地区学者蔡墩铭教授提出“医事刑法”的概念，认为“医事刑法”是结合医学与刑法学双方知识，以检验医疗犯罪之刑法。[①] 我国域内也有学者使用“医事刑法”的概念研究医疗领域相关刑事法律问题。例如：有学者主张医事刑法是指违背医疗义务的犯罪所涉及的刑法，将违背医疗相关规范作为医事刑法的本质特征。[②] 域内另有学者提出“医疗刑法”的概念，认为“医疗刑法是指针对于医疗犯罪的相关刑法规定……医疗刑法的核心针对医疗行为对个人和社会造成的影响作出合理的刑法评价”[③]。

2. 本书的观点

医疗刑法作为刑事与医疗的交叉领域，以医疗行为为中心，没有医疗行为就没有医疗犯罪，也无所谓医疗刑法。如前文所述，医疗行为有狭义的医疗行为和广义的医疗行为之分，因此，与医疗行为概念的界定相呼应，医疗刑法的

---

① 参见蔡墩铭：《医事刑法要论》，台北，景泰文化事业公司1995年版。转引自臧冬斌：《医疗犯罪比较研究》，中国人民公安大学出版社2005年版，第3页。

② 参见熊永明：《医师义务的悖反关涉的刑事问题》，载刘建利主编：《医事刑法重点问题研究》，东南大学出版社2017年版，第28－37页。

③ 龙敏：《风险社会下医疗安全的刑法保护》，上海人民出版社2014年版，第43页。

概念也需要从狭义和广义两个维度予以界定。

建立在狭义医疗行为概念之上的狭义医疗刑法，是指规定临床医疗活动中的有关犯罪及其刑罚的法律规范的总称。

建立在广义医疗行为概念之上的医疗刑法不仅应当涵盖传统医疗犯罪的相关刑法规定，还应当包括有关现代医学科学时代新型的医疗犯罪的相关刑法规定。概言之，广义上的医疗刑法是指规定以医疗活动为核心的有关犯罪及其刑罚的法律规范的总称。

（二）医疗刑法的特征

1. 以医疗安全为核心

由于医疗行为具有侵袭性和风险性，在医疗过程中没有损害和没有危险的绝对安全是不存在的，只存在将损害和风险控制在可以容忍程度的相对安全。医疗刑法通过对可容忍程度的严格规定来保障医疗安全，其对医疗损害和风险的可容忍程度越低，对医疗安全的保障要求则越高。反之，医疗刑法对医疗损害和风险的可容忍程度越高，对医疗安全的保障要求则越低。安全作为人类生存最基本的需要之一，无论是在传统医学科学时代，还是在现代医学科学时代，人们对医疗安全的追求未曾发生过改变，现代医学科学与医疗技术的高风险性，使医疗安全尤为重要。

2. 以医疗发展为原则

医学的发展是人类社会进步的重要标志，在促进了人类历史文明发展的同时，为人类治愈疾病、减轻病痛折磨、健康状态的长期保持以及寿命的延长作出了必不可少的贡献。医学的发展甚至在传染病来袭时，使人类避免传染病带来的灭绝危险成为可能。毫无疑问，在人类面临越来越多的未知风险的现代风险社会，医疗技术是人类抵御身体侵害的不可或缺的手段。

刑法之于医疗的发展，一方面，通过对医疗行为的规制与约束达到维持良好医疗秩序的目的，为社会医疗事业保驾护航，促进医疗事业的发展；另一方面，刑法对于医疗行为的追责无疑使医疗人员瞻前顾后，阻碍医疗事业的发展。而医疗发展之于刑法则是，医疗技术的发展需要得到刑法的保障，不应当受到刑法的威胁。医疗刑法作为在医疗领域约束行为人医疗活动的法律规范，必须建立在遵循医学科学规律的基础之上，以有利于医疗技术发展为原则，充分发挥其在医疗事业上的促进作用。

3. 以价值均衡为目标

“在一定意义上说，刑法原理的创立及其嬗变目的就是研究如何能作出公正的价值选择。”① 刑法学与属于事实学的自然科学不同，其属于需要价值选择的价值科学范畴，是在价值冲突中需要作出公正价值选择的科学。就医疗刑法面临的医疗安全价值与医疗发展价值而言，过于强调医疗安全的价值必然以医疗发展的损失为代价，过于强调医疗发展的价值，医疗安全的保障就面临着威胁。在二者面临此种不可调和的矛盾、无法作出非此即彼的选择时，寻求医疗安全的保障与医疗技术的发展之间的平衡便成为最为关键的问题。

要做到医疗安全与医疗发展的平衡以下两方面是必要的。一方面，医疗刑法通过设定容许风险的界阀，完成医疗风险的规制与医疗安全的保障。医疗刑法对于不容许的风险加以规制和追责，而对于容许的风险则予以宽容，通过容许风险的界阀将医疗风险控制在合理并可以接受的范围之内，同时不阻碍医疗事业的发展。在面临医疗领域出现的新问题需要通过刑法进行规制时，既要考虑医疗秩序的维护又要考虑医疗科学本身的技术性和专业性，在最大限度地控制风险的同时不阻碍医疗技术的发展，为人类健康和生命质量的提高创造福祉。另一方面，医疗刑法通过法益保护平衡患方和医方的利益。就当前紧张的医患关系而言，患者由于知识所限，受到法律利益的倾斜。但是，患者实施医闹、伤医的行为使医方受害的情形也不容忽视，因此，不能一味苛求医方的责任，医方的利益同样需要得到刑法的保护。在风险日益增长的社会，刑法需要合理分配医疗风险，充分平衡医患双方的利益，防止失之偏颇。

（三）医疗刑法的运行

“在人类社会发展史上，运行轨迹看似平行的医学与法学始终是人类社会发展的两大基石，二者担负着共同的使命：人类的文明与进步。医学以其创新性与革命性推动社会进步，法律以其严谨性与保守性保障社会运行的方向，为了防止偏离使命与原点的医学‘乱跑’现象，必要的时候并不排斥刑法的介入。”② 人类早期的医学发展缓慢，其对社会生活的影响较为有限，因此，刑法

---

① 许发民：《风险社会的价值选择与客观归责论》，载《甘肃政法学院学报》2008 年第 5 期，第 1 页。

② 于慧玲：《人类辅助生殖基因医疗技术滥用的风险与刑法规制——以“基因编辑婴儿事件”为例》，载《东岳论丛》2019 年第 12 期，第 167 页。

极少介入医疗领域。20 世纪以后，医学科学与医疗技术得到重大发展，其对社会影响的广度与深度空前，现代医学科学与现代医疗技术的发展不断对刑法提出新的课题，推动医疗刑法的改革与发展。

1. 抗生素医治时代的医疗犯罪与医疗刑法

20 世纪初至 20 世纪中叶，是人类医学发展史上的微生物世纪，随着微生物学基础理论的发展，人类医学步入了抗生素医治的时代。1928 年青霉素的抗生作用在实验室被弗莱明发现后，随后的 1929 年被誉为“抗生素元年”。① 青霉素的出现，使得人类在细菌感染类疾病的治疗方面取得了前所未有的效果。1943 年，一种新的抗生素——链霉素被发现，之后又有金霉素（1945 年）、氯霉素（1947 年）、红霉素（1949 年）、土霉素（1950 年）、卡那霉素（1957 年）相继被发现。1949 年，随着国内临床对氯霉素和青霉素的大规模使用，我国也步入了抗生素医治时代。由于各种抗生素的显著疗效，抗生素逐步走上医疗“神坛”，其毒副作用被忽略，抗生素药物被滥用。在该时期发生的医疗犯罪（纠纷）大多与抗生素滥用的严重后果有关。② 如违反抗生素使用流程、使用剂量等。这一时期，医疗刑法的基本特点主要体现在对医疗过失犯罪的规定。

2. 诊断学技术革命时代的医疗犯罪与医疗刑法

20 世纪 70 年代至 20 世纪末以前，以电子计算机 X 线断层扫描仪和核磁共振诊断技术的发明和应用为最重要标志的诊断学技术的革命，开创了影像学诊断的新路径。计算机辅助断层扫描技术、核磁共振技术（Nuclear Magnetic Resonance technology）成为诊断学革命性变化的重要推手。微量化、自动化、精密化、动态化及准确化、无害化等成为临床诊断的显著特点。由于医学知识的专业化和医学技术的复杂化，这一时代医疗行业的门槛也越来越高，医疗规范也越来越复杂，医疗犯罪多数表现为违反行业入门规范与违反注意义务的过失类犯罪。以德国为例，1974 年《德国刑法典》修正案中增设的第 218a 条规定：在

① 参见崔美頔：《健康传播视域下抗生素的认知“神话”与祛魅研究》，辽宁大学 2020 年硕士学位论文，第 6 页。

② 1949 年，《中华医学杂志》刊发的《磺胺类药品与青霉素对急性阑尾炎之滥用》一文记载了上海一起青霉素致死案：一位年仅七岁的小病患，不幸罹患痧症。由徐镇路七十号保密医院院长王保宁负责医治，注射青霉素两针，维太康福三针，最终死亡。其父张志余将王保宁起诉至地方法院，起诉其过失杀人从而引发医疗纠纷案。参见冯雁忱、韩积义：《磺胺类药品与青霉素对急性阑尾炎之滥用》，载《中华医学杂志》1949 年第 6 期，第 251 – 254 页。

怀孕前12周之内医生实施的堕胎行为不构成犯罪①。这一修正既确立了女性的生育自主决定权，也是对堕胎手术行为的规范。此后，德国立法机关又于1976年、1992年和1995年数次对该条进行修改，引入咨询诊断制度，将医生的诊断证明作为出罪的前提条件。② 在我国，1997年的《刑法》增设了非法行医罪、非法进行节育手术罪、医疗事故罪等医疗相关犯罪，将违反行业准入规范行为、违法执业行为以及违反注意义务的过失医疗行为等纳入刑法，予以规制。

3. 生物医疗科技时代的医疗犯罪与医疗刑法

20世纪末，尤其是21世纪以来，现代生物科学技术的发展给医学发展带来了革命性的改变，人类不仅获得了控制疾病的武器，而且掌握了操纵自己生命的密码。包括克隆技术、基因治疗技术等现代生物医疗技术在治疗疾病、促进人类健康和优化生命等方面获得了巨大发展。同时，生物医疗技术的发展与应用也给人类社会带来了诸多的伦理问题与社会风险。如辅助生殖技术在为不孕不育患者解决生殖问题的同时出现了性别选择、代孕甚至是无性生殖等问题；由于基因治疗技术在不同物种DNA分子体外基因重组研究的进步，其在治病救人、造福人类方面取得了显著成就，却也存在按照自己的意愿设计改造甚至是制造生命的乱象，如人兽嵌合体、生殖性克隆等生物医疗技术异化的行为，无疑是对人类尊严的践踏，其存在的不确定危险因素给社会和人类带来大量未知风险。因此，国外有学者明确指出："伦理关注必须从个人、家庭、社区扩展到国家、人类、地球、未来世代，在全球生命系统内考虑自主性、受益和安全性问题。"③

以高科技为特征的生物医疗时代的医疗犯罪，主要与生物科学医疗技术异化带来的违反伦理原则，侵犯人的尊严等有关。这一时期，因为法律传统和法律文化的不同，各国医疗刑法的立法例不尽相同，一些国家通过刑事修法，采用刑法法典化规制现代医疗犯罪，如西班牙、俄罗斯、芬兰、蒙古等，都在其刑法典中直接规定了基因犯罪及其刑事责任。例如，《西班牙刑法典》关于"与基因操作相关犯罪"的规定，《芬兰刑法典》关于"基因技术罪"的规定，等等。也有一些国家（地区）通过多元刑事立法，规制现代医疗领域的犯罪。如

---

① See Vgl. BGBl. I 1974, S. 1297.

② See Vgl. BGBl. I 1976, S. 1213; BGBl. I 1992, S. 1404; BGBl. I 1995, S. 1055.

③ Martine Rothblatt, Beyond Bioethics: *Xenotransplantation and the Need for a Geoethics Convention*, Ottawa: Proceeding's of Annual Meeting of International Bar Association 1998.

法国、德国、日本以及我国的澳门特别行政区和台湾地区等，这些国家或地区的刑法典，规定了现代医疗犯罪，而更多的医疗犯罪及其刑事责任则被规定在了专项单行法中。更多的国家（地区）通过特别立法，对现代医疗犯罪进行专门规制，如英国、澳大利亚以及我国香港特别行政区。这些国家或地区针对基因技术犯罪制定了专门的单行法，在单行法中规定了相应犯罪的罪责。如英国1985年的《代孕协议法案》、1990年的《人工授精与胚胎移植法案》，澳大利亚的《人类胚胎研究法案》等。从各国的刑事法律制度来看，将现代医疗危害行为犯罪化成为刑法发展的基本趋势。与此同时，刑法由注重对传统医疗过失行为的规制发展为更加注重对医疗新领域故意行为的规制。例如，《法国刑法典》第511－1条至第511－28条规定了购买配子罪、购买胚胎罪、为买卖胚胎从事中介服务罪、为商业目的进行试管胎儿受孕罪、非法摘取未成年人活体器官罪、非法摘取死者尸体器官罪、利用基因技术实施种族灭绝罪以及因遗传特征研究或基因样本鉴别侵害人身罪等40多个有关辅助生殖、器官移植等危害生物医学伦理的专有罪名。澳大利亚的《人类胚胎研究法》规定了违反许可从事辅助生殖罪、超期使用人类胚胎罪、使用非超期人类胚胎罪等罪名。《匈牙利刑法典》规定了违反关于人体胚胎或者配子实验研究规则罪、出于操纵人类胚胎基因结构目的而实施人类胚胎科学试验罪等。

综上，在20世纪以前，医疗技术的使用主要致力于通过开发自然来治疗疾病和减轻病患的痛苦，这种开发和进展是建立在疾病诊断经验的终结之上。20世纪以来，医疗技术以无比快的速度发展并介入人的生命。从医疗刑法运行的总体过程来看，医疗刑事立法的核心从对医疗过失、医疗侵袭、医师义务等的刑法规制，不断延伸扩大到对诸如辅助生殖、器官移植、基因治疗等新兴医疗技术的刑法规制，医疗刑法的发展随着现代医疗技术的发展而不断成熟与完善。

第三章　现代医学科学时代的医疗刑法基本原理

第一节　现代医学科学时代的医疗刑法基本原则

海德格尔认为，原则“即某物据以被规定为它所是和如何是的那个东西。是某物赖以立足的根据，是贯通并且支配着某物的整个结构和本质的东西。我们也把原则理解为原理”①。刑法基本原则是一个国家刑法价值观、基本理念的法律化表现，因而，在刑事法律制度体系中，基本原则统领具体规则，其他具体的行为规范不得违反刑法基本原则的规定。在我国，罪刑法定原则、罪责刑相适应原则、法律面前人人平等原则是法定的刑法基本原则，是刑事立法和刑事司法的根本遵循。医疗刑法作为刑法的特殊领域，首先应当遵循法定的刑法基本原则，其次还需要确立体现医疗刑事法律特点的特殊原则。

一、刑法介入现代医学科学与技术应用之必要性原则

（一）现代医疗刑法必要性原则的法理意涵

1. 必要性原则的理论渊源

（1）民主与人权观念

在人类法律发展史上，刑法的历史最为悠久，它是伴随氏

---

① ［德］海德格尔：《尼采》（上卷），孙周兴译，商务印书馆2010年版，第31－32页。

族制度的解体、阶级社会的出现而产生、用以维护和巩固阶级统治的工具。在奴隶社会和封建社会，刑法是法律体系的重要组成部分，并且是压迫被统治者的重要手段。进入近现代以来，刑法曾经的手段性和严酷性备受诟病。随着人权观念的确立，刑法成为善良人的大宪章和犯罪人的大宪章，因此，立法者在制定刑法的时候就不能随心所欲，而必须以维护国家和社会的安全稳定为必要，按照民主和人权的要求进行科学合理的立法。

（2）刑法的谦抑性理论

“刑法的谦抑性，又称刑法的经济性或者节俭性，是指立法者应当力求以最小的支出——少用甚至不用刑罚（而用其他的刑罚替代措施），获取最大的社会效益——有效地预防和抗制犯罪。”① 刑法的谦抑性作为现代刑法的基本理念，需要一种原则予以贯彻落实。于是，必要性原则在刑法中的引入成为刑法实务界和理论界的创新探索，正是因为刑事法隶属于公法范畴，所以必要性原则与刑法谦抑性具有内在的契合性。

2. 刑法必要性原则的学理阐释

一方面，从必要性原则所属的范畴来看，它与适当性、均衡性共同组成了比例原则。比例原则产生于19世纪德国的警察法，之后扩展至行政法领域，最终上升为宪法的一项基本原则，并在各国法治化进程中，被普遍认可吸纳。比例原则的目的是限制公权力，即当国家行使公权力而与公民基本权利发生冲突时，必须审查该公权力的行使是否为宪法所规定，国家权力对公民权利的侵害是否适度、合比例。

另一方面，从必要性原则的地位来看，必要性原则虽然为比例原则的子原则，但是，在控制权力的设定和运行标准上更具显性特征。同时，必要性原则不仅仅具有子原则的角色，而且具有自身的独立性。在国家的法律体系中，刑法具有保障法的地位，是国家和社会的治理中的最后手段。刑法以对犯罪人自由、财产甚至生命权的剥夺为治理手段，因此，刑法的制定和实施都应当是在穷尽其他法律的情况下予以启动，这实则是一种必要性的体现。这种必要性的内在要求是刑法的存在必须具有正当化依据。正如有学者所指出的：“为对人进行裁判而制定的基准即刑法，以及对人进行裁决的结果所科以的刑罚，同样也

---

① 陈兴良：《刑法哲学》，中国政法大学出版社2004年版，第6页。

只是一种‘必要的恶’。”① “既然刑法是程度如此严重的‘必要的恶’，我们就不能不经常推敲其存在的合理性和正当性。”②

综上所述，必要性原则是指“立法机关或行政机关能够在相同有效地实现目标的诸多手段中，应该选择对个人权利最小侵害的措施”③。“最小侵害”是必要性原则的核心要旨。在我国，刑法的必要性原则是在刑法基本原则的指导下，以最小侵害为标准，对刑罚权予以调控，具体体现在制刑权、求刑权、量刑权、行刑权的合理而必要运行上。

3. 现代医疗刑法必要性原则的提出

必要性原则在刑法中的引入使刑法的谦抑性从理念走向具体化，但是必要性原则在刑法中并非僵化的绝对统一，必须综合研判类罪之间和个罪之间的差异性，这是刑法发挥法益保护和人权保障机能的内在要求。既然医疗是维护人类生命和健康的必要手段，那么刑法介入的门槛是什么？应当如何合理介入？这是现代医疗刑法生成的基本前提。“刑事法介入医事领域有其必然性和应然性，而且更多的是以其最后的手段性来保护该领域的相应法益，为医疗卫生事业的有序进行保驾护航。”④ 由于医学科学技术的发展增加了医疗的风险性和不确定性，所以现代医疗刑法必须紧扣医学与医疗的新特点，从人们的健康权和医疗事业发展出发，确立现代医疗刑法必要性原则。

基于此，本书认为，现代医疗刑法的立法和司法是以医学科学技术的发展与应用为背景，所谓的现代医疗刑法必要性原则是指为了保护医疗法益，医疗刑法只有在其他法律规范无法有效规制具有严重社会危害性的医疗行为的时候，设计具有可适用性和合理性的客观化标准，为立法和司法提供依据，从而使法益冲突的协调和法益保护的贯彻达到最优状态。

（二）必要性原则对于现代医疗刑法的意义

第一，有助于实现国家权力与公民权利的结构性平衡。人类进入近代以来，不断探索民主国家和法治国家建设的思路和举措，核心问题是如何实现国家权力与公民权利的有效平衡。在人权观念下，刑法在惩罚犯罪的同时，还需要保

① ［日］西原春夫：《刑法的根基与哲学》，顾肖荣等译，法律出版社 2004 年版，第 4 页。

② ［日］西原春夫：《刑法的根基与哲学》，顾肖荣等译，法律出版社 2004 年版，第 4 页。

③ 郑春燕：《必要性原则内涵之重构》，载《政法论坛》2004 年第 6 期，第 117 页。

④ 刘维新：《医事刑事法初论》，中国人民公安大学出版社 2009 年版，第 82 页。

障犯罪人和普通公民的合法权利，尤其体现在刑罚权的设置和运行上，如果过度青睐于刑罚的威慑力，势必导致刑罚适用范围的不断扩张和刑罚严厉性的不断增强，削弱刑法的社会认同。在现代医疗领域亦如此，发展和应用医疗科技的目的在于维护人们的生命、健康。刑法在医疗领域的介入，实际上是国家运用刑罚权保护医疗法益。但是不容忽视的是，刑罚在国家的各种惩罚措施中是最为严厉的，因此，医疗领域主要靠民事法律和行政法律来调整，刑罚权过多或过广地介入医疗领域，就可能形成对医务人员医疗行为的过分制约，对医疗技术创新的遏制，最终影响的是人们对健康权的诉求。当然我们并不否定刑罚在惩治医疗犯罪行为方面的积极作用，而是强调在国家公权力和公民私权利的运行结构中实现一种有效的平衡，以刑罚权最小限度的介入，实现对人们健康权的最大限度保障。

第二，为立法和司法的科学运行提供有效指引。必要性原则的作用在于对公权力的制约。对于刑法而言，即制约国家的制刑权、求刑权、量刑权、行刑权的行使。必要性原则的核心要义在于“最小侵害”，在现代医疗刑法中，什么样的医疗行为应当犯罪化，具体条件是什么，应当如何予以司法适用，都需要以“最小侵害”为基准，进行必要性考量。

第三，有利于现代医疗事业的健康发展。医疗行为本就蕴含不确定性乃至风险性，在现代医学科学技术下，这种不确定性与风险性更为明显。医疗刑法虽不是医疗风险防控的最有效手段，但却是医疗治理的必要手段。在现代医学科学时代，医疗极大地改变了人们对生命周期的认识，特别是那些触及医疗伦理的医疗行为，非常容易引起人们感性层面的情绪波动。作为理性医疗刑法的立法行为是纾解这种感性表现的有效举措。换言之，医疗刑法从介入的时间到范围再到程度，都要以理性的态度作出合适的调整，运用必要性原则对医疗行为进行质和量的调控，以发挥医疗刑法的保障法作用，促进现代医疗事业的高质量发展。

（三）必要性原则在现代医疗刑法中的贯彻

以医疗权利保障为根本，以限制国家权力为目标的现代医疗刑法必要性原则需要从立法和司法两个层面进行适用上的分析。

1. 必要性原则在现代医疗刑事立法中的适用

（1）必要性原则与犯罪化

现代医疗刑法必要性原则首先体现在医疗行为的犯罪化上。各国刑法发展史表明，刑法规范中的犯罪并非一成不变，而是随着国家政治、经济等诸多因素的发展和变化不断动态调整。

在现代医学科学时代，一方面，并非需要对每项医学技术对应的医疗行为都予以犯罪化。有研究者针对基因编辑问题指出："出于对生命的敬畏，并鉴于目前技术上的不成熟性，规制基因编辑的法律必须持谦抑立场、恪守人性尊严之底线。与此同时，法律应保持适度的开放性为科学进步和社会发展预留通往未来的路。"① 随着科技的发展和医学的进步，科技伦理、医学伦理等社会规范都可以调整现代医疗可能产生的问题，而相关规定作为基础性规范对医疗行为作出基本的调整。从医疗与法律的关系看，立法机关需要制定相关的医疗法律进一步调整医疗行为，这主要体现在民法和行政法之中。另一方面，对于其他社会规范或医疗法律规范不能够有效调整的具有严重社会危害性的医疗行为，刑法应当适时介入，将其犯罪化。我国《刑法修正案（八）》规定的组织出卖人体器官罪，《刑法修正案（十一）》规定的非法植入基因编辑、克隆胚胎罪和非法采集人类遗传资源、走私人类遗传资源材料罪，即体现了刑法对现代医学科学时代的新型犯罪的规制。对于现代医疗领域的"克隆人""人造怪物"等其他严重危害行为，刑法应当进行前瞻性规制。

（2）必要性原则与刑事修法

刑事修法是我国现行刑法完善与发展的常态，自 1999 年《刑法修正案》至 2021 年，我国已经制定了 11 个修正案。依据《立法法》第 7 条第 3 款的规定："在全国人民代表大会闭会期间，对全国人民代表大会制定的法律进行部分补充和修改，但是不得同该法律的基本原则相抵触。"全国人大常委会采用修正案的方式对刑法进行补充和修改，可以在保障刑法相对稳定性的基础上适应经济社会的发展。

本书认为，出于适应现代医学科学发展和医疗技术革命的需要，为避免法律滞后性问题的凸显，刑法主要是通过适时局部修法的方式，发挥其规制医疗危害行为的积极作用。当然，医疗刑法的必要性原则并不排斥国家刑事法律必要时候的大范围修正。

---

① 田野、刘霞：《基因编辑的良法善治：在谦抑与开放之间》，载《深圳大学学报（人文社会科学版）》2018 年第 4 期，第 106 页。

2. 必要性原则在现代医疗刑事司法中的适用

（1）必要性原则与医疗犯罪的定罪

在必要性原则的指导下，医疗刑事立法解决了医疗犯罪的有法可依的问题。在司法实践中，仍需坚持必要性原则，从具体医疗行为入手，综合研判。刑事司法认定某种医疗行为是否构成犯罪，首先是以罪刑法定原则为基本遵循，为定罪制定明确的医疗刑法依据。刑法的明确规定为司法实践认定犯罪提供了一般性的标准，也是从形式意义上判断某种行为是否构成犯罪，在此前提下，需要从实质意义上判断某种医疗行为是否侵犯了医疗法益，对于某种医疗行为的评价，还需要综合分析行为人的主观恶性、人身危险性、情节轻重等因素，使定罪具有必要。同时还需要考虑，凡是能够通过民事法律或行政法律实现对医疗行为的有效规制，则不需要动用刑事法律。

（2）必要性原则与医疗犯罪的量刑

在刑事司法中，刑事责任确定后，需要确定行为人承担刑事责任的方式，即量刑权的实现。从我国刑事责任承担方式来看，有定罪判刑、定罪适用非刑罚处罚方式、定罪免刑三种。就具体的刑罚来看，刑罚轻缓化是刑罚必要性原则在司法中的具体体现，也是人权保障的必然要求，因为司法的文明化不再唯重刑是从，这也是当代世界各国在刑罚适用上的基本理念。对于现代医疗犯罪的量刑，应当充分考虑现代医疗的特点，注重对其中的常理、常情、常识以及医学伦理、规范等综合判断，按照必要性原则，实现罚当其罪和罪当其罚。

二、刑法介入现代医学科学与技术应用之科学性原则

（一）现代医疗刑法科学性原则的法理意涵

人类进入近代社会的显著标志是“科学”的诞生，科学成为人类社会冲破旧制度的有力武器，这可以从历次工业革命对人类社会的革故鼎新中得到诠释。而且自然科学的形成及其兴盛改变了人们的传统观念，社会科学与自然科学息息相关，在这个过程中得以确立。有学者指出：“当代社会科学产生于对自然科学的模仿，其基本目的是通过借鉴自然科学的方法，对日趋复杂的社会现象加以研究，研究对象的分殊也就进一步产生了经济学、社会学、政治科学等不同

的现代社会科学学科。”①

1. 刑法科学性原则的基本内涵

法律属于社会科学范畴，旨在揭示和反映人类社会规律，并对人类的行为进行规范化调整，这就要求法律的生成及其制度均应当符合科学性原则。第一，法律生成的科学性。所谓法律生成的科学性，其核心要义是科学立法，刑事立法的科学性判断标准主要体现在合宪性、民主性。法律科学性原则要求无论是具体法律还是法律体系都强调其中的科学性。第二，法律制度体系的科学性。法治国家建设的基本前提是要有健全的法律体系，这种体系的构建不仅是一种数量上的堆积，更要求各法律内部和法律之间具有健全的结构性。第三，法律制度内容的科学性。法治国家建设并不能止步于法律文本，而应当着眼于法律的质量。刑法科学性原则要求刑法制度内容既要符合社会规律，也要符合社会目的，也就是说，刑法必须符合正义价值，从入罪和出罪的标准，到刑事司法的程序规则，皆以权利保障为根本宗旨。

2. 现代医疗刑法科学性原则的提出

在现代社会，自然科学与社会科学的发展相融互促，自然科学的发展和应用在促进社会科学创新的同时也提出了新的问题，最为典型的体现是科学技术既创造了社会效益，也引发或增加了社会风险。社会科学需要从理念、原则、规则上进行价值提升和有效治理。医疗作为具有典型专业属性的领域，本身就蕴含着非常强的科学性，尤其是在现代医学科学时代，这种科学性更为显著。不可忽视的是，现代医学科学使医疗行为的不确定性进一步增强，这种不确定性在很大程度上带来的是一种医疗风险。现代医疗刑法欲化解医学科学所伴生的风险，平衡各种矛盾与冲突，无论其立法还是其司法均不能罔顾医学科学技术的属性与发展规律，进行简单、粗放的刑事规制，而应遵循刑事法律的客观运行规律，体现现代医疗的科学属性，确立现代医疗刑法的科学性原则。

现代医疗刑法科学性原则，是指医疗刑事立法与司法要贯彻现代刑事法治精神，保障医疗权利；尊重现代医学科学发展规律，理性规制医疗行为。具体来说其有两个方面的含义：

一方面，现代医疗刑法科学性原则要契合现代医学科学与医疗技术发展的

① 裴洪辉：《合规律性与合目的性：科学立法原则的法理基础》，载《政治与法律》2018 年第 10 期，第 60 页。

基本要求。在现代医疗领域中，医疗科技的研发和应用既是科学技术发展之所需，也是人们对健康的新诉求。从医学与法律的关系看，尽管法律并不是医学发展的全部，但是法律却为医学事业发展提供了有力的保障，法律从规则层面上调整医疗过程中发生的各种社会关系。当然，医疗刑法的科学性与医学科学技术并不能画等号，医疗刑法并不是科学技术，而是要尊重医学科学技术，从事实和价值两个层面评价医学科学技术。医疗刑法所规制的医疗危害行为发生于医疗领域，在很大程度上融入了某些医学科学技术的元素。因此，现代医疗刑法要立足于现代医学科学这一基本的时代背景，把握医疗犯罪行为的本质和规律，确保现代医疗刑法科学性原则的实现。

另一方面，现代医疗刑法科学性原则是法治国家科学立法精神的具体贯彻。有研究者对科学立法中的科学从两个方面进行阐释：一是事实的“合规律性”认知活动，它反对的是立法过程中用过往经验、主观意志、个人臆断代替对法律调整事态具体情况的了解。二是一般实践活动中科学的“合目的性”。现代医疗刑事立法同样需要遵守合规律性和合目的性两项基本要求，使科学立法原则能够在医疗刑法立法中得以贯彻落实，具体包括形式和实质两个层面。形式层面是指医疗刑法立法应当从体系上、语文表述、话语体系等方面科学规范。实质层面是指医疗刑法所体现的具体内容科学规范，包括具体医疗犯罪的成立要件、罪责制度、刑罚制度等。

（二）现代医疗刑法科学性原则的实现

如上文所述，科学立法已经成为法治国家建设的一般性要求，现代医疗刑法应当予以遵循和贯彻，但是，医疗刑法需要结合自身所具有的特殊性，贯彻实施刑法科学性原则。

一是医疗刑法的介入要适度，审慎划定医疗犯罪圈。犯罪圈实则是刑事立法在罪与非罪的划分，就现代医疗刑法而言，审慎划定医疗犯罪圈的大小是贯彻科学性原则的基本体现。刑法对现代医学与医疗领域的风险既不能视而不见，任其发展，也不能盲目扩张，恣意妄为。刑法是保障医疗法益，维护医疗卫生秩序的法律手段，但它不是主要的、唯一的手段。以生命周期为基本线索的现代医疗，从人类辅助生殖到器官移植、基因治疗、AI 医疗再到医学安乐死，风险与危害不容忽略。克隆人研究、商业化代孕、配子买卖、人体器官买卖、器官移植诈骗、基因信息泄露等，不仅严重危害医学科学研究与医疗卫生秩序，并且严重侵害个人医疗卫生合法权益，乃至民族、国家和人类的整体利益。对此，刑法应当做出积极回应，将具有严重危害的医疗行为予以犯罪化，依照我国犯罪论体系，对新入犯罪圈的医疗行为的四要件进行科学设定。

二是医疗刑法的介入要适量，科学配置医疗犯罪刑罚。在科学设定入罪标准的前提下，还需要对医疗犯罪刑罚进行合理设置。提出医疗刑法这一概念实则是从医疗法益上实现刑法功能和目的的明确化，医疗犯罪刑罚应当结合医疗实践，既保护最大多数公民人权，发挥一般预防的作用，也要对犯罪人的人权予以保障，发挥特殊预防的作用。“刑罚作为犯罪的扬弃，其功能应当是具有相应的二元性：刑罚之于已然之罪，表现为惩罚；刑罚之于未然之罪，表现为教育。”[①] 因此，设置医疗犯罪刑罚需要综合考虑犯罪成本与犯罪收益，按照前者大于或等于后者的标准设定相应的刑罚，做到刑罚适度，罚当其罪。

三是医疗刑法的介入要适时，准确把握刑法规制的时机。在高度专业化的医疗领域，医疗危害的行为不仅方式纷繁复杂，而且发展日新月异，刑法选择什么时间介入何种具体的医疗行为与其能否产生预期作用有很大的关系。医疗刑法太过超前或滞后都会带来不良的后果。例如，2021 年我国《刑法》才有关于非法植入基因编辑、克隆胚胎罪的规定，滞后于犯罪的客观发展，以至于在 2018 年“贺建奎基因编辑婴儿案”发生后，司法无所适从，最终只能以非法行医罪定罪量刑。倘若基因编辑婴儿的行为人符合人类辅助生殖的主体资格，该行为又该如何定罪？刑法可能会陷入更为严重的困境。再如，1986 年，山西蒲连升一案之后，我国安乐死的客观现状并未改变，但是，我国国家层面的立法至今依然缺位。

三、刑法介入现代医学科学与技术应用之协调性原则

（一）现代医疗刑法协调性原则的法理意涵

法律的调整对象是社会关系，社会关系的复杂性决定了法律的生成和运行并非孤立地或简单地自我生成和自身运行，而是在各种社会关系的相互协调中有序进行。坚持协调性原则才能从体系意义上避免和化解法律之间、各种法律内部的矛盾甚至冲突。

---

① 陈兴良：《刑法哲学》，中国政法大学出版社 2004 年版，第 375 页。

1. 刑法协调性原则的基本内涵

协调性原则是指法律从社会整体利益出发，协调各利益主体的行为，平衡相互利益关系，以引导、促进或强制个人目标和行为运行在社会整体发展目标和运行秩序的轨道上，从而达到各种社会关系的平衡与和谐。

（1）法律结构论中的刑法协调性原则

协调性原则是运用系统理论、按照体系思维，从结构上实现法治的张弛有度和有序统一。刑法采用最严厉的措施来惩罚犯罪，其所规制的犯罪，包括自然犯和法定犯。后者往往与不同国家以及同一国家不同时期的犯罪观和刑罚观密切相关。即便是自然犯，各国对待自然犯在定罪和量刑上也是存在差异的。其实，刑法与其他法律一样，所调整的都是社会关系，只是在法律体系中的地位和所运用的方法存在不同。虽然刑法自成体系，但是也是国家法律体系的子体系，按照结构理论，刑法在实质层面和形式层面都需要符合协调性原则。一方面，从实质层面看，如美国保罗·H. 罗宾逊在刑法功能结构论述中所指出，"刑法典必须将应当以刑罚惩罚保证其实施的行为规则事先告知公众；同时，刑法典必须事后裁决任何违反这些规则的行为"①。另一方面，从形式层面看，我国学者刘仁文曾提出立体刑法学这一概念，刑法学要前瞻犯罪学、后望行刑学；左顾刑事诉讼法，右盼民法、行政法等部门法；上对宪法和国际公约，下对治安管理处罚和劳动教养；对内加强法的适用解释，对外给解释设立必要的边界。②

由此可见，刑法协调性原则体现在刑法结构上，这种结构是刑法内在关系和外在关系的有机结合，只有通过有效的协调，方可实现刑法结构的稳定与开放，在运行之中才能做到循环畅通。

（2）法治理念中的刑法协调性原则

如果从理念层面来考察刑法协调性原则，可以发现其实则是一种平衡观的体现。有学者提出："要实现刑法立法的科学化，就需要在入罪问题上保持必要性与可行性间的平衡。"③ 另有学者指出："平衡思想在刑法的基本原则、刑事政策中是固有的，平衡思想不仅存在于静态的刑法规范中，对动态的刑法运行

---

① ［美］保罗·H. 罗宾逊：《刑法的结构与功能》，何秉松、王桂萍译，中国民主法制出版社 2005 年版，第 8 页。

② 参见刘仁文：《刑法的结构与视野》，北京大学出版社 2010 年版，第 43 页。

③ 付立庆：《平衡思维与刑法立法的科学化》，载《法学》2018 年第 3 期，第 73 页。

也具有宏观指导意义。"[①] 无论是刑法任务的设定，还是刑法功能的发挥，均是着眼于惩罚与保护的平衡，协调性原则可以使其达到最佳的平衡状态，该原则对协调刑法与其他法律、刑法各罪之间的关系都是必不可少的。

2. 现代医疗刑法协调性原则的提出

目前，学界对医疗刑法协调性原则的表述不尽相同，有学者将其表述为"和谐化原则"，主张"在尖端医疗领域进行刑事立法时，新增罪刑规范除了保持与刑法本身的内在和谐以外，作为专门的领域，还需要保持与刑法外部的普通医疗法的和谐"。[②] 另有学者将其表述为"有机性"，认为"所谓有机性，主要是指应准确厘定医事刑法与普通刑法之间的关系，使之科学准确地融合、定位于现有刑法典体系中"。[③] 以上关于"协调性原则"的表述虽有所不同，但是，无论是采用何种用语，均强调医疗刑法在建立自身的独立体系的同时，还需要注重与其他部门法之间和刑法自身的协调，以此使入罪与出罪、定罪与量刑符合现代医疗刑法的特点，既发挥现代医疗刑法保障现代医学科学技术的合理应用，也化解和防范医疗风险和减少医疗危害行为的发生。

基于以上分析，本书认为，现代医疗刑法的协调性原则是指医疗刑法与《刑法》总则和《刑法》分则之间、与普通医疗法律之间协调统一。《刑法》是其他法律的保障法，即其他法律调整的社会关系和保护的合法权益，也都借助于刑法的调整和保护。从国家法律体系看，刑法既有自身的体系结构，也与其他法律之间具有密切关联。要保持整体法律体系的稳定和有效适用，就需要法律之间、法律条文之间的协调有序，这既体现在立法的具体要求上，也体现在法律冲突时的解决方法上。

（二）现代医疗刑法协调性原则的实现

"生命法律体系的协调一致，其基本含义就是要求生命立法活动所创制的生命法律法规在体系上、在逻辑上严密一致，在内容上统一和谐，而不存在矛盾与冲突，同时在与其他部门法律规范的关系上也应协调一致。"[④] 根据医疗刑法

---

① 贺电、荣晓莉：《刑法中的平衡观》，载《东北师大学报（哲学社会科学版）》2014 年第 5 期，第 68 页。

② 杨丹：《尖端医疗领域刑法理论及立法对策研究》，法律出版社 2016 年版，第 94 页。

③ 刘维新：《医事刑事法初论》，中国人民公安大学出版社 2009 年版，第 93 页。

④ 刘长秋：《生命法学理论梳理与重构》，中国政法大学出版社 2015 年版，第 299 页。

在刑法体系和法律体系中的发展状况，现代医疗刑法的协调性原则的实现主要涉及两个方面：法律体系内的协调和刑法体系内的协调。

1. 法律体系内的协调

恩格斯指出："在现代国家中，法必须以不因内在矛盾而推翻自己的内在和谐一致的表现。"[①] 法律体系是一个协调的整体，就医疗法律制度而言，有研究者主张构建医疗法律部门，并称其为卫生法、医事法、生命法、医疗法等。尽管对医疗法律制度体系化或是部门法的称谓不尽相同，但是，就内涵来看，医疗法律制度是国家制定或认可的规范医疗活动的法律规范的总称。从外延来看，医疗法律制度包括医疗民事法律制度、医疗行政法律制度和医疗刑事法律制度等。我国《民法典》中有医疗相关侵权行为的规定以及医疗相关犯罪的指引性规定。在我国卫生行政法律体系中，《医师法》《护士条例》《生物安全法》等也有医疗相关行政违法行为的规定以及医疗相关犯罪的指引性规定。我国现代医疗领域的法律制度体系是在宪法统领下的民、行、刑的和谐统一，医疗刑法需要与民法和行政法等医疗法律保持互相协调，这样才能有效地规范医学科学研究与医疗技术应用，维护良好的医疗卫生秩序。

（1）医疗刑法的法律规范表述应当与其他部门法的规定相一致，特别是在术语的使用和概念的界定上尤为关键。医疗是专业性非常强的领域，任何概念等基本范畴表述得不严谨、不清晰，势必就会形成理解上的歧义，并进而导致定罪与量刑的不一致。

（2）医疗刑法应最大化地体现医疗法律的一般原则。有研究者提出医疗法的四项基本原则：医疗平等原则，是指公民在医疗上享受同等的社会保护；医疗安全原则，是指不发生与过错相关的医疗损害；病人自主原则，是指病人对有关自己的医疗安排有最终的决定权；医疗效率原则，是指在有限的医疗投入下尽可能产出更多的社会认可的医疗服务。[②] 医疗法律的基本原则是医疗立法中应当遵循的一般原则，医疗刑法应当最大限度地体现医疗法律的一般性原则，与民法、行政法协调一致。

（3）医疗刑法的罪刑规范与其他医疗法律规范的衔接。法治社会的法律触角早已深入社会的每个领域，医疗行为受到民法、行政法的调整，同时刑法的

---

① 中共中央马克思恩格斯列宁斯大林著作编译局编：《马克思恩格斯选集》（第 4 卷），人民出版社 1972 年版，第 484 页。

② 参见汪建荣：《中国医疗法》，法律出版社 2018 年版，第 17－20 页。

罪责规范需要与民事法律法规、行政法律规范的有关医疗民事侵权行为、医疗行政违法行为的规范相衔接。

一是民法规范主要调整现代医疗科学技术行为的平等参与者之间的人身关系和财产关系，确立现代医疗产物（结果）的法律地位，规定现代医学科学技术所引发的损害赔偿等基本问题。例如，现代医疗技术使原本属于人体一部分的器官和组织能够与人体相分离，并且在医学上加以运用，离体器官和组织的法律属性和权利归属，应当由民法规范加以确认；辅助生殖技术切断父母与子女在遗传和分娩上天然一致的联系，对于通过接受捐赠的配子（精子、卵子）而受孕所生子女、代孕所生子女等的法律地位，需依靠民事法律规范法予以确认。此外，民法规范还涉及现代医疗技术的知识产权保护等民事法律问题。

二是行政法规范主要是调整卫生行政机关与医疗机构、医生、医学研究者之间的关系。卫生行政机关基于行政监管的职权，为了防止现代医学科学技术被滥用，确保其正当使用并有序发展，需要对现代医疗领域进行有效管理和合理限制。现代医疗领域的行政法规范，主要包括现代医学科学技术的事前许可和事中、事后监管。例如，医师和所在的医疗机构，必须获得人体器官移植医师执业资格和人体器官移植机构执业资格认定，方可以实施人体器官移植手术；医疗机构在器官移植中的伦理审查、器官摘取、器官捐赠、受体排序、手术规范、信息保密等，均受到相关主管机构的监管，违反者将承担吊销资格、没收违法所得等行政责任。

三是刑法能够以最明确的姿态划定现代医学科学技术的边界，推动公众形成一致的价值判断。刑法规范具有最有力的强制性和最严厉的惩戒性，对于目前所不断涌现的现代医疗犯罪行为，势必需要依靠刑事法律规范进行定罪量刑，这种优势是民法规范和行政法规范所无法比拟的。我们必须在刑法的工具价值、秩序价值与预防价值共同指引下，寻找现代医疗领域内的动态平衡，发挥各类部门法的最大价值。例如，《刑法修正案（八）》新增的组织出卖人体器官罪，实则是对《人体器官移植条例》关于人体器官移植行为规范的保障。

2. 刑法体系内的协调

刑法体系内的协调，是指刑法内部各项制度与规范必须和谐一致。医疗刑法作为刑法的分支必须与《刑法》总则、《刑法》分则协调一致。

（1）与《刑法》总则的协调。《刑法》总则所规定的是罪责刑的基本制度，总则指导分则，分则是总则的具体化，医疗刑法必须符合《刑法》总则的规定。

例如，对于医疗犯罪的成立，医疗刑法应当体现《刑法》第 13 条关于犯罪的“质”与“量”的统一、《刑法》总则规定的犯罪成立的主客观构成要素以及违法阻却事由、刑罚制度等。

（2）与《刑法》分则的协调。《刑法》分则涉及类罪名、具体罪名的规定，医疗刑法在刑法体系中与《刑法》分则的协调主要涉及个罪的归类、此罪与彼罪的界分。首先，从类罪名的划分来看，我国刑法进行个罪归类的依据是犯罪客体，即刑法所保护的社会关系。因此，对现代医疗犯罪必须依据其犯罪主要客体进行归类。其次，医疗刑法与《刑法》分则的协调还要求，医疗刑法的罪责规范与分则其他罪责规范相协调。例如，组织出卖人体器官罪的罪责与非法组织卖血罪的罪责的协调一致。

四、刑法介入现代医学科学与技术应用之国际性原则

（一）现代医疗刑法国际性原则的法理意涵

法律的国际性原则是指各国在制定法律的时候应当根据本国国情，并按照国际性原则，综合研判相关行为的国际一般性和国内特殊性。人类进入近现代以来，各国之间的关系更为复杂和多元，特别是两次世界大战的爆发，进一步验证了各国之间不能脱离世界而孤立存在与发展，并且需要统一的国际规则来调整各国之间的关系与国家行为。国际组织或国家之间订立的公约、条约、协定等在维持和调整国际秩序中发挥着重要的作用。

1. 刑法国际性原则的基本内涵

刑法的国际性原则亦可称为刑法的国际化原则，是指刑事国际公约所应遵循的原则，即世界各国在刑法国际化过程中所应普遍遵循的准则。尽管各国刑法对犯罪行为的规制存在客观差异，但是对于危害人类共同利益、侵害人类基本权利的犯罪，世界各国具有共同的价值准则。例如，国际公约所确立的人的基本权利保护原则、国家主权原则等，已经成为世界各国刑法国际化所普遍遵循的原则。在世界一体化的进程中，各国刑法在改革与发展中，日益注重相互之间的借鉴，不断将国内刑事法律治理体系融于国际刑事法律治理体系，这便是刑法国际性原则的体现。从目前国际刑法和各国刑法的发展状况来看，各国不断加强在打击跨国犯罪、新兴领域犯罪中的合作与协调。

2. 现代医疗刑法国际性原则的提出

医学科学无国界，不仅现代医疗科研工作的开展、临床技术的应用已经突

破了国家界限，而且现代医学科学的发展成果应当服务于全人类，为世界所共享。与此同时，医疗领域的犯罪必然会冲破国家防线，呈国际化发展趋势。新冠疫情的全球蔓延和国际防治，再一次证明了医学科学技术的发展与应用并无国界，医疗犯罪的危害无国界。各国医疗刑事法律制度需要相互借鉴，共同抵制违反人类生存和发展的医疗犯罪。有学者提出："尖端医疗领域的刑事立法应当保持国际化的视野，履行将国际条约转化为国内法的义务，倡导缔结统一的国际刑法规范，借鉴他国的立法和研究成果。"① 本书认为，现代医疗刑法国际性原则，是指各国医疗刑法立法与刑事司法应当具备国际化视野，自觉遵守和贯彻国际条约的规定，积极借鉴其他国家医疗刑法相关立法和司法经验，共同推动国际性医疗犯罪的全球治理。

（二）现代医疗刑法国际性原则的实现

从人类命运共同体到人类卫生健康共同体，共建人类卫生健康法治共同体具有特别重要的意义。新冠疫情蔓延和防治的全球化就意味着医疗行为的危害必然会冲破国家防线。现代医疗犯罪呈显著的国际化发展趋势，各国医疗刑事法律制度需要相互借鉴，共同抵制违反人类生存和发展的医疗犯罪行为。

1. 国家医疗刑法与国际公约对接

国际公约（条约）是国际法的首要渊源，是国际法主体间缔结的相互权利义务关系的书面协议。随着现代医学科学技术的应用，相关国家对一些严重危害人类共同利益的犯罪达成共识，拟定了一些国际性条约或区域性条约。例如，2000 年第五十五届联合国大会通过的《联合国打击跨国有组织犯罪公约关于预防、禁止和惩治贩运人口特别是妇女和儿童行为的补充议定书》、2002 年国际人类基因组组织（HUGO）伦理委员会发布的《关于人类基因组数据库的声明》、2005 年联合国教科文组织通过的《世界生物伦理与人权宣言》等，这些国际公约虽然没有直接规定具体的医疗犯罪，但是对各缔约国提出了基本的要求。例如，《世界生物伦理与人权宣言》第 21 条第 5 项规定："各国应当在国家和国际层面采取必要的措施与生物恐怖主义以及非法贩卖人体器官、组织和标本、遗传资源和与基因相关之材料的行为作斗争。" 由于国际条约仅是对医疗犯罪的一般性规定，各缔约国需要根据本国实际，按照国际公约确立的原则，在国内法

① 杨丹：《尖端医疗领域刑法理论及立法对策研究》，法律出版社 2016 年版，第 97 页。

中明确规定相关医疗犯罪及其刑罚。当然，对于各国刑法尚不能与国家公约达成统一的情形，允许各缔约国依照国际法确立的原则，在国内法中作出相应变通。强制性与任择性是国际公约的基本精神，对于现代医疗中的商业化代孕、有偿人体器官移植、安乐死医疗等行为，各国刑法需要结合本国国情，积极吸收和贯彻国际公约，健全本国医疗刑法体系，完善本国医疗刑事法律制度。

就医疗刑法而言，目前我国宪法尚无有关国际条约与国内法关系的规定，在执行国际条约的国内程序问题上，我国《宪法》原则性地规定了国务院的缔约权及全国人大常委会的决定、批准与废除权，我国《缔结条约程序法》规定了缔结条约的程序。我国《刑法》第9条规定："对于中华人民共和国缔结或者参加的国际条约所规定的罪行，中华人民共和国在所承担条约义务的范围内行使刑事管辖权的，适用本法。"我国《生物安全法》以及《刑法修正案（十一）》新增的非法植入基因编辑、克隆胚胎罪，体现了我国在基因编辑、克隆人治理方面与国际公约的接轨。

2. 国家（地区）之间互相借鉴医疗刑法经验

医疗刑法在域外国家（地区），特别是德日国家已经发展成为刑法的分支，这些国家的医疗刑法制度相对比较完善。例如，法国、德国、日本等国家均对生殖性克隆、生殖细胞与胚胎买卖、遗传特征研究、商业代孕等予以刑法规制，并规定了生殖性克隆人罪、因遗传特征研究或基因样板鉴别侵害人身罪等。关于医疗安乐死问题，荷兰、比利时、新西兰、意大利等国家以及美国的部分州已经合法化，符合条件的医疗安乐死不构成犯罪。另有一些国家或地区尽管安乐死没有合法化，但对安乐死规定了专门罪名，并规定了较轻的刑罚，体现了罪刑法定、罪刑相适应的现代刑事法治理念和精神，为他国医疗刑事法律制度建设提供了可供借鉴的经验。

第二节　现代医学科学时代的医疗刑法价值与功能

一、医疗刑法的价值

医疗刑法通过医疗刑事责任的确立、相应的刑罚措施的实施规制医疗犯罪行为。本书将医疗刑法作为一个独立的范畴定位在刑法体系之中，在一般性和特殊性的体系化思考中，考察医疗刑法的价值。

（一）刑法价值观

刑法价值的上位概念是哲学上的价值和法的价值。哲学上的价值是客体对主体的有用性，法的价值是法的客观属性对主体需求的满足，刑法的价值是指刑法的客观存在对主体的需求的满足，由此体现出客观性和主观性的有机统一。从构造上来认识刑法价值可以从刑法的两个基本组成部分——犯罪与刑罚上进行阐释。

1. 犯罪价值观

（1）价值评价与犯罪行为

犯罪与人类社会相生相伴，然而，不同社会历史时期、不同国家、不同社会制度，甚至不同种族对何种行为成立何种犯罪具有不同的价值评价。从发展规律来看，价值评价不能脱离社会存在，体现在行为是客观存在的，定性却是不同的，事实判断与价值评价相交融。刑事立法将某种行为类型化为犯罪，实现的是价值判断的规范化。“与对一般事物的价值判断不同的是，规范的价值判断还需要对一定的价值事实再次进行价值判断，这便是价值事实的价值化。”[①]立法者对某种行为的犯罪化问题并非随意为之。在古代社会，立法权固然掌握在统治阶级手中，但其总体演变趋势是轻刑化和逐步固定化，这说明即便是在古代，随着社会的发展，统治者的立法也会受到社会条件的制约。近现代以来，国家的民主化程度不断增强，立法需要尊重社会规律，犯罪的存在是客观性和主观性使然。“犯罪存在的客观性，是刑法禁止的客观基础。犯罪行为的客观标准只能是行为在客观上所具有的社会危害性。刑法的禁止评价只能是确定对社会秩序与社会关系的侵害所造成的实际社会危害。”“犯罪存在的主观性，是指犯罪虽然是一种社会现象，但毕竟只有通过立法的形式才能加以禁止性评价，因而违法性是犯罪的一个重要特征。”[②] 在民主法治国家，立法上将一种行为确定为犯罪行为，需要考虑的是这种行为的社会危害性，刑法的最终确认蕴含着价值评价，也就是说立法者对这种行为的存在持有否定评价，为刑事违法性最终的表现形态。所以，讨论犯罪价值观并非从肯定意义上对犯罪行为的积极评

---

① 彭文华：《犯罪的价值判断与行为的归罪模式》，载《法学》2016 年第 8 期，第 49 页。

② 陈兴良：《犯罪价值论》，载《法制与社会发展》1995 年第 6 期，第 18－19 页。

价，而是从事实判断和价值评价层面上对一种行为缘何被确立为犯罪行为的逻辑辨析。在刑事司法中，司法人员适用刑法认定犯罪，实则是对价值事实从实然层面再次进行价值判断，最终完成价值评价任务。

（2）医疗犯罪价值观的提出

医疗的价值毋庸置疑，自古以来，医疗就是针对疾病而生，随着医学的发展和医疗技术的创新，医疗已经成为人类生存与发展所不可或缺的重要条件。正是在此意义上，人们对医疗行为的评价以正向为主流。但是，近现代以来，医学科学的发展与技术的应用在给人类带来极大福祉的同时，暴露出越来越多的风险，这种医学科学技术的“双刃剑”现象既体现在内生风险中，也体现在不当应用中。

面对现代医疗中出现的新情况和新问题，特别是日益凸显的现代医疗技术应用风险，国家需要对医疗这一特殊领域已经发生或可能发生的危害行为予以犯罪化，在刑法价值体系中构建医疗刑法价值体系内容。传统刑法价值观强调的是自由、平等、安全，这种价值观在现代社会仍然占据主流地位，即便是在不同的社会背景下，刑法价值观的内容体系不会因为时代的不同或不同领域的差异而从根本上改变。

本书从安全观、自由观、平等观三个方面考察医疗犯罪价值观。一是医疗安全观。医疗安全所关注的是人的生命、健康，以及人类的生产与发展，医疗犯罪破坏了正常的医疗秩序，导致医疗的不确定性进一步增强，最终危及医疗安全，侵害患者的生命权、健康权等法益，或者使患者的生命权、健康权等法益陷入危险状态。二是医疗自由观。医疗自由的主体包括医学科研人员、医务人员等专业人员和患者，医学、医疗专业人员依法享有医学科研权、诊疗权等，患者依法享有诊疗决定权、知情同意权等。医学科研权、诊疗权的行使必须以患者的直接同意或推定同意为前提，否则，就是对患者医疗自由权的违反或侵犯，相关医疗行为就需要接受医疗犯罪价值观的评价。三是医疗平等观。医疗平等观强调的是对待医疗危害行为的犯罪化，只能根据行为性质、危害程度、危害结果等要素平等地确定入罪标准和定罪判断，其中蕴含着公平和正义的精神要旨。

综上，医疗犯罪价值观所解决的是人们持有什么样的价值标准来评价医疗犯罪的问题，以刑法价值体系为根基，在现代医学科学时代，医疗犯罪价值观的基本内容仍然是自由、安全、平等。但医学科学与医疗技术关涉人的生命与健康，乃至人类整体的安全、繁衍与发展，因此，在现代医疗刑法中，医疗安全应当居于首要的、核心的价值地位。如果突出强调医疗自由，必然导致对法价值体系中的最高权利即患者生命与健康的侵犯，医疗自由可能陷入虚无状态；如果绝对强调医疗安全，可能削弱医疗自由的地位，制约医学科学研究与医疗技术应用；如果不能有效实现医疗平等价值，那么自由和安全都可能大打折扣。

（3）医疗犯罪价值观的意义

医疗犯罪价值观是对医疗危害行为的一种评价。刑法是法律性和价值性的融合体，就医疗行为而言，当产生社会危害时，是否应当由刑法作出否定评价，应当予以何种处罚，实则是价值判断的问题。正如意大利著名刑法学家加罗法洛在论及犯罪概念的界定时指出，为了获得犯罪这个概念我们必须改变方法，即我们必须放弃事实分析而进行情感分析。① 医疗犯罪价值观的意义具体来说表现为两个方面：

其一，医疗犯罪价值观是医疗刑事立法的观念要素。任何一部法律的制定都需要明确立法目的，刑法也不例外。刑法调整的社会关系具有广泛性，所以从调整的范围来看，它的体系性更为庞大，但这并不意味着所有的社会关系都需要纳入刑法的保护范畴。当然刑法的发展具有历史性，除了传承和借鉴之外，随着社会的发展，刑法的调整范围也会发生变化，就医疗刑法而言，我国传统刑法规范的是医疗事故罪、非法行医罪、非法进行节育手术罪。在当代，对于辅助生殖、器官移植、基因治疗、AI 医疗等医疗技术应用中出现的严重社会问题，刑法是否应当介入？在何种程度上介入？其中必然体现安全、自由、平等的犯罪价值观。

其二，医疗犯罪价值观是医疗刑事司法的方法指引。刑事司法的运行是刑法的具体适用，纳入刑法规制之下的医疗危害行为的定罪与量刑均须按照程式化的“操作规程”进行。但是，刑法的适用并非法条的机械运行，而是在犯罪价值观指引下的理性判断活动。刑事司法作为一项社会工程，每一程序的设计与运行都具有深刻的社会原因——历史积淀、文化传统、法律习惯影响下的价值判断取向。刑法价值观在医疗刑事司法活动中发挥着“深层的功能”，影响着医疗刑事司法的运行和结果。

---

① 参见［意］加罗法洛：《犯罪学》，耿伟、王新译，中国大百科全书出版社 1996 年版，第 21 页。

2. 刑罚价值观

（1）刑罚价值观的演进

刑罚价值是指“国家权力机关制定刑罚、司法机关对犯罪分子适用刑罚、执行刑罚追求的刑罚效用”①。刑罚价值观则是对刑罚效用的评价，具体来说是指，基于法律理性而建立起来的认知、理解、判断刑罚效用的价值取向。与犯罪价值观一样，刑罚价值观也是主观性和客观性的统一，人们通过刑罚所要达到的目的或效果或要实现的机能，实则就是一种价值选择。有学者指出：“如同任何事物的价值是由其属性和功能与主体的需要结合所生成的一样，刑罚价值也是由自己特有的属性（特别是其本质属性）及其功能与主体（社会及其成员）的需要结合而生成的。”②

从西方刑法学说史来看，刑罚价值观经历了由刑事古典学派刑罚价值观向刑事实证学派刑罚价值观演变的过程。

第一，刑事古典学派的刑罚价值观。刑事古典学派在刑罚价值观上强调对公民个人权利的保障和对国家权力的限制，但是，前期刑事古典学派与后期刑事古典学派在刑罚价值观上存在功利主义与报应主义的分歧：以贝卡里亚、边沁等为代表的前期刑事古典学派以个人自由主义为其主要思想基础，从合理性和必要性上论证刑罚的正当化，主张功利主义刑罚观，强调刑罚的一般预防和特殊预防，认为刑罚功利的效果就是预防犯罪；以康德、黑格尔为代表的后期刑事古典学派以道德正义与法的正义为主要思想基础，主张报应主义刑罚观，认为刑罚就应当与所犯之罪等量、等值或等价。

第二，刑事实证学派的刑罚价值观。随着个人权利本位向社会权利本位的转变，古典学派的理论遭到刑法学者质疑，刑事实证学派即对古典学派的绝对刑罚报应观予以坚决摒弃。刑事社会学派的重要代表人物菲利指出：“古典派犯罪学注意的仅仅是刑罚，注意在犯罪发生后借助于精神与物质方面有各种可怖后果来确定镇压措施……它是一种针对结果而采取的措施，而没有触及犯罪的原因与根源。”③ 刑事实证学派通过对刑事古典法学派刑罚价值观的扬弃，主张根据犯罪人的类型，因人施罚，并认为特殊预防才能实现防卫社会的目的。以龙勃罗梭为代表的刑事人类学派强调刑罚的救治性和防卫性，以李斯特为代表

---

① 包雯、李玉华等：《21 世纪刑罚价值取向研究》，知识产权出版社 2006 年版，第 21 页。

② 谢望原：《刑罚价值论》，中国检察出版社 1999 年版，第 16 页。

③ ［意］菲利：《实证派犯罪学》，郭建安译，中国政法大学出版社 1987 年版，第 38－39 页。

的刑事社会学派注重刑罚的个别性和矫正性。

综上所述，刑事古典学派刑罚的价值观与刑事实证学派刑罚价值观的区别就在于，刑事古典学派以个人自由理论为基础，强调刑罚的合理性、必要性、正义性，这一价值取向有利于个人权利保障。而刑事实证学派基于人身危险性理论，将刑罚个别化，这一价值取向有利于社会秩序稳定。在刑事古典学派刑罚的价值观与刑事实证学派刑罚价值观的对立中，刑事实证学派取得主导地位。

（2）医疗刑罚价值观的提出

通览我国的刑罚价值观，学界存在不同主张，报应主义有之、预防主义有之。但是，在我国刑法学理论中，一般预防与特殊预防相结合的“二元预防论”刑罚价值观为主流刑罚价值观。尽管，近些年来一些学者提出并合主义的刑罚价值观，即相对主义报应刑论。例如，有学者指出：“刑罚的正当化根据一方面是为了满足恶有恶报、善有善报的正义要求，同时也必须防止犯罪所必须且有效的，应当在报应刑的范围内实现一般预防与特殊预防的目的。”① 强调惩罚犯罪和预防犯罪。但是，就总体而言，在我国刑法学理论中二元预防论依然是刑罚价值观的主流观点。

本书认为，医疗刑罚价值观应当以刑罚价值观为上位概念，二元预防论刑罚价值观统领下的医疗刑法价值观应具备以下特性：

一是医疗刑罚的矫正性。“刑法的目的既不是要摧残一个感知者，也不是要消除已犯下的罪行……刑罚的目的仅仅在于：阻止罪犯再重新侵犯公民，并规诫其他人不要重蹈覆辙。”② 从预防论刑罚价值观来看，矫正属于积极的特殊预防主义，医疗刑罚的矫正性即体现在通过对犯罪行为人的刑罚干预，从人道主义出发，对犯罪人进行教育和教感化，使其思想和行为得以改变，实现再社会化。当然，我们提倡刑罚的矫正性，但是应当注意防范“矫正”在一定程度上异化为社会镇压的遮羞布。

二是医疗刑罚的正义性。当代美国著名的哲学家约翰·罗尔斯指出：“正义是社会制度的首要价值，正像真理是思想体系的首要价值一样……某些法律和制度，不管它们如何有效率和有条理，只要它们不正义，就必须加以改造和废

---

① 张明楷：《刑法学》，法律出版社 2016 年版，第 506 页。

② ［意］贝卡里亚：《论犯罪与刑罚》，黄风译，中国大百科全书出版社 1993 年版，第 42 页。

除。”[①] 公平正义，是人类的崇高价值追求，是法治社会永不停歇的理想追求。医疗犯罪的本质是对医疗法益的侵害，医疗刑罚的实施在于维护医疗法益，恢复医疗犯罪行为所破坏的医疗秩序，使医疗回归到安全的状态。从刑罚的预防功能看，片面强调安全观，可能会滑向重刑主义，会直接或间接侵犯医务人员的人身自由甚至生命，如限制或剥夺其从事医师执业的权利、医学科研的权利等。

三是医疗刑罚的适当性。刑罚是法律责任体系中最严厉的处罚措施，是对人的自由乃至生命的限制和剥夺。现代医学科学发展与医疗技术应用，增加了医疗行为的风险性，医疗刑罚权体系的设计和运行状况势必会影响医务人员在医疗活动中的探索与创新，如何配置医疗刑罚还与医疗卫生事业的创新发展息息相关。“惩罚在任何情况下，必须只是由于一个人已经犯了一种罪行”[②]。我国《刑法》第 5 条规定，刑罚的轻重，应当与犯罪分子所犯罪行和承担的刑事责任相适应。罪责刑相适应是刑事法治国家的基本原则，在医疗刑法中，如何配置刑罚和适用刑罚涉及同罪能否得到同罚、刑罚能否与罪和责相适应这些关键性问题。法律惩罚应当与所造成的危害相适应，现代医疗领域的不同犯罪行为其危害性的大小存在较大差别，既有非法摘取人体器官、克隆人犯罪等危害极为严重的犯罪，也有瑕疵人体器官移植等危害相对较轻的犯罪，刑罚应当根据其犯罪危害的轻重予以适当限度的处罚。

（二）医疗刑法的结果无价值与行为无价值

1. 结果无价值与行为无价值之辨

刑事违法性的本质是什么？是对违法行为的评价还是对危害结果的评价？或者二者兼而有之？在德日刑法中存在行为无价值论与结果无价值论的对立，这是继客观主义与主观主义之争后，又一激烈论争。

（1）一元结果无价值与一元行为无价值

有学者指出，“结果无价值论，是以坚持法益侵害说，即认为违法性的本质在于侵害或者威胁法益的观念为基础，以‘结果’为中心，考虑违法性问题的

---

① ［美］约翰·罗尔斯：《正义论》，何怀宏、何包钢、廖申白译，中国社会科学出版社 1988 年版，第 1 页。

② ［德］康德：《法的形而上学原理——权利的科学》，沈叔平译，商务印书馆 1991 年版，第 164 页。

理论”，“行为无价值论，是以规范违反说即认为违法性的本质在于违反法秩序的观念为基础，以‘行为’为中心，考虑违法性问题的见解”①。由于早期的结果无价值论和行为无价值论只是分别立足结果或行为，学界因此称为一元结果无价值论或一元行为无价值论。一元结果无价值论和一元行为无价值论都试图从实质违法性找寻论证依据，二者的根本区别在于评价行为违法性的根据不同，前者以“危害结果”为核心，后者以“危害行为”为核心。结果无价值论坚持了实质违法性的法益侵害论和客观的违法性论，客观的违法性是指违法性的实质就是对法益的侵害，故意、过失这种主观要素应该纳入责任要素中进行判断，而不是违法性的判断依据。结果无价值是对于行为引起的对法益侵害的现实或者威胁（危险）所作出的否定评价。从结果为恶再反过来看行为是否存在违法，再根据是否有责任来判断是否为犯罪。行为无价值论坚持了实质违法性中的规范违反说和主观的违法性论，规范违反说并非对具体规范的违反，而是对刑法背后的规范的违反，主观的违法性论是将故意、过失这种主观要素纳入了违法性的判断要素中，行为无价值是对于与结果切断的行为本身的样态所作的否定评价。行为无价值论认为犯罪是因为行为是无价值的。

（2）二元结果无价值与二元行为无价值

针对一元行为无价值和一元结果无价值存在的弊端，学界综合行为无价值和结果无价值，提出了二元结果无价值和二元行为无价值。从二元论的区别来看，二元结果无价值论以结果为违法性的根基，以行为作为限制违法性成立要素。而二元行为无价值论以行为作为不法的根基，以结果作为限制违法性成立的要素。当然，无论是哪种价值评价，均是对行为的违法性判断。二元结果无价值论对行为也需要作出评价，行为是限制违法性成立的要素；行为无价值是对行为到结果的评价，并且承认主观的违法要素。

2. 结果无价值与行为无价值在医疗行为违法性判断中的应用

现代医疗刑法需要确立基本的价值立场，即以结果无价值为依据，还是以行为无价值为依据？如果以结果无价值为依据，医疗行为只有出现危害结果或危险时，刑法才具有进行否定性评价的意义，这种价值评价易出现抬高犯罪门槛的问题；如果以行为无价值为依据，只要实施了刑法所禁止的行为，就认定

① 黎宏：《行为无价值论与结果无价值论：现状和展望》，载《法学评论》2005 年第 6 期，第 120－121 页。

为具有违法性，这种价值评价，易出现降低犯罪门槛的问题。

本书主张，就医疗刑法而言，对于医疗过失犯罪，尤其是医疗业务性犯罪应以二元结果无价值论来确定医疗行为的违法性；对于医疗故意犯罪则应当采用二元行为无价值论来确定医疗行为的违法性。

第一，结果无价值与医疗过失犯罪。在现代医疗刑法中，对于医疗事故罪等过失犯罪而言，一般以结果犯予以规制，为法定结果犯，以二元结果无价值论进行违法性判断。例如，依照我国刑法的规定，医疗事故罪的成立以造成就诊人死亡或者严重损害就诊人身体健康为基本要素。需要注意的是结果无价值不等同于结果犯。依据刑法通说的观点，“结果犯是指不仅实施犯罪构成客观要件的行为，而且必须发生法定的危害结果才能构成既遂的犯罪”，“法定的犯罪结果是专指犯罪行为通过对犯罪对象的作用而给犯罪客体造成的物质性的、可以具体测量确定的、有形的损害结果”①，结果无价值是对结果的一种否定性评价，结果无价值所评价的结果并非仅限于物质性的、可以具体测量确定的、有形的损害结果，还包括危险状态、危害行为。

第二，行为无价值与医疗故意犯罪。在日益增量的现代医疗故意犯罪中，以危险犯或行为犯居多。例如，我国《刑法》第 336 条之一规定的非法植入基因编辑、克隆胚胎罪以“情节严重”为构成要件，“情节严重”虽然与行为的危害结果相关，但是并不等同于危害结果。对现代医疗故意犯罪的违法性判断，应当坚持二元行为无价值论，以医疗危害行为作为违法性的根基，以医疗危害结果作为限制违法性成立要素。尤为需要注意的是，对于现代医疗犯罪行为，刑法明确规定为行为犯的医疗犯罪，应当直接按照行为无价值进行判断。

二、医疗刑法的功能

刑法的功能，又称刑法的机能，是指刑法在社会生活中的作用。医疗刑法的功能则是发挥刑法在医疗领域中的作用，维持医疗卫生秩序，保障公众医疗安全。本书以刑法功能一般理论为指导，立足医疗领域的特殊性，从秩序维护、法益保护、行为规制三个方面分析医疗刑法的功能。

（一）秩序维护功能

秩序维护功能，又称社会保护功能，是指刑法对社会关系的维护作用，作

---

① 高铭暄、马克昌主编：《刑法学》，北京大学出版社、高等教育出版社 2011 年版，第 148 页。

为公法，维护社会秩序是刑法的第一要务。在医疗活动中，国家公共卫生事业管理机构、医疗服务机构、公民个人均享有相应的医疗卫生权利，不同主体根据自己的权利与其他主体发生联系，形成有序的医疗卫生关系。这种有序的社会关系又是社会医疗卫生事业发展的必要条件，对于破坏这种关系的行为予以规制，以保证社会关系的良好性运行，便是医疗刑法的一个重要功能。

1. 医疗服务秩序

所谓医疗服务秩序，是指在医疗服务活动中形成的一种客观的社会关系，其核心是医患之间的关系。良好的医疗服务秩序直接关系到公众的身体健康和生命安全，关系到社会的和谐稳定和卫生健康事业的可持续发展。但是，从医疗服务秩序的形成来看，在医疗卫生服务发展史上并不存在一种天然的医疗秩序，任何一种医疗秩序一般都要经历由无序到有序的过程，早期的医疗服务秩序主要是经由医疗服务实践而形成的以医患关系为核心的医疗服务关系，这一服务关系建立在医疗服务的专业性以及患者对医生的高度信赖的基础之上，主要表现为一种“医疗父权主义”服务秩序。在法治社会，医疗服务秩序主要由国家通过行使公共权力得以搭建并维护，其主要方式是国家通过立法来确立医疗服务的权利义务关系，构建良好的医疗服务秩序，这种通过国家立法形成的医疗秩序主要表现为“法律父权主义”服务秩序。

随着医疗新技术的持续研发和不断应用，在传统医疗下形成的秩序必然会出现新的情况和新的特点，辅助生殖、器官移植、基因治疗、AI 医疗、安乐死等现代医疗技术的应用不仅给医疗服务秩序带来结构性的变化，而且也会引发医患关系之间的利益矛盾，破坏已有的医疗服务秩序。医疗服务秩序不仅需要采用法律的手段予以维持，而且需要通过法律手段予以恢复。

2. 医疗生命秩序

所谓生命秩序，就人类整体而言，是指作为自然界的一类生物，人类自身的产生、繁衍、进化、发展的规律，就生命个体而言，则是指每个人的孕育、出生、成长、衰老、死亡的规律。医学与医疗技术的诞生，在很大程度上改善和优化着人的生命，特别是现代医学发展和现代医疗技术革命极大地影响甚至改变生命的发展规律，给人类生命秩序带来危机。生命秩序对于人类不可或缺，任何生命的运动秩序若偏离其固有的演化轨迹，便会问题重重。在现代社会中，人类的生物学属性时刻约束其恪守生物进化积淀的“清规戒律”，而人类的文化属性则每每纵容其不要“墨守成规”。这种矛盾发展引发了生命伦理问题，导致生命秩序出现改变。在当代，现代医疗技术应用中存在的生命秩序问题突出表现在过度追求医疗技术，而忽略了生命的价值和意义，如生殖性基因治疗、生殖性克隆人使人类越来越成为医疗设计的“产物”。

3. 医疗伦理秩序

所谓医疗伦理秩序，是指建立在医疗利益基础之上，渗透着伦理道德与价值观念的医疗关系及其规则系统。医疗伦理秩序是通过道德规范对伦理关系的调整而实现的医疗伦理关系的有序化和主体道德行为的规则化状态，其基本要素包括医疗道德规范、医疗伦理关系、医疗道德行为。现代医学科学时代的医学伦理总体上仍然保持着一种相对确定性，例如“德国刑法草案规定，除了夫妻间之外，用第三者的精液进行受精的话，即便丈夫表示同意，也要处罚。其理由之一就是，这样生下来的孩子很悲惨。”① 可见，在医疗领域中，如果不对基本的伦理采用法律的手段予以维持，势必会出现与人类的伦理观念形成严重冲突的现象。伦理的目的在于约束和调整人们的行为，力图构建出符合伦理要求的社会秩序，人类早已认识到医疗科技与社会伦理之间的诸多不和谐，并致力探索解决科技与伦理之间冲突的方法。然而，科技的不确定性使伦理在对科技进行管控的时候存在非常大的困难，所以伦理秩序的建构必须由法律来介入。刑法价值之一是秩序，在现代医疗中，通过医疗刑法来维持医疗伦理秩序，实则是对人本身的关注。

（二）法益保护功能

1. 医疗法益之刑法保护的必要性

在现代刑法理论中，法益保护功能已经成为学界普遍认同的刑法功能。现代医疗刑法具有保护医疗法益不受侵害的功能。

第一，从医疗刑法与现代医疗之间的关系看，为回应现代医学科学时代的需求，国家需要高度重视医疗事业对人类命运共同体和健康共同体建设的基础性作用，不断加强医疗领域的治理体系建设，逐渐形成医疗法治体系。面对医疗领域中的违法犯罪行为，法律的惩罚作用一旦凸显出来，对于具有严重危害的行为就需要运用刑法手段进行惩治，以有利保护医疗法益。将医疗法益作为一项新兴法益予以提出，既是医疗卫生事业发展之需，也可以有效防止新兴领

---

① ［日］平野龙一：《刑法的基础》，黎宏译，中国政法大学出版社 2016 年版，第 86 页。

域的体系内耗和价值消解。

第二，从新兴医疗法益与传统医疗法益的关系看，我国1979年《刑法》妨害社会管理秩序罪中即已设立危害公共卫生罪，对医疗法益予以刑法保护，并且延续至今。1997年《刑法》以及之后的修正案对与医疗相关的个罪并非局限于此，涉医疗犯罪的罪名逐步扩张，对医疗法益的保护范围逐步扩大。《刑法修正案（八）》增设组织出卖人体器官罪；故意杀人罪、故意伤害罪中的“未经本人同意摘取其器官，或者摘取不满十八周岁的人的器官，或者强迫、欺骗他人捐献器官的”情形；增设盗窃、侮辱罪、故意毁坏尸体、尸骨、骨灰罪中的“违背本人生前意愿摘取其尸体器官，或者本人生前未表示同意，违反国家规定，违背其近亲属意愿摘取其尸体器官的”情形。《刑法修正案（十一）》增设了非法采集人类遗传资源、走私人类遗传资源材料罪，非法植入基因编辑、克隆胚胎罪。现代医疗领域的犯罪具有现代性，并出现多发态势，新型的危害行为逐渐突破人们的伦理观念和价值认知，其所侵害的法益不再局限于生命权、健康权、财产权等传统意义上的医疗法益，基因权、生育权等新型法益亟须健全的医疗法治体系予以调整和保护，医疗刑法在此中必不可缺。

第三，从医学模式的基本转向看，自近现代以来，人类已经完成了生物医学模式向生物—心理—社会医学模式的转变。生物医学模式将人作为对象而非主体来看待，未能全面地把握事物的辩证发展过程，是一种以静态的观点来考察人体，以至于在法益保护上偏重个体的生物属性，所以在传统法益观念下，缺少人文关怀和价值认知。在生物—心理—社会医学模式的确立过程中，现代医学科学技术也在持续探索和应用，新的医学模式融入了新的价值观，体现在医疗不仅要关注技术的进步，还要考虑价值、伦理等方面的要素。因此，在新医学模式下，提出医疗法益这一新概念是以医疗价值的维护为基础性目标，可以解决在现代医学科学时代人们对生命健康高质量发展与医学科学技术创新及发展所形成的利益冲突。

2. 医疗法益之刑法保护的患者自主决定权与医疗性父权的调和

（1）患者自主决定权与医疗性父权

患者自主决定权是指患者对与医疗有关的事项有自我决定的权利。从人权保障的角度来看，法律承认个人对自己身体的自主权利不受他人的干涉。患者自主决定权表达了个人自治的原则或价值选择，它包括与选择接受的医疗保健有关的决定权。我国《医师法》第25条规定："医师在诊疗活动中应当向患者说明病情、医疗措施和其他需要告知的事项。需要实施手术、特殊检查、特殊治疗的，医师应当及时向患者具体说明医疗风险、替代医疗方案等情况，并取得其明确同意；不能或者不宜向患者说明的，应当向患者的近亲属说明，并取得其明确同意。"近年来，医疗权利日益兴盛，于是，一种法律共识逐渐形成，即合格的患者拥有几乎绝对的医疗权利，包括拒绝治疗权、安宁死亡权等。医疗性父权是指医生对患者行使的诊疗等医疗相关权利类似于父对子所行使的监护相关权利，比如为了子女的利益，可以限制其自由，甚至违背其意愿。医疗性父权是基于一种假定的、临时的、模拟的亲子关系，其中蕴含着医生的职业道德。我国《医师法》第3条第1款规定："医师应当坚持人民至上、生命至上，发扬人道主义精神，弘扬敬佑生命、救死扶伤、甘于奉献、大爱无疆的崇高职业精神，恪守职业道德，遵守执业规范，提高执业水平，履行防病治病、保护人民健康的神圣职责。"

（2）患者自主决定权与医疗性父权冲突的解决

虽然医疗性父权在理论上具有正当化依据，但是随着医学实践的发展，这种基于假设所形成的医疗性父权与患者自主决定权的冲突时常发生，尤其是当父权主义演化为权威主义的时候，两种权利的冲突形成不可调和之势，并遭到人们的质疑和抵触。现实中的确存在如患者所担忧的医疗性父权的权威化所带来的种种弊端，一些医生出于对医疗职责的僵化理解，或者对医疗技术的绝对依赖，甚至出于利益动机对患者实施过度医疗。

日本刑法学者松原芳博提出了承认基于父权主义的刑事规制的例外情形，"第一种情形是，尚不具备自律作出意思决定的前提条件，不能认为是本人完全任意地处分了法益"，"第二种可能使父权主义正当化的情形是，避免因本人的意思决定，而以不可恢复的形式丧失生命、身体的中枢部分等构成自我决定之基础的重大法益"①。

美国有学者提出："解决患者自我决定权和医疗性父权主义是通过促进个人的健康和福祉来证明，但是知情同意的标准解释是保护个人自主性的关键因素。相应地，在解决方案中，基于医疗性父权主义作出的医疗行为，在那些并没有

① ［日］松原芳博：《刑法总论重要问题》，王昭武译，中国政法大学出版社2014年版，第13－14页。

自由主义要求的情境中，都被认为是合法的。”①

本书认为，患者的自我决定权与医疗性父权冲突解决的基本路径在于：

一方面，自治作为一项基本的人类价值，应当受到尊重。患者选择的权利是他们作为人的基本权利。患者的自主决定权蕴含着自身的健康利益，医疗性父权则是以医生的职业道德为信念元素，由医生单方所主张的患者最大限度的利益，是对患者自主决定权的干预。

另一方面，尊重患者的自主性不应导致对自主性的绝对化。家长式的“父权主义医疗”也许很少考虑患者的意见，不免看起来非常专制。然而，大多数医生都有明确的解决方案，合理地严格遵守医疗方案，当患者的客观医疗利益与自我意愿发生冲突时，只要医生实现的客观医疗利益是患者的最大利益，医疗性父权的介入就是正当的。

综上，从个人医疗法益来看，医疗活动是为了实现患者的医疗卫生法益，在患者自主决定权与医疗性父权发生冲突时，应当以最佳利益原则作为决策的依据。在最佳利益原则下，应当优先考虑患者自己对其利益的看法，如果无法确定，则应当优先考虑医生基于利他做出的医疗决定。有学者指出：“当诊断和治疗很明确时，要尊重病人的自主权，通过相互信赖达成一致；而当诊断、治疗结果的利弊不明确时，就需要有适度的父权介入；此时医生的父权是一种利他的善意行为，病人信赖医生的专业直觉，才有可能保证其利益在医疗过程中的最大化。”②

（三）行为规制功能

刑法的行为规制功能即通过对犯罪行为的规范性评价，对于违反者予以惩治，对于欲违反者予以警示。在医疗领域，现代医学科学技术应用中的医疗风险固然具有其内生性，但是，倘若医务人员的医疗行为存在刑法上的故意或过失，制造或增加相应的危险，致严重的危害后果发生，刑法应当予以规制。本书认为，医疗刑事立法可以通过如下路径来规制医疗危害行为。

一是医疗刑法与其他医疗法律同步规范医疗犯罪行为。随着医疗卫生事业

① Ploug Thomas & Soren Holm，Doctors，*Patients*，*and Nudging in the Clinical Context – Four Views on Nudging and Informed Consent*，American Journal of Bioethics，Vol. 15：10，p. 37（2015）.

② 陈树林、李凌江：《知情同意中病人自主权和传统医疗父权的冲突》，载《医学与哲学》2003年第6期，第48页。

的发展，为了保障人们的健康，维护正常的医疗秩序，国家不断加强医疗法律制度建设。立法者针对整体医疗或特定医疗开展立法的时候，同时会以附属刑法的形式对医疗犯罪作出规定，即在非医疗刑事法律、法规中作出指引性的刑法规范，如此可以使医疗刑法与其他医疗法律有机衔接。

二是医疗刑法位于其他医疗法律之后规范医疗犯罪行为。在现代医学科学时代，立法者对于医学科学研究和技术应用往往难以在非医疗刑事法律中作出前瞻性规定，而是根据医疗实践不断健全法律。例如，从法律对于基因编辑的规制来看，早在1993年原卫生部即制定了《人的体细胞治疗及基因治疗临床研究质控要点》，国家药品监督管理局、科学技术部和原卫生部于2003年也分别印发了《人基因治疗研究和制剂质量控制技术指导原则》和《人胚胎干细胞研究伦理指导原则》，第十三届全国人大常委会于2020年10月17日通过《生物安全法》。这些法律法规仅仅规定了禁止非法的基因编辑，但是如何运用刑法来规制并没有明确规定。随着基因编辑在实践中产生的危害的出现，2020年12月26日第十三届全国人民代表大会常务委员会第二十四次会议通过的《刑法修正案（十一）》对基因编辑犯罪作出了明确的规定，从而实现了基因编辑的刑法规制目标。

第三节　现代医学科学时代的医疗刑法罪过体系

无论是大陆法系“三阶层”犯罪构成理论，还是英美法系“双层次”犯罪构成理论乃至苏联与我国的“耦合式”四要件犯罪构成理论均将罪过作为构成要件的要素。在我国，刑法学研究又依据罪过的认识因素与意识因素将罪过分为故意与过失两种。

一、现代医疗犯罪之主观故意

关于医疗犯罪主观罪过的探讨，学界多集中于医疗犯罪的主观过失，之所以如此，是因为似乎有一种认识，认为医疗领域的犯罪，其主观故意与一般故意犯罪的主观罪过并无差别。例如，有研究者认为，医疗犯罪“与一般的故意侵犯人身权利犯罪并没有太大的区别，只不过行为人是医疗业务的从业者而已，因此，在理论上与实践上没有什么实际探讨的意义”①。本书认为，现代医学科学时代的医疗犯罪，其主观故意不仅表现在罪过主体上的特殊性，而且表现在主观罪过形式上的特殊性，刑法理论有必要予以特别考量。

（一）现代医疗犯罪主观故意的特征

医学与医疗属于科学与技术领域，现代医学与医疗领域中的犯罪故意具有与一般犯罪故意明显不同的特征。

1. 直接故意与间接故意的两极化类型不平衡

在我国，依据刑法的规定，犯罪故意是行为人明知自己的行为会发生危害社会的结果，并且希望或者放任这种结果发生的一种心理状态，前者为认识因素，后者为意志因素。依据犯罪故意的意志因素又可将犯罪故意分为直接故意与间接故意两种类型。直接故意是在“确定性”或“或然性”认识因素基础之上，积极追求危害结果（危险状态、危害行为）发生的主观心理态度；间接故意是在“或然性”认识要素的基础之上，容忍或放任危害结果（危险状态、危害行为）发生的主观心理态度。传统故意犯罪的主观罪过既有直接故意，又有间接故意，特别是一些罪名既可以表现为主观上的直接故意，也可以表现为主观上的间接故意。例如，我国刑法规定的故意杀人罪、故意伤害罪、抢劫罪、强奸罪等，直接故意与间接故意均可以，主观故意罪过在各罪的分布总体上表现为两极分化基本均衡。在现代医学科学时代的新型医疗犯罪中，故意犯罪多数为直接故意的罪过形式，间接故意的罪过形式只是例外，主观故意罪过表现出明显的两极分布不均衡。

一方面，在现代医疗故意犯罪中，行为人基于其行为侵害医疗卫生秩序、社会或个人法益的认识，积极追求某种危害结果发生的犯罪较为常见，此处的危害结果应当做广义的理解。有学者指出：“广义的危害结果，泛指所有由危害行为所引起的、能说明犯罪的社会危害性及其程度的各种具体事实。”② 当然，直接故意的罪过形式在结果犯、行为犯以及危险犯中又有所不同。对于结果犯来说，“危害结果故意”即是对刑法规定的特定犯罪危害结果的积极追求；对于行为犯来说，“危害结果故意”即是对危害实行行为的积极追求；对于危险犯来

---

① 臧冬斌：《医疗犯罪比较研究》，中国人民公安大学出版社 2005 年版，第 108 页。

② 梅传强：《犯罪故意中“明知”的涵义与内容——根据罪过实质的考察》，载《四川师范大学学报（社会科学版）》2005 年第 1 期，第 26 页。

说，“危害结果故意”即对行为所能够导致的危险状态的积极追求。显然，从广义的危害结果来看，直接故意是现代医疗犯罪的主要罪过形式。例如，我国《刑法修正案（十一）》增设的非法植入基因编辑、克隆胚胎罪作为新型医疗犯罪，在主观上即为直接故意，即对将基因编辑、克隆的人类胚胎植入人体或者动物体内，或者将基因编辑、克隆的动物胚胎植入人体内行为的积极追求。此外，我国有学者提出，为填补刑法在尖端医疗领域的空白增加的“组织商业代孕罪”“非法胎儿性别鉴定罪”“走私、销售、购买人体器官罪”等，其主观罪过均为直接故意。

另一方面，现代医疗犯罪中，极少数故意犯罪的主观心理态度表现为“间接故意”。对于医疗犯罪中的结果犯即实害犯，间接故意的标准相对确定，学界的认识比较一致，一般认为间接故意即对作为法定犯罪构成要件医疗危害结果的放任。对于危险犯是否存在间接故意的罪过形式？前文已有所述，广义的社会危害结果包括了“危险状态”，因此，从主观罪过的意志因素来看，存在放任危险状态发生的主观罪过形式，即存在间接故意。有学者主张：“既然危险犯属于广泛意义上的结果犯的范畴，危险状态也就可以视为我国刑法规定的犯罪结果的一种特殊形式，危险犯可以由间接故意构成的结论也就不足为奇了。”① 但是，对于行为犯是否存在间接故意的问题，学界存在否定说与肯定说的重大分歧，其中，多数学者坚持否定说，主张行为犯不存在间接故意。具有代表性的观点认为，如果行为人认识到了行为的社会危害性，却坚决地、坚定地实施，那么，社会倾向暴露无遗，这才是刑法所要制裁的对象。而这种行为只能由直接故意构成。② 例如，周光权教授在其所著的《刑法各论讲义》中，将包括绑架罪，拐卖妇女、儿童罪，洗钱罪，走私、贩卖、运输、制造毒品罪等行为犯的主观故意均确定为直接故意。刘艳红教授指出：“间接故意的情形中，行为人是为了追求自己意欲实现的行为而放任其他结果的发生，因此，它首先存在对目的行为的希望意志，当然，这种希望意志的结果有犯罪结果也有非犯罪结果。”③

本书认为，既然广义的危害结果对于行为犯而言即是指危害行为，那么行

① 李兰英：《间接故意研究》，武汉大学出版社2006年版，第259页。

② 参见李兰英：《间接故意概念及其定位的新理念》，载《法学评论》2004年第4期，第65页。

③ 刘艳红：《间接故意犯罪的认定》，载《武汉大学学报（社会科学版）》2003年第6期，第751页。

为人对危害行为的积极实施，从罪过的意志要素来看，即是对危害结果的积极追求。因此，行为犯不存在间接故意的主观罪过形式，只能存在直接故意的罪过形式。我国现行《刑法》规定的现代医疗相关犯罪以行为犯为主，例如，我国《刑法》第234条之一规定的组织出卖人体器官罪，其主观罪过形式即如此。域外相关立法例也大都将现代医疗犯罪规定为行为犯。例如，《法国刑法典》规定的采集或者摘取配子，澳大利亚《人类胚胎研究法案》规定的违反许可从事辅助生殖罪、超期使用人类胚胎罪，德国《胚胎保护法》规定的制造混种胚胎嵌合体及混种杂交罪等，均为行为犯，与之相对应的则是直接故意的罪过形式。概而论之，现代医疗相关犯罪的主观罪过只有极少数犯罪为间接故意，例如，我国《刑法》第234条之一第2款规定："未经本人同意摘取其器官，或者摘取不满十八周岁的人的器官，或者强迫、欺骗他人捐献器官的"，依照故意杀人罪或故意伤害罪定罪处罚。但是，此处的故意杀人罪以及故意伤害罪，作为法定的结果犯，从主观故意的意志因素来看，只能成立间接故意，即行为人放任"死亡结果"或"伤害结果"发生的心理态度。

综上，与传统故意犯罪相比较，现代医疗故意犯罪的主观罪过形式，以直接故意为主体，以间接故意为例外，两种类型的分布具有明显的不均衡性。

2. 直接故意与间接故意的并存化

所谓直接故意与间接故意的并存，是指对于一个具体的犯罪，其行为出现了超过法定构成的要素，超过要素是独立于犯罪构成要件要素的客观要素。行为人在主观上存在对构成要件要素的直接故意和对超过要素的间接故意。在能够获得利益①的医疗犯罪中，行为人在积极追逐相关结果或危险的同时，放任另一危害结果或危险的发生。具体可表现为两种情形：

一是结果超过要素中的直接故意与间接故意并存。结果超过要素是指行为人的犯罪实行行为发生了超构成要件的结果。在结果超过要素的医疗犯罪中，主观故意形式同时包括行为人对行为的心理态度和对结果的心理态度。具体来看，即行为人对行为的直接故意和对结果的间接故意。较为典型的是在逐利性医疗犯罪中，倘若发生了客观危害结果，例如组织出卖人体器官罪，在客观上发生人身伤亡结果的情形下，则行为人的主观罪过表现为对危害行为的直接故意和对危害结果的间接故意两种形式并存。

① 医疗犯罪中的利益，既包括物质利益，也包括医学研究或医疗技术。

二是行为超过要素中的直接故意与间接故意并存。行为超过要素，是指行为人的犯罪实行行为超过了法定的构成要件的基本行为，通常表现为“行为加重犯”。有学者指出：“行为加重犯是指根据刑法规定，行为人在实施基本犯罪行为的基础上，又独立实施了某种被加重法定刑的其他行为的犯罪形态。”① 在行为超过要素的医疗犯罪中，主观故意形式同时包括行为人对法定基本行为要件的心理态度和对加重行为的心理态度，具体来看，即行为人对基本行为的直接故意和对加重行为的间接故意。较为典型的是在逐利性医疗犯罪中，行为人处于对犯罪目的的追逐，而采取超出基本行为的严重危害行为。例如，通过绑架、非法拘禁方式，实施组织出卖人体器官犯罪的情形，行为人的主观罪过即表现为对“组织”行为的直接故意和对“绑架”行为、“非法拘禁”行为的间接故意，直接故意与间接故意两种罪过形式并存。

（二）现代医疗犯罪主观故意的认定

关于我国刑法犯罪意识因素中的社会危害结果，前文已有所述，广义的社会危害结果包括实害结果、危害行为、危险状态。据此，本书分别从实害故意、行为故意、危险故意对医疗犯罪主观故意的认定予以考察。

1. 实害故意的认定

所谓实害故意即结果犯的故意，是指行为人对犯罪构成要件结果的明知以及希望或放任构成要件结果发生的心理态度。结果故意的成立，不仅要求行为人对包括构成要件结果的行为事实明知，而且要求行为人对这种结果的发生持希望或放任的意志态度。同时，依据行为人对要件结果的认识程度以及对要件结果的意志态度，可将实害故意区分为直接故意与间接故意。因此，在医疗犯罪主观故意的认定中，凡是以具体危害结果为犯罪要件的实害犯，应依据行为人对该构成要件结果的认识与否以及意志态度来确定是否成立主观故意，以及属于主观故意的何种形式。对于明知实害结果确定发生或可能发生，并积极追求实害结果发生的，主观罪过应为直接故意。对于明知实害结果可能发生，并放任实害结果发生的，主观罪过应为间接故意。

2. 行为故意的认定

所谓行为故意即行为犯的故意，是指行为人对犯罪构成要件行为的明知以

---

① 卢有学：《论并存罪过》，载《法律科学（西北政法大学学报）》2015 年第 1 期，第 116 页。

及希望或放任构成要件行为发生的心理态度。对于行为犯而言，无论是对社会危害结果构成要件的认识，还是对社会危害结果的控制，均以对危害行为的认识及控制为主要内容，行为人对行为的实害结果的认识程度以及对于实害结果的意志态度，既不能影响行为故意的成立，也不能影响行为故意的形态或形式。有学者认为："行为故意以行为人对构成要件行为的明知及意志为主要内容，具备之则构成犯罪故意，并不要求行为人对行为的结果有所认识，也不必考察行为人对于行为结果的意志态度。"① 对于现代医疗犯罪故意的认定，即是对行为人医疗危害行为故意的认定。行为人对医疗实害结果的认识程度，以及具备何种意志态度均不影响医疗犯罪故意的形态或形式，只要行为人对医疗危害行为明知，并积极实施，就可以认定其主观故意的成立，并且为直接故意。

3. 危险故意的认定

所谓危险故意即危险犯的故意，是指行为人对犯罪构成要件危险状态的明知以及希望或放任危险发生的心理态度。具体而言，依据危险的性质，可以将危险区分为"抽象危险"与"具体危险"两种状态。抽象危险是指依据社会的一般认知即可确定具有侵害法益的危险，抽象危险被认为是具有典型危险性的行为，是一种法律拟制的危险。对于抽象危险的判断不需要依据法益侵害危险的具体要素来进行。例如，我国《刑法》规定的劫持航空器罪，生产、销售、提供假药罪，危险驾驶罪等犯罪中的危险均属于抽象危险。具体危险是指以具体危险的客观事实来确定侵害法益的危险是否存在，即具体危险的确定，必须依据具体的危害行为以及具体危险结果或危险结果的可能性等事实要素进行危险性判断。因此，在医疗犯罪危险故意的认定中，凡是对抽象危险明知并积极追求或放任这种危险发生的，则为"抽象危险故意"。凡是对医疗具体危险明知并积极追求或放任这种危险发生的，即为"具体危险故意"。例如，依据我国《刑法》第 334 条之一的规定，非法采集人类遗传资源、走私人类遗传资源材料罪为具体危险犯，其危险故意的成立需要依据犯罪客观事实要素是否达到"情节严重"，予以认定其危险故意的成立与否。

二、现代医疗犯罪之主观过失

依据我国刑法的规定，犯罪过失是指行为人应当预见自己的行为可能发生

① 贾宇：《犯罪故意类型新论》，载《法律科学·西北政法学院学报》2002 年第 3 期，第 53 页。

危害社会的结果，因为疏忽大意而没有预见，或者已经预见而轻信能够避免的一种心理态度。在消极意义上，过失是没有故意但是需要承担责任的心理状态；在积极意义上，过失是违反注意义务。我国有学者提出，“违反注意义务是犯罪过失的本质属性”①。在大陆法系国家犯罪论的发展中，过失论经历了旧过失论、新过失论、当代过失论三个不同的发展阶段。过失论的主要分歧在于对注意义务的不同主张，具体来看，即关于结果预见义务与结果避免义务在过失成立与否方面的不同主张。

（一）过失理论与医疗过失犯罪

1. 旧过失论与医疗过失犯罪

第二次世界大战前，旧过失理论盛行，按照旧过失理论的观点，犯罪分为客观的方面和主观的方面，前者强调要素的外在性和客观性，属于犯罪论体系中的违法性要素；后者强调要素的内在性和主观性，属于犯罪论体系中的有责性要素。旧过失理论认为，行为人在行为时欠缺意识集中的心理状态，以致没有预见结果，从而导致结果发生的，行为人应负过失责任而受处罚。由此可见，从注意义务上看，旧过失论强调的是结果预见义务，强调的是行为人由于不注意而没有预见结果，之所以要对过失行为进行责任非难，是因为行为人可能预见结果，却因为意识不集中而导致结果发生。

旧过失论判断注意义务的重心在于行为人行为时对结果之发生有无“主观之预见可能性”，即“结果预见义务”。旧过失理论在结果预见义务的标准上又形成三种学说，即主观说、客观说和折中说。主观说认为，是否具有结果预见义务应当以行为人的注意能力为标准。客观说认为，是否具有结果预见义务应当以抽象的一般人的注意能力为标准。折中说认为，如果行为人的注意能力低于抽象的一般人的注意能力，则应当采用主观说，如果高于一般人的注意能力则采用客观说。

由于旧过失论对过失犯罪的价值否定在于“行为人原本对于构成犯罪事实，能认识或能预见，惟因疏于注意而不认识或不预见，未采取以认识或预见为基础之结果回避措施，以致结果发生时，行为人应可受非难”②。旧过失论力图通

---

① 林亚刚：《犯罪过失研究》，武汉大学出版社 2000 年版，第 43 页。

② 刘跃挺：《对大陆法系刑法中犯罪过失理论的整体性反思》，载《北京理工大学学报（社会科学版）》2016 年第 3 期，第 144 页。

过结果预见义务标准的设定来确定过失罪过的有与无，显然无法适用于现代社会的高风险领域。这是因为，一方面，近现代社会与古代社会的明显不同在于科技的飞速发展使得风险社会逐渐形成，特别是在现代医学科学领域，科技进步隐含着形形色色的风险。这些风险不仅是人类所未知的，而且具有极大的不可预测性。例如，人类辅助生殖技术、克隆人技术、人体基因技术、人体器官移植技术等风险有时远远超乎人类的预见能力，如果采用旧过失论的以结果预见义务为中心，无论是以客观说为标准，还是以主观说为标准，抑或以折中说为标准均难以确定行为人主观过失的存在与否。另一方面，在现代医学科学领域，科技进步隐含的形形色色的风险具有内生性，如果以旧过失论判断注意义务的结果预见义务为中心，来确定现代医疗行为的主观过失，凡是因主观上欠缺注意义务，致未预见结果的发生，行为人即具有犯罪过失，则易导致医疗过失处罚范围不当扩大。

2. 新过失论与医疗过失犯罪

面对旧过失论可能存在不当扩大处罚范围的问题，刑法学者不断尝试从注意义务上找寻解决问题的依据。新过失论由旧过失论的以结果预见义务为中心转向以结果避免义务为中心，主张应当根据行为人在行为当时所处的状况，以行为人是否已经尽到结果避免义务作为认定过失的标准。同时，新过失论将结果回避义务作为客观的行为基准设定客观的注意义务，使之成为违法要素。结果回避义务是一种基准行为，如果根据一般人标准，只要采取了对一般人而言具有合理性的结果回避义务行为即基准行为，便具有预见可能性，由此所出现的结果属于被允许的风险，并不具有违法性，从而限制了过失的处罚范围。

由此可见，新过失论对主观罪过的考察不仅着眼于主观心理状态，而且着眼于客观行为，过失的核心在于不符合一定的行为基准，新过失论的背后是规范违反说与行为无价值论。这对于限制过失的不当处罚范围有一定意义。

从医疗领域看，一方面，按照新过失论的观点，只要医生履行结果避免义务，不存在引起危害的错误，该种行为就是合法的，这有利于医护人员运用对患者最有利的医疗方案和医疗措施，最大限度满足患者的健康权益诉求，并有助于医学技术的不断进步。另一方面，虽然新过失论将结果避免义务作为注意义务的中心，但是结果避免义务的内容却没有得以确定，特别是在现代医学科技迅速发展的今天，医疗领域如何对结果避免义务的内容予以明确化并非易事，在疑罪从无的现代刑事法治语境下，新过失论陷入规制现代医疗过失犯罪不能的困境。

3. 当代过失论与医疗过失犯罪

当代过失论，又称为超新过失论。从上文关于旧过失论和新过失论的分析可以看出，旧过失论的结果预见义务强调的是预见的具体性，也就是对于结果及其与自己行为之间的基本因果关系的预见可能性，由此可能导致扩大处罚过失的范围。新过失论的结果避免义务重视行为的有用性，由此限定了处罚过失的范围，这又导致人类在面临未知的危险领域时需要扩大过失的范围。为克服旧过失论与新过失论难以克服弊端，当代过失论应运而生。与新过失论相比较，当代过失论强调结果预见义务不需要具体的预见，只要对某种危险具有预见可能，即产生结果回避义务，换言之，只要行为人对危险的发生具有畏惧感，就具有结果避免义务，如果行为人没有履行结果避免义务以致危害结果发生，就应当承担过失责任。当代过失理论试图采用畏惧感判断标准来避免处罚范围过广的弊端，实则难以如愿。结果预见义务内容的不确定性，导致责任认定中的结果责任倾向依然存在，过失犯罪的范围将再次被扩大。

可见，当代过失论看似要解决旧过失论和新过失论的不足，实际上在责任认定上过犹不及，更是不利于新技术的研发和应用，对于本身具有相当风险性的医疗行为而言，同样是一种阻碍。日本高等法院的一起判例即对这一理论予以否定，1976 年 3 月 18 日，札幌高等法院在某医疗事故的判决中指出："为了成立过失犯，其要件是作为违反注意义务的前提，对结果的发生要有预见可能，结果的发生不可能预见时，没有承认违反注意义务的余地。因此，如果以抱有内容不特定的一般的、抽象的恐惧感或不安感的程度，就直接课以预见、避免结果的注意义务，过失犯的成立范围就有可能无限定地离开目标，从责任主义的见地来看，不能说是妥当的。"①

本书认为，从我国刑法关于过失犯罪的规定来看，注意义务包括结果预见义务和结果避免义务两项内容。其中，预见义务是前提和关键，违反预见义务，必然导致违反结果避免义务。同时，预见义务并非注意义务的全部，仅履行了预见义务，不进而采取有效措施，避免结果的发生，则违反了结果避免义务，同样构成违反注意义务。

---

① 转引自马克昌：《比较刑法原理：外国刑法学总论》，武汉大学出版社 2002 年版，第 256 页。

（二）医疗注意义务与犯罪过失的认定

“医事注意义务是指在医事活动中，医事主体根据医疗卫生法律法规以及医学常规的规定，谨慎履行职责，防止损害结果发生的责任。”① 医疗活动中过失犯罪的认定，需要明确行为人的医疗注意义务。

1. 注意义务认定标准的理论学说

“注意义务的标准，是指在判断作为注意义务前提的结果预见可能性与结果回避可能性时，应当以谁的注意能力为标准的问题。”② 目前，学界关于注意义务的标准有客观说、主观说、折中说三种学说。客观说，又称通常人标准说、一般人标准说、平均人标准说，该学说主张以社会一般人或通常人所具有的注意能力为标准来确定行为人是否违反注意义务。这种标准适用于每位社会成员，只要行为人没有发挥作为通常人的注意能力，产生危害结果，就成立过失犯罪。主观说，又称个人标准说，该学说主张以行为人本人的注意能力来确定是否违反注意义务，通常会考虑行为人的年龄、知识、智力、工作经验、职务等因素，还会考虑行为人所处的具体环境或条件。折中说，又称主客观结合说，该学说主张对行为人注意能力的认定既要考虑在当时情况下，一般人是否具有结果预见可能性和结果避免可能性，也要考虑行为人的个人情况以及所处的环境等因素。

2. 医疗注意义务认定的一般标准

上述有关注意义务认定的一般人标准无疑是认定医疗注意义务的重要理论依据，但是在医疗领域中，过失犯罪行为的认定标准如果拘泥于传统思维，在罪与非罪、此罪与彼罪的认定上就可能出现偏差，甚至错误。本书认为，医疗注意义务的认定既要充分考量由医疗发展水平所决定的注意义务一般标准，也要适当考量基于个人能力所能够达到的注意义务个体标准。医疗注意义务的标准应当以客观标准为主，以主观标准为辅。

其一，就客观标准而言，医疗注意义务应当采用平均人标准。但是平均人标准不是一个固定、绝对的标准，就专业领域的犯罪而言，必须予以特殊考量。医疗过失犯罪属于业务过失范畴，在医疗过失犯罪中，平均人是指具有相同医

---

① 李坤：《医事犯罪刑法规制研究》，武汉大学 2010 年博士学位论文，第 17 页。

② 程皓：《注意义务比较研究——以德国刑法理论和刑事判例为中心》，武汉大学出版社 2009 年版，第 100 页。

疗资格和能力的医务人员。有研究者提出："确定医疗注意义务标准的基本原理，是以本领域具有相同知识和技术的熟练的医生为标准，该标准以同领域的理性平均人作为参照系，行为人的注意达到本领域的一般标准即为已足，并不要求必须符合完美专家的标准。"①

其二，就主观标准而言，医疗注意义务应当考虑到医疗专业所决定的医务人员个人的特别认知能力。具体来说，医务人员在能力低于普通医生时，冒险开展医疗行为，属于超越承担的过失；医务人员的能力高于平均医生的标准，但在实施医疗行为中仅履行了平均医生的注意义务，则成立未善尽注意义务的过失。

三、现代医疗犯罪之主观故意合主观过失

在犯罪构成理论体系中，单一罪过说始终占据着主导地位，并为世界多数国家刑事立法与刑事司法所秉承。在我国，随着罪过理论研究的日益深化，学界不断质疑单一罪过说。周光权教授曾撰文指出："对于犯罪故意的'知'（认识因素）和'欲'（意志因素）中的'欲'部分，不应当完全限定在对于结果的发生这个问题上。对于罪过的讨论，可能还存在更为复杂的问题，需要开辟新的路径。"② 并据此提出"主要罪过"理论。另有学者提出复合罪过、混合罪过等学说。复合罪过说是指"同一罪名的犯罪心态既有故意（限间接故意）也有过失的罪过形式"③。混合罪过起源于苏联的"双重罪过"，这种罪过形式"将行为人对于其实施的行为的心态称为故意，将行为人对于其行为所导致的结果的心态称为过失，然后，将二者捏凑在一起，视为由故意与过失构成的混合罪过"④。

本研究认为，根据医疗犯罪中故意和过失形态并存的情形，为了避免与混合罪过的混同，我们立足医疗刑法立法和司法状况，将这种情形称为"现代医疗行为之故意合过失"，以区别复合罪过和混合罪过。采用"合"字是根据郭沫若《论节奏》："如成长与衰弱，上升与下降，和合与分离，即规定万物之发展

① 杨丹：《医疗刑法研究》，中国人民大学出版社 2010 年版，第 122 页。
② 周光权：《论主要罪过》，载《现代法学》2007 年第 2 期，第 38 页。
③ 储槐植、杨书文：《复合罪过形式探析——刑法理论对现行刑法内含的新法律现象之解读》，载《法学研究》1999 年第 1 期，第 53 页。
④ 杨书文：《复合罪过形式论纲》，北京大学 2001 年博士学位论文，第 74 页。

与分解的节奏。”“合”具有汇合之意，至少是从事实层面看故意、过失形成一种“合”的结构，这种结构有序且清晰，而非“捏凑”在一起。医疗犯罪中的故意合过失并非一种新的罪过形态，而是罪过的一种存在形式或状态。从表现形态看，具体包括两种情形，一是医疗犯罪的结果加重犯中，行为人对行为是故意的，对加重结果是过失的；二是医疗犯罪中行为人对医疗规范的违反是故意的，对结果至少是过失的。

（一）现代医疗犯罪之故意合过失的规范学分析

通过考察各国刑法立法例，罪过的具体表述主要体现在总则之中。《德国刑法典》第 15 条规定：“本法只处罚故意行为，但明文规定处罚过失行为的除外”，第 16 条规定：“1. 行为人行为时对法定构成要件缺乏认识，不认为是故意犯罪，但要对其过失犯罪予以处罚。2. 行为人行为时误认为具备较轻法定构成要件的，对其故意犯罪只能依较轻之法规处罚。”可见，德国刑法没有对故意和过失的概念予以界定。学界依据司法实践存在间接故意和过于自信过失难以区别的情形，提出了“第三种罪过形式”。法国则有所不同，在法国刑法中，除了规定故意和过失外，还规定：“‘可能故意’‘蓄意置他人于危险境地’以及实际‘结果超过行为人所预计之结果’的犯罪，在犯罪故意与刑事过失之间构成一个‘中间类型’。”① 法国的“中间类型”与德国的“第三种罪过形式”并不相同，前者涵括的类型要广于后者。

我国《刑法》第 14 条和第 15 条分别对故意和过失作出了明确的界定，因此，从规范层面看，我国《刑法》总则只承认单一罪过形式，要么成立故意，要么成立过失。但是，从《刑法》分则对具体个罪的罪过或者由罪状所体现的罪过来看，存在主观故意和主观过失的情形，即故意与过失并存的现象，其常见的是结果犯中的两种情形。

一是医疗过失犯罪。《刑法》分则一些有关医疗过失犯罪的罪状中规定，行为人对医疗规范的违反是故意的，对危害结果的发生是过失的。例如，《刑法》第 335 条关于医疗事故罪所规定的医务人员由于严重不负责任，造成就诊人死亡或者严重损害就诊人身体健康，即体现了行为人违反医疗行政法规的主观故

---

① ［法］卡斯东·斯特法尼等：《法国刑法总论精义》，罗结珍译，中国政法大学出版社 1998 年版，第 264 页。

意性和造成危害结果发生的主观过失性。

二是医疗故意犯罪。《刑法》分则有些有关医疗故意犯罪的罪状中规定，行为人对行为以及作为构成要件的基本结果是故意，对加重结果是过失。例如，《刑法》第 234 条之一关于组织出卖人体器官罪所规定的组织他人出卖人体器官致死亡结果发生的，即体现了行为人非法组织行为的主观故意性和造成死亡结果发生的主观过失性。当然，此处并不能完全排除行为人对造成死亡结果发生的间接故意性。

（二）现代医疗犯罪之故意合过失的事实分析

从规范层面看，虽然上述两种情形在定罪上只能认定为单一罪过形态，即便如此，我们仍需要从事实层面上对罪过并存的两种情形予以解构，从医疗犯罪的整体或全过程分析行为人的主观心理，以利于定罪和量刑的准确与合理。在已经发生的现代医疗犯罪中，故意合过失的罪过并存现象主要有两种类型。

第一种类型：在医疗故意犯罪中，医疗犯罪发生加重结果时，行为人对行为以及构成要件的结果是故意的，对加重结果至少是过失的。有学者指出："根据现代刑法理念的要求和我国刑事立法、司法实践，行为人对基本犯罪的罪过应当限于故意，而对加重结果的罪过既可以是故意，也可以是过失。"① 法律实务中，此类案件不在少数，其中不乏典型案例，例如"北安建设农场职工医院非法采供血案"②。法院审理认定，王某、李某勇、杨某违反《献血法》的规定，在临床应急用血中，明知本单位不具备检测艾滋病病毒抗体的条件，非法采集、供应不符合国家规定标准的血液，侵害国家血液管理制度和公共卫生安全，并致 19 人染艾滋病的行为，构成非法采集、供应血液罪。该案中的犯罪行为人一方面具有违反国家献血法的主观故意，另一方面具有致多人感染艾滋病这一严重的血源性传染病的主观过失，属于典型的对行为的故意合对加重结果的过失（至少）。在医疗故意犯罪中，对于加重结果的主观心态进行合理认定，在进行量刑时可以予以考虑，这实则是罪责刑相适应原则的基本要求。

第二种类型：在医疗过失犯罪中，行为人对医疗规范的违反是故意的，对

---

① 李冠煜：《结果加重犯的罪过新论》，载《湖北大学学报（哲学社会科学版）》2012 年第 2 期，第 113 页。

② 《医院非法采供血致 19 人染艾滋》，载新浪网，https：//news. sina. com. cn/c/2005 - 12 - 05/00407617800s. shtml。

危害结果是过失的。医疗过失犯罪作为一种业务过失，无论是抽象过失还是具体过失，都是行为人对结果的主观过失，而从所实施的医疗行为看，实则是对医疗规范的违反，对于医务人员而言，这种违反是明知或应知的，也就是一种故意的心态。法律实务中，此类案件也不在少数，其中不乏典型案例，例如“胡某庚医疗事故案”①。该案先后经巢湖市医学会、安徽省医学会鉴定，均被确认为一级甲等医疗事故，医方承担主要责任。安徽省医学会分析意见认为：该院未完成入院常规检查，对病人是否有原发疾病不了解（尤其是肺部情况）；病情变化后，没进行体检及相关的辅助检查（胸透等），对液气胸发生时间无法确定，延误了对液气胸的诊治时间；无尸检报告，对造成液气胸的原因无法判断。法院判定被告人在诊疗过程中严重不负责任，违反相关规章制度，造成就诊人员死亡的严重后果，构成医疗事故罪。我国《执业医师法》（已失效）第22条明确规定，医师在执业活动中要遵守法律、法规，遵守技术操作规范。②本案中的被告人，在主观上表现为典型的故意与过失的并存。

综上，在刑事立法与司法中，通常情况下，同一个罪名对应的是一个主观罪过，但是根据立法例、法理解释以及司法实践，出现了一个罪名存在两个罪过的情形。对现代医疗犯罪的罪过考察，既要立足传统犯罪理论，也要研判现代犯罪实际，要跳出单一罪过形式的思维定式，以开放思维研判医疗犯罪中的主观故意与过失并存现象。

第四节　现代医学科学时代的医疗刑法因果关系

一、现代医疗刑法的因果关系理论

（一）刑法因果关系的理论学说

刑法上的因果关系判断既是一种方法论也是一种认识论，在不同的认识论下，形成了不同的刑法因果关系论。其中，大陆法系国家与英美法系国家所建

---

① 《福建首例医疗事故入刑案》，载华律网2020年3月3日，https：//www.66law.cn/topic2010/ylsgzjdal/71502.shtml。

② 该条已为《医师法》第23条所取代，《医师法》规定医师在执业活动中要遵循临床诊疗指南，遵守临床技术操作规范和医学伦理规范等。

立的刑法因果关系学说较有代表性和影响力。

1. 域外刑法因果关系学说

大陆法系国家与英美法系国家在刑法因果关系方面形成了不同的理论学说。

大陆法系国家具有代表性的刑法因果关系理论是条件说、原因说、相当因果关系说。条件说亦称等价说，该学说从行为与结果的逻辑关系出发，认为凡是行为与结果之间存在“没有前者就没有后者”的条件关系时，前者就是后者的原因。条件说的优点在于符合社会常理的判断与一般认知，但是，该学说因其过于宽泛的因果关系主张被学界质疑。原因说又称原因与条件说，为了避免条件说对因果关系范围的不当扩大，原因说主张以某种规则为标准，从导致结果发生的条件中选择应当作为原因的条件，只有符合规则的原因才可以成立刑法上的因果关系。相当因果关系说是在条件说的基础之上发展起来的，该学说由德国弗赖堡大学生理学家冯·克里斯提出。19 世纪 80 年代，冯·克里斯将民法上的相当因果关系理论运用到刑法因果关系判断上，认为在引起结果发生的数个条件行为中，只有那些依照人的日常生活经验，认为是必然引起结果发生或可能引起结果发生的条件行为，才能作为刑法上的原因。否则，那些依人们的日常生活经验看来是偶然的条件行为，不是刑法上的原因。相当因果关系说强调通过具体的“相当性”判断来确认因果关系是否存在，具有一定的合理性。但是，相当因果关系所主张的基于日常经验来确定因果关系，其所依据的标准和价值含混不清，并进而产生了相当因果关系说中的客观说、主观说以及折中说分歧。

英美法系国家刑法中的因果关系采用的是双层次原因学说，即对因果关系的判断分为两个步骤，依次是事实因果关系判断—法律因果关系判断。依照英美刑法通说，对于结果犯只有行为被证明既是结果的事实原因又是其法律原因时，才能被认定为导致了结果的发生。① 前者以条件关系为判断标准，将客观上不存在因果关系的事实或行为排除在因果关系范围之外，此为事实因果关系判断，其认定标准较为宽松，即凡是符合无 A 即无 B，则认为 A 与 B 之间存在事实上的因果关系；后者则以近因关系为判断标准，近因判断是在事实原因判断之后对行为与结果是否存在因果关系所进行的规范性判断，此为法律因果关系

① See Mike Molan, Denis Lanser & Duncan Bloy, *Bloy and Parry's*, *Principles of Criminal Law* p. 36, 4th edition, Cavendish Publishing Ltd., 2000.

判断，其认定标准较为严格，在所有的事实原因中，只有属于结果发生近因的行为是结果的法律原因。近因判断的核心标准是“可预见性标准”，其本质上是一个基于价值判断的归责过程。美国有学者指出：“近因判断并不是一个适用严格清楚的规则达成一个科学正确的结论的过程，相反，它是事实发现者在政策和公平考量的基础上，判断让被告人对被法所禁止的结果承担刑事责任是否合理的努力。”① 与事实因果关系判断不同的是，规范评价应根据刑法规范确立的价值评判标准予以确定，尤为重要的是要根据刑法因果关系的任务和目的，筛选出事实因果关系中具有法律性价值的法律因果关系，以便作为刑事责任的客观依据。判断行为与结果之间关联的标准在形式表现为以刑法规范为标准。可见，按照双层次原因说，事实因果判断确定的是关系链是否存在的问题，属于价值无涉的事实判断过程。刑法因果关系的判断还需要在事实因果关系确定的基础上，进行法律评价，从刑法规范的角度加以考察，使之真正成为客观归咎的根据。事实因果关系判断发挥的是排除功能，法律因果关系判断发挥的是调整和控制功能。

2. 域内传统刑法因果关系理论

域内刑法学界对刑法因果关系的研究始于 20 世纪 50 年代，学者主要借鉴苏联在唯物辩证主义方法论指导下所创立的刑法因果关系理论，即必然因果关系说和偶然因果关系说。必然因果关系说认为：“只有当危害行为中包含着危害结果产生的根据，并合乎规律地产生了结果时，实行行为与结果之间才是必然的因果关系，而且也只有这一因果关系，才是刑法上的因果关系。”② 偶然因果关系说在肯定必然因果关系的同时，认为：“某种行为本身不包含产生某种危害结果的必然性（内在根据），但是在其发展过程中，偶然又有其他原因介入其中，即偶然地同另一原因的展开过程相交错，由后来介入的这一原因合乎规律地引起了这种危害结果。”③ 近些年来，我国学者在因果关系的比较借鉴中，引进了大陆法系的相当因果关系说。另有学者提出有限制的条件说，主张：“在条件说的基础上，发展因果关系理论，以解决条件说自身无法克服的一些问题。”④

由上可见，域内外学界关于刑法因果关系的讨论由来已久、观点纷呈，人

---

① Joshua Dressler, *Cases and Materials on Crim inal Law*, West Publishing House, 2009, p. 220.

② 周光权：《刑法中的因果关系和客观归责论》，载《江海学刊》2005 年第 3 期，第 119 页。

③ 高铭暄主编：《新编中国刑法学》，中国人民大学出版社 1998 年版，第 134 页。

④ 周光权：《刑法中的因果关系和客观归责论》，载《江海学刊》2005 年第 3 期，第 120 页。

们试图从理论上设计出判断标准，但是每一种学说在力图克服另一种学说弊端的同时，自身也存在一定的不足，这也体现了刑法因果关系的复杂性和不确定性。尽管如此，这些学说为研究现代医学科学时代医疗刑法的因果关系奠定了理论基础。

（二）现代医疗刑法中的疫学因果关系理论

1. 疫学因果关系的法理意涵

1968 年日本学者戒能通孝提出疫学因果关系理论，日本学者大塚仁对疫学因果关系的概念予以界定，指出："疫学上的因果关系，是指疫学上所采用的因果认识方法，某因子与疾病之间的关系，即使不能从医学、药理学等观点进行详细的法则证明，但根据统计的大量观察，认为其间具有高度的盖然性时，就肯定存在因果关系。"① 可见，疫学因果关系理论是将疫学上的因果关系确定方法，应用于法学中所提出的因果关系理论。将疫学因果关系理论应用于刑法的因果关系是对于利用科学法则难以精准解决的复杂因果关系，采用流行病学中的概率方式，按照盖然性标准来认定刑法上的因果关系。

2. 疫学因果关系引入医疗刑法因果关系的必要性

医疗刑法中的因果关系确定可否运用疫学因果关系理论呢？我国台湾地区有学者建议通过特别立法引入疫学因果关系理论来解决医疗过失案件中因果关系的判断问题。② 日本也将疫学因果关系用于医疗过失犯罪，域内学界对此尚存在不少质疑。有研究者从价值层面、刑法的人权保障机能、立法层面、司法实践层面对其予以否定。③ 还有研究者认为"临床医疗的具体个案性不符合疫学方法的本质"，"医疗因果关系的复杂性不是引入疫学因果判断的必然理由"，"医疗行为的目的正当性和高风险性与疫学因果关系理论不能融洽"，"采用疫学因果关系不符合医疗刑法的基本理念"，"疫学因果关系理论运用于医疗过失，缺乏案例的实证支撑"④。

本书认为，现代医学科学时代的医疗刑法引入疫学因果关系理论不仅有其

---

① ［日］大塚仁：《犯罪论的基本问题》，冯军译，中国政法大学出版社 1993 年版，第 104 页。

② 参见曾淑瑜：《医疗过失与疫学因果关系》，载《现代刑事法与刑事责任》，台北刑事法杂志社基金会 1997 年版，第 436 页。

③ 参见王晓滨：《疫学因果关系理论中国化之否定》，载《法商研究》2020 年第 3 期，第 70 页。

④ 杨丹：《医疗刑法研究》，中国人民大学出版社 2010 年版，第 154 – 155 页。

必要性，而且有其合理性和正当性。

其一，疫学因果关系理论适应于医疗公害犯罪因果关系的确定。疫学因果关系的提出针对的是公害犯罪案件，特别是环境污染案件、食品安全案件在因果关系上难以认定的问题。现代医学科学研究与医疗技术应用不仅直接侵犯受试者个体法益，例如器官移植对供者生命与健康法益的侵害，也可能发生危害人类整体利益的“公害性”案件，例如生殖性辅助生殖对人类遗传基因的改变。

其二，疫学因果关系理论为现代医疗风险所提倡。先进医学技术的应用在维护和保障人们的健康的同时，也隐含着风险。现代医学科学已经改变或扩展了传统的医疗行为，增加了诊疗过程和结果的不确定性。“在风险社会视域下探寻刑法归责中的因果关系，由于传统因果关系说的失灵促使疫学因果关系说被提倡。疫学因果关系说重视概率统计，在风险社会中的适用具有正当性，适用领域与风险社会的领域高度重合，并且能够保证归责的科学性，发挥功利价值。”① 当人们尚不能对医疗犯罪行为的归因进行精准确定的情况下，如果僵化地采用传统的因果关系理论，那么就容易出现放纵犯罪的情况。以疫学因果关系所提出的高度盖然性标准进行因果关系的判断可以减小医学科学技术带来的风险。

其三，疫学因果关系理论为复杂医疗因果关系提供补充。因果关系的多因竞合性是现代医疗刑法因果关系的显著特征，高度的专业性、医疗技术的复杂性以及患者自身体质的差异性使得医疗危害结果的发生往往由数个行为竞合所致。例如，医务人员的过错行为与患者的过错行为相竞合所致的危害结果，医护人员之间过错行为相竞合所导致的危害结果。我们主张在现代医学科学时代医疗刑法引入疫学因果关系并非完全否定刑法的条件因果关系学说，而是对传统因果关系学说的补充。正如有学者指出：“在公害犯罪以及一般的刑事案件中，即使其科学机制未能明确证明的场合，根据疫学的方法证明必要条件关系，而且其证明程度能排除合理的怀疑，则可以单独证明其条件关系。如果尚未达到这种证明程度，只是达到盖然的证明程度的情况下，则需要与其他的情况证据一起来证明条件关系的存在。”② 这与流行病学中的“流行病学证据不能确定

① 陈禹衡：《风险社会视域下疫学因果关系说之提倡》，载《太原理工大学学报（社会科学版）》2019 年第 5 期，第 1 页。

② ［日］野村稔：《刑法总论》，全理其、何力译，法律出版社 2001 年版，第 142－143 页。

具体的病因，它必须与其他证据一起考虑，并且必须对其质量进行评估”① 相一致。

二、现代医疗刑法因果关系的特殊性

医疗刑法因果关系是医疗行为与医疗危害之间的关系。因果关系的复杂性，使得我们不能简单地机械套用哲学上或自然科学上的因果关系理论，而需要在传统医疗行为因果关系理论的基础上重新阐释现代医疗刑法因果关系的特殊性。

（一）因果关系的多因竞合性

在医疗刑法因果关系的判断中，需要前溯至医疗行为过程，找寻原因。与其他犯罪行为不同，医疗犯罪行为尤其是应用现代医学科学技术的医疗犯罪行为，蕴含着高度的专业性，医疗危害的归因更为复杂，其中包括医务人员的行为、患者的体质、医学的局限性、疾病的不可预测性等。在辅助生殖、器官移植、基因治疗、AI 医疗、安乐死等现代医学科学技术应用中，相关医疗犯罪因果关系的判断更为专业和复杂。具体来看可以划分为两种类型：一是“前后相继因果关系”，即数个医疗危害行为前后相继，并导致了一个危害结果的发生则属于连锁因果关系的情形。二是“异步因果关系”即危害结果的发生，是医疗行为人在其他医疗行为人的医疗过失行为所造成的危害后果的基础上，因过失而最终造成的。② 可见，当出现多因竞合时，从事实因果关系看，每一种原因都会对结果产生作用，有的是积极的推动作用，有的是使危险变为现实，还有的是应当预见而未预见。

（二）因果关系的不确定性

虽然人类对疾病的认识不断深入，现代医学科学技术的持续探索和应用极大地增强了人类的诊疗能力，例如辅助生殖和器官移植使人类的生存与发展空间得以空前地扩大，但是现代医学技术的可靠性并非百分之百，而且现代医疗技术的应用仍然需要医务人员的操作，先进的医疗仪器对疾病的诊断也离不开医务人员的经验和水平，特别是在病因的查明上，如果检验手段过多，还可能

---

① Miller, Chris, *Causation in Personal Injury: Legal or Epidemiological Common Sense*, Legal Studies, Vol. 26, No. 4, p. 544 (2006).

② 参见臧冬斌：《医疗犯罪比较研究》，中国人民公安大学出版社 2005 年版，第 77 - 78 页。

存在过度医疗和增加医疗成本的问题。一旦发生医疗危害结果，其原因的判断难度增加，不确定性增强。

（三）因果关系对鉴定意见的依赖性

现代医学科学时代的医疗行为具有高度的专业性，因此，危害行为与危害结果的因果关系确定离不开鉴定意见。我国《医疗事故处理条例》第24条第1款规定，医疗事故技术鉴定，由负责组织医疗事故技术鉴定工作的医学会组织专家鉴定组进行。根据全国人民代表大会常务委员会《关于司法鉴定管理问题的决定》、司法部《司法鉴定程序通则》规定可知，医疗损害司法鉴定应由有资质的司法鉴定人和鉴定机构完成。《刑事诉讼法》第197条第2款规定："公诉人、当事人和辩护人、诉讼代理人可以申请法庭通知有专门知识的人出庭，就鉴定人作出的鉴定意见提出意见。"可见，从国家实体法与程序法的规定来看，医疗刑法因果关系的判断有赖于医疗鉴定意见，这种依赖性与医疗技术的专业性、科学性相适应。当然，这种依赖性并非否定法官的自由裁量，而是强调鉴定是确定医疗刑事案件中不可缺少的组成部分，鉴定意见是因果关系判断的重要证据来源。

三、现代医疗刑法的因果关系确定

（一）疫学因果关系论在医疗刑法因果关系确定中的运用及其限制

疫学因果关系以量化概率的疫学高度盖然性为理论核心，其在医疗犯罪因果关系的适用中需进行必要的限制。

1. 疫学因果关系适用标准上的补充性

其一，疫学因果关系只能作为刑法必然因果关系或条件因果关系的补充予以谨慎适用。如果有其他证明方法和途径，应该优先适用其来证明刑事案件中的因果关系。只有再无他法证明的情况下，才可以考虑使用疫学因果关系的疫学高度盖然性作为证明方法。

其二，疫学因果关系只能作为刑法因果关系的一个必要不充分证明存在。日本学者大谷实指出："即便在行为和结果之间的因果关系在自然科学上不能被证实，但根据疫学的证明，能够认定'没有超出合理怀疑的限度'时，就应肯定条件关系的存在。”① 从因果关系的证明标准来看，具有高度盖然性的疫学因果关系与刑事诉讼中的排除合理性怀疑标准具有一致性。尽管在美国的证据法和证据理论中，排除合理怀疑是对刑事案件作出定罪裁决所要求的标准，是刑事诉讼证明的最高标准。但是在我国，依据《刑事诉讼法》第55条对刑事诉讼证明标准的规定，“证据确实、充分”应当同时满足“定罪量刑的事实都有证据证明”“据以定案的证据均经法定程序查证属实”“综合全案证据，对所认定事实已排除合理怀疑”三个条件，因此我国的刑事证明标准高于排除合理怀疑的证明标准。出于审慎的态度，疫学高度盖然性标准在我国刑事案件中最多只能作为一个必要不充分证明存在。

2. 疫学因果关系适用案件类型上的限制

其一，对于危害生命健康法益的医疗犯罪可适用疫学因果关系。纳入考虑的可以是具有侵袭性的医疗检查、手术治疗以及药物治疗等。值得一提的是，只有疫学因果关系证明，且并无其他经验证明和科学证明进行关键必要的补正，例如无医疗事故技术鉴定，则疫学因果关系不适用于刑事案件的因果关系确定，否则可能造成对疑罪从无刑事法治原则的侵蚀。

其二，对于危害人的生命健康以外其他法益不适用疫学因果关系认定原则。如危害医疗知情同意权犯罪、危害医疗隐私权犯罪等其他法益侵害行为，不可适用疫学因果关系。

（二）双层次理论在医疗刑法事实因果关系与规范因果关系判断中的应用

张明楷教授指出：“将传统刑法理论所讨论的因果关系分为两个部分——因果关系与结果归属。其中的因果关系，是基于存在论的事实判断；结果归属则是基于刑法目的的规范判断。”② 有其他学者指出：“刑法因果关系是作为刑事责任的客观根据而存在于刑法之中的，它既是行为与结果之间一种客观存在的事实因果关系，同时又是为法律所要求的法律因果关系，是事实因果关系和法律因果关系的统一。其中事实因果关系是刑法因果关系的基础，而法律因果关系则是刑法因果关系的本质。”③

---

① ［日］大谷实：《刑法总论》，黎宏译，法律出版社2003年版，第168页。
② 张明楷：《刑法学》，法律出版社2016年版，第183页。
③ 张绍谦：《刑法因果关系研究》，中国检察出版社1998年版，第111页。

本书倡导借鉴英美刑法中的双层次原因学说，在医疗领域，任何相关医疗行为的开展首先是一项事实性活动，并且必须在法律允许的范围之内所为。因此。当发生医疗危害时，进行刑法因果关系判断所必然遵循的逻辑为：从医疗行为与危害结果之间的事实判断到医疗行为与危害结果之间的规范判断，法律评价与事实属性相伴相生。

1. 间接反证理论之于医疗刑法因果关系的事实判断

间接反证法是指："主要事实存在与否不明时，由不负举证责任的当事人，负反证其事实不存在的证明责任，因其并非直接对举证者举证事实的反证，与直接反证对应，即称间接反证。"[①] 尽管间接反证理论由德国诉讼法学家罗森贝克所创，但是其无疑是认定医疗刑事案件事实因果关系的重要方式。

事实因果关系的认定可以分为"依事实本身证明认定和依技术鉴定方法认定两种"[②]。在医疗犯罪事实因果关系的认定中，主要是依据医疗活动的客观规律和人类生命运行的自然法则予以确定，在我国，其确认的方式主要是依医疗事故技术鉴定意见。传统的刑法因果关系理论，特别是条件说比较准确地揭示了因果关系的自然属性，因此，在医疗刑法事实因果关系的评价与判断中，依然应当坚持条件说，遵循因果关系的自然属性，确定医疗行为与危害结果之间的事实因果关系的存在与否。按照条件说，当行为与结果之间确立了"若无前者，则无后者"的自然因果联系，则行为与结果之间存在刑法上的因果关系。

与此同时，我们必须认识到现代医疗的专业性和科学性，事实本身证明认定与依技术鉴定方法认定都可能存在前提条件不充分的情况，事实因果关系存在认定上的困难。因此，有必要立足现代医疗的特点，积极探索创新发展传统因果关系理论。间接反证法源于德国民事案件证明，并被日本学者发扬光大，应用于环境污染犯罪因果关系的证明中。间接反证法在我国尚无刑事立法根据，但是，域内有越来越多的学者主张在环境污染犯罪、医疗事故犯罪中适用间接反证法。法律实务中，一些刑事案件的审理已经有运用间接反证的尝试，如云南省澄江县人民法院审判澄江锦业工贸有限责任公司涉嫌重大环境污染事故罪的案件中就对这种证明方法进行了运用。[③] 我国《民事诉讼法》第 68 条第 1 款

---

① 蒋兰香：《间接反证法在污染型环境犯罪因果关系证明中的运用》，载《社会科学家》2010 年第 6 期，第 82 页。

② 艾尔肯：《医疗损害赔偿研究》，中国法制出版社 2005 年版，第 132 页。

③ 参见郄建荣：《一桩污染案结束 15 年长跑》，载《法治日报》2009 年 5 月 4 日，第 6 版。

规定："当事人对自己提出的主张应当及时提供证据。"在现代医疗刑法中，关于犯罪行为与危害结果之间关系的确认，行为人虽然没有证明自己无罪的义务，但是有证明自己行为无过错的义务。虽然民事诉讼和刑事诉讼在举证责任的分配上存在差异，但是从事实因果关系的认定上看，同样可以尝试以间接反证理论推动现代医疗犯罪因果关系理论的发展。

2. 机会丧失理论之于医疗刑法因果关系的规范判断

机会丧失理论源于英国普通法中的合同法。民商法中的机会丧失理论是指："在加害人的行为剥夺了受害人获得利益或避免损害发生的机会时，这种丧失本身应作为损害赔偿的客体得到法律的救济。"① 如前文所述，传统因果关系理论中的危害结果有三种基本形态：实害犯中的实害结果、行为犯中的危害行为、危险犯中的危险状态，三种形态的危害结果在一般犯罪的因果关系判断中并无太大障碍，然而，医疗犯罪的危害性并非仅仅是实害结果或者是危害行为抑或危险状态的发生，更具危害性的是对患者可能的"治愈与存活机会丧失"的危害，这一危害实属传统的危害结果所无法包容。与此同时，机会的丧失作为危害，并不像一般危害一样客观实在，丧失的机会也许仅仅只是一种可能性，这种机会丧失的可能性无法通过定性定量分析得以确定，也就无法判定行为与结果的关系。在现代医疗刑法因果关系难以确定的情形下，既要确保疑罪从无原则的落实，也要维护被害人的合法权益和正常的医疗秩序，引入机会丧失理论，运用双层次原因学说中的法律判断，对受害人所丧失的医疗机会进行价值衡量，并在此基础上确定危害行为与"治愈与存活机会丧失"之间的因果关系。医疗犯罪行为严重侵害或严重降低了被害人获得有利医疗结果的情形，可以作为医疗刑法因果关系认定的依据。

第五节　现代医学科学时代的医疗刑事责任分配

刑事责任分配是指在认定行为人的行为构成犯罪的基础上，按照法定的原则和标准确定行为人承担刑事责任的程度，并以相适应的形式予以配给。刑事责任分配的根据包括社会危害性与人身危险性、公正与效率、犯罪人自身因素

---

① 田韶华、樊鸿雁：《论机会丧失的损害赔偿》，载《法商研究》2005 年第 4 期，第 96 页。

与外在因素等。医疗刑事责任的分配需要综合考虑医疗危害的程度、诊疗职责的履行、医疗风险容许的程度等诸多要素。本书在此主要探讨医疗过失犯罪刑事责任分配中的两个特别问题。

一、医疗风险与医疗刑事责任分配

有研究者认为现代医疗是一种典型的社会风险活动，并且归纳出四项主要特征，即现代医疗在消除风险的同时又在不断创造风险、医疗风险是技术性和社会性的结合、医疗风险控制是医疗活动的目标、医疗活动的剩余风险需要分配。① 医疗刑事责任分配需要体现“医疗活动剩余风险”的特征，构建医疗风险分担制度。

（一）容许危险理论引入医疗刑事责任分配的缘由

医疗科技的发展具有内生危险，如果“一刀切”地将任何医疗风险的责任分配给诊疗人员，不仅有悖于现代刑事法治的基本精神，更有碍于医学科学的进步和人类卫生健康事业的发展。既然我们不能避免医疗科技带来的危险，那么在采用刑法进行医疗危险控制的时候，就需要区别不同的危险，按照利害平衡的原则，在刑法上将容许危险合法化。

1. 容许危险理论引入医疗刑事责任分配有助于保障医疗卫生事业的健康发展

任何一项医疗行为都具有风险性，其中既有人类能够认知到的，也有人类难以认知的。医学本就是对人体奥秘的探索，人类认识的有限性决定了医疗行为存在不同程度的风险，在现代医学科学时代更是如此。当法律介入医学之中后，相伴随的是规约规则和惩罚机制的产生。从目的性来看，法律的介入为的是通过规制医疗行为，保障医疗事业健康发展，并最大化地保障人们更加多元的医疗法益。对于现代医疗的专业性或专断性而言，法律是一种约束，又是一种不可缺少的方式和方法。允许合理风险的存在，以此既保障医务人员的正当权益，也明确其注意义务和责任已经成为各国的普遍选择。

---

① 参见满洪杰：《风险社会视角下医疗损害责任立法之反思——兼评〈民法典侵权责任编（草案）〉的相关规定》，载《山东大学学报（哲学社会科学版）》2019 年第 4 期，第 147 页。

2. 容许危险理论引入医疗刑事责任分配有助于解决医疗过失的认定难题

在刑法过失犯罪中，过失的本质是行为人未善尽注意义务。关于过失理论，前文已有所述[①]，比较而言，在现代医疗刑事责任分配中，新过失理论更具合理性，正如有研究者提出：“有利于鼓励医生在履行结果回避义务的前提下，尽可能地运用对病人最有利的医疗过失，从而最大限度地维护病人的生命健康法益，并且促进医学技术的进步。”[②] 但是，将新过失理论应用在医疗刑事责任分配中，依然面临一个突出问题，即现代医疗中的危险如何进行精准识别，现代医疗的分科越来越精细化，如何对危险进行类型化界定也极为困难。将容许危险引入医疗领域的责任分配，虽然不能将医疗中的注意义务以及危险认定问题全面解决，却可以通过对医疗危险进行容许和不容许的划分，使危险责任分配更为公平合理。

（二）容许危险理论在医疗刑事责任分配中的适用条件

在医疗刑法中，容许危险理论并不适用于故意犯罪，仅适用过失犯罪。本书认为，容许危险理论不仅关涉刑法介入现代医疗的标准，还关涉行为人的医疗刑事责任问题，需要根据医疗过失犯罪的特点，对容许危险的适用条件作出合理设定。

1. 容许危险适用于医疗刑事责任分配的前提条件

容许危险可以在医疗责任分配中适用需要具备相应的前提条件，即行为人在实施医疗行为时严格遵守操作规程，全面履行注意义务，才可能减轻或阻却刑事责任。换言之，行为人所实施的医疗行为本身具有的危险性并不能直接纳入容许危险范畴，而是要求行为人必须履行注意义务。我国《刑法》第 335 条规定的医疗事故罪中的“医务人员由于严重不负责任”，实则是行为人对注意义务的严重违反。最高人民检察院、公安部《关于公安机关管辖的刑事案件立案追诉标准的规定（一）》第 56 条第 2 款中有更为具体的规定：“具有下列情形之一的，属于本条规定的‘严重不负责任’：（一）擅离职守的；（二）无正当理由拒绝对危急就诊人实行必要的医疗救治的；（三）未经批准擅自开展试验性医疗的；（四）严重违反查对、复核制度的；（五）使用未经批准使用的药品、消

---

① 过失理论包括旧过失理论、新过失理论和当代过失理论。

② 杨丹：《医疗刑法研究》，中国人民大学出版社 2010 年版，第 114－115 页。

毒药剂、医疗器械的；（六）严重违反国家法律法规及有明确规定的诊疗技术规范、常规的；（七）其他严重不负责任的情形。”可见，容许危险理论在医疗领域适用的前提条件是医务人员具有相关的注意义务并且履行注意义务。

2. 容许危险理论在医疗刑事责任分配中适用的法律条件

容许危险理论内含“容许”，也就是说只有那些获得“容许”的危险才能减轻或阻却医务人员的刑事责任。在法治国家建设中，运用刑法来规制医疗行为，就必须将“容许”法定化，脱离了法律规定的容许危险将无法可依，我国《医疗事故处理条例》第 33 条规定：“有下列情形之一的，不属于医疗事故：（一）在紧急情况下为抢救垂危患者生命而采取紧急医学措施造成不良后果的；（二）在医疗活动中由于患者病情异常或者患者体质特殊而发生医疗意外的；（三）在现有医学科学技术条件下，发生无法预料或者不能防范的不良后果的；（四）无过错输血感染造成不良后果的；（五）因患方原因延误诊疗导致不良后果的；（六）因不可抗力造成不良后果的。”将这一列举式的法律规定应用于医疗刑事责任的认定，有助于厘清可以成立阻却医疗刑事责任的容许危险要件。

3. 容许危险理论在医疗刑事责任分配中适用的限度条件

医疗行为的实施实际上就是医务人员的一项决策活动，决策的目的在于维护患者的医疗法益。如果决策是实现这一目标的唯一工具，那么其必要性不容置疑。然而，目标的实现不能是仅由个人来进行衡量和评判，实现的利益必须对社会的一部分具有积极的价值，特别是只有在医疗利益大于医疗风险时，必要的风险才能被法律所接受和容许。我国《刑法》第 335 条规定，医务人员由于严重不负责任，造成就诊人死亡或者严重损害就诊人身体健康的，构成医疗事故罪，“造成就诊人死亡或者严重损害就诊人身体健康”的规定即体现了刑法对医疗危险所容许的限度。本书在现代医学科学时代的医疗刑法基本原则中提出建立必要性原则，其既是从限度上确立刑法介入现代医疗应当遵循的标准，也是探讨容许危险理论限度条件的指引，从量和质上确定可被容许的医疗风险。

二、信赖原则与医疗刑事责任分配

信赖原则是指：“在合理信赖被害人或第三者将采取适当行为时，如果由于被害人或第三者采取不适当的行为而造成了侵害结果，行为人对此不承担刑事责任。”[①] 如果说容许危险理论是明确行为人与危险之间的关联关系的话，那么信赖原则就是厘清人与人之间在危险分配上的关系性。

（一）信赖原则引入医疗刑事责任分配的缘由

1. 信赖原则引入刑事责任分配是适应现代医疗发展特点的需要

现代医学科学时代的诊疗活动，专业分工高度精细化，独立的医疗个体无法完成诊疗活动。医院之间、科室之间、医务人员之间的分工与协作是现代诊疗的基本模式。例如，在器官移植手术中，需要术前的系统评估、内外科医生的协作、术后的免疫抑制治疗，在整个过程中检验师、麻醉师、护士、药师基于相互信赖而密切配合，分工协作。这种建立在相互信赖基础之上的分工协作所致的危害，无疑需要在各行为人之间进行相应的刑事责任分配。可见，现代医疗是基于医务人员之间的高度信赖而实施的专业协作活动，因此，任何医疗危害的发生都或将与信赖相关涉。将信赖原则引入现代医疗刑事责任分配有利于更好地体现罪责均衡。有研究者提出：“信赖原则的应用，使得行为人基于信赖他人的适切行为而产生不致发生该结果之确信，从而合理地对危险进行了分配，重新界定了行为人的责任界限。”[②]

2. 信赖原则引入刑事责任分配是对医疗法益周密保护的必要

在高度分工协作的现代医疗活动中，将信赖原则引入刑事责任分配中即意味着否定了互相信赖者对他人所致危害结果的预见可能性，进而排除了对结果的回避义务。允许行为人基于对其他业务分工者的信赖而免除其注意义务，从法益的精准保护来看，有利于使不同分工的医务人员，如手术治疗中的影像诊断师、麻醉师、执业医师、护士等之间各司其职、各负其责，明确各自的刑事责任，善尽注意义务，避免医疗危害结果的发生，最大限度地保护患者的医疗法益。

（二）信赖原则在医疗刑事责任分配中的适用条件

1. 信赖原则适用于医疗刑事责任分配中的前提条件

信赖原则适用于现代医疗刑事责任分配的前提条件是医疗分工。前文已有

---

① 张明楷：《外国刑法纲要》，清华大学出版社 1999 年版，第 236 页。

② 谈在祥：《刑法上信赖原则的中国处遇及其适用展开》，载《中国刑事法杂志》2012 年第 4 期，第 25 页。

所述，现代医疗是精细分工和密切协作的专业活动，辅助生殖、器官移植、基因治疗、AI 辅助医疗、医疗安乐死等涉及现代医学科学技术的医疗活动分工更加精细。医务人员的诊疗活动需要通过高度的职业信赖和密切协作来完成。显然，各医疗活动参与者基于相互信赖而结为医疗行为共同体，任何医疗危害的发生合理分配医疗刑事责任对于相关主体的权利保障至关重要。而此处的刑事责任设计与分配应当回溯到医疗分工上，将医疗分工与医疗责任予以合理关联，从客观前提上确保刑事责任分配的公平、合理。

2. 信赖原则适用于医疗刑事责任分配中的结果条件

过失犯罪负刑事责任的客观根据是危害结果的发生，因此，信赖原则在现代医疗过失刑事责任分配中的引入在客观上要求医疗危害（风险）的发生。当然，对于医疗危害（风险）不能一概而论，在现代医学科学时代，不同的医疗行为所能够容许的信赖范围不尽相同。危险性越大的医疗活动，越是加重行为人对其他分工协作者的义务，信赖原则适用的空间就越小。例如，在德国，曾有三位 X 光医师组成的医疗团队，由于 X 光电子管存在瑕疵而导致 X 光机操作失误，致病人辐射过量而死亡。尽管德国刑事司法实务认为："连一个认真且谨慎的、在职责内予以高度注意的 X 光机械师都不能辨认的 X 光电子管瑕疵，X 光医师没有相关情况的预见可能性。"① 案件中的三位医师并没有违反医疗相关注意义务，其所组成的团队是基于对 X 光机负有管理义务的医师的信赖而实施医疗行为。但是，由于 X 光机存在致人伤害或者死亡的高度危险，因而，案件中的三位医师不能适用信赖原则阻却刑事责任。

3. 信赖原则适用于医疗刑事责任分配中的限度条件

信赖原则适用于现代医疗刑事责任分配在主观上是基于各分工人之间的内心确信。但是，并非任何基于信赖而发生的医疗危害的责任分配均可以适用信赖原则。只有在行为人的信赖具有相当性时，可容许将信赖原则引入医疗刑事责任分配。我国刑法学界对"相当性"一词使用频率较高，在因果关系、社会危害性、过失犯等理论中均获得广泛认同。就社会相当性理论而言，其是指："对于某些在通常情形下本属违法的法益侵害或危险行为，只要该行为符合历史地形成的国民共同的秩序而与社会生活相当，其机能则是社会相

---

① Otto Gierke. Das Deutsche（2. Bd.）Berlin：Gesehichte des deutschen Krpersehaftsbegriffs，1873：p. 608.

当性概念在刑事立法与刑事司法过程中已经或正在起到的，以及应当起到的作用。”① 在医疗刑事责任分配领域，信赖需要达到的相当性程度，是指基于客观医疗条件、设施设备以及同类执业人员的一般医疗技术水准而对分工协作人所达到的信赖程度。

综上，在现代医学科学时代，医疗行为的最显著特征之一是其高度的组织协作性。在医疗行为的组织协作中，医务人员之间的分工更为精细，在明确且规范的分工中，医务人员之间只有相互信赖、密切配合，才有可能有效实现医疗目的，达到维护和满足患者的健康需求。因此，当出现严重的医疗危害（危险）需要医疗刑法介入调整的时候，除了确定医疗分工，还需要识别医务人员之间是否存在信赖关系，这种信赖关系对医疗危害（危险）的发生起到什么样的作用，据此对刑事责任进行合理分配。

---

① 于改之：《社会相当性理论的机能》，载《武汉大学学报（哲学社会科学版）》2007 年第 5 期，第 674 页。

第四章　现代医学科学时代的新型医疗犯罪与刑法困境——以生命周期为基本线索

第一节　基于生命开始的新型医疗犯罪与刑法困境——辅助生殖与犯罪

导语：是优生[①]还是人类进化的扭曲？

19世纪初，在弗朗西斯·高尔顿（Francis Galton，1822—1911）的倡导下，欧洲兴起一场所谓的优生学运动——着手防止所谓的不健康基因型的积累，目的在于避免“不值得的”基因的传播。这种通过传播“好”基因来培育更健康、更强壮、更聪明的尝试被视为积极的优生学。高尔顿认为，这样就有可能提高英国人口的素质，提高英国的竞争力，并主张通过采取适当的政策，提高有才华、聪明的个人和“适者生存”种族在

---

① 优生学“Eugenics”是由弗朗西斯·高尔顿创造的一个术语，“优生学”最初是通过强制性绝育来实施。19世纪和20世纪，在德国、英国和美国等州引发了因“优生学”与种族主义和种族灭绝相关联的争议。从20世纪后期开始，辅助生殖技术的日益普及极大地扩展了生殖选择。这使人们对有关该术语的使用及其应用惯例的争议有了新的关注。“优生学”可以分为积极优生学与消极优生学：积极优生学，即旨在“改善”给定人群的基因库的行为或倡议；消极优生学，即旨在防止或减缓基因库的任何“恶化”。根据追求优生目标的力量和协调性不同，优生可以分为强优生与弱优生：强优生是通过国家干预控制繁殖来改善种群水平。弱优生是通过非强制性的个体选择促进生殖选择技术的一种手段。

人口中的比例。① 在德国，当希特勒将优生学扩展到“种族卫生”政策后，强制绝育就被强加在一些被希特勒认为“不值得”的少数民族成员身上，如辛提人、罗姆人以及一些所谓的“天生犯罪人”。希特勒以此为根据制定了“种族灭绝计划”：第一步实施计划是对据称患有遗传疾病的人和“不值得”的种族成员进行强制绝育，以阻止他们生育；第二步实施计划是对大量患有精神疾病和残疾的人进行谋杀；第三步实施计划是在1939年10月开始的、旨在与战争爆发同时进行的所谓人类进化。1938年在纽伦堡举行的社会主义党大会上，希特勒在演讲中宣称：德国所经历的最伟大的革命是人口和种族卫生方案，现在已第一次有系统地开始实施，因为它将创造一种新型的人。希特勒试图创造一个新的人类物种的阴谋最终导致约5500万人死亡。②

2018年11月26日，在香港举办的第二届国际人类基因组编辑峰会召开前一天，南方科技大学原研究人员贺建奎宣布：其团队通过人类胚胎医疗编辑，完成艾滋病病毒抗体男方阳性、女方阴性的健康胚胎基因编辑试验，全球首例一对基因编辑婴儿在中国诞生。事件一经报道，舆论一片哗然，业内对该做法给社会可能带来的生命安全、社会伦理、法律秩序挑战表示极度担忧。

前述种种足以体现人类在生命的认知与探索上的抉择与行动，被“优生”与“进化”所掩饰的违背人类伦理、侵犯人类尊严的行为，不仅是对人类“优生”与“进化”的扭曲，更是犯罪触角向人类生命开始之际的延伸。因此现代医学科学时代的医疗刑法已经不能置身事外，应当实时介入生命开始的保护之中。

一、关于生命与生命权的法律讨论

（一）生命与生命权的开始

法律语境下的生命是公民作为权利主体而存在的物质前提，生命权是以自然人的生命维持和安全利益为内容的人格权，是行使其他权利的基础要件和先决条件。生命权引发的关于生命开始和结束的时刻，即与生命权、死亡权相关

---

① See Francis Galton, *Inquiries into Human Faculty and its Development*, London: Publishied by J. M. DENT CO.

② See Heinz Haefner, *Comment on E. F. Torrey and R. H. Yolken: "Psychiatric Genocide: Nazi Attempts to Eradicate Schizophrenia" and R. D. Strous: "Psychiatric Genocide: Reflections and Responsibilities"*, Oxford University Press, 2010, p. 453.

的存在性讨论为法律所高度关注。但是，世界范围内关于生命权的开始至今没有形成明确一致的观点。

“二战”以后，生命与生命权为国际社会所高度重视。自1948年，联合国通过《世界人权宣言》之后，虽然国际组织已经制定了数个有关人权与生命权的条约，但是，迄今为止，这些国际条约并没有关于生命权开始的明确规定。例如，第一有关个人权问题的国际文件《世界人权宣言》第3条规定：“人人有权享有生命、自由和人身安全。”但是，其并没有对生命权的开始作出明确规定。1966年，第二十一届联合国大会通过的《公民权利和政治权利国际公约》第6条规定：“人人有固有的生命权。”该公约同样没有关于生命权开始的明确规定。

在欧洲，作为欧盟成员国人权保障的重要文件，《欧洲人权公约》没有明确赋予胎儿生命权，因为胎儿的生命与携带胎儿的妇女的生命是有机联系的，不能独立对待。① 因此，关于堕胎和未出生儿童的权利，只能依据欧洲人权委员会的判例法，而欧洲人权法院对此持有谨慎态度，从未就此问题作出确定的回应。

欧盟各成员国对此具有不同的立场：有的国家从受孕的那一刻起就充分保护胎儿的生命权，有的国家则不承认胎儿在子宫内的整个孕育过程中生命权的存在。在英国，堕胎被允许发生在受孕至第22周。在德国，宪法法院的裁决支持通过刑法手段保护人类生命，将堕胎限制在胎儿12周以内的时间。在法国，出于保护妇女健康的精神，流产被犯罪化。在罗马尼亚，立法未触及人的胚胎问题，个人生命权的起始时刻难以得到立法确定。但是在罗马尼亚的刑事理论中，普遍的观点认为，一个人受到刑事的保护始于胎儿的脐带与母亲的肚脐线完全分离的时刻，即生命始于一个开始独立生存的新生儿。②

在我国，虽然《民法典》第16条对胎儿权利保护作出了明确的规定：“涉及遗产继承、接受赠与等胎儿利益保护的，胎儿视为具有民事权利能力。”但是，《民法典》第13条规定：“自然人从出生时起到死亡时止，具有民事权利能力，依法享有民事权利，承担民事义务。”可见，在我国依据《民法典》的规定，自然人的生命权始于出生。

---

① See The (European) Convention for Protection of Human Rights and Fundamental Freedoms Artical 2.

② See Nicolae Grofu & Ovidiu Predescu, *The Right to Life and Euthanasia in the Light of the (EUROPEAN) Convention for Protection of Human Rights and Fundamental Freedoms.*

（二）生命权的内容与法律特征

1. 生命权的内容

学术界对生命权的界定有不同的主张，目前具有代表性的观点如下：（1）认为“生命权者，不受他人之妨害，而对于生命之安全，享受利益之权利也”。（2）认为“生命权为享受生命安全之人格利益的权利”。（3）认为“生命权是公民在社会上生存的权利”。（4）认为“生命权是自然人以其性命维持和安全利益为内容的人格权”。（5）认为“生命权是以公民的生命安全利益为内容的权利”①。以上关于生命权的界定虽然有所差异，但是都从不同方面涉及自然人的生命权利内容。

根据《民法典》第1002条的规定，我国立法层面的生命权利包括生命安全维护权和生命尊严维护权两项基本内容。基于此，本书对这两个方面予以分析。

（1）生命安全维护权。生命是自然人基本的生活利益和安全活动自由的前提。自然人在社会生活中，应当享有最基本的生命安全，生命安全利益应当受到法律的充分保障。生命安全维护权是生命权最重要的权能。生命安全维护权主要包括对生命安全利益的防御维护权利以及在遭受不法侵害时的积极防卫权利。

生命安全维护权的本质是禁止他人非法剥夺自然人的生命。从生命伦理学的角度看，个体生命应该按照自然规律延续和终止。权利人有维护自己生命安全的权利，法律禁止任何个人或组织非法侵害他人的生命。当个体的生命安全面临非法侵害或者即将有危害生命的行为发生时，自然人有权采取相应的措施，排除侵害、消除危险，以维护自身的生命安全利益。

现代医学科学技术的发展和广泛应用为一些重症患者带来了生的希望，患者的生命安全利益得到了极大的保障。与此同时，法律更应关注现代医学科学技术的不当利用或滥用对自然人生命安全利益的不法侵害，如人体器官移植中的非法摘取人体器官、非法人体试验、医疗安乐死等，极有可能侵害人的生命安全利益。

（2）生命尊严维护权。“尊严”一词意味着人作为人应有的地位，即康德所说的人能自治之结果。相应地，人格尊严是自然人在其出生至死亡期间，所

① 杨立新：《人身权法论》，人民法院出版社2002年版，第463页。

享有的作为一个人应有的基本社会地位，并且应当受到社会和他人的基本尊重。在此基础上，对人格尊严向前延伸即是保护胎儿，向后延伸则是保护死者的人格利益。生命尊严是人格尊严的重要和必要组成部分，是人格尊严中最有价值的部分，其中包括生命存续的质量和生命结束的质量，即所谓生的尊严和死的尊严。生命尊严维护权是生命权的重要权能，生命尊严维护权的主要内容是对自然人生命存续的维护和尊重，把人真正当成“人”，使其活得“有尊严”“有价值”。不仅如此，生命尊严维护权的核心价值还应当包括保障自然人有尊严地死去。例如，根据我国《民法典》的相关规定，对生命尊严的保护即包括胎儿利益的保护、人体胚胎的保护、死者遗体的保护等若干方面。

2. 生命权的法律特征

（1）生命权的至高无上性。生命是人类从事一切活动的最基本的前提，因此，生命权是所有人权的基础。[①] 联合国《公民权利和政治权利国际公约》第6条确定：“人人有固有的生命权。这个权利应受法律保护，不得任意剥夺任何人的生命。”生命权是最重要的人权，在所有时间和所有立法中都应受到保护，它是一项绝对权利，具有普遍约束力，社会所有成员都有义务遵守这项权利，不得实施任何可能损害或危及这一最高社会价值的行动。《欧洲联盟基本权利宪章》第2条明确规定，“人人享有生命权”“任何人不得被判处死刑或处决”。生命是不可以替代和不可逆转的，是人得以存在的体现，是公民享有权利和承担义务的前提和基础。生命权是自然人的一项根本的人格权和最高人格利益，是自然人享有其他人格权的前提和基础。

（2）生命权的平等性。法国启蒙思想家卢梭在《论人类不平等的起源和基础》中提出：“人与人之间，生来是平等的，这和动物中的情形是一样的：在各种各样不由自主的原因使某些动物的种类产生了我们今天尚能见到的变化之前，在同一动物的内部，彼此是平等的。”[②] 在生命权的问题上，卢梭首先主张个体生命是平等的。在当代，任何自然人都应平等地享有生命权，且应受到法律的平等保护。

（3）生命权的有限支配性。生命权为有限的支配权，一方面，生命权人依法可支配自己的生命利益。另一方面，为维持主体的法律地位，法律不允许

---

① See Human Rights Committee, General Comment No. 14, para. 1.

② ［法］卢梭：《论人与人之间不平等的起因和基础》，李平沤译，商务印书馆2015年版，第36页。

"把生命直接作为实现任何进一步目的之途径"①，即使生命权主体本身对客体也并无全面的支配效力。概言之，生命权不能被抛弃，也不可被转让。

（4）生命权的不可克减性。生命权的不可克减性意味着生命权在任何情况下都必须受法律保护，任何人在任何时候都不应被任意杀害。王利明教授认为，生命权又为法律保护的最高法益。② 即使为了社会公共利益或者在紧急情形下也不能被限制和征收。③ 国际组织和区域组织的人权公约对此特性也有相关规定，在《公民权利和政治权利国际公约》、《欧洲人权公约》和《美洲人权公约》④所列举的不可克减的权利中，有四项共同的不可克减的权利：生命权、免受酷刑权、免受奴役权、免受溯及既往刑法约束的权利。其中，生命权是不可克减权利的核心和基础。

二、基于生命开始的辅助生殖及其社会风险

人类辅助生殖技术既是现代医学飞跃发展的成果，也是人类对包括自身在内的整个生物界认识的突破。人类辅助生殖技术的问世和应用，为各种生育疾病的治疗带来了技术上的可能。与此同时，人类辅助生殖技术的不当应用又引发了诸多伦理和法律问题，与之相伴生的社会风险日益凸显。

（一）何为辅助生殖？

美国疾病控制与预防中心将人类辅助生殖技术规定为："包括所有的涉及精子和卵子处理的生育治疗在内的全部技术。"在我国，原卫生部在 2001 年制定的《人类辅助生殖技术管理办法》第 24 条第 1 款规定："本办法所称人类辅助生殖技术是指运用医学技术和方法对配子、合子、胚胎进行人工操作，以达到受孕目的的技术，分为人工授精和体外受精—胚胎移植技术及其各种衍生技术。"

---

① ［英］约翰·菲尼斯：《自然法与自然权利》，董娇娇、杨奕、梁晓晖译，中国政法大学出版社 2005 年版，第 179 页。

② 参见王利明主编：《中国民法典草案建议稿及说明》，中国法制出版社 2004 年版，第 45 页。

③ 参见［日］植木哲：《医疗法律学》，冷罗生、陶芸、江涛等译，法律出版社 2006 年版，第 270－272 页。

④ 参见《世界人权宣言》第 3 条，《公民权利和政治权利国际公约》第 6 条及其第二项任择议定书，《欧洲人权公约》第 2 条，《美洲人权公约》第 4 条，《美洲人权公约废除死刑议定书》和《非洲人权和民族权宪章》第 4 条。

本书认为，辅助生殖，一般又称人类辅助生殖，是指利用现代医学科学技术和方法代替人类自然生育过程中某一环节或全部过程的人工技术方法，包括人工授精①、体外受精②和无性生殖③等。

（二）辅助生殖的社会风险

2021 年，世界卫生组织在《治理框架》中指出，除了少数可能的治疗方法（其中靶细胞位于相对可及的部位，如视网膜、皮肤或黏膜，或许还有肝脏）之外，体内基因组编辑仍然面临许多技术挑战。与此同时，体细胞、种系和可遗传的人类基因组编辑暴露出重要而突出的伦理和社会问题。④ 辅助生殖技术是一把“双刃剑”，它为优生优育提供了医学保障，在很大程度上改变了人类生命开始的基本方式，对整个人类社会的长远发展具有极其深远的意义。然而辅助生殖技术存在滥用的问题，以至于产生极大的社会风险，其中“生殖性克隆”“代孕”“基因改良”的社会风险尤为值得关注。

1. 辅助生殖技术滥用之“克隆人”对生命伦理道德底线的冲击

每一个时代都有其作为生命伦理底线的公共生命伦理准则，并成为维护和保障人类社会生命伦理安全的支柱。医学科学在其发展过程中最容易触碰的就是伦理与道德。“克隆人”即“生殖性克隆”属于人的无性繁殖，利用体细胞

---

① 人工授精，是以非性交方式将精子置入女性生殖道内，使精子与卵子自然结合，实现受孕的方法。根据精液来源不同，分为丈夫精液人工授精（AIH）和供精人工授精（AID）。

② 体外受精 - 胚胎移植（IVF - ET），是将从母体取出的卵子置于培养皿内，在器皿内培养后，加入经技术处理的精子，待卵子受精后，继续培养，到形成早期胚胎时，再转移到子宫内着床，发育成胎儿直至分娩的技术。

③ 人类无性生殖，是指不经过精子和卵子的结合而生育后代的生殖方式。目前无性生殖的过程主要是利用细胞融合技术，把一个细胞核移到另一个去核的细胞中，通过拷贝已经存在的基因型，复制出两个乃至众多遗传性质完全相同的人。科学家把这一人工诱导的无性生育过程称为生殖性克隆人。

④ 2018 年 12 月，世界卫生组织设立了关于制定人类基因组编辑治理和监督全球标准的专家咨询委员会。以审查与人类基因组编辑相关的科学、伦理、社会和法律挑战（体细胞、种系和可遗传）。该委员会的任务是就人类基因组编辑的适当机构、国家、区域和全球治理机制提出建议。其职责范围不包括审查与安全性和疗效相关的事项。委员会成员来自世界卫生组织的每个区域——非洲、美洲、东南亚、欧洲、东地中海和西太平洋。由 18 名专家组成的全球多学科小组就人类基因组编辑的适当机构、国家、区域和全球治理机制提供了咨询和建议，在两年时间里制定了《人类基因组编辑治理框架和建议》。该治理框架和建议旨在为监督基因组编辑提供所需要的工具和指导，提出价值观和原则，为如何做出决定以及做出什么决定提供信息。该治理框架和建议旨在具有可扩展性、可持续性，适合在机构、国家、区域和国际各级使用。此外，该委员会提出了关于人类基因组编辑治理的九项关键建议，其中考虑了与人类基因组编辑治理相关的一些更广泛的问题。

的克隆技术进行克隆人，突破了自然生殖方式的传统藩篱，似乎昭示着人类的繁衍正一步步迈向“人造生命”。不论科学技术对生命的操作为我们展示了多么美好的前景，我们都不可能指望用可操作的生命去覆盖自然生命的全部历程，甚至寄希望于用它完全消解掉生命的神圣性。① 从本质上看，“克隆人”生殖方式是对人类自然生殖方式的突破，它超越了生命个体产生与存在的基础，甚至冲击着人类生命共同体理念，已经成为世界人权所重点关注的事项。联合国《世界人类基因组与人权宣言》第5条规定：针对个体使用的基因技术用于治疗或诊断或实施人体手术，必须要保障人的尊严、知情、安全等权利。这一规定确立了针对人的基因技术乃至生物技术在研究和运用时必须遵守的基本伦理准则的底线要求。

2. 辅助生殖技术滥用之代孕对已有社会关系的冲击

代孕可以追溯到2000多年前的巴比伦。古巴比伦的法律允许代孕母亲的存在，但是当时代孕的方式是直接法，即以性交的方式受孕。与传统的代孕不同，现代意义上的代孕是现代医学与医疗技术发展的产物，是指通过现代人类辅助生殖技术，包括人工授精、体外受精－胚胎移植及各种衍生技术，代替自然生育的行为。代孕的社会风险主要体现在两个方面：

（1）冲击婚姻家庭的生育关系从而影响社会家庭稳定。从历史的角度来看，几个世纪以来，各国法律始终强调婚姻家庭是生育、抚养和教育子女的场所。即使在今天，传统的婚姻家庭也被认为是生育和抚养子女的适当且合适的社会单元。根据我国婚姻家庭法学界比较公认的观点，婚姻，是为当时的社会制度所确认的，男女两性互为配偶的结合。家庭，是以婚姻、血缘和共同经济为纽带而组成的亲属团体和生活单位。② 因此，生育子女对于保持家庭结构的稳定性具有重要作用，而代孕切断了婚姻与生儿育女的关系，使传统的性爱和家庭模式濒临危机，进而影响社会结构的协调与稳定。例如，在美国，自20世纪末以来，非传统家庭利用辅助生殖技术来生育孩子的观念不断延续，这类家庭作为社会的一部分被日益接受，传统的婚姻关系正在面临冲击。

（2）导致亲子关系混乱从而引发诸多法律纠纷。杨立新教授等在其《保障人工辅助生殖技术所生子女的生的尊严——认定人工辅助生殖技术所生子女的

---

① 参见周立梅：《对无性生殖的伦理探讨》，载《青海师范大学民族师范学院学报》2010年第2期，第46页。

② 参见杨大文、龙翼飞主编：《婚姻家庭法学》，中国人民大学出版社2006年版，第10－11页。

法律地位的基准点》一文中，论证了代孕所生子女法律地位的复杂性，指出代孕会衍生出复杂的母子关系。一是无须捐赠者帮助的代孕子女存在两位母亲："代孕母亲"和"基因母亲"；二是有捐赠者帮助的代孕子女同时存在三位母亲："代孕母亲""基因母亲""养育母亲"①。代孕所形成的新型亲情关系以及复杂的权利义务关系，使传统的亲情关系、家庭关系乃至整个社会关系都发生了改变。例如，1987 年发生于美国的"婴儿 M"有偿代孕案，代孕母亲玛丽·贝思·怀特黑德，违背了她与婴儿父亲威廉·斯特恩的合同，声称她是婴儿的"自然母亲"，他们不应该分开，拒绝放弃对孩子的监护权。威廉·斯特恩夫妇中，只能由威廉· 斯特恩独自接受监护权，而他的妻子伊丽莎白·斯特恩将与孩子之间形成收养关系。② 1995 年，美国威斯康星法院在一起辅助生殖案件的判决中承认在非传统同性婚姻中长大的孩子与同性伴侣们产生亲子关系，这种关系不是基于生物学，而是基于事实上的家庭关系。威斯康星法院判决一年后，宾夕法尼亚州一家法院明确承认，当非传统家庭中的同性伴侣决定通过辅助生殖技术生育一个孩子时，孩子将成为他们非传统家庭的一员，是他们两人的孩子，而不仅仅是生母作为单亲的后代。③ 自威斯康星和宾夕法尼亚的法院判决以来，即使没有遗传或生母关系，承认父母身份的判决也变得越来越普遍。这种改变势必会影响人们的生命伦理观念，对社会的稳定也可能带来威胁。

3. 辅助生殖技术滥用之基因改良对人类进化自然法则的冲击

世界卫生组织的《治理框架》将基因组编辑作为以下工作的一部分：基于实验室的科学研究；临床前和临床研究；临床护理（治疗和预防）；生殖（既作为避免或帮助避免遗传性疾病的手段，也作为克服不育的手段）和增强（以改善某些特性）。

《治理框架》关于基因组编辑所应用的不同用途之间虽然有相当大的重叠，但不同应用场景的挑战和风险具有很大差异，以改善某些特性为目标的"增强"即基因改良对人类进化自然法则的冲击尤为严重。基因改良是非医疗目的的基因选择，即选择"有利特征"的基因。基于人类种族优劣等划分的伪命题，用

---

① 杨立新、李怡雯：《保障人工辅助生殖技术所生子女的生的尊严——认定人工辅助生殖技术所生子女的法律地位的基准点》，载《中国应用法学》2021 年第 3 期，第 88 – 89 页。

② See Elisa Camiscioli & Jean H. Quataert, *Embodied Histories of Violence, Maternity, and Reproduction*, Journal of Women's History, Vol. 28 , No. 2, p. 7 – 11 (2016) .

③ See Charles P. Kindregan, Jr, *Thinking About the Law of Assisted Reproductive Technology*, Legal Studies Research Paper Series Research Paper 08 – 01 December 7, p. 8 (2007) .

优良基因取代劣等基因经常成为基因技术应用于人类基因筛选和改造的错误性逻辑，其风险主要表现为以下三个方面：

一是将辅助生殖基因医疗技术应用问题与滥用优生思想相联系，实则忽视人类进化的自然规律和法则，极易出现“毁灭无价值的生命”的观点。

二是特定指向性地排除或者放弃人类某一种族的政策和实践就有可能获得伦理道德的甚至是法律的辩护，种族灭绝将获得正当根据，并可能给人类带来灭顶之灾——人类社会至少是某一个种族被人为灭亡。

三是打着使未来生命更强、更健康、更完美的旗号，强行对其基因进行人为改造、编辑，即使排除不正当利益诉求的干预，技术发展成熟且毫无漏洞，也违背了人类自然进化的规律。人类在进化过程中，除了遵从自然的选择，尚无他种更加公正、平等的方法。遵从遗传基因的自然发展与选择乃人类进化的亘古法则，人类胚胎基因编辑辅助生殖医疗技术的应用改变了这一自然法则，甚至粗暴地突破了人类进化的自然规律。

三、辅助生殖技术滥用对刑法理论与制度的挑战

飞速发展的人类辅助生殖技术在造福人类的同时，其被泛用甚至滥用不断引发新的犯罪现象，并呈日渐扩散的趋势，对传统的刑法理论与已有的刑法制度带来了极为严峻的挑战。正如有学者所指出的，“人类正面临着一种自相矛盾的尴尬境地。一方面，依靠技术进步，人类掌握了空前的改造自然的能力，创造并享受着巨大的物质财富。另一方面，技术进步也大大加剧了不利于自身异己力量的产生，其负面效应与日俱增，愈益昭彰，带给人类一个又一个苦涩之果”①。在当代，人类辅助生殖技术在造福人类的同时，不仅对已有的社会秩序形成强大的冲击，而且在客观上存在多向度的社会风险，进而引发新的犯罪现象，给现代刑法理论与制度带来新的问题。

（一）辅助生殖犯罪法益侵害的困境

法益概念是当代法学的核心范畴和逻辑起点，法益侵害是当代刑事法律考量犯罪的核心要素。日耳曼法学的代表人物基尔克（Gierker）认为，人格法益

---

① 高中华：《生态危机的技术内涵：对技术负面效应的评析》，载《科学技术与辩证法》2001 年第 5 期，第 38 页。

包括关于个人身体完整的权利、关于自由的权利、关于尊严的权利等。[①] 具体而言，人格利益包括一般人格利益和具体人格利益。前者主要指自然人的人身自由和人格尊严；后者包括生命、健康、姓名、名誉、隐私、肖像等个别人格利益。具体人格利益又可以分为物质性人格利益（如生命、健康、身体）和精神性人格利益（如姓名、肖像、名誉、隐私等）。在医学科学高度发达的当代，辅助生殖犯罪作为一种类罪，其所侵害的法益具有不同于一般法益的显著特点，即新型化和代际化，其中以生殖性克隆人与基因编辑辅助生殖犯罪法益侵害最具典型性。

1. 法益侵害的新型化

辅助生殖犯罪法益侵害的新型化突出表现在对人类尊严新型法益的侵犯。源于古罗马时期的“尊严”（dignitas）与官职、等级和社会地位有关，主要是指贵族的尊严。生命伦理学意义上的“人类尊严”，是用来表示人类在宇宙中的地位的，即人类拥有的相对于其他动物和生命体的不可等同性或不可降低性，这种尊严任何人都平等地享有，且不可剥夺。

在当代人类价值体系中，“人类尊严”是被《世界人权宣言》以及诸多国际人权条约确认为“拥有最高价值”的权利概念，是现代法治社会人权保障的根据，并成为一种具有独立价值的新型社会法益。1948 年《世界人权宣言》第 1 条申明：“人人生而自由，在尊严和权利上一律平等。”联合国教科文组织《科学与利用科学知识宣言》申明科学研究和科学知识的使用都应尊重人权和人类的尊严。《欧洲联盟基本权利宪章》第 1 条规定，“人的尊严不可侵犯，必须受到尊重和保护”。德国在其宪法中则明文规定了“人类的尊严”。

生殖性克隆人与基因编辑辅助生殖技术的滥用对人类尊严可能造成的侵害主要表现在：

第一，打破了人类物种的统一性。人类物种作为互交繁殖的相同生物形成的自然群体，不论种族、肤色、地域等的差异都属同一物种，共有一个基因组，各种各样的基因共属于人类这个物种，并与其他相似群体在生殖上相互隔离。如果任由辅助生殖基因医疗技术滥用，将其他物种基因植入人体基因，那么就会创造出以人类基因为主的人兽基因混合生命体，这无疑会破坏人类基因的统

---

① See S Strtimho lm，Right of Privacy and Rights of the Personality：A Comparative Survey（1967）at 29.

一性。

第二，破坏人类基因原本的多样性。作为生命个体，人之为人的重要意义在于生命的独特性和唯一性。人类基因具有多样性即遗传物质 DNA 序列的多样性，共有一个基因组的人类生物体内决定性状的遗传因子及其组合具有多样性，正是这一基因的多样性使得人类这个生物群体多姿多彩、异彩纷呈。利用辅助生殖基因医疗技术，进行基因编辑、重组，人为地改变遗传基因，譬如利用辅助生殖基因医疗技术进行非医学目的的改变皮肤、头发、瞳孔颜色等行为，严重破坏了人类基因原本的多样性。

第三，导致人的“工具化”与“手段化”。遗传基因被他人决定与操纵，其本身仅仅是被当作“工具”和“手段”来利用而已。[①] 康德指出：“不论是谁在任何时候都不应把自己和他人仅仅当作工具，而应该永远看成自身就是目的。”[②] 在医学科学高度发达的今天，诸如利用辅助生殖基因医疗技术实施非医学目的的“增强”，虽然使人类拥有超出作为人类物种所具备的能力，但其结果是将人贬为“工具”和“手段”。

2. 法益侵害的代际化

依据世界卫生组织发布的《治理框架》，可遗传的人类基因组编辑通常是指以可跨代遗传的方式编辑 DNA，它包括通过删除或添加某些特征来改变个体的前景——这可能会阻止具有所谓不良特征的个体的出生，或者促进具有所谓理想特征的个体的出生。与此同时，可遗传的人类基因组编辑对人类有特殊的挑战：因为它关系到后代乃至整个人类的正常的生存样态与发展规律，其应用可能产生的后果比体细胞人类基因组编辑带来更大的安全性和伦理问题。[③] 以人权为核心的现代刑事法治所保护的直接法益主要体现为人的生命权、身体权以及健康权等，辅助生殖基因医疗技术滥用侵犯的最直接法益，既包括受试者的生命健康权益，也包括人类后代的生命健康权益。基因是人类繁衍的生命密码，对个体生殖细胞的基因进行编辑，不仅改变生命个体，也会遗传至下一代。然而，在已经进行的大量基因编辑试验中都曾出现过意外而失控的“脱靶效应”，

---

① 参见刘建利：《刑法视野下克隆技术规制的根据与方法》，载《政法论坛》2015 年第 4 期，第 52 页。

② ［德］康德：《道德行而上学原理》，苗力田译，上海人民出版社 1986 年版，第 87 页。

③ See *Human genome editing: a framework for governance*, World Health Organization (12 July 2021), https://www.who.int/publications/i/item/9789240030060.

对靶标序列之外的基因造成误伤，造成因基因突变而难以预测的巨大生命健康风险。同时，人类辅助生殖基因医疗技术进行基因编辑所修饰的对象是未出生的人类胚胎，这对于无丝毫意思自治可能和任何权利选择的未来生命体而言，无疑是一种权利侵害。

（二）辅助生殖犯罪罪名认定的困境

在人类辅助生殖领域，一方面，相关危害行为日趋严重，亟待刑法予以明确规制；另一方面，刑事立法严重滞后，刑法供给明显不足。由此导致辅助生殖相关犯罪难以认定，本书在此主要考察以下两种情形：

1. 替换精子行为的犯罪定性困境

从实践状况看，人体辅助生殖过程中的“替换精子”行为时有发生，有媒体曾报道，美国一名医生，工作40多年间，擅自将捐精者的精子换成其个人的精子，使100多名女患者怀孕，如今这名医生已经有上百个孩子。无独有偶，2020年，我国某地的王某、李某夫妇通过“试管婴儿”产下一子，后经DNA鉴定发现孩子与丈夫王某不存在血缘关系。经查，为王某夫妇进行“试管婴儿”的主治医生赵某在医疗过程中用自己的精子替换了王某的精子为李某进行“试管婴儿”手术，导致李某生下其与赵某的试管婴儿。案发后，公安机关进一步侦查发现，赵某用同样手法作案多起，多名被害人已产下试管婴儿。

目前各国刑法一般均未对辅助生殖中的替换精子行为作出明确规定，我国现行《刑法》也尚无关于辅助生殖替换精子行为的专门规定，从而导致辅助生殖中替换精子行为出现定性和罪名适用的困境。

（1）替换精子行为能否成立非法行医罪？在我国，非法行医罪是指未取得医生执业资格的人擅自从事医疗活动，情节严重的行为。据此，非法行医罪的犯罪主体限于未取得医师执业资格的自然人。该罪主观方面为故意，即明知自己不具备行医资格，仍然从事医疗活动。行为人对造成就诊人人身危害后果，既可能是过失，也可能是间接故意。侵犯的客体是国家对医疗卫生秩序的管理制度及就诊人的生命健康权利。客观方面表现为非法从事医疗活动，情节严重的行为。替换精子的辅助生殖行为，从行为主体来看有两种情形：一是不具有医师资格的人进行非法辅助生殖医疗活动，替换他人精子；二是具有医师资格的人进行非法辅助生殖医疗活动，替换他人精子。不具有医师资格的人进行非法辅助生殖医疗的替换精子行为，虽然行为主体、主观方面和客体能够满足非法行医罪的构成要件，但是替换精子的行为在客观上难以认定“情节严重”。依据我国《刑法》第336条的规定，非法行医罪在客观方面必须达到“情节严重”才能成立。最高人民法院《关于审理非法行医刑事案件具体应用法律若干问题的解释》规定：“具有下列情形之一的，应认定为刑法第二百三十六条第一款规定的‘情节严重’：（一）造成就诊人轻度残疾、器官组织损伤导致一般功能障碍的；（二）造成甲类传染病传播、流行或者有传播、流行危险的；（三）使用假药、劣药或不符合国家规定标准的卫生材料、医疗器械，足以严重危害人体健康的；（四）非法行医被卫生行政部门行政处罚两次以后，再次非法行医的；（五）其他情节严重的情形。”可见，最高人民法院关于“情节严重”的司法解释并不包含“替换精子”的行为。因此辅助生殖中替换精子的行为，难以认定构成非法行医罪。至于具备实施辅助生殖医疗活动资格的医师的替换精子辅助生殖行为，因其不具备非法行医罪的主体资格，不构成非法行医罪。

（2）替换精子行为能否成立医疗事故罪？在我国，医疗事故罪是指医务人员严重不负责任，造成就诊人死亡或者严重损害就诊人身体健康的行为。该罪的客体要件是医疗活动管理秩序以及公民的生命健康权利。客观方面表现为行为人严重不负责任，造成就诊人死亡或者严重损害就诊人身体健康。其主体为特殊主体，即取得医师执业资格、从事医疗活动的专业人员。其主观上表现为行为人对患者伤亡存在重大业务过失。辅助生殖医疗中的“替换精子”，其主观上是一种故意为之的行为，行为人对于替换精子导致辅助生殖婴儿“错误生育”的危害结果具有主观故意。客观上的主要表现是导致“错误生育”危害结果的发生。因此，即便是执业医师替换精子的行为也不成立医疗事故罪。

（3）替换精子行为能否成立诈骗罪？在我国，诈骗罪是指以非法占有为目的，用虚构事实或者隐瞒真相的方法，骗取数额较大的公私财物的行为。替换精子行为能否成立诈骗罪应厘定三个关键问题：法益侵害、犯罪客观方面和犯罪主观方面。其一，从法益侵害来看，诈骗罪侵害的法益为公私财产权。辅助生殖替换精子的行为所侵害的主要是他人（患者）的知情同意权。其二，从犯罪客观方面来看，诈骗罪在客观上表现为使用欺诈方法骗取数额较大的公私财物，造成被害人的财产损失。辅助生殖替换精子的行为从客观上来看，行为人在医疗活动过程中实施替换精子的欺骗行为，使被害人陷入错误认识，支付相应的费用，造成了财产损失，但是，辅助生殖替换精子的行为在客观上造成的“错误生育”则是更为严重的危害结果。其三，从犯罪主观方面来看，诈骗罪主观故意的内容是公私财产权利的损失，并且具有非法占有财物的目的。辅助生殖替换精子的行为，从主观上来看，行为人不仅具有对他人财产非法占有的目的，而且具有导致“错误生育”的主观故意。

因此，以诈骗罪来认定替换精子行为恐难以全面评价替换精子行为的法益侵害、客观危害、主观罪过。

（4）替换精子行为能否成立以危险方式危害公共安全罪？在我国，“以危险方法危害公共安全罪”是指使用与放火、决水、爆炸、投放危险物质危险相当的方法，危害公共安全的犯罪行为。替换精子的行为能否成立以危险方式危害公共安全罪需要重点厘定两个问题：一是“以危险方法危害公共安全罪”所保护的法益；二是“以危险方法危害公共安全罪”的实行行为。

首先，从法益保护来看，“以危险方法危害公共安全罪”的保护法益是公共安全，即不特定多数人的生命、健康或重大公私财产安全。“不特定多数人”强调的是人数上的不确定性和不可控性，既可能是不特定的少数，也可能是不特定的多数。替换精子行为侵犯的是否为“不特定多数人”的法益，不能一概而论，若替换精子的行为是指向特定的人，则其行为所侵犯的法益只能是特定人的法益，若替换精子的行为是指向不特定的多数人，则其行为所侵犯的是“不特定多数人”的法益。

其次，从客观行为来看，我国《刑法》以纯规范的价值叙述方式将“以危险方法危害公共安全罪”的实行行为界定为“危险方法”，但是，从我国《刑法》条文的逻辑关系来看，此处的“危险方法”所能够造成的社会危害应当与放火、决水、爆炸以及投放危险物质行为的危害具有相当性，并具备能够“一次性”导致不特定多数人的生命、健康安全陷入重大危险的特征。替换精子的行为，即便是不具有指向性的一次替换精子行为，虽可侵害不特定少数人的法益，如人格尊严法益、知情同意法益、财产法益等，但其危害程度与放火、决水、爆炸、投放危险物质的行为危害程度不能相当。因此，替换精子的行为难以认定为“以危险方法危害公共安全罪”中的“危险方法”。因此，从我国犯罪构成要件来看，替换精子的行为不成立“以危险方法危害公共安全罪”。

此外，在我国现行刑法罪名体系中，也并无其他可适用于替换精子行为的罪名。

2. 再造子宫辅助生殖的犯罪定性困境

人造子宫是现代医学科学发展的产物，也是人类辅助生殖的一项重要技术。2020 年 12 月，郑州大学第一附属医院成功实施国内首次人造子宫胎羊体外培育实验，这意味着将体外生命支持技术开创性地应用于人造子宫胎羊体外培育实验取得了突破性成果。① 那么刑法应当如何评价再造子宫辅助生殖的行为？再造子宫辅助生殖能否适用非法植入基因编辑、克隆胚胎罪？

我国《刑法》第 366 条之一规定，将基因编辑、克隆的人类胚胎植入人体或者动物体内，或者将基因编辑、克隆的动物胚胎植入人体内，情节严重的，处 3 年以下有期徒刑或者拘役，并处罚金；情节特别严重的，处 3 年以上 7 年以下有期徒刑，并处罚金。最高人民法院、最高人民检察院《关于执行〈中华人民共和国刑法〉确定罪名的补充规定（七）》将其解释为非法植入基因编辑、克隆胚胎罪。非法植入基因编辑、克隆胚胎罪的客观行为是将基因编辑、克隆的人类胚胎植入人体或者动物体内，或者将基因编辑、克隆的动物胚胎植入人体内的行为。

关于本罪的保护法益，学界存在“人类遗传安全”与“人性尊严”等不同主张。本书认为，本罪的保护法益具有多重性，包括人类遗传安全与人性尊严以及人的生命安全与健康。通过人造子宫，将人类胚胎进行体外培养发育的行为有可能危害人类遗传安全与人性尊严以及人的生命安全与健康权利。但是从刑法严格解释的立场出发，非法植入基因编辑、克隆胚胎罪的客观行为不包括将人类胚胎进行体外培养发育的行为。因此，非法植入基因编辑、克隆胚胎罪不适用再造子宫辅助生殖的情形。此外，在我国现行刑法罪名体系中，也并无其他可适用于再造子宫辅助生殖情形的罪名。

四、辅助生殖医疗技术滥用引发的新型犯罪

辅助生殖医疗技术因客观上存在多向度的社会风险，进而引发新的犯罪现象。本书以辅助生殖犯罪所侵害的法益为标准，进行分类阐释。

（一）侵害人类尊严法益的辅助生殖犯罪

此类犯罪是指违反人类辅助生殖的规定，严重危害人类尊严法益的行为，

---

① 参见《全国首例人造子宫胎羊体外培育实验在我院获得成功》，载腾讯网，https：//new. qq. com/omn/20201229/20201229A0873400. html。

主要包括走私贩卖人类胚胎、遗传基因的行为；将人类与异种配子杂交、异种体内移植人类配子、合子和胚胎以及人类体内移植异种配子、合子和胚胎的行为。日本学者甲斐克则认为，医事刑法直接保护的法益，以国民的生命、身体和健康为中心，但是医事刑法还包含了很多超越个人而成为人类共通问题的内容，在根本上涉及“人类尊严”这一本质命题。[①] 我国《人类辅助生殖技术规范》中明确规定，“赠卵是一种人道主义行为，禁止任何组织和个人以任何形式募集供卵者进行商业化的供卵行为”[②]。2014 年，我国首例“冷冻胚胎继承权属纠纷案”[③] 引发了对“体外胚胎”法律属性的激烈争辩，体外人类胚胎、遗传基因能否归于“人—物”两分的法权体系？

本书认为，人类胚胎、遗传基因是一种介于人与物的特殊存在，不能简单地将其归为“人—物”两分的法权体系中的“人”或“物”。体外胚胎、遗传基因所体现的人格尊严更为突出；走私贩卖人类胚胎、遗传基因等行为将人类胚胎、遗传基因等“非商品化物质”商品化；将人类配子与异种配子杂交、异种体内移植人类配子、合子和胚胎以及人类体内移植异种配子、合子和胚胎等行为是对人类尊严法益的严重危害。可见，上述种种行为实属一种新型犯罪。

（二）侵害受施者生命健康法益的辅助生殖犯罪

受施者的健康与生命安全是最易受辅助生殖技术滥用侵害的法益，侵犯受施者生命健康法益的辅助生殖犯罪可能是故意行为，例如辅助生殖基因医疗技术操作人员在体细胞治疗过程中，为患者植入非目的异常基因，导致严重后果的行为，或者故意使治疗手术失败等行为。侵犯受施者生命健康法益的辅助生殖犯罪也可能是过失行为，例如生殖性基因治疗的脱靶造成新生儿严重残疾，

---

① 参见［日］甲斐克则：《医事刑法的基础理论》，刘建利译，载《法律科学（西北政法大学学报）》2012 年第 2 期，第 198 页。

② 参见《人类辅助生殖技术规范》赠卵的基本条件的规定。

③ 江苏宜兴市市民沈某和刘某于 2011 年成婚，两人均系独生子女。婚后二人由于多种缘由无法正常生养，2012 年 8 月，夫妻双方来到南京市鼓楼医院生殖医学中心，进行体外受精胚胎移植手术，即所谓的试管婴儿手术。取得了四枚培育成功的人体胚胎并进行了冷冻，并与医院商定进行胚胎移植手术。但就在植入母体前一天，夫妻二人因交通事故死亡。随之，四位失独老人因在医院存储的冷冻胚胎的继承权属问题发生纠纷并最终诉至宜兴市法院，至此，冷冻胚胎能否被继承的问题引发热议。2014 年 5 月 21 日，法院一审判决驳回原告的诉讼请求。四位当事人均不服判决，并向无锡市中级人民法院提起上诉。2014 年 9 月 17 日，无锡市中级人民法院终审宣判，改判四位老人共同监管和处置四枚冷冻胚胎。

或者使用未经严格医学筛选的捐赠配子进行辅助生殖致遗传疾病发生等。

（三）侵害患者隐私、知情同意等法益的辅助生殖犯罪

此类犯罪是指在辅助生殖过程中非法获取、泄露受施者的隐私，或者采取欺诈、虚构事实、隐瞒真相的方法进行辅助生殖，情节严重的行为。

患者隐私权是一种特殊的隐私权。我国《医师法》明确规定，医师负有保护患者隐私的义务。在辅助生殖技术治疗中，患者的个人基本信息、过往病史、隐私部位等均属于患者隐私。辅助生殖严重侵害患者隐私的主要情形为：一是非法获取患者隐私；二是非法泄露患者隐私；三是非法利用患者隐私信息。

人类辅助生殖的知情同意权是指辅助生殖受施者充分知晓与实施人类辅助生殖技术有关的信息，并在充分理解有关信息后，自由自愿地作出接受实施或不接受实施人类辅助生殖技术的权利。辅助生殖严重危害受施者知情同意权的情形主要表现采取暴力、胁迫等强迫手段或者欺诈、利诱等手段实施辅助生殖的行为。

（四）侵害妇女人格尊严权、生育权的辅助生殖犯罪

此类犯罪主要表现为辅助生殖的代孕行为以及与代孕相关行为，严重危害妇女生育权、人格尊严权的犯罪。

代孕以及相关的危害行为主要包括组织代孕行为、强迫代孕行为、提供代孕医疗技术与医疗服务行为以及其他附随行为。组织代孕、商业化代孕等把女性当作“生育工具”，严重危害妇女的人格尊严。利用暴力、欺骗、威胁以及其他手段强迫妇女代孕的行为则严重侵害妇女的生育权。生育权是自然人基于繁衍后代的生育利益而享有的权利，是自然人与生俱来而固有的权利，其权利内容包括生育自由与生育健康。1974 年联合国国际人口和发展大会通过的《世界人口行动计划》规定，“所有夫妻和个人都有自由而负责地决定其子女人数和生育间隔以及获得做出这种决定所需要的信息、教育和方法的基本权利”。在我国，《人口与计划生育法》第 17 条规定，公民有生育的权利；《妇女权益保障法》明确规定，妇女依法享有生育子女的权利，也有不生育子女的自由。可见，生育权是妇女一项法定的权利，其权利内容包括生育自由权和生育健康权，作为一项基本权利，任何组织或个人既不能剥夺妇女的生育权，也不能违背妇女意愿，强制其生育。组织代孕、强迫代孕等相关危害行为不仅严重侵害妇女的

人格尊严，而且严重侵害妇女的生育权。

（五）侵害出生儿童的被抚养权等相关法益的辅助生殖犯罪

此种犯罪主要包括代孕、生殖性基因编辑等严重危害未来出生的未成年人的被扶养权、健康权与生命权的犯罪。例如，代孕委托人与孕母一方或者双方均不履行抚养义务，严重侵害儿童的被抚养权，构成遗弃罪。以买卖婴儿为目的的代孕严重危害儿童的人格尊严权，构成拐卖儿童罪、收买被拐卖的儿童罪等。

五、辅助生殖犯罪阻却的特别事由

辅助生殖犯罪所侵犯的法益具有显著的生命伦理特征，因此，辅助生殖犯罪的阻却事由除了具备医疗犯罪阻却的一般事由外，还应当具备特别的事由，即生命伦理的正当性。

（一）伦理正当性在犯罪阻却理论中的地位

1. 犯罪阻却事由的法理意涵及其种类

（1）大陆法系国家的犯罪阻却事由。在大陆法系国家，犯罪阻却事由就是该行为不能作为违法犯罪处理的具体的法律依据和事实根据。① 基于该当性、违法性、有责性的三阶层递进式犯罪构成理论，符合构成要件的行为就可以推定违法与责任的存在。因此，阻却犯罪成立的事由包括违法阻却与责任阻却两种情形。违法阻却事由是指对于符合法规范规定的构成要件的行为从违法性的本质来判断实际上不具有违法性的情形。阻却责任事由是指符合构成要件、违法的行为，但是从责难的角度而言，缺少可非难性，从而阻却犯罪成立的情形。②

（2）我国的犯罪阻却事由。在我国，犯罪阻却事由又称正当化事由、排除犯罪事由、排除社会危害性的行为或排除犯罪性的行为。其中的主流观点认为，犯罪阻却事由是行为在客观上造成了严重的危害结果，但不具有社会危害性，不符合刑法规定的犯罪构成，因而依法不成立犯罪的情形。对于阻却犯罪事由

---

① 参见张爱艳：《非犯罪化与安乐死——以违法性阻却事由和期待可能性理论为视角》，载《政法论丛》2005 年第 2 期，第 65 页。

② 参见张军、马光旻、凌志敏：《试论犯罪阻却事由在刑法体系中的定位》，载《江西公安专科学校学报》2006 年第 4 期，第 74 页。

的种类，我国有学者依据是否为刑法所明确规定，将犯罪阻却事由划分为“法定的犯罪阻却事由”与“非法定的犯罪阻却事由”。近年来，我国刑法学引入了“超法规犯罪阻却事由”的概念，有学者将“非法定的犯罪阻却事由”表述为“超法规犯罪阻却事由”，是指刑法没有明确规定，但可以阻却犯罪成立的事由。本书认为，“超法规犯罪阻却事由”概念的引入，在理论上契合了罪刑法定的现代刑事法治精神，在实践上弥补了法定的犯罪阻却事由不足所留下的刑法漏洞，有利于科学界分社会转型时期新型犯罪的罪与非罪。

2. 伦理正当性在辅助生殖犯罪阻却中的定位

依据我国《刑法》第 20 条和第 21 条的规定，我国法定的犯罪阻却事由有两种：正当防卫与紧急避险。除此之外，则为超法规阻却犯罪事由。超法规犯罪阻却事由的具体内容包括法令行为、正当业务行为、被害人承诺、推定的承诺、自救行为、自损行为以及义务冲突。[①]

本书认为，辅助生殖伦理正当性当归类于超法规阻却犯罪事由，其中包括正当业务行为、被害人承诺、推定的承诺以及义务冲突。基于罪刑法定的基本原则，辅助生殖犯罪的认定只能严格限定于实定法，即刑法规范的范围。在犯罪阻却的判断中，对于违反现行法规范，但并不违背特定历史阶段人们所认同的有所助益的自生自发的正当规则，我们必须认同这一行为的合法性，至少不应用刑罚处罚这样的行为。[②] 辅助生殖犯罪的判断是事实认定与价值判断的统一，在确定具备法定违法事实的基础上需对违法的事实进行价值判断。对伦理正当性的超法规阻却犯罪的判断，所针对的事实必须在客观上造成了一定的危害结果或造成一定的社会危险，例如，人工授精、体外受精—胚胎移植虽然对传统家庭关系产生冲击，但其在伦理上具有正当性而需在实质价值上否定犯罪性。

（二）辅助生殖犯罪阻却的伦理正当性

依据《人类辅助生殖技术和人类精子库伦理原则》的规定，人类辅助生殖技术在伦理上应当遵循有利于患者、知情同意、保护后代、社会公益、保密、严防商业化等的原则。基于此，本书认为辅助生殖犯罪阻却的伦理正当性应当

---

① 参见张明楷：《刑法学》，法律出版社 2011 年版，第 220 页。

② 参见张军、马光旻、凌志敏：《试论犯罪阻却事由在刑法体系中的定位》，载《江西公安专科学校学报》2006 年第 4 期，第 77 页。

满足以下要求：

1. 有利于患者、保护后代：辅助生殖危害生命（健康）权的犯罪边界

辅助生殖技术是把“双刃剑”，一方面，辅助生殖利用现代医学科技的力量惠及社会，为未来的父母带来福祉，特别是为不孕不育患者提供了拥有自己子女的机会。2021 年，国家统计局发布的数据显示，我国结婚登记女性的年龄占比中，35 岁及以上非最佳育龄妇女的占比正逐年增加，晚婚晚育与不孕不育增加的趋势也高度重合。目前，我国育龄夫妇的不孕不育率已经攀升至 12% ~ 18%，每年约有 30 万名试管婴儿诞生。① 另一方面，辅助生殖对未来母亲和未出生的孩子都有很大的风险。2005 年，美国疾病控制与预防中心统计数据显示，使用人类辅助生殖技术的夫妇的总体成功率不到 50%。② 使用人类辅助生殖技术出生的孩子的出生缺陷比自然受孕的孩子大约多一倍。③ 与普通人群中的婴儿相比，通过人类辅助生殖技术出生的孩子有更大的早产风险，早产的风险包括死亡率高、智力迟钝、视力和听力障碍、学习障碍以及一生中的偏差行为和异常情绪等问题。④ 目前，我们国家辅助生殖最常见的风险是多胎引发的生命与健康风险。例如，多胎妊娠对新生儿有很大的风险，包括低出生体重和早产。多胎妊娠还可能给孕妇带来生命危险。美国一项观察性研究认为，虽然医生在控制因使用体外受精（In Vitro Fertilization，IVF）和配子输卵管内移植（GIFT）而导致的多胎方面取得了进展，但因使用促排卵药物而导致的多胎率却保持不变。

希波克拉底誓言所载明的仁慈和非恶意原则，在多个世纪以来一直是医学伦理的基础，其中包括使患者受益，更为重要的是最大限度地确保不伤害患者。为了保护患者的生命与健康，我国《人类辅助生殖技术规范》对辅助生殖禁忌症作出明确规定⑤，辅助生殖应当在保证辅助生殖技术安全的前提下，最大限度

---

① 参见《数据显示我国育龄夫妇不孕不育率达 12% 至 18%》，载新浪财经网 2021 年 9 月 15 日，https：//finance. sina. com. cn/china/2021 －09 －15/doc －iktzscyx4380403. shtml。

② See 2005 Assisted reproductive technology success rates：national summary and fertilityclinic reports，https：//www. cdc. gov/art/pdf/archived/2005art508. pdf.

③ See Clements，Cahterine A.，*What About the Children? A Call for Regulation of Assisted Reproductive Technology*，Indiana Law Journal：Vol. 84：Iss. 1，Article 7，p. 334.

④ See the CDC，preterm birth occurs when a baby is born before thirty －seven weeks of pregnancy. CDC 2005 Art report，p . 23.

⑤ 参见原卫生部《人类辅助生殖技术规范》关于禁忌症的规定：（1）提供配子的任何一方患生殖、泌尿系统急性感染和性传播疾病或具有吸毒等不良嗜好。（2）提供配子的任何一方接触致畸量的射线、毒物、药品并处于作用期。（3）接受胚胎赠送/卵子赠送的夫妇女方患生殖、泌尿系统急性感染和性传播疾病，或具有吸毒等不良嗜好。（4）女方子宫不具备妊娠功能或严重躯体疾病不能承受妊娠。

地保护患者和后代的生命健康，最大化地避免不必要的伤害，这既是辅助生殖合伦理性所必需的，也是辅助生殖犯罪阻却的伦理事由。

2. 知情同意、保守秘密：辅助生殖危害信息权的犯罪边界

（1）危害辅助生殖知情同意权的犯罪边界。知情同意权是患者权利的重要组成部分，辅助生殖的知情同意，是指有行为能力的不育症夫妇双方在充分知晓与实施人类辅助生殖技术有关的信息并充分理解这些信息后，在没有任何外力胁迫或诱导下，自由自愿地作出接受实施或不接受实施人类辅助生殖技术的权利。① 知情同意是现代医学临床伦理学和医学科研伦理学的基本原则，尽管它不能成为辅助生殖犯罪阻却的充足事由，却是辅助生殖犯罪阻却的必要事由。《欧洲人权与生物医学公约》规定，只有在有关当事人做出自由的知情同意之后，在健康领域的任何干预才可进行。当事人应被事先适当告知此种干预的目的、性质、后果和风险。② 我国《民法典》第1219条第1款规定，医务人员在诊疗活动中应当向患者说明病情和医疗措施。需要实施手术、特殊检查、特殊治疗的，医务人员应当及时向患者具体说明医疗风险、替代医疗方案等情况，并取得其明确同意。《人类辅助生殖技术和人类精子库伦理原则》规定，医务人员应当告知实施该技术的必要性、实施程序、可能承受的风险以及为降低这些风险所采取的措施、该机构稳定的成功率、每周期大致的总费用及进口、国产药物选择等与患者作出合理选择相关的实质性信息。③

人类辅助生殖关涉人的生命这一最高价值，患者享有辅助生殖技术应用中的包括了解权、被告知权、选择权、拒绝权和同意权在内的知情同意权，并且患者所获得的信息应为其能力范围所能认知的实质性信息，确保其在获取充足信息的基础上做出最有利的决定。对于捐精者而言，还应当就其伦理风险进行告知。知情同意原则要求被告知信息的“真实性、完整性、科学性、合法性”和承诺的“自愿性、真诚性、有效性、合法性”。任何违背知情同意原则，以利诱、欺骗、胁迫等方式实施的辅助生殖，都可以推定具有严重的法益侵害性和社会危险性，从而具有实定法上或应然法上的犯罪性。

---

① 参见张迅、兰礼吉、邹琴等：《从辅助生殖技术的个案析要论知情同意的完善》，载《医学与哲学（人文社会医学版）》2007年第6期，第80－81页。

② 参见《欧洲人权与生物医学公约（节译）》，赵西巨译，载《法律与医学杂志》2005年第2期，第156页。

③ 参见《人类辅助生殖技术和人类精子库伦理原则》（原卫生部发布，卫科教发〔2003〕176号）。

（2）违反辅助生殖信息守秘义务的犯罪边界。保守执业秘密是医师的道德义务，也是法律义务。早在2400年前希波克拉底誓言就确定了“凡我所见所闻，无论有无业务关系，我认为应守秘密者，我愿保守秘密”的誓言。1949年《国际医学伦理规范》规定，“保守所知的病人的隐私”。出于保护患者权益的需要，大多数国家的立法把医师的保密义务规定为一项法律义务。我国也通过立法的形式，把医师的保密义务上升为法律义务。我国《医师法》明确规定，医师在执业活动中要依法保护患者隐私和个人信息。《人类辅助生殖技术和人类精子库伦理原则》明确规定，机构和医务人员对使用人类辅助生殖技术的所有参与者（如卵子捐赠者和受者）有实行匿名和保密的义务。匿名是藏匿供体的身份；保密是藏匿受体参与配子捐赠的事实以及对受者有关信息的保密。①

辅助生殖中的相关信息具有高度秘密性，尤其是利用捐赠精子、卵子、胚胎实施的辅助生殖所涉信息具有更高的隐私性和敏感性，有关信息获得者负有更高的守秘义务，任何泄密行为均可推定为具有严重的法益侵害性和社会危害性，也就意味着在实定法上或应然法上具有犯罪性。

3. 社会公益、非商业化：辅助生殖危害尊严权的犯罪边界

社会公益性和非商业化是人类辅助生殖犯罪阻却的重要伦理事由。在当代，世界范围的人口呈明显的负增长趋势，美国一项统计数据显示：在2020年，全球有43亿人生活在生育率低于2.1的国家，而2.1是避免人口减少所需要的最低生育水平。预计到2050年，全球会有65亿人生活在不能世代交替的国家，低生育率会成为普遍现象。②

不孕不育是低生育率的主要原因之一，根据美国疾病控制与预防中心2002年发布的数据，将近15%的美国育龄妇女，大约900万，在她们生命中的某个时刻，或者接受过与不孕症有关的医疗预约，或者接受过与不孕症有关的服务。③

辅助生殖为人类整体的繁衍、生存和发展提供了一条科学的路径，从而可以更好地实现人的生育权，而非牟取巨额利润。目前各国法律都规定了相应的

---

① 参见《人类辅助生殖技术和人类精子库伦理原则》（原卫生部发布，卫科教发〔2003〕176号）。

② 参见楚筠珺：《如何看待世界人口增长?》，载知乎网2020年2月6日，https://www.zhihu.com/question/369885367/answer/1000489664。

③ See Michele Goodwin, *A Few Thoughts on Assisted Reproductive Technology*, Minnesota Journal of Law & Inequality, Vol. 27, Issue 2, p. 472.

非商业化原则。我国的《人类辅助生殖技术和人类精子库伦理原则》规定：供精、供卵只能是以捐赠助人为目的，禁止买卖，但是可以给予捐赠者必要的误工、交通和医疗补偿。由此可见，我国禁止精子和卵子的买卖，允许对限定范围内的精子与卵子进行有偿捐赠。我国《刑法》对精子、卵子的买卖以及商业性代孕等均未进行专门规制，理论界遵循社会公益性和非商业化的原则，对禁止精子、卵子的买卖以及商业性代孕等已达成共识，但是对于精子、卵子捐赠有偿性以及非商业性代孕的合伦理性尚未达成共识。有学者主张精子和卵子的捐赠应提倡无偿、允许有偿。① 对于非商业性代孕，有学者赞同非商业性妊娠型代孕，反对基因型代孕和商业性代孕。② 另有学者倡导"非商业性有限代孕"③。

本书认为有偿捐赠精子、卵子以及"非商业有限代孕"的合伦理性应具备以下三个方面的要素。

（1）行为的非商业性。有偿捐赠或服务与买卖的本质区别在于，精子、卵子买卖以及商业性代孕等行为是将精卵作为可以自由买卖的"物"，进行等价交换；或者把人体组织—子宫当作可以租赁的"物"，获取或支付经济上的对价。有偿捐赠、代孕行为则并不要求经济意义上的等价，仅仅是给予超过捐赠人、代孕服务人以合乎理性的补偿费用，其本质上并不等同于以交换为目的的买卖行为。

（2）主体的适格性。辅助生殖的参与主体，无论是精子和卵子的捐赠者、接受者，还是非商业性有限代孕的委托人、受托人等均应具有合法的主体资格。例如，女方或男方仅能在患有某些特定疾病的情况下方可申请接受卵子或精子捐赠。

（3）目的的公益性。人类辅助生殖技术的目标就是以人工的方式帮助不孕不育者或患有遗传病的夫妇实现生育目标，最大限度地实现人的生育权，从而实现家庭稳定和社会稳定。无论是精子和卵子的有偿捐赠，还是非商业性的有限代孕均应符合人类辅助生殖的公益性目标，是出于利他的目的。即便是"有偿性"的捐赠行为或代孕行为也只能是一方对另一方的情感回馈或者经济补偿，

---

① 参见刘惠芹：《人类辅助生殖技术的法律调控原则》，载《黑龙江省政法管理干部学院学报》2005 年第 4 期，第 6 页。

② 参见甘代军、吴会娟：《非商业性妊娠型代孕的伦理正当性分析》，载《医学与哲学（A）》2016 年第 4 期，第 37 页。

③ 刘志先、先德奇：《非商业性有限代孕的制度构建探析》，载《医学与法学》2022 年第 1 期，第 47 页。

比如给予捐精者的医疗、营养、交通等费用。

在现代社会，一方面，辅助生殖已成为治疗不孕不育症患者的一种最重要的手段。从这个意义上说辅助生殖行为并不违背人类伦理，反而应当受到伦理的肯定与认可。另一方面，辅助生殖在某种意义上是违背自然生殖规律的一种人类繁衍方式，基于性别选择、特征与技能选择等非治疗性辅助生殖以及生殖性克隆人等不仅严重违背生命伦理，而且在客观上存在致整个人类社会于危险的可能性。因此，辅助生殖犯罪阻却必须具有伦理上的正当性。

第二节　基于维系生命与健康的新型医疗犯罪与刑法困境（一）——器官移植与犯罪

导语：人体器官移植在供需间存在的巨大缺口诱发违法犯罪者铤而走险，以致于器官移植犯罪逐渐增多，危害日益严重。2010 年 9 月，一家南非医院对自 2001 年 6 月至 2003 年 11 月允许其雇员进行 100 多次非法肾移植手术的指控表示认罪。除了这家医院，其母公司（Netcare）的首席执行官、5 名器官移植医生、2 名器官移植行政协调员和 1 名翻译也被指控非法肾脏移植。根据南非的《人类组织法》和《防止有组织犯罪法》，医院及其员工被指控包括欺诈以及伪造、出具、篡改文件等犯罪。一个月后在科索沃，6 名涉案医生和 1 名前卫生部高级官员被起诉，被指控犯有以器官摘除为目的的贩卖人口罪。

我国近年来器官移植相关犯罪也处于频发状态。2012 年北京警方破获一起重大非法组织卖肾案，16 名涉案人员在北京租赁别墅，建立摘肾基地，非法组织出卖人体器官，正规医护人员参与其中，涉案 51 枚肾脏器官、1000 余万元赃款。犯罪团伙组织、主导了从寻找、供养卖肾人员、联络肾脏买家，到承租医院、别墅手术摘肾、出卖人体器官的整个犯罪流程，规模之大令人咋舌。[①]

---

① 参见帅才、刘良恒：《警方破获贩卖人体器官大案》，载搜狐网 2018 年 9 月 8 日，https://www.sohu.com/a/252673674_267106。

一、器官移植的概念与现状

（一）器官移植的法律概念

关于“器官移植”的概念，法学界一般存在狭义和广义两个层面的界定。

狭义的“器官移植”（organ transplantation）即“人体器官移植”，是指为救助几乎完全丧失器官功能的患者，而将他人的健康器官移植给患者的一种医疗行为。[①] 在人体器官移植中，提供器官的一方被称为供体（或供者），而接受器官的一方则被称为受体（或受者）。

广义的“器官移植”，是指摘取一个身体上的器官，并把它移植于同一体（自体移植）或同种、另一个体（同种异体移植）或不同个体（异种移植）的相同或不同部位，以达到医疗目的的手术。[②] 根据供体器官来源的不同，可以将广义上的器官移植分为三种：一是异种移植，也称跨种移植，即将一种生物的器官移植到另外一种生物上；二是同种自体移植，简称自体移植，即将同一生物个体某一部位的器官移植到该个体的另一部位上；三是同种异体移植，即将同一种生物某一个体的器官移植到该种生物中的另一个个体身上。

由于自体移植和异种移植不涉及供体权利的转移，刑事责任问题发生的可能性较小。因此，本书以同种异体器官移植为研究目标。

（二）器官移植的全球概况

1. 人体器官移植快速发展，移植技术水平不断提升

人类移植人体器官的能力是在20世纪初发展起来的，然而历史表明，数千年来，医学一直在朝着器官移植的方向努力。5000多年前，古埃及人用移植的组织重建梅毒患者的鼻子。从那时起，科学家们进行了各种各样的器官移植尝试。内脏器官的移植则完全是20世纪医学科学发展的重大成就。1954年首例实体器官肾脏移植手术成功，这一突破给许多终末期器官衰竭患者带来了希望。但是接受者对移植器官的排异给器官移植的前景蒙上了阴影。1983年抗排异药物环孢霉素被成功研制，人体器官移植由此获得突破性发展，至20世纪80年

---

① 参见刘建利：《人体器官移植法律规制的问题及完善》，载《东南大学学报（哲学社会科学版）》2019年第6期，第94页。

② 参见黄丁全：《医疗法律与生命伦理》，法律出版社2007年版，第231页。

代中期，全球肾移植手术已超过10万例，成功率持续增长。

随着现代医学科学的快速发展，特别是现代医疗技术的广泛应用，人体器官移植在量和质上均有突破，以2015年至2021年全球人体器官移植为例，统计数据显示，全球器官移植数量由2015年的12.66万例，增长至2019年的15.38万例，增幅超过21.4%。美国是目前全球器官移植数量最多的国家，其2019年至2021年器官捐献和移植情况见表4－1。根据美国器官获取和移植网络（Organ Procurement and Transplantation Network，OPTN）发布的数据，美国2020年死亡器官捐献例数继续创历年新高，达12，588例，同比增幅6.05%。2021年死亡器官捐献13,863例，是连续第11个创历史纪录的年份，同比增幅10.13%。

表4－1　美国2019年至2021年器官捐献和移植情况

年份	器官捐献						器官移植					
	死体/例	增速/%	活体/例	增速/%	总数/例	增速/%	死体/例	增速/%	活体/例	增速/%	总数/例	增速/%
2019	11,870	—	7389	—	19,259	—	32,322	—	7397	—	39,719	—
2020	12,588	6.05	5729	22.47	18,317	4.89	33,310	3.06	5726	22.59	39,036	1.72
2021	13,863	10.13	6538	14.12	20,401	11.38	34,813	4.51	6541	14.23	41,354	5.94

2. 人体器官供需矛盾突出——移植率持续走低，等待率持续攀升

人体器官移植技术得到快速发展的同时，全球人体器官移植的需求呈快速增长的趋势，但需求与供给的矛盾日益突出，移植率持续走低，等待率持续攀升。2019年，全球共完成40，608例公民逝世后器官捐献，但仅能满足约10%的全球器官移植需求。① 截至2022年1月，仅美国登记的等待器官移植的人数就达106，626人，其中肾脏90，301人、胰腺835人、肾脏和胰腺1799人、肝脏11，498人、肠194人、心3476人、肺1056人、心/肺36人。②（见表4－2）

① See Global observatory on donation and transplantation, GODT（2021－04－20）, http：//www. transplant－observatory. org/.

② 数据来源：Organ Procurement and Transplantation Network，OPTN。

表 4－2 截至 2022 年 1 月美国器官移植等待人数

器官	等待人数（大约）
肾脏	90，301
肝脏	11，498
心脏	3476
肾脏和胰腺	1799
肺	1056
胰腺	835
肠	194
心/肺	36

（三）人体器官移植的国内现状

我国器官移植的起步较晚，但是发展迅速。目前，中国已经成为临床手术数量仅次于美国的第二器官移植大国。依据《人体器官移植条例》的规定，我国器官移植的主要来源包括：一是死体器官的捐献，二是活体器官的捐献。

1. 2015—2019 年我国公民死亡人体累计捐献器官数量

2015 年 1 月 1 日至 2019 年 12 月 31 日，中国公民逝世后器官捐献累计完成 24，112例。2019 年中国公民逝世后器官捐献 5818 例，器官移植手术 19，454 例。每百万人口中器官捐献率从 2015 年的 2. 01 上升至 2019 年的 4. 16。(见图 4－1)

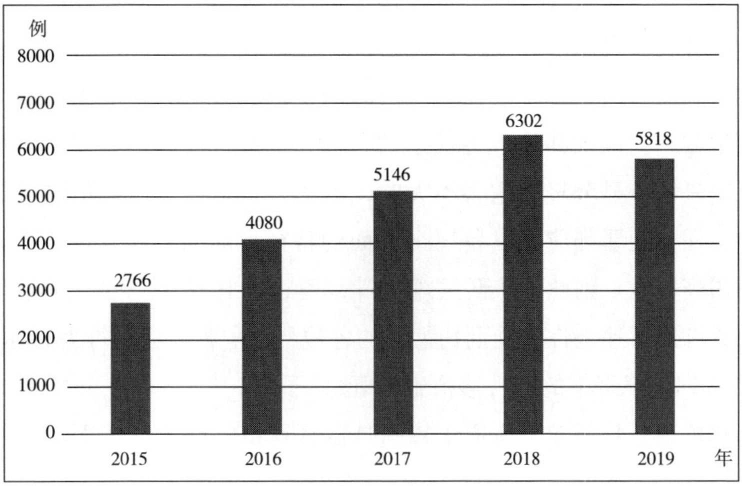

图 4－1 2015—2019 年中国公民死体器官捐献数据

资料来源：《中国器官移植发展报告》前瞻产业研究院整理。

2. 2015—2019 年我国公民活体人体累计捐献器官数量

我国《人体器官移植条例》明确规定，活体器官的接受人限于活体器官捐献人的配偶、直系血亲或者三代以内旁系血亲，或者有证据证明与活体器官捐献人存在因帮扶等形成亲情关系的人员。统计数据显示，国内活体人体器官移植的主要来源是亲属间的活体器官，活体器官移植在器官移植所占比例较低。我国人口基数大，器官捐献率仍然较低，在世界上处于中下水平，供体器官严重短缺。根据国家卫健委发布的信息，我国每年约 30 万人因末期器官功能衰竭需要移植的患者中，仅 2 万人有机会获得器官移植，供需比例为 1:15。①

二、器官移植犯罪及其全球化态势

器官移植是 20 世纪生命医学领域具有划时代意义的技术，是人类改变传统的药物治疗方式使伤病器官恢复功能的一种新型医疗模式，它给医学领域带来了革命性的变化。与此同时，器官移植也引发了极为复杂的伦理问题和严重的犯罪问题。

（一）器官移植犯罪的概念阐释

1. 刑法规范维度下的器官移植犯罪概念

在规范学意义上，犯罪是违反实体刑法确定的行为。我国《刑法》第 13 条规定：一切危害国家主权、领土完整和安全，分裂国家、颠覆人民民主专政的政权和推翻社会主义制度，破坏社会秩序和经济秩序，侵犯国有财产或者劳动群众集体所有的财产，侵犯公民私人所有的财产，侵犯公民的人身权利、民主权利和其他权利，以及其他危害社会的行为，依照法律应当受刑罚处罚的，都是犯罪，但是情节显著轻微危害不大的，不认为是犯罪。基于我国《刑法》的这一规定，任何犯罪都应当具备三个方面的特征，即刑事违法性、严重社会危害性和刑罚当罚性。因此，从刑法规范学来看，器官移植犯罪，是指与器官移植有关的具有刑事违法性应受刑罚惩罚的各种严重危害社会的行为总称。

2. 刑法理论视野下的器官移植犯罪概念

器官移植犯罪是伴随生命科学特别是器官移植的广泛应用而产生的新型犯

---

① 参见《我国每年 30 万人等待器官移植》，载搜狐网 2019 年 6 月 13 日，https：//finance. sina. cn/2019 - 06 - 13/detail - ihvhiqay5291706. d. html。

罪，理论界关于器官移植犯罪概念的界定不尽相同。有学者认为："器官移植犯罪，就是与器官移植有关的各种严重危害社会的行为的总称。具体来说，就是指有关单位及个人所实施的各种涉及器官移植、具有严重社会危害性的、产生或可能产生严重危害生命社会关系等重大后果的一系列非法行为及与此相关的某些非法行为的总称。"① 通过以上关于器官移植犯罪概念的界定，我们可以充分认识到犯罪的最本质特征——严重社会危害性。但是，关于"器官移植犯罪"概念的解释，多数学者将其定义为"非法行为"。

本书认为，犯罪的实质化概念即应然的犯罪概念，是理论刑法通过对犯罪的本质特征的阐释以明确将何种行为规定为犯罪的根据和理由。从"法益侵害"这一犯罪的本质出发，器官移植犯罪是与器官移植有关的具有严重法益侵害性的行为，其中的法益包括"个体法益"与"集体法益"。

（二）器官移植犯罪的全球化新态势

21 世纪初以来，器官移植犯罪表现出极为明显的全球化新态势，具体表现为：全球范围内的器官买卖、为器官摘取目的贩运人口和跨国器官移植旅游。

1. 全球范围内的器官买卖

由于人类对器官的需求远远超过供应，所以全球范围的器官短缺成为一种普遍现象，于是一些器官移植等待近乎无望的患者便开始寻求从国外获得器官，人体器官价值被推高，器官移植的潜在盈利能力大大增强，这就进一步助长了器官买卖。从 21 世纪初开始，越来越多的研究揭示全球范围内的器官买卖，在印度、巴基斯坦、埃及以及菲律宾等国家的人体器官交易尤甚。本书通过对检索到的数据进行分析，将全球范围的器官买卖总结为以下三个典型特征：

一是贩运路径通常是从"捐助出口国"到"移植需求国"。统计数据显示，人体器官"捐助出口国"多数为发展中国家，如埃及、中国、印度、巴基斯坦和菲律宾等。人体器官"需求国"以及进行器官移植的国家多数为发达国家，比如美国、加拿大、以色列、英国和其他一些欧洲国家。有关报道显示，在 2004 年印度洋海啸之后，印度南部城市金奈成为一个主要的肾脏贩运中心。在这个仅有 2000 名居民的城镇，多达 36 人（据报都是妇女）卖掉了一个肾，以

---

① 刘长秋：《论器官移植犯罪的概念、构成及其立法应对》，载《北京人民警察学院学报》2005 年第 2 期，第 22 页。

补偿生计和财产的损失。[1] 中国曾经是器官旅游的热点国家和地区之一，每年有数以百计的外国人来中国器官移植旅游。据新华网等媒体公开报道，天津第一医院东方器官移植中心 2006 年创造出一年完成 600 多例肝移植手术的纪录，其中外国患者人数占到一半以上。2009 年 2 月 6 日，日本共同社报道称，自 2007 年中国原则上禁止向外国人移植脏器以来，至少有 17 名日本人在中国接受了肾脏、肝脏移植手术。

二是器官供体由社会底层向社会高层供给。在不断壮大的人体器官黑市交易中，器官买卖正在演变成为富人“用钱续命”与穷人“拿命换钱”的交易。一些国家的贫困地区沦为器官非法买卖的集散地，例如，在巴基斯坦，肾脏买卖已经产业化，一些穷人希望靠卖肾来偿还债务，改变生活。在交易最盛行的村落，大约 80% 的村民只有一个肾。菲律宾的贫民为了生计，很多人自愿挨刀，摘取一个肾可赚取 2000 美元。穷人正在成为器官狩猎者们的目标，而富人面对越来越长的等待移植名单、难以承受的痛苦和对生的渴望，选择以高昂的价格获取器官。

三是器官交易中的暴利。2011 年，华盛顿全球金融诚信研究所估计，非法器官交易之间产生的非法利润每年可达 6 亿美元到 12 亿美元。美国 Medical Tranion 网站曾经公布了一份美国黑市的人体器官交易价格图。（见表 4 - 3）从图表中我们可以清晰地看到，人体每一个器官被当作商品予以明码标价，其中心脏、肝脏、肾脏等器官价格昂贵，但是在实际交易中，器官供应者往往只能获取低廉的报酬，器官交易的暴利为中介所得。2012 年常州警方破获一起人体器官犯罪案，抓获 16 名犯罪嫌疑人，解救卖肾青年 20 人。该犯罪团伙在 2011 年至 2012 年，圈养近 40 人以便贩卖器官，累计卖出 23 个肾，获利 154.8 万元，平均一个肾 6.7 万元，而肾的供应者只能从中获得 2 万多元。[2]

---

① See Frank G. Madsen, *Organ Transplantation and Transnational Organised Crime*, The RUSI Journal, (Print) 1744 - 0378, p. 13.

② 参见《常州破获网络出卖人体器官案 解救卖肾青年 20 人》，载搜狐网，http://news.sohu.com/20120507/n342522165.shtml。

表4-3 美国黑市的人体器官交易价格

器官名称	美元	换算人民币
双眼	1525 美元	约 9600 元
头皮	607 美元	约 3800 元
头盖骨和牙齿	1200 美元	约 7600 元
肩膀	500 美元	约 3200 元
冠状动脉	1525 美元	约 9600 元
心脏	119,000 美元	约 750,000 元
肝脏	157,000 美元	约 990,000 元
手和胳膊	385 美元	约 2400 元
血液 1 品脱（约 0.5L）	337 美元	约 2100 元
脾脏	508 美元	约 3200 元
肾脏	262,000 美元	约 1,650,000 元
胃	508 美元	约 3200 元
小肠	2519 美元	约 16,000 元
胆囊	1219 美元	约 7700 元
皮肤 1 平方英尺	10 美元	约 63 元

资料来源：《美国人体器官黑市交易价格》，载搜狐网 2018 年 5 月 7 日，https://www.sohu.com/a/230690372_391464。

2. 为器官摘取目的的人口贩运

虽然人口贩运本身有着非常悠久的历史，但为摘取器官而贩运人口的现象是在 20 世纪 90 年代初开始显现。随着人体器官供求之间的差距日益扩大，黑市交易数量不断增长，以摘取器官为目的的人口贩运犯罪在世界范围内扩张蔓延。并且文盲、穷人、囚犯、无证移民、政治或经济难民等弱势群体正在成为主要的器官供体。目前，由于器官买卖双方以及器官贩运受害者或者害怕被举报，或者不愿意公开自己的信息，关于器官移植的人口贩运可靠数据无法统计，只有一些零散的与贩运成人器官的报告以及失踪者尤其是儿童被发现尸体上器官丢失的有关报道。2013 年，英国政府发布的一份报告显示，371 名儿童被贩运到英国，该报告查明这些儿童大多来自越南或尼日利亚，他们被卖掉，沦为奴隶或者接受性剥削。同时报告还查明了其中一名女孩的器官被摘除。①

3. 跨国器官移植旅游

早在2005年，荷兰贩运人口问题国家报告研究人员便发起了一项器官贩运的调查研究，② 主要研究对象是调查器官移植专业人员所掌握的在荷兰或国外成功购买肾进行移植的肾病患者。研究人员对19位移植专业人员和政策制定者进行了半结构化的访谈。其中采访了13名移植专业人员：包括8名肾脏专家（肾脏学家）、4名移植协调员和1名移植外科医生。采访的重点主要集中在肾脏移植。被采访人员为分布在荷兰所有移植中心的医生，以此确保良好的区域覆盖。此外，研究人员还采访了两名患者，其中一人在中国买了一个肾。得到的数据见表4－4。

表4－4（A） 跨国移植旅游统计研究数据

被采访者	从业年限	移植游客人数	移植旅游目的国家	国籍	年度
肾病专家1	30	4－5	印度、中国、伊朗、巴基斯坦	伊朗人、巴基斯坦人等	未知
肾病专家2	30	3	美国、中国、印度	中国人、印度人	2004年
肾病专家3	20	4	中国、伊朗	中国人、伊朗人	2003年
肾病专家4	25	3	美国、中国等	伊朗人、荷兰人	未知
肾病专家5	25	1	印度	印度人	未知
肾病专家6	27	6－7	巴基斯坦、印度、中国	摩洛哥人、黎巴嫩人	未知
肾病专家7	12	1－2	巴基斯坦、印度	巴基斯坦人、印度人	自1994年
肾病专家8	10	2	美国、中国	荷兰人、中国人	2004年
移植外科医师	30	无	—	—	—
移植协调员1	25	不确定	中国、巴基斯坦、哥伦比亚	未知	未知

① 参见《罪恶滔天！盘点器官贩卖十大真实事例！（让人胆寒）》，载探秘志网2019年6月26日，https://www.tanmizhi.com/html/4932.html。

② Ambagtsheer, "Battle for Human Organs", and Dutch National Rapporteur on Trafficking in Human Beings, "Human Trafficking. Seventh Report" Chapter 13.

续表

被采访者	从业年限	移植游客人数	移植旅游目的国家	国籍	年度
移植协调员 2	8	1	巴基斯坦	巴基斯坦人	未知
移植协调员 3	11	无	—	—	—
移植协调员 4	4	未知	—	—	—
政策制定者 1	25	无	—	—	—
政策制定者 2	23	无	—	—	—
政策制定者 3	12	无	—	—	—
政策制定者 4	10	无	—	—	—

表 4－4（B）　器官移植数据

器官接受者	移植年度	目的地国家	器官来源	如何获取	国籍
器官接受者 1	2005 年	荷兰	死者供体肾	通过国家器官移植等待名单	荷兰人
器官接受者 2	2004 年	中国	活体肝肾	从活体供者购买	中国人

在该项研究中，接受采访的所有器官移植医生和 3 位移植协调员均表示，曾经遇到过一些希望在国外获得移植器官的患者，他们也了解或听说过成功出国进行肾移植的患者。研究数据显示，荷兰每个器官移植中心的医生提供的病例数从每年两名到 30 多年不到五名，荷兰全国范围内的移植旅游总数估计为每年 4 个，该项研究数字与其他国家的研究结果相吻合，一些国家也曾经报告了少数从事移植旅游的患者。但是，有关出国进行肾脏移植患者的真实数量没有报告或登记，该项研究无法获取移植旅游病例的真实数量，器官移植旅游存很大的“暗数”。导致跨国器官移植旅游“暗数”的主要原因在于：

一是跨国器官移植无登记病例。在荷兰的该项研究报告中，几乎所有的受访者都认为其所获知的有关出国接受肾脏移植的患者数量纯属“偶然”。受访的医生和协调员获知的在国外进行移植的大多数病例是因为移植后并发症返回移植中心。或者是因为患者在移植前告诉医生，他们已经在互联网上找到了移植器官的信息，并与其商讨在国外接受移植的可能性。“移植游客”没有相关病例登记，受访者对“移植游客”的数量、目的地国、移植的日期或年份以及患者所经历的并发症等无法提供移植旅游病例的确切数量，需要通过回忆。

二是器官移植旅游中的医生在法律上的“守秘义务”。“守秘义务”是医生执业中的一项重要义务，域外一些国家的法律明确规定免除医生向警察报告患者罪行的义务，专业保密和保密特权优先于犯罪执法。因此，如果医生未经患者同意而秘密地报告患者委托给他的信息，医生可以被追究（刑事）责任。鉴于这一义务在国家立法中得到了坚定的巩固，即便是医生已经获知患者的器官移植旅游行为，在法律上也并无义务报告或登记这一信息。

三、器官移植犯罪对刑法理论与制度的挑战

（一）器官移植犯罪对犯罪构成理论的冲击

1. 器官移植犯罪之犯罪对象的特殊性

器官移植犯罪侵犯的法益包括他人的生命健康权、知情同意权等以及国家的公共卫生安全和人体器官移植管理制度，与法益相关的犯罪对象则为人体器官（组织）。如何定性“人体器官”？可否将“人体器官商品化”？是人体器官移植罪与非罪的界分。对此，学界存在两种根本对立的立场：支持人体器官商品化与反对人体器官商品化。

（1）支持器官商品化的主要论点

一是“利益论”。支持者为人体器官商品化辩护的一个重要论点是“利益论”，这一论点认为，人体器官的商品化并未侵害人的尊严，诸如配子之类的人类细胞的明码标价，细胞的捐赠者并没有任何尊严的损失。相反，基于道德理由禁止付款以防止“剥削”忽视了一个重要的事实：对需要钱养活孩子或为父母购买医疗保健的人来说，不出售身体部位的选择比出售更糟糕。

二是“自决论”。该主张认为人体器官商品化是基于供需双方的自主决定。人体器官关系双方在明确有关器官移植风险及影响的情况下，自由决定是否进行器官捐献和接受移植，供体有自主决定是否同意进行器官移植手术以及何种回报等权利；受体有自主决定是否接受器官移植、给予何种回报等权利。受体和供体双方作出的器官决定是基于其真实意愿。

三是“互惠论”。这一主张认为，虽然器官移植的“剥削”在道德上可能是错误的，但这种“剥削”可能对双方都有利，包括医生和保健工作者在内的每个人都从利他捐赠中获得经济利益，而器官供者和接受者也获得各自的利益。

（2）反对人体器官商品化的主要观点

针对人体器官商品化的主张，一些学者认为，人体器官的商品化严重损害人的尊严，其不仅无益于供需矛盾的解决，反而会加剧器官供需分配的不公。主要论点为：

一是“尊严论”。反对移植商品化的第一个主要论点是通过销售进行的人体器官移植导致了人的商品化。商品化是一种社会实践，将事物视为可以买卖或出租的财产。人体器官和人一样，具有特殊的或内在的价值，这种内在价值经常被描述为“人的尊严”，人体器官商品化降低了人体以及人体组织（器官）的状态，将身体组织明码标价，换取经济利益，是对“人的尊严”的践踏，出售人体器官是对人体器官和人本身的不尊重。

二是“剥削论”。“剥削论”认为，允许人体器官的买卖将导致对贫困者的公然剥削。有关器官销售和移植旅游的调查显示，器官出售者通常为穷人、失业者、遭受饥饿者、社会边缘化者、负债者或非法移民、难民等。所谓剥削，是指不公平地利用某人的优势或“利用他人的弱点为自己谋利益”①。尽管一些器官出售者有时似乎是出于“自我选择”而出售他们的器官，但其选择实际上是经济贫困的无奈选择。贫困是一种使人丧失能力的因素，它迫使贫困的人将出售他们的器官作为最后的手段，这种以出售器官来改善其经济困境的目的终将难以实现。

三是“社会不公论”。这一主张认为，人体器官商品化的后果是加剧人体器官分配的不公正性，导致人体器官的供给由落后国向富裕国，由贫穷者向富有者。在器官商业化的国家或地区，通常是穷人把他们的器官卖给有钱的人。在全球人体器官移植旅游中，通常是较富裕国家的个人前往较贫穷国家购买器官。例如，据报道，1988 年，几名土耳其公民曾前往英国向英国公民出售肾脏。②

（3）本书坚持“人体器官非商品化”的立场

人体器官具有特殊的属性，是人格的载体，不能将其视为物，而人体器官对人体具有特殊的意义，是活人身体的组成部分，是构成活人人格和尊严的物质载体，因而，活体器官在没有与人体分离之前，与人格相联，不能成为“物”③。因此，是否将器官与自身分离，应当由人体器官所在的自然人本人决定。这种决定权是一种绝对权，其权利主体是器官所在的自然人本身，而义务

---

① Terry Oluwatosin Adido, *Transplant Tourism: An International and National Law Model to Prohibit TravellingAbroad for Illegal Organ Transplants*, The degree of Doctor of Philosophy of Faculty of Law University of Alberta (2017), p. 43.

② See Ronald Munson, *Raising the Dead: Organ Transplants, Ethics, and Society*, Oxford University Press, 2002, p. 112.

③ 参见杨立新、曹艳春：《脱离人体的器官或组织的法律属性及其支配规则》，载《中国法学》2006 年第 1 期，第 50 页。

主体则是除其本身之外的任何人，任何人都负有不得侵犯、不得妨害的义务。在人体器官移植中，必须尊重生命和身体的完整性和每个人的权利。同时，器官捐赠是一个人的利他行为，应当被视为个人对另一个人的最高礼物，捐献者对其身体有不可剥夺的权利，器官的商业化将人体组织物化，是对人类尊严的严重亵渎。

2. 器官移植犯罪之主观罪过的复合性

我国现行《刑法》对罪过采取“两级四种”分类：故意（直接故意、间接故意）或过失（疏忽大意的过失、过于自信的过失），即行为人明知自己的行为会发生危害社会的结果并希望或放任这种结果的发生，或者行为人应当预见自己的行为会发生危害社会的后果但由于疏忽大意而没有预见或虽已预见但轻信能够避免。综合考察人体器官移植有关犯罪，故意犯罪与过失犯罪两种基本形态具有明显的复合性。

首先，就人体器官移植中的故意犯罪而言，其主观罪过具有明显的直接故意合间接故意性。人体器官移植中有相当多数的犯罪具有获利性目的，巨大的经济利益驱使行为人明知自己的行为会给供体的健康和生命造成伤害，而放任危害结果的发生，行为人的主观罪过形式表现为对构成要件行为的直接故意与对非构成要件结果的间接故意。

其次，就人体器官移植中的过失犯罪而言，其主观罪过具有明显的过失合故意性。器官移植中有关的过失犯罪，例如无资质类器官移植犯罪、违反知情同意类的器官移植犯罪、违反信息规则类器官移植犯罪等，主观上兼具故意与过失两种心理态度。一方面，行为人具有明显的违反人体器官移植相关规定的主观故意；另一方面，行为人对危害结果的发生是一种过失心态。

3. 非法器官移植行为与相关犯罪行为的竞合性

器官移植犯罪在客观方面表现为行为人实施了非法的器官移植行为或者与器官移植有关的其他非法行为。犯罪行为主要包括非法买卖人体器官、走私人体器官、非法采摘人体器官（包括偷取、骗取、强制摘取他人身体器官等）、强迫出卖人体器官、非法实施器官移植手术等。在器官移植的多种场景中，上述非法器官移植行为经常发生“竞合”。例如，出于器官移植的目的，使用胁迫或欺骗等手段进行人口贩卖，摘取人体器官与人口贩卖竞合；在同意无效的情况下，故意伤害行为与摘取人体器官行为的竞合等。

（二）器官移植犯罪罪名适用的刑法困境

1. 活体器官移植与故意伤害罪

依据我国《刑法》第 234 条之一第 2 款的规定，未经本人同意摘取其器官，或者摘取不满 18 周岁的人的器官，或者强迫、欺骗他人捐献器官的，依照本法第 234 条、第 232 条的规定定罪处罚。因此，非法摘取活体器官造成他人轻伤和重伤的，以故意伤害罪定罪处罚。从犯罪客观方面来看，非法摘取活体器官行为与故意伤害罪在客观上具有一定的相似性，但是非法活体器官移植与故意伤害罪的法益侵害、客观危害和主观罪过明显不同。

（1）从法益侵害来看，故意伤害罪侵害的是他人的生命健康权。未经本人同意摘取其器官，或者摘取不满 18 周岁的人的器官，或者强迫、欺骗他人捐献器官侵害的法益则会因情形不同而有所区分：对于执业医师未经本人同意摘取其器官，或者摘取不满 18 周岁的人的器官，尚未造成轻伤以上伤害的，侵害的法益是知情同意权；造成轻伤以上伤害的，侵害的法益则包括知情同意权和生命健康权。对于强迫、欺骗他人捐献器官的行为，侵害的法益与故意伤害罪相同，即生命健康权。

（2）从客观方面来看，故意伤害罪是结果犯，犯罪的成立以行为在客观上导致他人轻伤以上伤害结果的发生为要件。关于人体伤害的程度标准，2013 年最高人民法院、最高人民检察院、公安部、国家安全部、司法部发布的《人体损伤程度鉴定标准》[①] 对重伤、轻伤的标准作出明确规定。非法摘取活体器官的行为是否达到轻伤以上的伤害的程度，具有不确定性，如非法摘取部分肝脏、摘取一个肾脏，难以确定人体伤害程度。

（3）从犯罪主观方面来看，故意伤害罪的主观罪过是故意，既可以是直接故意，也可以是间接故意。关于故意的内容，无论是认识因素还是意志因素均为人身伤害结果。非法摘取活体器官的主观罪过，存在两种不同情形：对于执业医师非法摘取活体器官，造成轻伤以上伤害的，主观罪过具有复合性，即对

---

① 重伤：使人肢体残废、毁人容貌、丧失听觉、丧失视觉、丧失其他器官功能或者其他对于人身健康有重大伤害的损伤，包括重伤一级和重伤二级。

轻伤：使人肢体或者容貌损害，听觉、视觉或者其他器官功能部分障碍或者其他对于人身健康有中度伤害的损伤，包括轻伤一级和轻伤二级。

轻微伤：各种致伤因素所致的原发性损伤，造成组织器官结构轻微损害或者轻微功能障碍。

行为违法的故意和对人身危害结果的过失。对于非执业医师非法摘取活体器官，造成轻伤以上伤害的，主观罪过则表现为对违法行为的直接故意与对危害结果的间接故意。

2. 尸体器官移植与盗窃、侮辱、故意毁坏尸体罪

依据我国《刑法》第302条的规定，盗窃、侮辱、故意毁坏尸体罪，是指秘密窃取尸体或者对尸体采用毁坏、玷污等方法加以侮辱的行为。依据我国《刑法》第234条之一第3款的规定，违背本人生前意愿摘取其尸体器官，或者本人生前未表示同意，违反国家规定，违背其近亲属意愿摘取其尸体器官的，以盗窃、侮辱、故意毁坏尸体罪定罪处罚。但是，从犯罪构成要素来看，非法摘取死体器官的行为不同于盗窃、侮辱、故意毁坏尸体罪的行为。

（1）从犯罪侵害的法益来看，盗窃、侮辱、故意毁坏尸体罪侵害的法益是人之延续于尸体之上的尊严权和社会风尚；非法摘取尸体器官侵害的法益则主要是知情同意权。

（2）从犯罪客观方面来看，盗窃尸体是指秘密窃取尸体，置于自己实际支配下的行为。侮辱、毁坏尸体是指以暴露、猥亵、涂划、践踏、毁损等方式损害人之延续于尸体的尊严或者伤害有关人员感情的行为。非法摘取死体器官的行为，主要表现为未经同意摘取尸体器官侵害他人知情同意权的行为。

（3）从犯罪主观方面来看，盗窃、侮辱尸体罪主观故意的内容是“盗窃尸体”或“侮辱尸体”；非法摘取死体器官主观故意的内容是“非法摘取死体器官”。

综上，非法摘取死体器官的行为与盗窃、侮辱、故意毁坏尸体罪的犯罪构成要件不相符。

3. 无资质器官移植与非法行医罪

如前文所述，非法行医罪是指未取得医生职业资格非法行医，情节严重的行为。无资质器官移植是指不具备器官移植的相应条件进行人体器官移植的行为。我国《人体器官移植条例》第11条规定，医疗机构从事人体器官移植，应当具备下列条件：（1）有与从事人体器官移植相适应的执业医师和其他医务人员；（2）有满足人体器官移植所需要的设备、设施；（3）有由医学、法学、伦理学等方面专家组成的人体器官移植技术临床应用与伦理委员会，该委员会中从事人体器官移植的医学专家不超过委员人数的1/4；（4）有完善的人体器官移植质量监控等管理制度。无资质非法器官移植可以依据行为主体分为两种情

形：一是无执业医师资格实施的人体器官移植活动，如果其行为属于最高人民法院《关于审理非法行医刑事案件具体应用法律若干问题的解释》规定的“情节严重”的情形，则可以成立非法行医罪。二是虽然具备执业医师资格，但是不具备我国《人体器官移植条例》规定的人体器官移植的条件，不管其行为是否属于情节严重，由于主体不符合非法行医罪的构成要件要求，所以不能构成非法行医罪。

四、器官移植引发的新型犯罪

从各国刑事立法和我国司法实践来看，新型器官移植犯罪主要涉及以下几类。

（一）违反知情同意原则的器官移植犯罪

知情同意是人体器官移植的国际性原则，并为各国法律所认可，世界卫生组织制定的《人体细胞、组织和器官移植指导原则》规定，只有（a）已经得到符合法律规定的任何同意要件，以及（b）没有理由相信死者生前反对这种摘取，才可以以移植为目的，从死者或者活体身上摘取器官。我国《人体器官移植条例》规定，公民享有捐献或者不捐献其人体器官的权利；任何组织或者个人不得强迫、欺骗或者利诱他人捐献人体器官。人体器官移植对供体具有极大的侵袭性或风险性，任何违背知情同意原则，以欺骗、利诱或者暴力、胁迫以及其他违背他人意愿等方式进行器官移植的行为都具有严重的社会危害性和法益侵害性。

违反知情同意原则的器官移植犯罪可依照行为方式的不同，进一步划分为强制性与非强制性两类犯罪。强制性器官移植犯罪主要表现为以暴力、胁迫或者其他方式强行摘取人体器官进行移植的行为。非强制性器官移植犯罪主要表现为：一是以秘密方式从植物人或尸体身上摘取器官；二是未经有效同意将器官从活体捐献者身上摘取，如从老年痴呆症患者、精神病患者和未成年人身上摘取器官的行为；三是以欺骗、利诱等方式，摘取活体捐献者器官。

（二）无资质器官移植犯罪

“所谓无资质犯罪主要是指欠缺实施手术所必需的医疗资格和能力，没有得到合法授权而私自进行的器官移植行为。”① 无资质器官移植犯罪是指不具备从事人体器官移植相应条件的执业医师和其他医务人员实施人体器官移植的行为。依据我国四要件犯罪构成理论，无资质器官移植犯罪的构成特征主要表现为：

1. 本罪的客体一般为复杂客体，一方面，无资质器官移植违反了国家有关从事人体器官移植应当有的与从事人体器官移植相适应的执业医师和其他医务人员条件以及有满足人体器官移植所需要的设备、设施条件的规定，侵害了国家的人体器官移植管理秩序。另一方面，无资质器官移植，由于缺乏相应的资格和条件，危害了就诊人的身体健康和生命安全。

2. 本罪在客观方面表现为违反国家有关人体器官移植应当具备的条件，无资质非法进行人体器官移植以及相关行为，造成或可能造成严重的人身伤亡结果。

3. 本罪的主体为特殊主体，即不具备《人体器官移植条例》第 11 条规定的从事人体器官移植相应条件的医疗机构及其工作人员。关于从事人体器官移植应当具备的条件，前文已有所述，在此不再赘述。

4. 本罪在主观方面表现为故意。行为人对器官移植危害结果的发生存在间接故意的罪过而不是业务过失的罪过。就认识因素而言，行为人对无器官移植资质是明知的，对无资质器官移植可能造成伤残直至死亡结果也是明知的；在意志因素上，行为人对伤残、死亡危害结果持听之任之的放任态度。

（三）商业化器官移植犯罪

商业化器官移植犯罪是指以牟利为目的，将人体器官作为商品进行交易，具有严重社会危害性的行为。商业化器官移植犯罪的构成特征主要表现为：

1. 本罪的主要客体是人体器官移植管理秩序，随机客体可以是他人的生命健康权、知情同意权或者人身自由权。

2. 本罪的客观方面表现为人体器官移植中的商业化行为。人体器官移植中的商业化行为是指将人体器官作为一类特殊的“商品”，明码标价，进行市场化交易，其行为方式包括买卖人体器官、走私人体器官、买卖人体器官中介服务等行为。

---

① 熊永明：《器官移植关联犯罪及其刑法应对》，载《中国刑事法杂志》2008 年第 1 期，第 47 页。

3. 本罪的犯罪主观方面为故意，并且具有获取非法经济利益的目的。

4. 本罪的犯罪主体是一般主体，即具备刑事责任能力的自然人，单位也可以成为本罪的犯罪主体。

（四）器官移植人口贩卖犯罪

器官移植人口贩卖犯罪是指以人体器官移植为目的，贩卖人口的行为。其犯罪构成具备以下特征：

1. 本罪的犯罪客体是复杂客体，一方面，器官移植人口贩卖违反国家器官移植管理规定，危害器官移植秩序。另一方面，器官移植人口贩卖侵害人身不受买卖的权利和生命健康权利。

2. 本罪的客观方面表现为实施拐骗、绑架、买卖、中转、接送人口进行器官移植的行为。器官移植的人口贩运行为既可以发生在国（边）境内，也可以通过非法的“移植旅游”进行跨国（境）器官移植人口贩运。

3. 本罪的犯罪主观方面是故意，其主观故意的内容是贩卖人口进行器官移植。

4. 本罪的犯罪主体是一般主体，即具备刑事责任能力的自然人。

器官移植除上述犯罪类型外，还涉及其他种类的犯罪行为，如医疗机构及其医务人员进行瑕疵器官移植的行为、为异种器官移植而进行非法人体试验的行为等。

结语：器官移植被誉为现代科学的伟大奇迹之一，它拯救或显著延长了世界各地无数人的生命，但也给人类带来了极大的风险，引发了一些器官移植的相关犯罪，特别是器官供给与器官需求的严重矛盾引发的日益严重的器官移植商业化和全球器官移植旅游、人口贩卖等严重危害人类、侵犯人权的犯罪。

第三节　基于维系生命与健康的新型医疗犯罪与刑法困境（二）——基因治疗与犯罪

导语：从 20 世纪 70 年代起，基因载体技术、基因克隆技术、基因编辑技术等给现代基因医疗技术带来了深刻的影响。“国际人类基因组计划”首席科学家、美国国立卫生研究院院长弗朗西斯·科林斯曾表示，基因编辑技术在疾病治疗方面会拥有巨大潜力[①]，例如，这项技术针对地中海贫血的治疗就实现了突破。但是基因治疗技术的应用并非一帆风顺，1999 年，美国一名年仅 18 岁的青年杰西·基辛格（Jesse Gelsinger）因患鸟氨酸转氨甲酰酶不足症（一种遗传性疾病）在美国宾夕法尼亚大学人类基因治疗中心接受基因治疗时不幸死亡，这一事件震惊了当时的科技界，基因治疗一度跌入低谷。近些年，基因治疗在应对严重遗传性疾病方面取得了重大突破，再次优雅地回归。在我国，基因治疗也有一定发展。1991 年，复旦大学薛京伦教授研究小组进行了国内首例基因治疗临床试验。2003 年，人类首例商业化基因治疗产品“重组 Ad－p53 腺病毒注射液”在深圳诞生。目前，我国已在遗传病、肿瘤、神经系统疾病及细胞因子基因治疗的临床前研究中取得了一定成绩。与此同时，基因治疗也面临一些新的法律问题，特别是基因医疗有关犯罪问题对传统刑法理论与现行刑法制度的严峻挑战。

一、基因治疗与基因权利

（一）基因治疗（gene therapy）

基因治疗是将外源正常基因导入靶细胞，通过基因添加、基因修正、基因沉默等方式修饰个体基因的表达或修复异常基因，达到治愈疾病目的的过程。基因治疗有两种形式：一是体细胞基因治疗（somatic cell gene therapy）。体细胞基因治疗是指将正常基因转移到体细胞，使之表达基因产物，以达到治疗目的的治疗方法。体细胞基因治疗的理想措施是将外源正常基因导入靶体细胞内染色体特定基因座位，用健康的基因确切地替换异常的基因，使其发挥治疗作用，体细胞基因治疗目前已经得到广泛的应用，并且按照治疗是在人体内还是人体外进行可将其进一步细分为体外基因治疗与体内基因治疗两种。二是生殖细胞基因治疗（germ cell gene therapy）。生殖细胞基因治疗是将正常基因转移到患者的生殖细胞（精细胞、卵细胞中早期胚胎），使其发育成正常个体的治疗方法。本书在“辅助生殖与犯罪”一节已有关于生殖细胞基因治疗的相关论述，在此不再重述。

---

① 参见《国内首个基因编辑疗法临床试验获批，针对 β 地中海贫血治疗》，载新浪科技网，https：//finance. sina. com. cn/tech/2021－01－19/doc－ikftpnnx9172956. shtml。

（二）基因权利的法理意涵

科学的发展和广泛应用不仅开拓了新的领域，也产生了新的权利和义务内容。伴随基因与基因技术的发展，基因权利成为现代法律权利体系中的重要内容。那么什么是基因权利？基因权利属于何种性质的权利？

1. 基因权利的概念

基因权利是基于现代医学科学的发展与广泛应用而产生的新型权利，我国台湾地区学者颜厥安教授认为，人对细胞中的生命潜能与基因讯息拥有某种权利，新取得细胞所有权的人，除非获得法律允许活细胞产生者之同意，否则不能任意运用科技去激发这些细胞的生命潜能或探知其基因资讯。这种权利我们可以将之称为基因权（genetic right），其中包括了“基因资讯权与生命潜能控制权”。[①] 本书认为“基因权利”是基于人类遗传因子而享有的以基因资源和基因信息为内容的综合性权利。之所以称其为综合性权利，是因为人类基因具有物质和信息双重属性，基因之上的权利也并非一项单一的权利，而是一束权利或一系列权利，如基因人格权、基因平等权、基因隐私权、基因知情权、基因财产权、基因资源调查权等。

2. 基因权利的性质

关于基因权利的性质，目前学界尚存争议，争议主要集中于基因权利的主体，即基因权利究竟应当归属于个人、家族还是民族或者国家。有学者认为，基于基因之上的权利诸如对遗传基因的信息权、隐私权等属于个人权利，但对生殖细胞的控制权和对细胞的生命潜能改造权不一定是人人拥有的。[②] 另有学者将基因主体分为四种，包括全人类、国家和地方政府、个人家族和社区及社会组织。还有的学者从宏观角度出发，主张基因是人类的共同财富。[③] 本书认为，依基因权利的内容不同、享有的主体不同，可将基因权利划分为基因公权利与基因私权利两种不同性质的权利。

---

① 参见颜厥安：《鼠肝与虫臂的管制：法理学与生命伦理论文集》，台北，元照出版有限公司2004年版，第34页。

② 参见颜厥安：《鼠肝与虫臂的管制：法理学与生命伦理论文集》，台北，元照出版有限公司2004年版，第38－39页。

③ 参见颜厥安：《鼠肝与虫臂的管制：法理学与生命伦理论文集》，台北，元照出版有限公司2004年版，第33页。

（1）基因之上的公权利

所谓基因之上的公权利，亦可称其为“基因权利的整体性”“基因权利的公共性”，其是指国家基于主权享有对其公民的基因之上的公共利益。基因即遗传因子，其具有遗传效应的DNA片段支持着生命的基本构造和性能，储存着生命的种族、血型、孕育、生长、凋亡等过程的全部信息，携带着整个家族或者种族的特征，具有明显的群体性，对于一个民族的繁衍乃至国家的安全具有重要意义，是一个民族乃至国家的一项重要遗传资源和信息资源。在人类基因的权利体系中，国家的权利占据中心地位，其基因权利内容包括对本国的基因资源享有所有权、对本国的人类基因资源的管理和保护权、开展国际项目的开发和合作权等。作为一项公共利益，基因权利的主体为国家。我国现行相关立法充分体现了“基因权利”的公共性，2020年10月17日第十三届全国人民代表大会常务委员会第二十二次会议通过的《生物安全法》将基因权利规定为国家的主权，该法第53条第2款规定，国家对我国人类遗传资源和生物资源享有主权。依据我国《生物安全法》的规定，国家享有的基因权利包括国家开展人类遗传资源调查的权利，采集、保藏、利用、运送、邮寄、携带出境审批权利等。①

（2）基因之上的私权利

所谓基因之上的私权利，亦可称其为“基因私权利”“基因个人权利”。在现代私权利体系中，基因权利属于个人权利的一种，其带有极强的私人性特征，概括来说，公民个体能享有的基因权利主要包括基因人格权、基因平等权、基因隐私权、基因知情权、基因财产权等。

其一，就基因人格权而言，基因作为生命遗传的信息载体具有人格专属性。②《民法典》第1009条将基因权利作为人格权利纳入私法保护。

其二，就基因平等权而言，该项权利源于宪法上的平等权，基因平等权既要求科学意义上的基因平等，也要求法律意义上的基因平等，即在科学意义上，基因的差异不等于基因有优劣之分；在法律意义上，拥有不同基因的任何人都应当被平等对待，即使是具有先天基因缺陷的人也不应当受到不合理的差别对

---

① 《生物安全法》第56条第1款：“从事下列活动，应当经国务院科学技术主管部门批准：（一）采集我国重要遗传家系、特定地区人类遗传资源或者采集国务院科学技术主管部门规定的种类、数量的人类遗传资源；（二）保藏我国人类遗传资源；（三）利用我国人类遗传资源开展国际科学研究合作；（四）将我国人类遗传资源材料运送、邮寄、携带出境。”

② 参见张清：《人体基因的人格权属性略探》，载《医学与哲学（A）》2015年第7期。

待，不能从基因上来区分人的价值。

其三，就基因隐私权而言，基因隐私是指“某个人自主决定他自己的哪些隐私被他人所了解和公开给他人”①。隐私权在当代人格权利体系中是一项重要权利，联合国《世界人权宣言》第12条对其明确定义：任何人的私生活、家庭、住宅和通信不得任意干涉，他的荣誉和名誉不得加以攻击。人人有权享受法律保护，以免受这种干涉或攻击。② 基因是自然人个体特征表达的核心信息，每个人的基因序列都是独一无二的，其具有强烈的人身专属性，必然属于个人隐私的保护范围。

其四，就知情同意权而言，基因信息的知情同意权主要是个体对自己基因信息的知情权与同意权，包括被检测者对基因检测的风险、目的、应用等情况以及对基因诊断和基因治疗的知情权，并在知情权的基础上，对自己基因信息的检测和供科学研究或商业使用的情况做出决定。

其五，基因的财产权主要是指公民个人基于其基因的经济价值享有的基因财产权，主要包括排他权与取得报酬权。基因排他权是指基因所有者有权要求未经其许可不得使用其个人基因的权利。取得报酬权是指基因所有者有获得一定基因使用经济补偿的权利。

二、基因治疗的现状与法律风险

基因治疗是现代医学科学发展中的一种全新的疾病治疗方法，1990年9月，首例人类基因治疗临床试验获美国国家卫生研究院和联邦食品与药品管理局（FDA）批准，过去20多年，基因治疗研究发展迅猛，取得了很大的进步，部分基因治疗已进入临床应用，成为临床上重要的治疗手段。与此同时，基因治疗面临一些不容忽视的法律风险。

（一）基因治疗发展的现状

1. 域外基因治疗现状概览

从国家（地区）分布来看，美国、英国、德国在基因治疗的研究与应用中处于领先地位，其中美国的优势尤其明显。1990年9月，美国国家卫生研究院和联邦食品与药品管理局批准首例人类基因治疗临床试验，1991年，NIH的威

---

① ［美］阿丽塔·L. 艾伦、［美］理查德·C. 托克音顿：《美国隐私法：学说判例与立法》，冯建妹等编译，中国民主法制出版社2004年版，第149页。

② Don R. Pember, Mass Media Law 2003/2004 Edition. McGraw. Hill Companies, p. 245.

廉·弗兰奇·安德森（W. French Anderson）博士与其团队将含有正常 ADA（Adenosine Deaminase，腺苷脱氨酶）基因的逆转录病毒转入一个 4 岁患有 ADA－SCID（Severe Combined Immunodeficiency，严重复合免疫缺陷综合征）的女孩的白细胞内，用白细胞介素Ⅱ（IL－2）刺激其增殖获得成功，这掀起了全球基因治疗的研究热潮。之后，基因治疗却一度陷入发展的低谷。1999 年，美国一名年仅 18 岁的青年 Jesse Gelsinger 因患鸟氨酸转氨甲酰酶不足症（一种遗传性疾病）在美国宾夕法尼亚大学人类基因治疗中心接受基因治疗时不幸死亡，由此基因治疗遭到质疑，各国对基因治疗临床试验的资助大幅减少。直至近些年，随着现代医学科学的发展，基因治疗临床研究不断深入，应用领域更加广泛，基因治疗的对象已经由单基因遗传病逐步拓展到恶性肿瘤、感染性疾病、心血管疾病、自身免疫性疾病、代谢性疾病等重大疾病。例如，2020 年 2 月，美国一家基因治疗公司宣布与匹兹堡大学达成一项糖尿病基因治疗的独家许可协议，协议约定对胰腺细胞进行重新编程，以恢复其补充胰岛素的功能，从而治疗 1 型和 2 型糖尿病。2020 年 8 月，来自美国的研究人员描述了一种新型双 CAR－T 疗法用以对抗 HIV 感染。通过对 T 细胞进行基因改造，靶向治疗 HIV 感染细胞。

截至 2017 年 4 月，全球在 Clinical Trial 网站上登记了 2463 项基因治疗临床试验方案，其中进入Ⅱ/Ⅲ期的基因治疗临床试验方案近 500 项，共有 7 个基因治疗产品已经在美国、欧盟等国家（地区）上市。（见图 4－2）

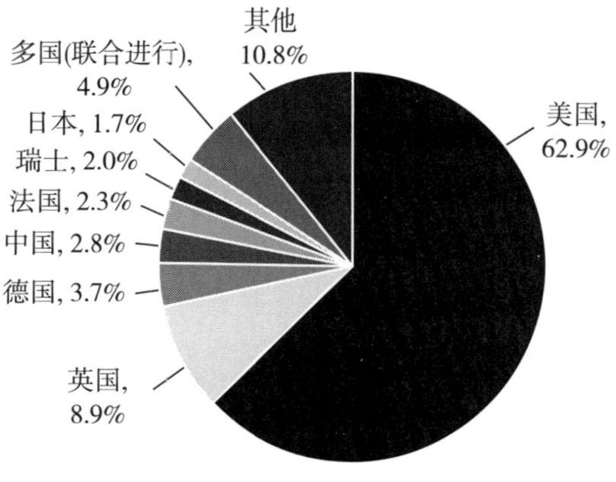

图 4－2　全球主要国家的基因治疗临床试验方案分布

资料来源：参见《因治疗的国内外研究进展》，载生物谷网 2017 年 12 月 15 日，https：//news. bioon. com/article/6713832. html。

2. 国内基因治疗现状概览

我国基因治疗实验室研究和临床试验与世界发达国家几乎同时起步。1987年，复旦大学开展了血友病 B 的基因治疗研究，并于 1991 年对两例血友病 B 患者进行基因治疗临床试验，获得安全疗效。之后，我国对单基因遗传病、恶性肿瘤、心血管疾病、神经性疾病、艾滋病毒等多种人类重大疾病开展基因治疗基础和临床试验研究，主攻方向为肿瘤、心血管病等重大疾病。根据 CDE 注册的临床实验数据，截至 2020 年年底，我国正在进行的基因治疗临床试验以肿瘤领域为主，其占比达 75%。(见图 4－3)

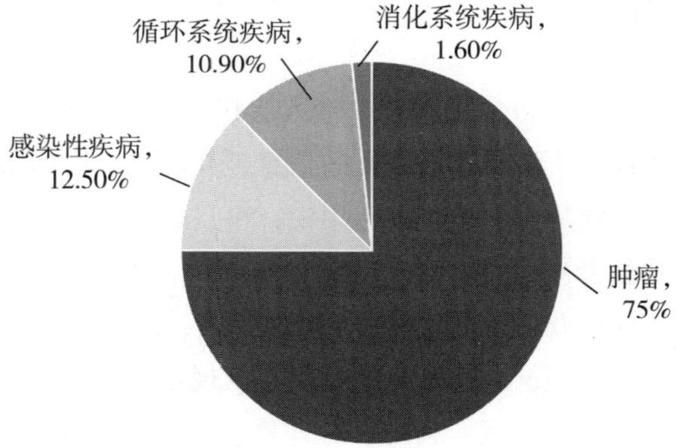

图 4－3 我国在研基因治疗临床试验按治疗领域拆分

资料来源：《2021 年中国基因治疗市场分析报告——行业规模现状与发展商机前瞻》，载观研报告网 2021 年 6 月 17 日，https：//baogao. chinabaogao. com/yiliaoqixie/546653546653. html。

自 2015 年开始，我国基因疗法的临床试验数量也呈现爆发式增长，2015 年到 2020 年，我国累计开展了超过 250 项 CGT 临床试验，已成为数量仅次于美国的国家，我国在 Clinical Trial 网站上登记的基因治疗临床试验方案有 70 个，占亚洲基因治疗临床试验方案总数的 46. 7%。

(二) 基因治疗的法律风险

21 世纪，人类医疗进入了生物技术时代，基因检测、基因治疗、基因复制器官等基因医疗技术不断发展并得到广泛应用，与此同时，基因治疗的法律风险不断暴露。

一是人身安全风险：威胁人身生命安全与健康。2016 年 6 月，我国科技部发布国家重点研发计划“精准医学研究”项目，这极大地推动了基因治疗的研究与应用，但是基因治疗作为现代医学科学发展中的一种全新的疾病治疗方法，其技术本身具有限制性；同时，疾病表征出现的基因、环境等多种因素共同作用的复杂的非线性关系导致这种关系无法通过简单的基因测序全部显现，[①] 以至于对健康领域的发展产生了正反两方面的作用。一方面，基因治疗作为最前沿的医疗技术代表，在遗传病的防治以及重大疾病的防治中发挥着突出作用，例如，基因技术与免疫技术结合，赋予T细胞抗肿瘤的新功能；基因技术与基因编辑工具结合，精准修复突变的基因，治疗遗传疾病。[②] 另一方面，基因治疗作为一项新兴医疗技术，在安全性上具有很大的不确定性，一旦发生基因编辑脱靶效应等问题，就会给患者的生命与健康造成严重损害。

二是医疗信息风险：威胁个人隐私。基因治疗中的基因样本与基因信息包含个体基因、生理指标、生活方式等方面的信息，并以样本库的形式予以存储。在个体基因信息的全面收集和交叉检索应用中，一旦隐私安全技术设置被突破，个人基因信息和隐私就会被泄露。

三是国家主权风险：威胁国家遗传基因安全。人类遗传资源已经成为国家发展中的重要资源，《生物安全法》第53条第1款规定：“国家加强对我国人类遗传资源和生物资源采集、保藏、利用、对外提供等活动的管理和监督，保障人类遗传资源和生物资源安全。”第2款规定：“国家对我国人类遗传资源和生物资源享有主权。”人类遗传资源主要包括含有人体基因组、基因等遗传物质的器官、组织、细胞等遗传材料，以及利用上述材料产生的数据等信息资料。基因治疗依赖于基因样本和基因信息的采集和保留，这是国家遗传资源的重要内容，而互联网时代的大规模基因标本库建设和医疗大数据共享，无疑为境内外组织、个人非法获取和利用我国生物资源打开了通道，严重威胁国家遗传基因信息安全。

三、基因治疗犯罪对刑法理论与制度的挑战

基因治疗犯罪是利用基因医疗技术所实施的犯罪或者与基因医疗技术滥用

---

① 参见王晓敏、刘星：《基因导向个体化医疗中的伦理问题研究》，载《伦理学研究》2017年第2期，第102页。

② 参见蔡宇伽：《基因治疗：趋势与风险》，载360个人图书馆网，http：//www.360doc.com/content/19/0518/16/39750415_836531161.shtml。

有关的其他犯罪的总称。与传统的犯罪行为相比，基因犯罪所侵犯的法益除生命权、健康权、财产权等传统法益外，更多地侵犯因应时代发展而产生的新型法益，如人格尊严权、基因安全权以及遗传物质权等新型法益，从而对传统刑法学理论与制度带来了极大的冲击。本书从基因治疗犯罪法益侵害的典型样态来阐释其对传统刑法理论与制度的挑战。

（一）基因治疗犯罪对集体法益的侵害

德国法益二元论主张，法益可以区分为个人法益与集体法益。随着科技的发展和社会风险的增大，犯罪对法益的侵害由人身、民主、财产等个人法益不断向国家安全、公共安全、经济秩序、国防利益等集体法益扩展，基因治疗犯罪危害的集体法益，亦即整体性法益，主要表现为人类遗传基因安全权、人类尊严权等。基因信息不同于其他信息，同一家族、同一种族具有共同的基因，例如，一些家族性遗传疾病，当个人参与基因检测以及基因检测的结果被应用时，这些样本信息意味其家族甚至种族意义上的基因信息存在被暴露的风险。显然，在基因犯罪法益保护体系中，基因安全权、人类尊严权等具有明显的群体性、集体性。从犯罪对象的角度考察，侵害人类基因安全权、人类尊严权的犯罪对象不以特定个体为侵害对象，而是一个种族、国家乃至人类整体。

（二）基因治疗犯罪对高秘密隐私权的深度侵害

一方面，基因治疗犯罪危害的法益具有高度秘密性。基因含有的人体大量信息，被称为人类的“生命说明书”，基因信息具有深度揭露性，仅单个细胞就包含个体的全部基因信息，可以用来评估个人的身份、亲属、身体特征、潜在的健康风险等。同时，基因信息具有的独特的个人特征无法实现匿名化，这就进一步加剧了数据在收集、存储和传输等过程中遭到泄露的风险。另一方面，目前全球范围内的基因治疗仍然处于进一步探索和研究阶段，因此基因数据被收集后将会被无限期存储，以供未来研究的使用与共享。参与者难以行使其对未来研究的个人基因组数据的知情权、控制权以及自由选择进入或退出的决定权，从而进一步加剧了基因隐私被披露的风险。

（三）基因治疗犯罪对知情同意权的侵害

传统医疗的知情同意是指医疗参与人员在向就诊人对医疗目的、方法、风险存在等作出充分说明的基础上获取参与者的同意①。基因治疗较一般医疗更为复杂，非专业人员不容易透彻理解，如果遵循一般的知情同意原则，基因治疗的知情同意过程因需要向患者解释复杂的测试结果而更加耗时。因此，传统知情同意原则在基因治疗中遭遇医治效率与患者知情同意的两难选择困境。在现实基因治疗中，医务人员出于提高医疗效率的考虑，在履行基因治疗说明义务时，仅仅是为了促进患者的理解与决策，便于患者在知情的前提下做出选择，减少患者心理压力，推动患者对不利的健康信息的接受与适应。因此，患者难以获得同意基因治疗的必要而充分的信息，其知情同意权势必会受到严重侵害。

（四）基因治疗犯罪对新型法益的侵害

随着国家经济、政治、社会，尤其是现代科学技术的迅猛发展，一些新的权利形态与权利诉求随之衍生，如近年来备受关注和广泛讨论的安宁死亡权、胚胎权、形象权、数据权、信息权等。当下，基因权利已经得到了国际条约和国内法的认可与保护，并成为不断被普遍接受的新型法益。1997 年的《世界人类基因组与人权宣言》第 2 条（a）规定，“每个人都有权使其尊严和利益受到尊重，不管其具有什么样的遗传特征”。我国《民法典》在人格权编创设了人体基因权利的私法保护规范，其主体、客体以及内容均不同于传统的财产权利、人身权利等，这实际上是对“基因权利”这一现代生物科学与医学科学发展产物的一种回应。随着基因科技的发展及基因医疗技术的广泛应用，人/物的界限被内移到了人自身，人体基因也日益外化而具有独立的价值。

四、基因治疗引发的新型犯罪

在当代，以基因技术为代表的生命科技在造福人类的同时，不断冲击着传统的社会秩序，在客观上引发了基因犯罪现象，概括起来主要包括三种情形。

（一）基因治疗技术应用冲击医疗卫生秩序并诱发新型犯罪

基因治疗技术应用对医疗卫生秩序的严重冲击表现在诸多方面，突出表现

---

① 参见《民法典》第 1219 条的规定。

在对公共卫生安全的危害，即对公众生命健康权的威胁与侵害，从而引发基因治疗相关犯罪。如“非法进行基因医疗技术研究犯罪”“侵犯基因资源犯罪”“非法取得、买卖、利用基因信息犯罪”“非法采集人类遗传资源犯罪”“非法植入基因编辑犯罪”等。

（二）基因治疗技术应用冲击人类生命伦理秩序并诱发新型犯罪

人类社会发展的每一个历史阶段都存在某些作为底线生命伦理的公共生命伦理准则，如生命尊严准则、不伤害准则、非商业化准则、有利准则等。这些伦理准则作为人类社会在相应历史发展阶段上的生命伦理底线，在维护和保障人类社会伦理安全方面，尤其是生命伦理安全方面发挥着支柱作用。基因治疗技术进步所带来的生殖性人类克隆问题、新的亚人种问题、对人体进行无性系试验的行为等，严重冲击人类现存的相对稳定的生命伦理秩序，并诱发诸如“非法开发生殖性克隆人（转基因造人）技术犯罪”“利用基因技术制造怪物犯罪”“利用基因技术选择人种犯罪”等犯罪。

（三）基因治疗技术应用威胁国家与民族安全并诱发新型犯罪

2003 年 1 月 22 日，联合国教科文组织国际生命伦理学委员会（IBC）在巴黎产生的《人类遗传数据国际宣言纲要（修正稿）》规定第 1 条规定宣言的目的是“人类遗传数据只能以诊断和卫生保健目的，医疗和其他研究包括流行病学研究目的，法医学目的，在民事和刑事诉讼中的司法目的，以及任何其他与有关人类基因组和人权的世界宣言以及国际人权法一致的目的被手机、处理、适用和存储”。[①] 基因治疗技术的发展引发国家与民族安全问题并诱发的主要犯罪有“非法采集重要遗传家系、特定人类遗传资源犯罪”“非法持有保藏人类遗传资源犯罪”“非法利用人类遗传资源开展国际科学研究合作犯罪”“走私、运送、邮寄、携带人类遗传资源材料出境犯罪”等。

---

① 《人类遗传数据国际宣言纲要（修正稿）》，载《医学与哲学》2004 年第 4 期，第 18 页。

第四节 基于维系生命与健康的新型医疗犯罪与刑法困境（三）——AI 辅助医疗与犯罪

导语：近年来，AI 以不可阻挡之势引领科技潮流。随着 AI 在各领域的广泛应用，现代医疗技术也出现深刻变革，AI 在辅助诊疗、护理、疾病风险预测、健康管理等方面的应用方兴未艾。1972 年，MYCIN 系统研发成功，其被用于传染性血液诊断和处方中，这标志着 AI 迈入“专家系统”行列。20 世纪 90 年代，计算机辅助诊断、影像病灶标记等技术应用不断被研发出来。21 世纪初期，斯坦福大学研发出“卷积神经网络技术”（Convolutional Neural Network，CNN）诊断皮肤癌，这将 AI 医疗推向了新高峰。2015 年，IBM 公司研究的沃森（Watson）受到全世界关注，沃森拥有几乎能与人类回答问题能力匹敌的计算系统，通过深度学习，其为肺癌、前列腺癌等多种癌症提供诊治。达芬奇手术系统则成为当今最知名的微创外科治疗平台，截至 2017 年 10 月，中国有 67 台达芬奇手术机器人进驻医院。① AI 辅助医疗技术的应用一方面很大程度地缓解了国内医疗技术人员数量不足、专业技术发展不平衡的问题；另一方面又引发了一些新型犯罪，这些问题冲击现行刑事法律制度，困扰传统刑法理论。

一、AI 辅助医疗、信息安全风险与 AI 医疗犯罪

（一）AI 辅助医疗

AI 辅助医疗可以从不同的维度予以考察，广义上的 AI 辅助医疗亦称 AI 医疗，即“人工智能 + 医疗”，其是指“以互联网为依托，通过基础设施的搭建及数据的收集，将人工智能技术及大数据服务应用于医疗行业中，提升医疗行业的诊断效率及服务质量”。广义上的 AI 医疗是一个比较宽泛的概念，目前在我国集中应用于 8 大场景。（见图 4 – 4）

① 参见沈玉姗、小庞：《AI 医疗的中国式困境》，载《二十一世纪商业评论》2017 年第 10 期，第 42 – 47 页。

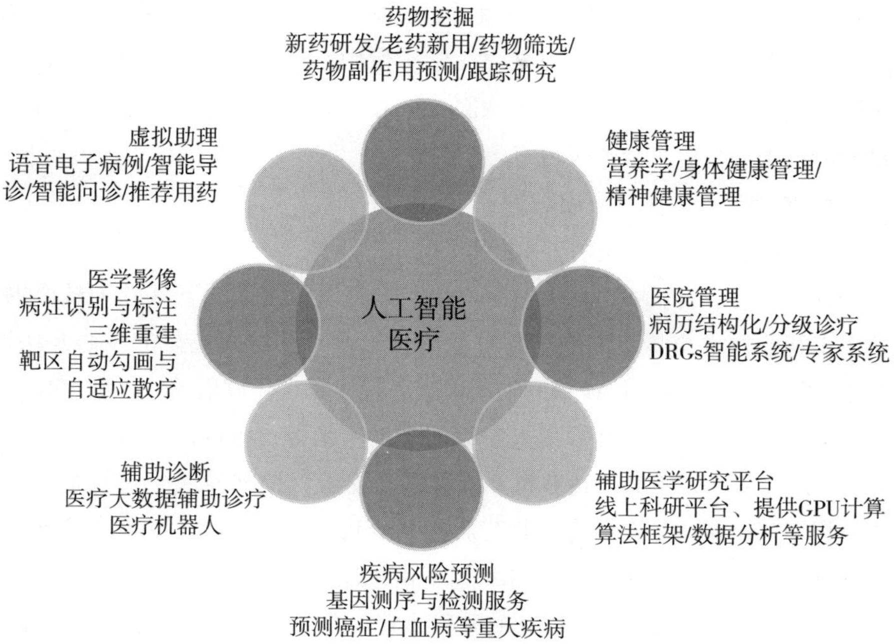

图 4－4　我国 AI 医疗应用 8 大场景

资料来源：参见《中国 AI 医疗行业报告》，载搜狐网 2019 年 9 月 23 日，https：//www. sohu. com/a/342700964_ 505926。

狭义上的 AI 辅助医疗是指运用医疗大数据，将人工智能用于临床诊疗的医疗活动，其包括 AI 诊断、AI 辅助治疗，合称“AI 辅助诊疗”。本书主要从狭义上考察 AI 辅助医疗相关法律问题。

1. AI 诊断的典型应用场景

目前国际医学领域 AI 诊断的典型应用场景是人工智能医疗影像诊断。基于医疗影像学的人工智能诊断技术应用场景可分为计算机辅助检测（CADe）和计算机辅助诊断（CADx），前者侧重于检测，后者侧重于诊断。人工智能医疗影像诊断技术的应用模式主要有三种：一是医院内部独立 AI 辅助诊疗场景与模式，一般是由大型医院独立进行医疗影像检查，形成诊断报告，辅助临床医生诊断治疗。二是 AI 远程辅助医疗会诊诊疗模式，即为了最大限度地提高疾病，特别是疑难病症诊疗的准确性以及弥补中小医院医疗影像设备与诊断专家不足的缺陷，由申请会诊医院、会诊服务医院和区域影像服务中心进行远程会诊。三是 AI 辅助医疗转诊诊断模式，常见于小型医院、社区卫生服务中心，为弥补其设备与诊疗专家不足，方便患者就诊，就医疗影像检查部分委托大型医院、区域医学影像服务中心或第三方独立医学影像中心进行转诊，小型医院、社区卫生服务中心医生通过区域医学影像服务中心端口查看医疗影像诊断报告，再根据诊断报告进行后续诊断与治疗。

2. AI 辅助治疗的典型应用场景

目前 AI 辅助治疗的典型应用场景与模式有两种。

一是 AI 辅助院内诊疗。AI 辅助院内治疗是以传统的线下医院为核心的传统的人工智能技术与传统的线下医疗的有机结合，其医疗主体的核心是医院，一般由大型医院独立进行 AI 辅助临床治疗。包括数字化放射治疗、数字化激光治疗、数字化植入治疗、计算机人工智能辅助手术等，帮助医生进行疾病的筛查、诊断、手术等。例如，达芬奇系统机器人能够协助外科医生进行复杂的手术等，据全球企业增长咨询公司弗若斯特·沙利文咨询公司（Frost & Sullivan）预测，到 2025 年，80% 的外科手术很可能由机器人完成①。

二是 AI 辅助远程诊疗。"AI + 远程诊疗"是综合利用人工智能、互联网（如 5G 技术）、物联网等新技术，与远程指导相结合，混合现实平台远程协作诊疗。目前这一混合现实平台远程协作诊疗模式在我们国家最常见的是远程协作机器人手术。远程协作机器人手术以远程医师为主导，接诊医疗机构配合实施的 AI 医疗行为。2019 年 9 月 7 日，经青岛、安顺两地医院合作，通过 5G 网络技术和我国自主原研手术机器人远程应用，成功实施了全球首例 5G 超远程机器人腹腔复杂手术。全球首个区块链远程医疗网在 20 个国家启动，该区块链远程医疗网包括欧洲、美洲、亚洲和非洲的 20 个国家远程会诊交换网络平台，并将向全球扩张覆盖所有国家。

（二）AI 辅助医疗的信息安全风险

随着人工智能技术的快速发展，AI 辅助医疗日益成熟，并发挥越来越重要的作用。与此同时，AI 辅助医疗面临医疗信息、网络安全、人身安全等法律风险，其中以医疗信息安全风险表现尤为严重，本书对此予以重点考察。

---

① 参见《Frost & Sullivan：2025 年，10 大改变医疗行业的新科技》，载搜狐网 2016 年 10 月 18 日，https：//www. sohu. com/a/116390751_ 152537。

1. 医疗大数据对我国医疗卫生信息安全的威胁

大数据是人工智能的基石，学术界将其描述为“4V”：海量数据规模（Volume）、快速的数据流转（Velocity）、多样的数据类型（Variety）和较低的价值密度（Value）。AI 辅助医疗所依赖的健康医疗大数据是国家重要的基础性战略资源，其源于医疗领域开放共享的卫生信息资源，包括个人卫生健康基本信息数据集、检查—医疗基本数据集、医疗机构基本信息数据集、公共卫生数据集等。卫生信息共享在提高医疗服务效率、医疗服务质量和医疗服务的可及性，降低医疗成本及医疗风险的同时，给国家医疗卫生信息安全带来了威胁。目前，AI 系统常见的威胁国家医疗卫生信息安全主要源于外网与内网两个途径。外网对国家医疗卫生信息安全的威胁主要是通过网络病毒、黑客入侵等方式窃取或者污染国家医疗卫生信息资源。内网威胁主要表现为 AI 系统运营者、使用者及其相关人员等故意或过失导致的信息资源丢失、信息泄露等事故，致使国家医疗卫生信息在数据统计、文件传输、信息应用等过程中流出。

2. 医疗大数据对就诊者个人健康信息的威胁

AI 辅助诊疗离不开个人电子健康档案（EHR）存储的健康医疗数据，广义上的电子健康档案是每个人一生的疾病诊疗和健康状况的“数字化日记”，也包括每个人的遗传基因信息、生活习惯和生存环境等信息。如何在保证个人信息和隐私安全的前提下做到数据的开放共享，并探索大数据挖掘的合理边界，成为 AI 辅助医疗发展面临的关键问题。为了充分保障患者的个人信息安全，目前国际上通用的做法是“去标识化”，即通过对个人信息的技术处理，使其在不借助额外信息的情况下，无法识别到个人信息主体的信息处理过程。经过“去标识化”处理的个人信息即成为“去标识化信息”，这有助于降低数据安全风险，更有利于保障个人的信息安全。但通过对整个数据集进行分布式访问和分析，仍有可能重新识别身份，从而导致个人数据泄露。例如，在 AI 辅助医疗的应用场景中，人工智能辅助医疗要借助于大量的数据积累，这些数据源于疾病诊断记录、健康状况、个人以及家族病史、家庭病史、行为数据等，甚至一些患者的 CT 影像或 MRI 照片也被用于医疗 AI 模型训练。

AI 辅助医疗数据共享主体涉及面比较广，健康医疗数据在共享流通过程中的安全保障和利益保护方面存在较大风险，实践中人们试图通过签订一些必要协议给予数据共享活动相应保障，如数据共享协议（DSA）、数据使用协议（DUA）及数据保护协议（DPA）等，但在缺乏有效监管机制的情况下，此类协议在健康医疗数据共享实践中的效用并未得到最大限度地发挥①。

健康信息揭示了一个人生活中最敏感、最真实的细节，如心理史、性史和私生活习惯。尽管医疗、科研等机构在信息采集中承诺不将患者信息用于商业目的，但是随着网络搜索引擎覆盖范围的扩大和各个网站收集的数据库的合并，数以百万计的人将从网上披露的数字碎片中获得对个人的访问和推断。在健康网站上披露的个人健康信息存在被非法转让或出售的巨大风险，一旦个人健康信息被二次使用，就可能对个人隐私构成重大威胁，因为侵犯健康隐私可能会造成巨大的危害，影响深远，包括失业等。例如，诺贝尔奖获得者詹姆斯·D. 沃森的个人基因组测序结果曾被有关网站公布。②

3. 电子化医疗数据对诊疗信息真实性的威胁

电子化医疗数据对诊疗信息真实性的威胁突出表现在数据处理与数据监管两个方面。一方面，以电子病历和健康档案为核心的医疗数据本身存在多样性、移植性、耦合性、灵活性的特点，在数据共享流程中，信息的收集、处理、存储、共享、利用等环节均容易出现数据丢失或者被恶意修改的问题，从而导致医疗数据的失真。例如，在临床中就存在一些事故被有意隐瞒的现象。2015 年，深圳一患者因“左腿酸麻”就医北京大学深圳医院，该患者前后进行两次手术，术前可自主行走却在手术后变成下半身瘫痪。2016 年 10 月，家属发现在相隔一年多打印的两份病历中，手术前后一个多月的记录有 22 天遭明显修改，官方确认病历修改痕迹记录多达 1142 次。可见，一些重要医疗信息一旦遭篡改、伪造，就会使得一些事故难以用数据进行衡量。另一方面，医疗共享数据的真实性缺乏标准化管理和科学监管保障，在实践中，制造商和认证机构是否对数据质量和数据清理过程进行了充分的监控值得怀疑。例如，欧洲有研究数据显示，欧洲市场上只有有限数量的医疗人工智能应用被归类为高风险设备，要接受严格的评估。③

---

① See Allen C. , Jardins T. R. D. &Heider A. et al. , *Data Governance and Data Sharing Agreements for Community - wide Health Information Ex - change*: *Lessons from the Beacon Communities*, The Journal for Electronic Health Data and Methods, 2014, p. 5.

② See Deborah Smith, *The Genome Let Out of the Bottle*, Sydney Morning Herald (Australia), 2007, p. 12.

③ See U. J. Muehlematter, P. Daniore & K. N. Vokinger, *Approval of Artificial Intelligence and Machine Learning - based Medical Devices in the USA and Europe* (2015 - 20): *A Comparative Analysis*, Vol. 1, 2021, p. 29 Lancet Digital Health.

4. AI数据或算法缺陷对诊疗信息可靠性的威胁

AI辅助医疗是根据数据和算法输出结果进行辅助诊疗，但是已有越来越多的证据表明，用于开发医疗AI应用系统的算法的设计存在缺陷，其数据集可能无法代表广泛的人群，这被业内称为AI系统“偏见”，基于机器学习的医疗AI应用输出结果与用于研发医疗AI应用的训练数据和算法高度相关，AI输出诊疗数据的可靠性在很大程度上取决于数据和算法的质量，AI系统的“偏见”却在很大程度上加剧了医疗AI应用的输出结果的可靠性风险。另外，医疗数据还可能触及商业秘密、国家秘密，再加之自身的复杂性，导致算法无法实现透明化，甚至不能有效排除大数据、算法被用于某种背离人类生命健康利益的目的，最终发生异化和畸变的可能性增大。

（三）AI医疗犯罪的法理意涵

1. AI医疗犯罪的概念厘定

目前刑法学界对于“AI医疗犯罪”的概念尚无明确的界定，本书从狭义和广义两个层面厘清“AI医疗犯罪”概念。

（1）狭义的AI医疗犯罪概念。狭义上的“AI医疗犯罪”亦可被称为“AI诊疗犯罪”，其是指在AI医疗中与AI诊断、AI治疗以及AI康复相关的具有严重社会危害性的行为。

（2）广义的AI医疗犯罪概念。广义上的“AI医疗犯罪”是指与AI医疗相关的各种具有严重社会危害性的行为的总和。

2. AI医疗犯罪的构成特征

（1）从犯罪法益侵害来看，不同场景的AI医疗犯罪所侵害的法益不尽相同，具体来说包括以生命健康为核心的个人法益和以国家卫生健康信息为核心的集体法益。

（2）从犯罪主观罪过来看，不同应用场景的AI医疗犯罪可以表现为主观过失，例如，医生不当操作医疗导致人员重大伤亡的医疗事故。AI辅助治医疗也可以表现为主观故意，如非法使用AI医疗数据，情节严重的行为。

（3）从犯罪客观行为来看，AI辅助医疗的危害行为可以表现为医疗AI使用不当、窃取买卖AI医疗数据等多种形式。

（4）从犯罪主体来看，AI医疗犯罪的主体在多数场景下表现为特殊主体，包括以医务人员为主体的自然人和以医疗机构为主体的单位。但是，在AI医疗共同犯罪中，不具有医疗主体资格的自然人和单位可以成为 AI 医疗犯罪的共犯。

二、AI 医疗犯罪对刑法理论与制度的挑战

AI 辅助医疗在为人类健康带来福祉的同时，带来了许多难以防范和不可预测的医疗风险，尤其是医疗刑事风险，并为传统刑法理论与制度带来新的挑战。

（一）AI 医疗犯罪的主体确定困境

1. AI 辅助医疗中的人工智能体之主体资格问题

AI 医疗犯罪主体的确定无法绕开人工智能技术应用中智能医疗机器人的法律主体地位问题，关于可否赋予智能医疗机器人犯罪主体资格，理论界存有很大争议，其中肯定者有之，否定者有之，中立者亦不乏其人。

“肯定说”认为，机器人有生命不仅有理论的可能性，而且它们将不可避免地会被理解成是活的。智能机器人有独立的意识，能够进行独立的判断，具有独立的权利能力、行为能力和责任能力，具备了权利主体的智能性这一本质性要素①。

“否定说”认为，无论是强、弱人工智能，其仅仅是人类通过技术改造世界的结果罢了，并不具有人之理性，所以很难将其视为“人”。②

“折中说”主张根据人工智能体的智能化程度对其主体地位进行区别对待，认为弱人工智能尚未产生自我意识，没有如同人类一般的综合智能（意识、自我、情感等），仍然只是人类的辅助性机器，没有脱离人类成为自主性的个体，因此不具备成为法律主体的基本依据。强人工智能脱离人类成为独立存在的个体，不再为人类所支配。无法为人类所支配的存在已不再是物或客体，人工智能此时有能力成为法律上的主体，也应当被赋予法律主体资格。③

以上各学说对人工智能体的法律地位进行了有益的探索，但不管是“肯定说”、“否定说”还是“折中说”，立论的集中点都在于“人工智能体的自由意志能力”。本书对 AI 辅助医疗中的智能机器人刑事法律主体资格持否定态度，并主张人工智能体主体资格的赋予应当坚持主观上意志自由与客观上责任有效

---

① See Jalms Hendler & Alice M. MuIVehill, *Social Machines: The Coming Collision of Artificial Intellgence*, SociaI Networkillg and Humanity Apress, 2016, p. 101.

② 参见姚万勤：《对通过新增罪名应对人工智能风险的质疑》，载《当代法学》2019 年第 3 期，第 7 页。

③ 参见徐昭曦：《反思与证立：强人工智能法律主体性审视》，载《中共中央党校（国家行政学院）学报》2019 年第 3 期，第 81 页。

实现的有机统一。法律上的主体资格又称人格，其是法律赋予那些具备一定条件的“适格者”使其成为法律上的“人”，进而成为法律关系中的权利享有者、义务和责任承担者的资格，[①] AI 辅助医疗中的人工智能体不具备犯罪的主体资格的理由如下：

（1）就人工智能体的主观意志特征而言，人工智能机器人与自然人的认识能力与控制能力有本质区别。从 20 世纪 60 年代初智能机器人的研究开始，经过几十年的发展，机器人实现了由弱人工智能到（超）强人工智能的飞跃，毫无疑问，在弱人工智能发展阶段，人们能够通过法律手段、技术手段对人工智能技术加以适度调控。在（超）强人工智能阶段，智能机器人具备了深度学习、自我认识和判断的能力，甚至不排除人类难以通过技术和法律手段对其加以控制的情况。尽管如此，人工智能体的认识能力与控制能力与自然人的认识能力与控制能力有本质区别。

首先，人工智能体的认识能力与控制能力缺乏伦理判断与道德评价的社会基础。人类与不具有生命力的物体、动物区分开的根本标准在于人具有道德理性，康德指出：“人虽然有着种种的感性欲望，但他并不由这些欲望决定，决定其行为的永远是理性，正因为这样，才能对人的行为进行道德评价。”[②] 人的思维与行为是基于社会实践，通过认识、意志、理性、情感、伦理进行的复杂的道德选择与价值判断过程，（超）强人工智能体在认识、意志、理性、情感、伦理等诸多方面与人类仍然存在本质差异。AI 的本质属性是自然性和机械性，因为 AI 虽然复制甚至强化了人类大脑思维的物质基础和局部功能，但是它只执行人类指令而不考虑社会意义、社会责任和社会后果，也就不能形成主体真正的实践活动和社会属性。[③]

其次，人工智能体的认识能力与控制能力具有相对自主性与绝对客体性。无论是将人工智能分为（超）强人工智能还是弱人工智能，隐藏在人工智能体背后的人的编程行为是驱动人工智能体运行的本质因素。[④] 即便是类人类思维的

---

① 参见马俊驹：《人格和人格权理论讲稿》，法律出版社 2009 年版，第 36 页。

② ［德］康德：《法的形而上学原理——权利的科学》，沈叔平译，商务印书馆 1991 年版，第 131 页。

③ 参见张劲松：《人是机器的尺度——论人工智能与人类主体性》，载《自然辩证法研究》2017 年第 1 期，第 54 页。

④ 参见王德政：《人工智能体犯罪主体资格的理论廓清与现实应对》，载《新疆社会科学》2020 年第 3 期，第 80 页。

高级算法，其真正的主人仍然是人。就医疗智能体而言，随着机器学习算法的最新进展，许多以前被认为需要人类专业知识的医疗任务已经被人工智能系统复制，且精度达到或超过了人类专家的水平。这些重要的表现包括评估眼底视网膜造影术和组织病理学、读胸片以及皮肤损伤的评估。然而，所有这些研究都是回顾性的，人工智能系统需要根据标记好的病案进行训练、测试或验证。可见，人工智能算法自主性仅具有相对性且在根本上是由“人”创设和控制的，因而人工智能算法相对于“人”而言具有相对自主性与绝对客体性。[①]

（2）就刑事责任的有效实现而言，人工智能体无法成为有效的刑事责任承担者。《未来简史》的作者赫拉利认为，既然法律能认可公司这种既无身体也无心智的实体的主体地位，并称为“法人”，那么认可人工智能的主体资格也无不可。[②] 国内亦有学者认为未来的自主智能机器将有完全自主实施行为的能力，不再是为人类所使用的被动工具；虽然人类设计、制造并部署了它们，但它们的行为不受人类的直接指令约束，而是基于对其所获取的信息的分析和判断，[③] 并据此主张人工智能是特殊性质的法律主体。

本书对此持不同观点，法律主体资格的赋予应当是主观上意志自由与客观上责任的有机统一。对于人工智能体而言，即便是具备类人类思维的超强人工智能体，其意志自由仅仅意味着具备了刑事责任实现的假定前提，但这并不意味着人工智能体必然具备责任承担能力。人工智能体是人类的创造物，从其归属来看属于管理人，包括人工智能体的研发者、生产者、销售者、使用者等自然人或法人。同时，人工智能体没有独立的财产，因此无法对其进行财产性惩罚。此外，正如上文所述，人工智能体并没有人类情感，所以是无法对其实现道德性谴责的。最终，人工智能体法律责任的实现只能归于传统意义上的刑事责任主体，在我国即自然人或法人刑事责任主体。在国外也是如此，《欧盟机器人民事法律规则》（第56段）特别指出，“至少在现阶段，责任必须由人类而不是机器人承担”。《俄罗斯格里申法案》设置了类似法人的“机器人—代理人”地位，并构建了登记制度使其获得权利能力，但是在责任承担上明确规定，因“机器人—代理人”

---

① 参见魏东：《人工智能犯罪的可归责主体探究》，载《理论探索》2019年第5期，第8页。

② 参见［以色列］尤瓦尔·赫拉利：《未来简史——从智人到智神》，林俊宏译，中信出版社2017年版，第293页。

③ 参见司晓、曹建峰：《论人工智能的民事责任：以自动驾驶汽车和智能机器人为切入点》，载《法律科学（西北政法大学学报）》2017年第5期。

的行为产生的责任由其所有权人或占有人承担（第127.4条第1款）。[①]

综上，当下关于人工智能体的犯罪主体资格在学说上日益分化，不仅存在“肯定说”与“否定说”的鲜明对峙，还存在区别于“肯定说”与“否定说”的“折中说”。本书认为，对于医疗人工智能体的主体资格应该坚持审慎严谨和科学理性的态度。未来，随着科技的进步和人类文明的发展，社会政治经济、伦理道德等诸多要素都将发生颠覆性变化，或许未来法律能够赋予人工智能体主体资格。然而，越过人工智能体的表象，可发现隐藏于其背后的编程者才是真正的犯罪主体，[②] 因此，目前AI医疗犯罪的主体仍然是传统意义上的犯罪主体——自然人或法人。

2. AI辅助医疗不同场景下犯罪主体的具体认定

AI医疗模式的形成是“现代数字化技术＋传统产业模式”成功应用的结果，图4－5可以直观显示，AI辅助医疗涉及的领域范围较传统医疗所涉领域更加广泛，其中所涉及的相关设备、设施、技术和系统在应用时处于相互融合关联的状态。这就使得AI辅助医疗领域中的犯罪主体范围较传统医疗行为的犯罪主体范围更加广泛，其法益侵害主体常常会涉及多数人，包括AI医疗软件开发者、AI医疗设备的制造者、销售者、所有者、使用者等。（见图4－5）

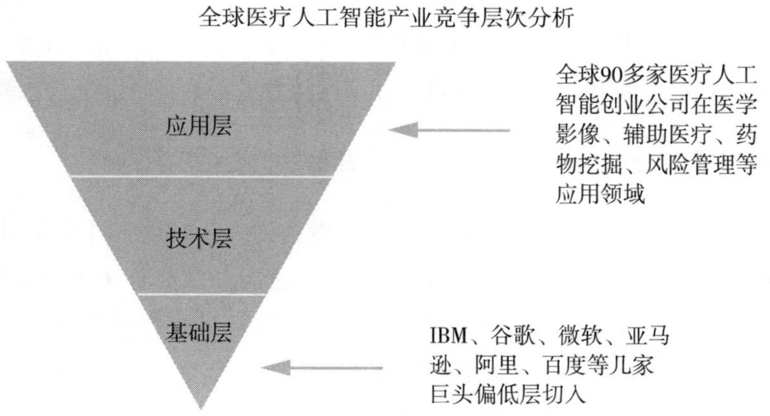

图4－5　全球AI医疗产业分布

数据来源：前瞻产业研究院数据库。

---

① 参见刘洪华：《论人工智能的法律地位》，载《政治与法律》2019年第1期，第18页。

② 参见王德政：《人工智能体犯罪主体资格的理论廓清与现实应对》，载《新疆社会科学》2020年第3期，第83页。

关于 AI 辅助医疗的两种场景与模式，前文已有所述，在不同的诊疗场景与模式下，犯罪主体的认定不尽相同。

（1）医院内部独立 AI 辅助医疗模式下的犯罪主体认定

当前，我国大型医院普遍拥有先进的 AI 辅助医疗设备以及专业技术人员。以医疗影像诊断为例，国内三级甲等医院一般建有自身的影像归档和通信系统（PACS）和影像信息系统（RIS）。医疗影像科室医生应临床医生申请对患者进行医学影像与放射检查，通过对图像的采集、识别、结构化处理，人工智能医疗影像技术以海量的高质量数据为基础、以高性能的云计算技术为支撑、以深度学习能力为保障模仿医生进行诊断，生成初步诊断报告。影像放射科医生再根据人工智能医疗影像初步诊断报告，结合专业知识与经验形成最后的诊断报告，供临床医生确诊治疗参考。如果影像科医生基于错误的人工智能医疗影像出具辅助诊断报告，就容易使临床医生形成错误的诊断结论，在治疗上极可能对患者造成严重损害。此种情形的医疗法益损害主体涉及以医院为核心的 AI 设备所有者和使用者、AI 医疗软件设计者、设备生产者、设备销售者等。

（2）AI + 远程辅助医疗模式下的犯罪主体认定

AI + 远程医疗跨越诊所或医院的物理边界，如果相关主体在远程 AI 医疗模式下参与 AI 医疗，根据智能医疗诊疗错误产生的原因，发起远程诊疗的医院、接受远程诊疗的大型医院、人工智能医疗设备的所有者和使用者、医疗影像软件设计者、设备生产者、设备销售者、互联网运营者等均有可能成为犯罪主体。

（二）AI 医疗犯罪的主观罪过认定困境

人工智能的发展历程是由弱人工智能发展为强人工智能，并不断向类人工智能迈进的过程。一个现实性问题是，技术越进步，引发的社会问题越频繁、越多元。强人工智能体出现后，由于它是基于超强学习能力而具备的一些独立判断和决定，就存在超出人类所能控制的范畴。在医疗的一些领域，医生越来越容易接受 AI 在医疗中的应用，如利用 AI 识别人类无法识别的基因突变等。未来，超强人工智能在医疗临床的应用中会否发生类似“Jeffry Vander Goot 案”的情形，木马程序会否脱离编写人的预判和控制，“独立”发动攻击行为，未置可否。类似行为的主观方面该如何考量？（超）强人工智能的“意志”与传统刑法理论中的意志自由能否等同？值得探究。

1.（超）强人工智能的“意志”与传统刑法理论中的意志自由能否等同？

有学者认为，超出设计和编制的程序范围，在自主意识和意志支配之下实施行为的智能机器人具有辨认能力和控制能力，这与具备刑事责任能力的自然人所具有的辨认能力和控制能力并无本质上的不同。[①] 本书认为，刑法罪过理论以人的自由意志为基石，如果从刑事责任上认同智能机器人具有意志自由，实则是对刑法罪过理论的颠覆。费尔巴哈的心理强制说认为，人具有追求快乐、逃避痛苦的本能。为了防止犯罪，必须抑制行为人的感性冲动，即科处作为害恶的刑罚，并使人们预先知道因犯罪而受刑的痛苦大于因犯罪所能得到的快乐，才能抑制其心理上萌生犯罪的意念[②]。维特根斯特指出：“机器当然不会思维!”[③] 人的意志自由是罪过心理的基础，自然人所具有的辨认能力和控制能力源于生命，而智能机器人所具有的独立的辨认能力和控制能力源于预设的程序和指令。尽管其可以根据预设的程序和指令自行决定一定的行动，并可能导致一定的社会后果，但是正如前文所述，人工智能的“意志”具有自主的相对性和客体的绝对性，人工智能基于独立判断和决定所实施侵害的主观罪过与传统刑法理论中人的意志自由不能等同。在临床上，AI 辅助技术应用必须以人的思考过程为设计指导，例如，医生和患者需要什么？医生如何诊疗并满足患者需求？如何辅助健康管理？

2.（超）强人工智能的独立判断与决定“意志”能否消减人（自然人和法人）的主观罪过？

美国未来学家雷·库兹韦尔（Ray Kurzweil）预测：在 21 世纪中叶，非生物智能将会 10 亿倍于今天所有人的智慧。[④] 对于未来具有超强类人类行为的、能进行推理和解决问题的（超）强人工智能犯罪是否意味着人（自然人和法人）的主观罪过的消减的问题，本书认为，表面上看，在人工智能由弱到（超）强的“进化”过程中，人与机器人在辨认能力与控制能力上此消彼长，人工智能体的辨认能力与控制能力逐步增强，人的意识与意志对其“行为”的作用逐渐减弱。但是从本质上来看，人的意识与意志对人工智能“行为”的作用的减

---

① 参见刘宪权：《涉人工智能犯罪刑法规制的路径》，载《现代法学》2019 年第 1 期，第 79 页。

② 参见马克昌主编：《近代西方刑法学说史》，中国人民公安大学出版社 2008 年版，第 99 页。

③ ［英］维特根斯坦：《哲学研究》，陈嘉映译，上海人民出版社 2001 年版。转引自孟令朋：《论维特根斯坦关于人工智能的基本观点》，载《山东社会科学》2012 年第 5 期，第 153 页。

④ 参见［美］库兹韦尔：《奇点临近》，李庆诚、董振华、田源译，机械工业出版社 2011 年版，第 80 页。

弱并不能合乎逻辑地推演出人（自然人和法人）在人工智能犯罪中的主观罪过的消减。主观罪过是行为人犯罪的心理态度，依据我国刑法的规定，罪过包含两种基本形式：犯罪故意与犯罪过失。在此，本书从涉AI医疗犯罪罪过的两种样态予以阐述，进而说明在刑事范畴内，（超）强人工智能的独立判断与决定“意志”并不能消减人（自然人和法人）的主观罪过。

（1）（超）强人工智能的独立判断与决定“意志”不能消减人（自然人和法人）的主观故意的罪过。依据刑法罪过理论，犯罪故意是指明知自己的行为会发生危害社会的结果，并且希望或者放任危害结果发生的心理态度，其包括认识因素与意识因素。医疗涉人工智能故意犯罪只不过是人工智能研发者、生产者、使用者等将人工智能体当成犯罪工具，利用其进行犯罪。

首先，就认识因素而言，犯罪故意的成立需要满足三个基本条件：一是对行为结果的明知。对行为结果的明知即对行为产生或将要产生的危害社会结果的内容与性质的认识，在AI医疗犯罪故意的认识内容中，社会危害结果是核心内容，人工智能研发者、生产者、应用者等对其行为的性质等客观事实情况的认识，都是在对危害结果认识的基础上派生出来的。值得注意的是，明知中的结果为行为必然或可能造成的危害社会后果，也是一种概然性结果。AI医疗犯罪故意的认识内容，无论是弱人工智能医疗故意犯罪还是（超）强人工智能故意犯罪，只要认识到该智能机器人有导致严重危害社会后果的可能性即可，并不要求行为人对自己行为所产生的全部结果都有明确的认识。特别是对于具有类人类思维的强人工智能，只要研发者、生产者、应用者认识到了中间结果，或者认识到结果发生的可能性，即可认为行为人对行为结果有了认识。二是对行为本身的明知。行为是犯罪构成的核心要件，无行为即无犯罪。因此，行为人对行为及其性质的认识是犯罪故意成立必须具备的内容。行为人只有同时明知自己行为的内容和危害性质、明知自己的行为会引起什么性质的危害结果，才能成立故意犯罪。但是，这里的行为性质是指行为的自然性质与物理性质，而非法律性质和社会性质。对于利用医疗人工智能的犯罪行为，只要行为人认识到自己的行为具有危害性或侵害性，就说明其对行为性质已有认识，而不论行为人对自己行为的适法性评价。三是对因果关系的明知。当危害结果属于犯罪构成要件时，要成立故意，不仅要求行为人对危害结果有认识，还要求行为人认识到危害行为与危害结果之间的因果关系。如果行为人缺乏对已经出现或者即将出现的因果锁链的认识，也就排除了行为人对自己的行为会导致危害社会的结果的“明知”。

其次，就犯罪故意的意志因素而言，犯罪故意的意志因素是指行为人主动选择犯罪行为，并在此基础之上支配行为向符合犯罪构成事实的方向发展的为刑法规范所制约的心理过程。可以预见，随着智能机器人“智能”的增长，当人工智能体具备了独立的意志能力，超出研发者在设计智能机器人时的控制范畴时，其就可能实施他种或者更多种具有严重社会危害性的行为。例如，研发者设计出“人工智能间谍”，而该人工智能体通过超强学习能力，模仿人类实施故意杀人行为。

对于人工智能的超限罪过，研发者、使用者是否完全丧失意志能力？对此我们应当从犯罪故意意志因素的本质以及人工智能的属性两个层面予以考察。一是从意志因素来看，依据刑法学理论以及我国刑法的规定，犯罪故意的意志因素是以行为人对危害结果所持的“希望”或“放任”的心理态度为核心的心理要素，包括意志选择、意志态度、意志努力。人工智能的研发者、使用者等应当通过科学的力量预判（超）强人工智的技术风险，设计相应的预防手段。2017 年，著名物理学家斯蒂芬·霍金在北京国家会议中心举行的全球移动互联网大会（GMIC）的主题演讲中指出，人工智能是有根除疾患和贫困的潜力的，但是研究人员必须能够创造出可控的人工智能。对此，日本学者新保史生教授提出“机器人使用八原则”①。二是从人工智能的属性来看，在外在表现上，（超）强人工智能体在自主意识和意志的支配之下，对实施某种行为或者不实施某种行为作出选择，具备意志选择、意志态度、意志努力三个要素，在实质意义上，其仍然是实验室的产物。人类通过为其设定的算法或通过海量数据训练自主生成算法，赋予其认识事物的能力。人类可以或者应该通过科学的手段防范人工智能的自主意识和意志支配之下的危害行为。如果人工智能的研发者、生产者等对（超）强智能机器人可能具有的独立意识和意志采取放任甚至希望的心理态度，任由智能机器人自主决定，实施严重危害社会的行为，实则是对危害结果的“放任”或“希望”。

（2）（超）强人工智能的独立判断与决定“意志”不能消减人（自然人和

---

① “机器人使用八原则”是指：第一，人类优先原则；第二，服从命令原则；第三，保护秘密原则；第四，限制利用原则；第五，安全保护原则；第六，公开透明性原则；第七，个人参加原则；第八，责任原则。参见许钟灵、吴情树：《人工智能体过失刑事风险的因应》，载《法治社会》2020 年第 6 期，第 94 页。

法人）的主观过失罪过。与 AI 医疗犯罪主观故意相比较，主观过失是涉 AI 辅助诊疗犯罪更为常见的罪过形式，论证（超）强医疗人工智能的独立判断与决定“意志”能否消减人（自然人和法人）的主观过失罪过的关键在于对注意义务的考察。如前文所述，过失犯罪的本质在于犯罪主体是否具有注意能力，德国学者柏林指出：“所谓过失，乃指行为者在意思决定过程中，虽应履行法秩序所课以认识结果之发生，而必须阻止自己实行违法行为之义务，但因懈怠此义务而未形成可以阻止该行为的意思的情形而言。”[①] 日本学者大塚仁指出：“对于过失来说，本质性的东西不是使他人负伤的结果，而是懈怠了社会生活上必要的注意这种行为的性质。”[②]

对于“注意义务”的界定，目前学术界具有共识性的主张是“结果预见义务与结果回避义务说”。结果预见义务的重点在于要求行为人善尽结果预见义务，以避免危害结果的发生。结果避免义务的重点在于要求行为人善尽避免危害结果发生义务，防止危害结果发生。我国刑法对过失犯罪的规定蕴含结果预见义务和结果避免义务的内容。[③]

对诊疗人工智能体注意义务的设置不能偏离人类命运终极关怀的轨道，研发者和使用者所有注意义务和结果回避义务的内容都应当建立在有益于人类的基础上，而不能是优先考虑人工智能技术发展的利益。[④] AI 辅助医疗中的人工智能犯罪行为所侵害的法益涉及人的生命安全、健康等重大法益，其研发者、使用者应当被赋予更高的结果预见义务和结果避免义务。人工智能的研发者应当对其研发的人工智能可能带来的社会危害或不稳定因素有足够的认识并且努力消除这些社会危害和不稳定因素。此外，还需要进行前瞻性试验，以更好地理解 AI 系统在医疗临床环境中的行为，通过人类反馈进行持续校准，以确定新出现疾病的发展，并检查 AI 在识别以前未分类的疾病模式方面的有效性。执业医师等人工智能的使用者必须不断地学习 AI 辅助诊疗新知识、掌握新技能，并且应当谨慎、合理、规范地使用人工智能，将其风险控制在可预测的范围内。例如，放射科医生应复查具有非典型特征的胸片，以确保充分捕捉明显的伪影

---

① 洪福增：《刑事责任之理论》，载《台湾刑事法杂志》1988 年版，第 262 页。

② ［日］大塚仁：《犯罪论的基本问题》，冯军译，中国政法大学出版社 1993 年版，第 258 页。

③ 《刑法》第 15 条第 1 款规定：“应当预见自己的行为可能发生危害社会的结果，因为疏忽大意而没有预见，或者已经预见而轻信能够避免，以致发生这种结果的，是过失犯罪。”

④ 参见许钟灵、吴情树：《人工智能体过失刑事风险的因应》，载《法治社会》2020 年第 6 期，第 98 页。

或异常的临床背景。

综上，结合弱人工智能与强人工智能的不同形态，人工智能的主观意志不过是人的主观意志的复制与体现。智能机器的智能只是表面的、非实质性的，智能机器不会像人类一样真正拥有智能和意识，我们能够期待医疗人工智能的研发者、使用者等通过采取措施避免危害的发生，尽管随着人工智能的发展，人的意识和意志对智能机器人的行为的作用逐渐减弱，但人（自然人和法人）的主观罪过并不能因此而消减。

3. AI 医疗犯罪的主观罪过

（1）AI 医疗犯罪的主观罪过形态

现行刑法学罪过理论体系包括主观故意与主观过失两种形态，涉 AI 医疗犯罪的主观罪过亦不例外。

第一，主观故意及其归属。涉 AI 医疗犯罪的主观故意主要表现为以人工智能为犯罪手段或者犯罪工具的犯罪故意，目前，学界关于利用弱人工智能实施医疗犯罪的主观故意为直接故意并无争议，关于（超）强人工智能通过自主学习实施的超出人类主观故意内容的罪过应如何界定，尚存争议。国内有学者认为，人工智能在隐性智慧探索方面也有可能出现突破性进展。一旦具备发现问题和定义问题的能力，人工智能将会实现真正的自主。“自主性越强，就越难将其当成是其他主体手中的简单工具。”① 据此，从逻辑推理上似乎可以得出（超）强人工智能犯罪的主观罪过不能归属于或者至少不能单独归属于其研发者、使用者等的结论。国内另有学者认为，人工智能技术的确取得了巨大进步，人工智能能够进行一些自主选择，但尚谈不上具有“精神、意识”，据此则可以肯定（超）强人工智能犯罪的主观罪过仍然归属于而且只能独立归属于其研发者、使用者等。

本书认为，不管（超）强人工智能与人的智能多么一致，犯罪的主观罪过依然归属于人（自然人或法人），我国刑法理论从意志因素将间接故意与直接故意区分开，即在意志因素上，直接故意表现为“希望”的心理态度，间接故意表现为“放任”的心理态度。（超）强人工智能的研发者、使用者等明知人工智能通过自主学习可以实施超出人类主观故意内容的行为，利用（超）强人工

① 腾讯研究院等：《人工智能——国家人工智能战略行动抓手》，中国人民大学出版社 2017 年版，第 229 页。

智能辅助医疗实施危害行为的，实则是将（超）强人工智能作为犯罪工具加以利用，其主观罪过为直接故意。（超）强人工智能的研发者、使用者等明知人工智能通过自主学习可能实施超出人类主观故意内容的行为，而放任（超）强人工智能辅助医疗实施危害行为的，如“Jeffry Vander Goot 案”和“针刺机器人案”，行为人对于人工智能造成损害结果尽管不积极追求，但并不反对，行为人（自然人或者法人）对人工智能行动的后果持放任态度，符合间接故意的意志因素，其主观罪过为间接故意。

第二，主观过失及其归属。涉 AI 医疗犯罪的主观过失主要表现在，研发者或使用者等对人工智能可能造成的危害后果具有预见的义务而没有预见或者已经预见但轻信能够避免，从而引发严重危害社会的结果的心理态度。上文已有所述，既然（超）强人工智能的独立判断与决定“意志”并不能消减人（自然人和法人）的主观过失罪过，就更无从谈起主观过失归属于（超）强人工智能的问题。

（2）AI 辅助医疗犯罪的主观罪过结合形式

AI 辅助医疗往往涉及人工智能的研发者、使用者、网络支持平台等多个行为主体，从而出现了不同主体罪过的不同结合形式，具体来说有三种基本形式。

一是犯罪故意与犯罪故意的结合。此时的 AI 研发者、使用者、网络平台支持者主观上均为故意。例如，AI 研发者在设计智能机器人时即赋予了智能机器人实施危害社会的行为能力，或者通过远程操控利用人工智能实施危害社会的行为，而人工智能的使用者、网络运营者等利用人工智能实施危害社会的行为，导致危害结果的发生，此时的人工智能的研发者、使用者、网络支持平台等的犯罪故意既可以是事先同谋，也可以是事先并无同谋。

二是犯罪故意与犯罪过失的结合。此时的人工智能研发者、使用者、网络支持平台等具有不同的罪过形态，出现故意与过失的混合形态。例如，AI 研发者在设计智能机器人时即赋予了智能机器人实施危害社会的行为能力，或者通过远程操控利用人工智能实施危害社会的行为，而人工智能的使用者、网络运营商等未尽注意义务，导致危害结果的发生。

三是犯罪过失与犯罪过失的结合。此时的人工智能的研发者、使用者、网络支持平台等的罪过形态均表现为过失。在研发者或使用者等对人工智能可能造成的危害后果具有预见义务的情况下，研发者或使用者等违反注意义务，造成严重危害社会的结果。例如，AI 研发者因疏忽，使具有严重缺陷的人工智能在社会上被投入使用，而使用者在操作使用中疏忽大意，导致智能机器人产生严重危害后果。

（三）AI 医疗犯罪的法益界定困境

对法益的侵害为当代刑事法律考量犯罪的核心要素，对法益的保护在刑法所捍卫的社会价值中具有重要地位，由于涉 AI 医疗犯罪对就诊者法益的侵害既存在生命、健康等物质性法益，又存在知情同意、信息安全等非物质性法益，从而在很大程度上导致法益界定的困境。

1. 侵害就诊者知情同意权益的界定困境

尽管 AI 辅助医疗对就诊者知情同意法益的侵犯可表现为与传统医疗犯罪的法益侵害一致，如隐瞒真相，虚假告知，误导就诊者对 AI 辅助医疗盲从，做出不真实的意思表示，损害就诊者的利益。但是，AI 辅助医疗对就诊者知情同意法益的侵犯突出表现为人工智能的“不透明性”。医疗 AI 的优势之一是其高精确性，其在疾病预测、临床诊断、手术等方面表现出某些优于人类的精准性，但人工智能系统的工作原理、数据分析对就诊者而言具有不透明性，这种在“黑箱”中进行的“医患共同决定”对就诊者“知情同意法益”的侵害难以确定。

2. 侵害就诊者医疗健康信息权益的界定困境

医疗健康信息是指包括个人医疗健康信息以及由个人医疗健康信息加工处理而形成的医疗健康相关信息。涉 AI 辅助医疗犯罪对就诊者个人医疗健康信息法益界定的困境主要表现为两个方面。

第一，医疗健康信息处理场景多元导致的法益界定困难。AI 辅助医疗中的医疗健康信息处理场景呈多元化，其典型场景有三种：一是对就诊者个人医疗健康信息的不当采集。二是对就诊者个人医疗健康信息的不当使用。三是对就诊者个人医疗健康信息的不当披露。由于 AI 辅助医疗是建立在健康医疗大数据基础上的新型医疗模式，相关犯罪对医疗健康法益的侵害的界定要考虑数据应用的不同阶段、不同情况而适用不同的规制方式。2020 年，国家市场监督管理总局和国家标准化管理委员会联合发布的《信息安全技术健康医疗数据安全指南》对典型场景下应用分级保护进行了描述，例如，医生调阅场景下数据可分为默认级、告知级和授权级。总体上看，指南详细规定了医疗数据的分类体系、使用披露原则、安全措施、安全管理指南、安全技术指南等，为医疗卫生机构的应用解决了具体问题。指南虽然操作性较强，为医疗健康信息是否合规使用的认定提供了依据，但是指南属于典型的行政指导，并不完全适用于AI医疗犯罪法益侵害的界定。

第二，医疗健康信息种类繁多导致的法益界定困难。AI辅助医疗中的医疗健康信息种类繁多，仅医疗卫生机构所要处理的信息种类就包括患者个人的基本信息及生物信息、遗传信息、疾病信息等。《信息安全技术健康医疗数据安全指南》根据数据内容、重要性、风险等要素将健康医疗数据分成六类五级。这些种类繁多的医疗健康信息在国家公共卫生治理中兼具“个人属性”和“公共属性”两种性质。一方面，AI辅助医疗所依赖的医疗大数据是以就诊者个体健康信息为核心的个人信息集成，这些信息为个人敏感信息，个体对其享有隐私权。《基本医疗卫生与健康促进法》第92条规定：“国家保护与公民健康有关的个人隐私，确保个人健康信息安全。任何组织和个人不得获取、利用和公开公民个人健康信息，不得非法买卖、提供或者公开公民个人健康信息。”学界关于医疗信息权利的研究也多是从个人隐私权的角度展开。另一方面，基于国家对医疗卫生事业发展的需要，一些个人医疗健康信息不断被赋予“公共属性”，由“个人医疗健康信息”上升为“公共医疗健康信息”，正如有研究者所指出的，大数据背景下健康医疗信息的结构性变化，使现行健康医疗隐私规则所提供的个体隐私保护机制几近失效。[①] 复杂的医疗健康信息加之其特殊属性，导致AI医疗相关犯罪法益侵害界定的困难，尤为值得注意的是，在医疗健康个人信息处理中，若发生公私权利冲突，则法益侵害的界定更加困难。

（四）AI医疗犯罪的危害行为界定困境

涉AI医疗犯罪为犯罪客观方面的认定，特别是对危害行为的界定提出新的命题，其中涉及两个关键性命题：一是关于（超）强人工智能危害行为的归属问题；二是关于危害行为的共同性界定问题。

1. 关于（超）强人工智能危害行为的归属问题

现行刑法理论中的危害行为只能是人（自然人与法人）的行为，如何认定涉AI辅助医疗犯罪自然人行为与人工智能“行为”的界限是刑法理论必须思考

---

① 参见刘士国、熊静文：《健康医疗大数据中隐私利益的群体维度》，载《法学论坛》2019年第3期，第125-135页。

的问题。本书从犯罪行为类型化的视角予以考量，将 AI 医疗犯罪行为概括为两种类型：一是以医疗人工智能为犯罪手段或工具的危害行为。例如，设计者在 AI 系统置入病毒，进而远程控制人工智能机器人手术，伤害甚至杀害就诊人。二是医疗人工智能设计、生产的缺陷或者使用不当所导致的危害行为。例如，在医疗人工智能临床应用中，使用者技术不熟练，操作失误导致就诊人身体受伤害。

上述第一种类型的医疗人工智能犯罪，如果属于弱人工智能，则完全在人的控制之下，其危害社会的行为理应归属于自然人本身，对此学界并无争议。而对于（超）人工智能通过自主学习，超出设计者或者使用者的行为内容实施危害社会的行为是否应当归属于人的行为？学界存在不同观点，有学者认为智能机器人的功能与本质特征为智能算法的自主性，算法自主性越强大，则智能性越强大①，并以此为标准将智能机器人划分为弱智能机器人与（超）强智能机器人，进而强调（超）强人工智能的法律意义，主张人工智能创造物的权利主体地位。我们能否由此合乎逻辑地得出如下结论：基于人工智能算法的自主性所实施的严重危害社会的行为应该归属于人工智能本身。

本书认为，基于超强算法的智能机器人的自主行为仍然归属于人的行为，不管是弱人工智能还是（超）强人工智能的行为均是基于人的程序设计与数据输入而实施。一方面，人工智能（体）作为客体而存在，其自主性源于人的设计。人工智能是现代科学技术发展的产物，人工智能体是人类的创造物，对此上文已论及，在此不再赘述。另一方面，人工智能（体）的智能化程度取决于人的智慧，人工智能是人类智慧的结晶，人工智能由弱到强的发展归根到底是人的智能由弱到强和人的自主意识外化程度由弱到强的飞跃，（超）强人工智能的危害行为归根到底仍然属于人的行为。

2. 关于危害行为的共同性界定问题

AI 医疗犯罪经常涉及研发者、使用者、网络运营者等多个主体的行为，对此，我们应当在运用规范刑法学共同犯罪理论的基础上，结合 AI 辅助医疗的具体场景，对危害行为的共同性作出审慎界定。

首先，根据我国《刑法》第 25 条的规定，共同犯罪是指行为人基于共同故

---

① 参见魏东：《人工智能犯罪的可归责主体探究》，载《理论探索》2019 年第 5 期总第 239 期，第 7 页。

意所实施的具有严重社会危害性的行为。结合 AI 辅助诊疗的具体场景，本书认为，医疗人工智能的研发者、使用者、网络运营者等基于共同的故意以人工智能为工具或方法的危害行为，其行为共同性的界定无论在规范刑法还是在理论刑法均不存在障碍。

其次，对于“多因一果”场景下无意思联络的数个“耦合”或“接续”发生的危害行为是否能够成立共同犯罪？本书认为，数个“耦合”或“接续”的无意思联络的 AI 辅助诊疗危害行为不具备共同犯罪行为的要素。共同犯罪的基本特征是主观故意的一致性、主体的复合性以及行为的共同性等特征。AI 辅助诊疗在多数场景涉及 AI 系统研发者、设计者、使用者、网络支持者等多个主体，尽管这一场景满足了共同犯罪的主体要素，但是，数个行为人之间既不具备共同犯罪的共同故意主观要件，也不具备共同犯罪的行为共同性要件。

三、AI 辅助医疗引发的新型犯罪

AI 辅助医疗引发的新型犯罪主要表现在危害行为与相关犯罪的差异上，在行为的定性上，目前国内外刑法一般依照相关犯罪予以定罪处罚。

（一）利用 AI 辅助医疗危害医疗信息犯罪

此类犯罪是指违反国家有关规定，利用人工智能非法取得、出售、泄露、提供、利用医疗信息，危害国家医疗信息安全以及公民个人健康信息安全，情节严重的行为。

“非法侵入 AI 系统，危害国家医疗信息安全，情节严重的行为”符合我国《刑法》第 285 条第 1 款规定的“非法侵入计算机信息系统罪”的，可以依照“非法侵入计算机信息系统罪”定罪处罚；符合我国《刑法》第 282 条第 1 款规定的“非法获取国家秘密罪”的，可以依据“非法获取国家秘密罪”定罪处罚。“利用人工智能非法取得医疗信息，危害国家医疗信息安全以及公民个人健康信息安全，情节严重的行为”符合我国《刑法》第 285 条第 2 款规定的“非法获取计算机信息系统数据、非法控制计算机信息系统罪”的，可以依照“非法获取计算机信息系统数据、非法控制计算机信息系统罪”定罪处罚。“泄露、提供、利用 AI 医疗信息，危害国家医疗信息安全，情节严重的行为”符合我国《刑法》第 398 条规定的“故意泄露国家秘密罪”的，可以依照“故意泄露国家秘密罪”定罪处罚。“利用人工智能出售、泄露、提供、利用医疗信息，危害公民个人健康信息安全，情节严重的行为”，符合我国《刑法》第253条之一规定的“侵犯公民个人信息罪”的，可以依照“侵犯公民个人信息罪”定罪处罚。

（二）破坏AI辅助医疗设备、信息系统犯罪

此类犯罪是指违反国家规定，毁损AI辅助医疗设施、设备，后果严重的行为；或者故意制作、传播计算机病毒等破坏性程序，影响计算机系统正常运行，后果严重的行为。其中“毁损AI辅助医疗设施、设备，后果严重的行为”符合我国《刑法》第275条规定的“故意毁坏财物罪”的构成要件的，一般以“故意毁坏财物罪”定罪处罚。故意制作、传播计算机病毒等破坏性程序，影响计算机系统正常运行，后果严重的行为符合我国《刑法》第286条规定的“破坏计算机信息系统罪”的构成要件的，可以依照“破坏计算机信息系统罪”定罪处罚。

（三）利用AI辅助医疗侵害就诊人生命安全、健康权利犯罪

此类犯罪是指利用医疗人工智能（体），危害就诊人生命或者健康的行为。本罪的犯罪客体为个人生命健康权，犯罪主观方面为故意，犯罪主体为特殊主体，包括AI的设计者、制造者、销售者和使用者。此类犯罪符合我国《刑法》规定的故意伤害罪的犯罪构成要件，可依照“故意伤害罪”定罪处罚。

（四）设计、制造、销售、使用不符合算法安全标准的AI医疗产品犯罪

此类犯罪是指AI医疗产品的设计者、制造者、销售者、使用者明知为不符合安全算法的AI医疗产品还设计、制造、销售、使用，足以严重危害人体健康的行为。该新型犯罪侵害的法益为国家对AI医疗产品的安全监督管理制度和公民的健康权、生命权、隐私权等。其在客观上表现为“设计、制造、销售、使用”等多样性行为。相关行为符合我国《刑法》第145条规定的“生产、销售不符合标准的医用器材罪”的，可依据“生产、销售不符合标准的医用器材罪”定罪处罚。

（五）擅自改变AI医疗产品算法与用途犯罪

此种犯罪是指违反国家规定，对AI医疗信息系统功能进行修改、增加、删除，造成AI医疗系统不能正常运行，或者对AI医疗信息系统中存储、处理或者传输的数据和应用程序进行删除、修改、增加，后果严重的行为。相关行为

符合我国《刑法》第286条规定的“破坏计算机信息系统罪”的，可以依据“破坏计算机信息系统罪”定罪处罚。

（六）AI医疗过失犯罪

AI医疗过失犯罪是指过失设计、制造、销售、使用不符合算法安全标准的AI医疗产品，或者过失改变AI医疗产品算法与用途以及过失泄露医疗信息等，造成严重危害后果的行为。

本类犯罪在客观上表现为未善尽注意义务，设计、制造、销售、使用不符合算法安全标准的AI医疗产品，或者改变AI医疗产品算法与用途以及过失泄露医疗信息等，造成严重危害后果。

本类犯罪在主观上是过失，属于业务过失。人工智能系统的设计目的是为人类从业者提供建议，而不是执行实际的诊断或治疗任务，它仍可能导致有害的意想不到的后果，如验证性偏差和警报疲劳。有研究表明，放射科医生过度依赖决策支持（AI）系统导致放射诊断的假阴性率增加。[①] AI系统研发人员需要高度关注并解决当前基于关联的机器学习范式的局限性，并确保在各种临床环境和患者群体中对人工智能应用的质量控制。医疗工作人员应善尽注意义务，谨慎使用AI医疗系统。例如，放射科医生应复查具有非典型特征的胸片，以确保充分捕捉明显的伪影或异常的临床背景。此外，还需要进行前瞻性试验，以更好地理解AI系统在现实临床环境中的行为，通过人类反馈进行持续校准，以确定新出现疾病的发展，并检查AI在识别以前未分类的疾病模式方面的有效性。

本类犯罪的主体是特殊主体，包括AI辅助医疗的设计者、制造者、销售者和使用者。

第五节　基于生命终结的新型医疗犯罪与刑法困境——安乐死与犯罪

导语：关于安乐死的争论与法律讨论并不是近年来才出现的现象。长期以

① See Lehman C. D., Wellman R. D. & Buist D. S. et al., *Diagnostic Accuracy of Digital Screening Mammography with and Without Computer-aided Detection*, JAMA Intern Med, Vol. 7, 2015, p. 37.

来，公众舆论、法院的裁判以及法律和医学对安乐死的态度存在矛盾，加之世界各国对安乐死罪与非罪的立法不尽相同，以至于安乐死与犯罪之间的联系在刑法学界存在诸多争议。在此，我们可以通过一些典型案例窥见一斑。

案例一：美国新泽西州一名名为凯伦·安·昆兰（Karen－Ann Quinlan）的年轻女性因酒精和巴比妥酸盐中毒导致严重的神经损伤而处于植物人状态，在该州医院接受6个月治疗后，其父母在一名天主教神父的见证下，要求医院拆除人工呼吸机，理由是凯伦本人在事发前有意识的状态下，曾表示不同意人工维持昏迷患者的生命。医院拒绝凯伦的父母移除呼吸机的请求。凯伦的父母向法院提起诉讼，该案在一审中，法院支持了医院的治疗权利，维持使用呼吸机。然而，新泽西州高等法院判决凯伦享有在和平与尊严中死去的权利，人工呼吸机被移除。凯伦于1985年最终自然死亡。

案例二：美国马萨诸塞州的一名消防员名为保罗·布罗菲（Paul Brophy），其由于基底动脉瘤破裂而陷入深度昏迷，起初，他的家人主张采取治疗措施，后来要求医院终止医治，放任其死亡，并声称是遵从保罗清醒时所表达的意愿。医院拒绝其家人的请求，为此，保罗的家人向法院提起诉讼，一审法院驳回了其家人终止医治措施（胃造口术）的请求。保罗的家人不服，上诉至州高等法院，州高等法院判决停止胃造口术治疗，并将保罗转诊到另一个医疗中心，保罗在几天后死亡。

案例三：1986年，美国一名28岁的患者名为伊丽莎白·布维亚（Elizabeth Bouvia），她因患有脑瘫、严重退行性关节炎和四肢瘫痪在医院接受相关治疗，但无法摄取足够的营养。医院工作人员违反布维亚的口头和书面指令，给她插入了鼻胃管。布维亚女士精神健康，她希望医院只为她提供姑息治疗，并向法院提起诉讼，请求移除她的饲管。初审法院驳回了她的请求，称该州有义务保护她的生命。法院表示，由于布维亚拒绝治疗的意图是要导致她的死亡，因此如果作出其他裁决，则无异于帮助和教唆自杀。布维亚对初审法院的判决提出上诉。加利福尼亚上诉法院推翻了初审法院的判决，确认布维亚有拒绝延长生命医疗的权利。特别是上诉法院认为，国家维护生命的利益不能超越有能力的人拒绝治疗的权利。上诉法院还认为，初审法院对布维亚的姑息治疗意图的关注是错误的。布维亚移除饲管的请求并不具有导致她死亡的意图，而只是从她的选择中预见的一种可能性。不管如何看待后一种主张，上诉法院判决的意义在于其坚持认为有能力的人有权拒绝医疗，包括延长生命的治疗。[①]

一、安乐死与安宁死亡权

（一）安乐死与医疗安乐死释义

1. 安乐死释义

“安乐死”一词起源于希腊词，由“eu”与“thanatos”混合而成，“eu”意为“好”，“thanatos”意为“死”，希腊文“euthanasia”的“安乐死”，原意为“快乐的死亡”。自安乐死概念产生以来，始终存在不同语境的解读，法学界多有阐述，本书在此以表4－5予以列举说明，并重点探讨在患者同意的情况下医生进行的自愿安乐死的法律问题。

表4－5　安乐死的种类

种类	情形
安乐死	X为了Y的利益而故意杀死Y
医疗安乐死	由专业医务人员作为工作的一部分进行安乐死
主动安乐死	X执行的行动本身会导致Y的死亡
被动安乐死	X允许Y死亡。X保留或退出救生治疗
自愿安乐死	Y自己要求死亡
非自愿安乐死	Y不能表达自己的意愿
非自愿的安乐死	Y未表达自己的意愿

2. 医疗安乐死

医疗安乐死是指由医疗专业技术人员实施的安乐死行为。从目前已将安乐死合法化的典型国家或地区的法律规定来看，医疗安乐死包括三种基本形式：主动安乐死、被动安乐死和医学协助自杀。

（1）主动安乐死。主动安乐死是指医生应患者（或代理人）自愿和主动请求或同意，以积极的行为加快或者推进患者死亡的进程。例如，医生给疾病末期的患者注射致命药剂。

（2）被动安乐死。被动安乐死亦称间接安乐死，是指不执行某一治疗行为

① See Michael J. Cholbi, *Euthanasia and Assisted Suicide: Global Views on Choosing to End Life*, Library of Congress Cataloging－in－Publication Data, 1990, p. 172.

或中止其执行而导致患者死亡。例如，医生故意不给患者某种治疗或中断维持患者生命的设备以造成死亡的行为。学界也将被动安乐死称为“姑息治疗”。在现实生活中人们更愿意接受被动安乐死，认为缩短生命的姑息治疗是可以容忍的，因为其目的不是结束患者的生命，是减轻疼痛，而患者死亡加速的事实是姑息治疗的副作用。

（3）医学协助自杀。医学协助自杀亦称医疗辅助自杀，简称医助自杀，是指医生通过提供或提示致命的手段，帮助有意自杀的患者。在医助自杀的情况下，自杀是患者自己给自己用药的过程，这种药物尤其适用于加速死亡和尽可能缓解痛苦或患者自我中断治疗的过程。

本书在此以医疗安乐死为研究视域对有关安乐死的刑法问题展开研究。

（二）生命终结权与安宁死亡权

生命终结权与安宁死亡权是安乐死中的两个至关重要的命题，也是近年来法学界深切关注和热烈讨论的命题，生命终结权与安宁死亡权究竟属于什么性质的权利？二者有无实定法或伦理上的根据？与其他生命权有何种体系关系？唯有将此等问题予以彻底释疑方能厘定有关安乐死的纷争，明确界分安乐死的罪与非罪。

1. 生命终结权及其限度

生命终结权亦称“死亡权”，是指人有自主结束自己生命以及选择死亡方式的权利。生命终结权历来是一个备受争议的社会问题。在域外，生命终结权被认为与尊严权密切相关，但是，对“生命终结权”与尊严权的关系存在两种对立的主张：一种观点认为，人的尊严不可侵犯，它必须得到尊重和保护，尊严权应当位于生命权之前。而人的尊严包括有尊严地生活、结束或要求第三方协助自己结束生命的权利。与之相反的观点认为，人的尊严赋予生命权神圣不可侵犯的性质，因此，任何形式的人为终结生命都是对生命的不尊重，任何人都没有权利终结自己的生命，自杀不仅无法得到道德上的支持，也难以获得法律上的认可。

两种对立的观点在大陆法系国家与英美法系国家立法中得以体现——关于自杀是否违法的不同规定。

（1）在欧洲大陆法系国家，自杀豁免是公认的法律原则。法国首先将自杀合法化。早在1790年1月21日，法国国民议会即废除了对自杀者的身体和财产的所有制裁，随后的立法没有重新制定禁止自杀的规定。这意味着，根据“法无明文不为罪”的原则，在法国，自杀不是犯罪。德国的刑法典也是如此。

（2）英美法系国家与大陆法系国家不同。英国法律保留了自杀作为重罪的概念，英国普通法对自杀者的惩罚是在高速公路上用木桩穿过尸体，并没收他的土地、货物和动产给国王。虽然改革后的英国法律已经取消了对自杀者的身体和财产的制裁，一个人故意结束自己生命尽管不是重罪，但仍然具有犯下重罪的企图，按照英国1861年《侵犯人身罪法》中的谋杀未遂处理。美国并未接受英国关于自杀的普通法意义，虽然法律规定自杀不属于犯罪，但谴责自杀行为，并将自杀界定为严重的公共错误，如“自杀秀”造成严重社会后果的行为属于扰乱社会秩序、违反社会公共利益的行为。此时的自杀也属违法行为，只不过这种违法行为，尤其是自杀已遂的情形已无法或无必要追究责任。

（3）我国宪法与法律均没有有关生命终结权的明确规定。有学者依据我国《宪法》第38条“中华人民共和国公民的人格尊严不受侵犯。禁止用任何方法对公民进行侮辱、诽谤和诬告陷害”的规定，认为我国虽然并未像发达国家那样将人的尊严明文规定于宪法之中，但是，如果我们不拘泥于那种类似于“原旨主义”的解释立场，而是努力探求当下存在于该条文自身内部合理的规范性内涵，在第38条规范性语句本身的结构中，也存在了可容纳新解释方案的回旋空间，即将第38条前段视为一个具有一定概括性的一般原则规定，类似于一般条款，而后段视为以前段为基础的特别规定，类似于特别条款，是对有关禁止性侵权行为类型的不完全列举，对前段侵犯人的尊严的行为的举例说明①。

（4）本书认为，人的生命是自生命的形成至终结的延续过程，依据我国《民法典》的规定，生命始于出生，终于死亡，出生和死亡都是生命旅程不可缺少的组成部分，生命权利自然贯穿于从出生到死亡。因而，公民的生命终结权有一定的法律依据，作为生命过程中最后阶段的自主自杀行为亦应被作为基本权利予以尊重。对于个人的自杀行为，我国刑法并未作出专门规定，依据罪刑法定的原则，自杀在我国不成立犯罪。

2. 安宁死亡权及其根据

安宁死亡权是指患有不治之症遭受痛苦的晚期患者有自主的选择旨在减轻

---

① 林来梵：《人的尊严与人格尊严——兼论中国宪法第38条的解释方案》，载《浙江社会科学》2008年第3期，第50页。

痛苦的死亡权利，学界经常将其表述为安乐死亡权。值得讨论的是安宁死亡权能否成为与生命权密切相关的一项新型权利？

法律权利是权利主体为追求或维护某种利益而进行行为选择，并因社会评价为正当而受法律和国家认可与保障的行为自由。[①] 自20世纪90年代以来，权利本位可谓法学研究的一个主导性范式，新兴权利成为我国法学界关注的一个热点问题，越来越多的权利被纳入法律研究的视野。不可否认，人类正处于一个权利层出不穷的时代，既有的权利体系已经无法涵盖日益增强的权利呼声和日益增长的权利要求，在众多的权利诉求与呼声中，一些权利要求被上升为一种法律权利，而另一些要求不能被归为法律权利。一项权利能够上升为法律权利的内在根据或实质要素在于：一是权利对主体具有某种利益；二是权利主体对利益享有自由；三是社会对权利主体行为选择的正当性评价。安宁死亡权的证成亦不例外。

（1）基于利益要素考量的安宁死亡权。利益是在一定时间、一定范围和一定条件下符合人们本性需求的一种存在。权利虽不能等同于利益，但任何权利都应当包含利益。20世纪初，美国著名法学家罗斯科·庞德在其所著《法理学》一书中指出："近来，人们认识到，在权利后面的是一种被法律确认和界定的利益（主张、要求或愿望）。"[②] 从利益要素分析，一方面，安宁死亡为濒临死亡并正在忍受极端痛苦的患者按照其意愿实施安乐死，能够满足患者减轻其身体痛苦的需求，这也是安宁死的出发点与归宿点。另一方面，安宁死能够满足忍受极端痛苦患者的人格尊严，即体面地终结生命。安宁死并非关乎人对"生与死"的选择，其本质在于死亡状态的"安宁"。安宁死之所以经常被称为"尊严死"，就是因为人可以按照自己的价值理念，选择体面地结束生命，实现人对"尊严死"的精神利益。

（2）基于自由要素考量的安宁死亡权。自由是指权利主体可以按个人意志去行使或放弃该项权利，不受外来干预或胁迫。现代社会的个人权利是建立在自主原则基础上的，美国著名法学家德沃金认为，一般人都同意，具有行为能力的成年公民都拥有自主权，自主权是决定者得以做出关乎自己生命的重大决定的权利，不管我们对堕胎和安乐死持有什么样的立场，我们都希望拥有为自

---

① 参见北岳：《法律权利的定义》，载《法学研究》1995年第3期，第44－47页。

② ［美］罗斯科·庞德：《法理学》（第4卷），王保民、王玉译，法律出版社2007年版，第34页。

己做主的权利。[1] 一个人应该被允许自己决定如何尊重自己生命的不可侵犯性，保护个人自主权已成为医疗决策中的一个突出价值，自主的个体在其生命的尽头完全可以期待人们尊重他/她的个人意愿和需求，只要这种个人意愿和需求没有伤害他人。[2] 从个人意志自由的立场出发，安宁死亡权无疑是意欲安乐死者的一项基本权利。

（3）基于正当要素考量的安宁死亡权。社会正当性评价是安宁死亡权具备的伦理道德基础。安宁死在伦理道德上是否正当合理是长期困扰安宁死亡权利确立的重要因素，目前学界存在三种不同论点。

一是安宁死亡权道德背离论。道德背离论的主要论点在于人类的生命是神圣的，在任何情况下都不能放弃，更何况任何给定的不可医治的疾病诊断或预测都不能完全排除错误的存在。并且随着医学科学的发展，新的有效治疗手段或方法或将产生。譬如，通过人体冷冻而延长人的生命，在这种情况下，延长生命和放弃安乐死可能会带来比最初预期更多的寿命或幸福。即使患者的生命受到迫在眉睫或当下不可避免的危险的威胁，也不能认为造成患者死亡的人的致命行动是为了消除危险而对该人的生命采取的“拯救行动”。相反，安乐死是通过杀死患者来消除疼痛，安乐死不仅结束了患者的痛苦，也结束了患者的生命。

二是安宁死亡权“滑坡”论。“滑坡”论的论点强调，如果我们接受“有尊严地死亡的权利”，患有不治之症和使人衰弱的疾病的人将被社会抛弃，因为“不治之症”的概念并不准确，况且不治之症实际上是无穷无尽的，如糖尿病、风湿病、关节炎、心力衰竭、肺气肿、慢性支气管炎、慢性肾功能衰竭和肝炎等。此外，在老年人中，多种疾病的累积效应可能会导致难以忍受的痛苦，并证明安乐死是合理的。同样，那些缺乏能力的人遭受的痛苦与那些有能力要求医疗援助死亡的人相当时，非自愿安乐死将与自愿医疗帮助死亡一样合理。因此，虽然一些濒临死亡并正在忍受极端痛苦的安乐死的例子可能在道德上是合理的，但法律上如果对安乐死予以宽恕，那么可能会导致虐待、遗弃等，甚至出现安宁死亡的发展趋势从自愿安乐死扩大到非自愿安乐死的问题，从而直接导致社会道德的下降。例如，比利时重症监护医学会曾发表了一篇文章，明确

---

① 参见［美］德沃金：《生命的自主权》，郭贞伶、陈雅汝译，台湾城邦文化事业股份有限公司2002年版，第221－280页。

② 参见刘小平：《新兴权利的证成及其基础——以“安宁死亡权”为个例的分析》，载《学习与探索》2015年第4期，第69页。

支持对精神无能者在没有明确要求的情况下“缩短死亡过程”的做法。[①]

三是安宁死亡权合道德论。安宁死亡权合道德论以利益权衡为基点，认为对忍受极端痛苦的患者提供医疗来延长生命不仅没有必要，甚至可能是残酷和错误的。生命质量不仅应当被视为独立的道德标准，并且可以被认为是确定什么是患者的最大利益的一个标准。

本书认为，一方面，安宁死亡权利具有一定的社会伦理道德基础。康德认为人是目的，不是手段，“如果一个道德行动者（moral agent）的意志不为外界因素所决定，而且这个行动者能够仅依据理性而应用法则于自身，那么他就是自主的（autonomous）”[②]。依据康德这一道德原则，具有行为能力的患者选择在医生的协助下安排自己的死亡，可以获得道德上的证成。时代在变迁，随着现代医学科学技术的不断进步，评价安乐死的社会伦理道德标准也在不断变革。人与社会的价值关系是社会伦理学研究的出发点，社会的发展不仅应当为人们提供更高水平的物质基础，也应当为人们提供更高的精神自由，包括对生命意义和生命质量的选择与决定，这种以人为本的思想应当贯穿于整个社会伦理体系的始终。另一方面，安宁死亡权的行使不具有绝对性，在现代社会，任何权利的行使都不具有绝对的意义，当基本权之行使与他人之间发生冲突或有害于公益时，国家必须对基本权加以限制。[③] 我国《宪法》第51条明确规定，中华人民共和国公民在行使自由和权利的时候，不得损害国家的、社会的、集体的利益和其他公民的合法的自由和权利。个人安宁死亡权的不当行使也可能危及他权，甚至危及社会公共利益。例如，过度渲染的安乐死所产生的影响可能远远超出自杀者的范围，自杀传染是公认的现象[④]。因此，安宁死亡权的行使应当符合严格的限制条件，例如，安乐死合法化的荷兰、卢森堡、比利时三国均规定安乐死必须具备三个要素：有关患者请求有效性的法律条件、患者所需的健康状况以及医生在实施安乐死时必须遵守的法律条件。美国加利福尼亚州、俄勒冈州、佛蒙特州和华盛顿州的立法要求接受致命处方的患者患有绝症，并且

---

① See David Albert Jones & Chris Gastmans, *Euthanasia and Assisted Suicide : Lessons from Belgium*, Cambridge University Press, 2017, p. 43.

② BuNNIN & Yu J. , *The B18ckweu Dictionary of Westem Philosophy*, Blackweu Publishing, 2004, p. 63.

③ 参见［日］町野朔：《犯罪论的展开Ⅰ》，有斐阁1996年版，第53页。

④ 自杀传染是指伴随自杀宣传而增加的自杀率。例如，在对知名人物自杀的事件进行宣传，或公开报道一种不寻常的自杀方式，甚至是一些流行的虚构自杀案例后，一般人群中的自杀率就会飙升。

他们不得患有任何会干扰理性选择自杀能力的精神疾病。此外，安宁死亡权的行使更应当强调生命自主处分的高度人身专属性，任何他人不得随意介入，借此达到对生命的自我决定权的享有和践行。

二、医疗安乐死的刑法困境

（一）医疗安乐死的罪与非罪之辩

生命是一个超越生物学的概念，随着医学科学的发展以及现代医疗技术的广泛应用，死亡变得越来越“医疗化”，也就是说，一个人死亡的时间和方式越来越受到医疗技术的控制，死亡越来越多地是由于生命即将结束时所作的选择而发生。这就使得医疗安乐死，尤其是医助自杀（辅助死亡）的罪与非罪成为医疗刑法论辩的焦点，本书在此将论辩的焦点问题归结为五个方面。

1. 论辩的第一个主题：医生协助自杀与主动自愿安乐死在道德上是否有根本区别？

医生协助自杀和医生在死亡中的帮助是同义词，二者是由医生根据患者的要求，故意向患者提供自杀所需的知识、手段或两者，包括提供致命剂量的药物的咨询服务、开具致命剂量药物的处方或提供药物，由患者自我管理，以结束生命。主动自愿安乐死，通常是医生积极和有意地通过某种医疗手段结束患者的生命。

关于医生协助自杀与主动自愿安乐死是否有道德上的根本区别，一种观点认为，协助自杀是患者造成自己的死亡，其在个人行为的边界内，而主动自愿安乐死跨越这一边界，是一个人对另一个人实施行为。因此，二者在原则上是有道德区分的。另一种观点认为，在例外的情形下，即患者由于无法治愈的疾病而遭受难以忍受的痛苦，并作出自由和知情的决定来加速死亡，而不再忍受进一步的痛苦时，并且立法规定了只适用于具有决策能力的患者时，此时的医生协助自杀和自愿主动安乐死之间没有道德差异。

2. 论辩的第二个主题：医务人员的行为规范与医疗安乐死是否相容？

关于医务人员的行为规范与医疗安乐死是否相容的问题，同样存在两种对立的观点：一方面，医疗安乐死的反对者认为，反对医生杀死患者（或允许患者自杀）是医学历史上一直被明确的道德规范。无论辅助死亡的其他优点是什么，允许医生帮助他们的患者自杀或杀死他们的患者都严重偏离医学道德规范。另一方面，安乐死的支持者认为，无条件禁止医生结束患者生命的医学道德解释是一种误解。医疗专业人士需要道德规范来约束自己的行为，当一个患者的痛苦是难以忍受的时候，除医生结束该患者的生命外，没有其他办法能够充分缓解这种痛苦，就应该坚持使患者的请求得到帮助的原则，在医学行业，没有什么深奥的道德规范能够超过这一责任。

3. 论辩的第三个主题：医疗安乐死的行为性质是作为还是不作为？

医疗安乐死的提倡者认为，尊重患者的决定是医生的道德义务和法律义务，医生有义务尊重患者放弃或停止可能延长他们生命的治疗（例如，选择不接受额外化疗的癌症患者或要求撤除生命支持的绝症患者）的选择。医生在知情的情况下可以以“不作为”的方式加速患者死亡，同样可以以“作为”的方式帮助患者死亡或杀死请求死亡的患者。但是，主动自愿安乐死的“请求和预先指示”对医疗机构或医生不具有强制性，不得强迫任何医生执行安乐死。

医疗安乐死的反对者主张医生的杀害行为与放任死亡的行为不同，医生可以放任患者死去，但不能杀死患者。因此反对医生协助下的安乐死，即安乐死的“作为”行为，但不反对患者因病情发展而死亡，即安乐死的“不作为”行为。

4. 论辩的第四个主题：尊重患者的自主权和善行如何决定医疗安乐死在道德和法律上的可接受性？

医疗安乐死的支持者通常会诉诸以下两条原则来证明他们的立场：一是尊重患者自主权的原则，即患者（至少在有能力的情况下）有决定他们将接受何种治疗或干预措施的主要权利，应该尊重患者的自决，因为患者对他们的福祉有特殊的专长。① 二是慈善原则，即医疗专业人员应采取有利于其患者的行动。根据许多安乐死倡导者的说法，只要符合患者的利益，而且出于知情同意，患者有权在医生协助下死亡，域外一些司法管辖区已经实现了医生协助死亡的合法化。

安乐死的反对者坚持认为，这两个原则太过抽象，不足以充分说明不同安乐死的复杂性和细微差异性，以及具体临终决定相关因素的不确定性。在自主权方面，反对者认为，在医疗决策中，患者的自主权并不具有绝对的价值。关于慈善，反对者认为，结束一个人的生命未必真的是一种善行，患者的最佳利

① See Michael Cholbi, Jukka Varelius, *New Directions in the Ethics of Assisted Suicide and Euthanasia*, Springer International Publishing Switzerland, 2015, p. 14.

益应该独立于其自我决定的选择来考虑。对一个人有益的东西是确定的，这与他的态度或意愿无关，应当从客观的幸福理论中确定一个独立于患者的最大利益。①

5. 辩论的第五个主题：医疗安乐死合法化或被接受的预期后果怎样？

反对医疗安乐死的人认为，自愿实施安乐死或协助自杀合法化将削弱对人的生命的一般尊重和对杀戮的禁止，产生“滑坡效应”② ——非自愿安乐死或杀害残疾人。这种滑坡式的担忧反映了人们对医生协助死亡道德标准的担忧。

医疗安乐死的支持者认为，在允许（某种形式）医生协助死亡的司法管辖区，死亡人数并没有大幅增加，弱势群体也没有受到压力而违背自己的意愿死亡，在所调查的辖区内，如荷兰、比利时等国家，没有发现人的生命普遍贬值的迹象。

（二）同意的刑法个人主义与集体主义之辩

同意问题在刑法的定罪与量刑中起着至关重要的作用，安宁（乐）死“罪”与“非罪”的一个值得仔细审查的方面是同意问题。同意可否成为安乐死合法化的有力根据实则涉及刑法的个人主义与集体主义之辩。

1. 同意的刑法个人主义主张

按照刑法个人主义的思维路径，法律制度是个人主义的，就生命权而言，人被赋予了与生俱来的个人生命尊严，每个人是自己的目的，而不仅仅是服务于外部社会目的，如国家的目的，甚至是人类同胞的目的。尊重人的生命尊严就意味着承认个人的意志是一种价值，从这一认识出发，遵循患者同意或请求在安乐死病例评估中具有决定性意义。刑法的个人主义认为，理性自杀是一种私人的、自主的行为。试图规范医生协助自杀是国家权威对个人自由的无理侵犯，因为如果患者愿意，自杀不会伤害患者，而且理性的自杀不会伤害任何人。从这一路径出发，具有侵袭性的医疗也会因为患者的同意而是合法的，相反，如果患者拒绝接受治疗，任何进一步的治疗都是非法的。

2. 同意的刑法集体主义主张

与刑法的个人主义立场相反，刑法集体主义认为，法律在某些情况下确实

---

① See Michael Cholbi, Jukka Varelius, *New Directions in the Ethics of Assisted Suicide and Euthanasia*, Springer International Publishing Switzerland, 2015, p. 17.

② 滑坡效应指，一旦同意了某件事，随后就不得不接受一些从一开始就不想要的东西。

将社会利益置于有关个人的福利之上。在一些刑事案件中，同意并未被普遍接受，在安乐死案件中，对同意的辩护尚未被接受。在1877年"联邦诉Mink案"中，马萨诸塞州最高法院认为，每个人的生命都受到法律的保护，除非得到法律当局的同意，否则不能被自己或他人夺走。生命权被认为是神圣的，不能随意或经同意予以终止，生命的自主决定权并未受到法秩序的认可。虽然自杀是免于刑罚的，但放弃自己生命之行为无效,[①] 即使在征得另一方同意的情况下，对另一方造成伤害或造成实际身体伤害或死亡的行为也违反了公共利益。因此，在安乐死的情况下，同意并不能是法律上的辩护。

三、安乐死类型化犯罪的边界分析

（一）伴随生命缩短副作用的止痛药实施的安乐死与犯罪边界

依据现代刑法理论，故意或者过失引起他人死亡，即构成故意杀人罪或过失致人死亡罪。如果医护人员受利益驱使而实施安乐死，或者不能排除是其给予患者药物的行为导致了患者死亡，即满足刑法规定的故意杀人罪的构成要件。对于伴随生命缩短副作用的止痛药实施的安乐死与犯罪边界，在刑法学理论上可成立紧急避险的犯罪阻却事由。

1. 在美国，依据一些州的立法，出于利他动机而自愿杀害不治之症的人的行为通常是有预谋和深思熟虑的，这种行为构成最严重的杀人类型，即一级谋杀。在一些法域，这一分类进一步扩大到仅包括协助自杀的行为，如向他人提供本来无法获得的毒药。但是司法实践中经常会运用犯罪的阻却事由阻却责任的承担。

2. 在欧洲，协助身患绝症的晚期患者自杀者被称为"仁慈的杀手"，并且"仁慈杀手"经常不会被起诉。有时，他们被起诉和定罪的罪行比法律规定的罪行轻，并获缓刑。当法益之间发生冲突时，如身患绝症的患者疼痛难忍，止痛药能够帮助其减轻难以忍受的痛苦，尽管这会以生命缩短为代价，但是，此时与生命维持相比，减轻痛苦所涉及的利益价值较大，正常的价值关系在特定的情形下被颠覆。当忍受疼痛对于生命已不再有意义，那么就仅仅是一个缓解疼痛的问题了，所以决定拯救价值较高的利益的行为并不构成违法。

3. 在我国，《刑法》第21条第1款规定："为了使国家、公共利益、本人

---

① Vgl. Hubmann，Das Persönlichkeitsrecht，Köln 1967，S. 224.

或者他人的人身、财产和其他权利免受正在发生的危险，不得已采取的紧急避险行为，造成损害的，不负刑事责任。”可见紧急避险是指为了国家、公共利益、本人或者他人的人身和其他权利免受正在发生的危险，不得已而采取损害另一个较小合法利益的行为。当现实的、急迫的难以忍受的疼痛会致患者死亡时，如果使用镇痛剂和注射毒品的行为在缓解疼痛的同时也会导致患者死亡，显然解除现实的生命危险（无法忍受的疼痛）优于将来可能的生命危险，紧急避险此时便能成立。

（二）中止生命延长治疗的安乐死与犯罪边界

1. 中止生命延长治疗的安乐死的犯罪边界之问

上文已有所述，中止生命延长治疗的安乐死亦被称为被动的安乐死。严格地讲，放弃是指从根本上排除了任何延长生命的治疗。依据现代刑法理论，行为人负有作为的义务时，其不作为应受刑法处罚。医护人员对患者的生命和健康负有特别照护义务，如果中止了尽全力维护患者的生命的义务，就应依法受到刑法处罚。但是，生命维护义务是否有界限，界限在哪里？如果有辨别能力的患者被告知自己的病情，其做出的意思决定是否约束每一个人，是否包括医生？如果患者不想使用延长生命的治疗手段，患者的意思是否必须被尊重？在这种情况下，不允许开始治疗，一个已经开始的治疗是否必须被终止？如果医生无视患者的意愿，继续对患者实施治疗，是否将触犯法律？

2. 中止生命延长治疗的安乐死的犯罪边界

（1）义务冲突的基本涵义与违法阻却性

关于中止生命延长治疗的安乐死的犯罪边界，需要解决的核心问题是义务冲突问题。刑法上的“义务冲突”又称“义务抵触”，其是指一个主体同时负有两项或两项以上互不相容的法律义务，履行其中的一项法律义务就不得不放弃另一项法律义务的法律状态。[①]“义务冲突”是大陆法系刑法理论中犯罪阻却的重要事由。《法国刑法典》第112－4条规定：“完成立法或条例所规定的或允许之行为者，不负刑事责任。”[②] 在英美法系国家，一些典型判例也体现了“义务冲突”的违法或责任阻却性，例如，英国法院在审理一起暹罗双胞胎分离

---

① 参见张明楷：《刑法学》（第3版），法律出版社2007年版，第201页。

② 《最新法国刑法典》，朱琳译，法律出版社2016年版，第9页。

手术导致其中一人死亡的案件中，根据必要性理论，判决医生没有违反《欧洲公约》的规定，理由是医学检查表明，如果两对暹罗双胞胎保持团结，他们很快就会死亡，但如果分离手术成功，其中最发达的一位可能会存活下来，手术的目的不是剥夺更脆弱的双胞胎的生命，他的死亡是一个不可避免的后果，手术的目的是挽救另一个双胞胎的生命，而更脆弱的双胞胎的死亡无论如何都会发生，因为他的身体既不是，也永远不会是可行的独立的。我国《刑法》没有对义务冲突的犯罪阻却作明确规定，义务冲突阻却犯罪当属超法规犯罪阻却事由。

义务冲突的刑法意义因冲突的情形不同而不尽相同，具体表现为两种情形：在不等价的义务冲突中，行为人履行价值高的义务，阻却犯罪；在等价的义务冲突中，行为人选择履行任何一项义务，都阻却责任。

我国《医师法》第23条明确规定，医师在执业活动中应当尽职尽责救治患者，尊重患者。[①] 可见，在我国，医生在中止生命延长治疗的安乐死（被动的euthanasie）中，面临两项义务冲突，一项义务是诊疗的义务，即对生命垂危的患者尽一切医疗所能挽救其生命的义务；另一项义务则是尊重患者的义务，尊重患者的义务包括尊重患者是否采用以及采用何种医疗方案决定权的义务，对于生命垂危的患者则表现为是否尊重患者中止维持生命治疗决定权的义务。有能力的人拒绝接受治疗的权利被恰当地视为知情自愿同意（或者更普遍地称为知情同意）的法律原则的延伸，它建立在个人自主权的价值之上。要求医疗程序的知情同意是一种承认一个人选择和自主行动的能力（或者如某些人所说的一个人的道德能动性）的关键重要性的一种方式。当一个垂死的患者所忍受的痛苦已经剥夺了他或她生命的价值，而任何医疗对于患者的病痛与生命已经毫无意义和价值时，对于医生来说，尊重患者中止生命延长治疗的安乐死的请求是更高的价值选择。

（2）生命垂危患者的中止治疗请求权的法律属性

拒绝或终止治疗的权利与个人权利体系中的消极权利和积极权利密切相关，借鉴德国的基本权利类型化理论，可将公民个人的权利划分为“消极权利”与“积极权利”两类。“消极权利”与“积极权利”是关于“本权请求权”而非“权利保护请求权”的一种“类型化方法”。消极权利是指要求权利相对人予以

---

① 参见《医师法》第23条第1项、第3项的规定。

尊重与容忍的权利，积极权利是指要求权利相对人予以给付或作为的权利。[①] 消极权利往往非常严格，也就是说，可以合理地推翻它们的主张相对较少。此外，消极权利通常适用于可能与权利人接近的所有其他人或机构（政府、医学、宗教团体）。这些其他人或机构应尊重该权利，并履行其相应的义务，不得干预权利人行使该权利，即消极权利意味着其他人或机构有相应的义务尊重个人的选择和不干涉自治决定。法律权利体系中的核心是公民个人权利，如生命权、自由权、言论自由权、新闻自由权等，都是消极权利的经典例证。权利主体在行使这些权利中的任何一项时，可要求他人不得干涉其权利的行使。

在医学领域中也存在消极权利的典型例子，最为常见的是尊重个人自主的权利，包括尊重患者主体的决策权。拒绝医疗的权利是生物医学伦理和医疗保健决策中较普遍和较重要的消极权利之一，它源于更广泛的身体完整的消极权利，这就意味着其他人或机构有相应的义务尊重个人的选择权利。在医疗活动中，使用呼吸器、透析机、起搏器、饲管和抗生素等被理解为“侵入性”治疗，未经患者或代理人的授权而采取这些治疗方法是对他人身体权的侵犯。医生有义务在患者或指定代理人的知情和自愿要求下中止或不启动这些侵入性治疗仪器。与消极权利相对应的是积极权利，积极权利需要他人对权利人的行为的容忍，更需要他人执行某些行动。因此，积极权利通常不能针对其他所有人，而是针对与权利主体有某种特殊关系的特定其他人，积极权利往往具有更有限的适用范围，其仅对处于特定关系中的人具有约束力。在医患关系中，由于患者和医生之间的特殊关系，医疗保健中的积极权利被广泛接受和证明是合理的。如知情同意权，为了帮助或促进患者对拟议治疗的审议，医生有义务向患者（或代理人）披露有关信息、替代方案和医疗风险。死亡请求权作为一项“本权请求权”，对医生而言只能作为消极的不干涉权利，积极地获得医生帮助的权利不能源自消极的不干涉权利。

（三）旨在缩短生命的安乐死与犯罪边界

积极安乐死是出于对病危者和垂死者痛苦境遇的同情，通过积极的作为有目的地缩短其生命的行为。世界各地刑法均将目的明确的非法对他人实施杀害

---

① 参见周刚志：《论“消极权利”与“积极权利”——中国宪法权利性质之实证分析》，载《法学评论》2015 年第 3 期，第 40 页。

的行为规定为犯罪，法律对于行为受体的资格并无要求，因此患者因疾病而面临死亡并不能改变犯罪行为的因果关系。但是，应请求的任何人对一个遭受极度痛苦并毫无希望的患者注射致命的药物是否均构成犯罪，并必须承担刑事责任呢？法律不禁止自杀，那么法律可否允许特定主体经他人同意而将其杀害？对于一些患者忍受着难以忍受的疼痛的积极安乐死病例，是否存在可接受性和在法的框架内申辩的可能性？

依据现代刑事法治理念，犯罪在本质上是具有严重社会危害性的行为，是“质”和“量”的统一。就“质”而言，犯罪须具有法益侵害性，即刑事可罚性；就“量”而然，法益侵害须达到一定的严重程度，即刑事当罚性。我国《刑法》第13条“情节显著轻微危害不大的，不认为是犯罪”的规定体现了犯罪“质”与“量”的统一，医师应晚期绝症患者的请求实施积极的安乐死的行为与患者的死亡结果存在一定的因果关系，但该行为只是加快了死亡结果的发生。因此，在具备一定条件的情况下实施的积极安乐死可以因犯罪“量”的要素的欠缺而不构成犯罪。英国2015年的垂死尊严民意调查显示，82%的民众支持医生协助死亡法案。[①] 从目前各国立法和司法的情况来看，可接受的积极安乐死须具备以下条件。

1. 极端痛苦是疾病的结果

荷兰、比利时等将安乐死合法化的国家的安乐死法一般规定，患者的痛苦，无论是心理上的还是身体上的，必须是由疾病或事故引起的严重和无法治愈的疾病造成的，否则安乐死请求将不能成立。例如，2011年比利时在押犯人弗兰克·范·登·布莱肯（Frank Van Den Bleeken）（以下简称布莱肯）请求安乐死案。20世纪80年代初，布莱肯强奸了几名妇女，其中一人被他杀害。精神科医生宣称他不能对自己的罪行负责，因为他的犯罪是由精神疾病引起的。尽管如此，布莱肯仍被关押在一所普通监狱，至2011年布莱肯提出安乐死申请时，他已在那里待了30年，并且不可能被释放。精神病学家诊断他的病情是无法治疗的，布莱肯自己报告说，如果释放，他将无法控制他的暴力性冲动。由于他认为自己对社会有威胁，所以一直拒绝被考虑缓刑或假释。2001年，布莱肯通过电视纪录片首次公开表达了他接受安乐死的愿望。2002年，比利时将安乐死合法化，

---

① See Populus Dignity in Dying Poll, March 11 - 19, 2015, http://www.populus.co.uk/wp-content/uploads/DIGNITY-IN-DYING-Populus-poll-March-2015-data-tables-with-full-party-crossbreaks.compressed.pdf.

满足一定条件由医生进行安乐死将不再是刑事犯罪。与布莱肯病例最相关的合法安乐死的条件可归纳如下：（1）患者在提出请求时具有法律能力；（2）请求是自愿的、深思熟虑的和重复的；（3）患者处于一种医学上徒劳的状态，持续和无法忍受的身心痛苦无法减轻，这是由疾病或事故造成的；（4）患者和医生同意。2011 年，布莱肯提出了安乐死的正式请求，并提出了他“无法忍受心理痛苦”的理由。但是，对于布莱肯来说，做出这一决定并非因为单纯的疾病痛苦，而是几个因素的结合：一是作为他反常性幻想的囚徒的感觉；二是他认为不人道的监狱条件①；三是他将（而且应该）永远不会被释放。他在报告中说，他的生活变得毫无意义。

根据《荷兰安乐死法》的要求，两名精神病医生被要求就这一案件提供咨询意见，他们都认为布莱肯的请求符合该法规定的条件。安乐死请求被转交给监狱系统之外的一名独立医生。然而，这位医生认为，布莱肯可能有一个合理的替代方案，并建议将其转移到荷兰的法医精神病中心。这个高度安全的精神病中心位于农村一处占地 5.5 英亩的地区，能够为犯有严重罪行但未被追究责任的被拘留者提供适宜的生活环境。布莱肯发出安乐死请求两年后，他的律师决定将案件提交法庭，要求法庭解决。在案件审议期间，另一名独立医生同意布莱肯的安乐死请求，因此司法部长允许将布莱肯从监狱送往医院，接受安乐死。然而，在布莱肯安乐死执行日（2015 年 1 月 11 日）的前六天，案件发生了意想不到的转变，医生撤回了他的同意程序。在同一天，即 2015 年 1 月 5 日，司法部长宣布，将布莱肯移交给荷兰的法医精神病中心。很显然，布莱肯的安乐死请求并非基于疾病的唯一因素所导致的无法忍受的病痛，医生同意执行布莱肯安乐死的决定没有法律上的根据。

2. 积极安乐死请求出于自愿

患者的生命权为众多国家的宪法所确定，因此，安乐死必须出于个人的自愿。法律中的“自愿”通常被理解为行为人在没有受到胁迫、恐吓、欺骗、欺诈、不当影响或引诱的情况下作出的决定，安乐死则应当是在没有理由相信安乐死的请求是在任何这些因素驱使下做出的决定。如果一个人的选择受到某种限制，以至于他或她没有合理的选择，那么他或者她的选择就是被迫的。例如，

---

① 欧洲人权法院数次谴责比利时没有为囚犯和被拘留者提供适当照顾，甚至指责比利时没有履行《联合国禁止酷刑和其他残忍、不人道或有辱人格的待遇或处罚公约》规定的义务。

患者的唯一替代办法是接受无法接受的高风险手术。此外，行为人诱导患者请求安乐死的情况，以及仅仅是患者同意而不是请求安乐死的情况，仍然不能被确定为自愿安乐死。

积极安乐死的自愿请求通常有两种表达方式：一种方式是有能力的临终患者出于个人自愿事先做出的确信的安乐死请求，前文已有所述，在此不再赘述。另一种方式是预设医疗预先指令。使用预设医疗指令被广泛认为是尊重患者在无法做出自己决定后的自主权的重要方式。通过预设医疗指令，患者可以表明其想要或不想要什么样的医疗治疗，以及不希望在未来可能发生的各种情况下的医疗。例如，患者不希望在植物人状态或昏迷状态下维持治疗，或者患者宁愿死去也不愿永久依赖呼吸机维持生命等。预设医疗指令通常被认为是对负责决定无能力的患者接受何种护理的人提供的事先指令，使其由此做出符合患者意愿的选择，使患者的自主权更有可能得到尊重和实现。

3. 积极安乐死申请人须具备法定资格

积极安乐死的请求者必须具备相应的资格，安乐死合法化的国家或地区无一例外都对请求者的资格进行了极为严格的限定，例如，在新西兰，依据《生命终结选择法案》的规定，安乐死请求者应当具备三个条件：一是必须患有可能在6个月内终结生命的绝症。二是身体机能必须明显下降，并经历了无法忍受的痛苦，而这种痛苦无法以个人认为可以忍受的方式来缓解。三是必须仍有理性，能够对协助死亡做出独立决定，并证明自己理解自己的决定。

随着域外安乐死合法化的推进，一些国家将安乐死适用主体予以扩大，例如，比利时于2014年2月28日通过了将未成年人安乐死合法化的立法。因此，谁可以为儿童、精神病患者等无自主意识的患者做出安乐死决定，成为积极安乐死正当化论证中极具挑战性的问题。一般来说，可以由监护人和医生共同决定停止对临终患者的医疗支助。当二者出现分歧时，则可以从医院伦理委员会获得咨询建议。从道德和法律的角度来看，临终患者的生死决定应该由最有可能做出最能代表患者最佳利益选择的个人（或一组个人）做出。父母或者子女通常是最合适的决策者，应由他们为其子女或者父母的生死做出决定。通常而言，父母或者子女会自然而然地为了亲人的最大利益行事。出于这一原因和其他原因，社会给予父母或者子女重大的酌情决策权。然而，父母或者子女的行为可能并不总是符合子女或者父母的最大利益。当然，父母或者子女可能无法完全为子女或者父母的最大利益采取行动，毕竟治疗、护理等费用的巨大压力可能会扭曲他们的选择。那么医生则成为下一个对临终患者作出生死选择的最合适决策者。与父母或者子女不同的是，医生通常以其尽可能多的医学知识和洞察力对患者的生存质量进行诊断。此外，医生可能能够提供客观性与理性相一致的决定，这是情感投入和精力耗尽的父母或子女所无法做到的。然而，作为决策者的医生在重要方面会受到一定制约，如医生作出决定的能力可能受到多重个人和专业压力的阻碍。由于父母和医生在促进临终患者的最大利益方面都面临种种局限，所以设立安乐死审查委员会便成为重要的制度架构。以美国为例，截至 1998 年，84% 的美国大型医院成立了道德委员会，为新生儿安乐死提供咨询。

结语：权利的实质是对一种利益的合法诉求，人有权选择利益而拒绝不利益。无论什么情况下，当继续生存下去是一种利益时，生存权神圣不可侵犯；当继续生存下去成为一种不利益时，“死亡权”神圣不可侵犯。当安乐死出于请求者的自愿且是为了维护请求者个人利益的时候，即药物治疗或其他任何治疗对于缓解请求者的病痛成为徒劳和负担时，安乐死是最后的手段。行为人虽然剥夺了患者的生命，但其根本目的是减少患者临死前不堪忍受的极端痛苦，行为人剥夺他人生命的行为为患者本人所渴望，且对患者而言，免受痛苦的死比痛苦不堪的生更有价值，此时的安乐死不具有构成犯罪所要求的相当社会危害性。事实上，在安乐死的四种常态行为①中，撤除呼吸机的行为是否可以被解释为对治疗权的放弃呢？如果能，因治疗权属于可处分权利，故可以阻却违法性。给予镇痛药物诸如氯丙嗪（冬眠灵）之类的行为能否被解释为对可处分的健康权的放弃呢？镇痛药物并不必然导致患者死亡，故也可以将其解释为一种放弃健康权的承诺行为。当然，安乐死的行为是否超出了承诺的限度，须结合其他因素进行判定，超过承诺限度的安乐死行为仍然构成犯罪。至于注射毒药的行为，由于在这种类型的安乐死中，毒药必然导致患者生命的丧失，所以只能将其视为一种对生命权放弃的承诺，但对于生命权能否处分，尚没有结论和令人信服的理由，因此，能否将此类形式的安乐死作非犯罪化处理，仍然是一个需要在伦理上和法律上深入探讨和论证的命题。

在整个人类历史中，安乐死和协助自杀的历史和演变是痛苦的。近年来，

---

① 纯粹安乐死、停止治疗的安乐死、伴随镇痛药使用的安乐死、旨在缩短生命的注射毒药的安乐死。

关于安乐死的法律制度和生物伦理观念得到了发展。尤为值得注意的是，关于患者死亡权利的道德和法律上的争议，已经从关于停止治疗的争论演变为关于患者请求医生协助死亡的争论。然而，仍有诸多未知的命题值得研究，对立阵营虽未能就医生协助死亡在道德和法律上的可接受性达成共识，但展示了以新的角度和视野研究医生协助死亡的合伦理性或合法性所取得的学术成就。从多层面的角度对安乐死开展论争将在未来一段时间内继续下去，并可能对许多法域的刑事改革产生更大的影响。

第五章　现代医学科学时代的域外医疗刑法制度——以代表性国家（地区）为例

第一节　基于生命开始的辅助生殖医疗域外刑法制度

一、辅助生殖医疗域外立法概况

（一）国际性、区域性立法

1. 国际组织立法

目前，国际组织关于人类辅助生殖医疗有三个重要文件：《世界人类基因组与人权宣言》《人类基因组编辑管治框架》《人类基因组编辑建议》。

1997年11月11日，联合国教科文组织第29届大会通过了《世界人类基因组与人权宣言》，该宣言明确反对用克隆技术繁殖人。该宣言指出，应当利用生物学、遗传学和医学在人类基因组研究方面的成果，但是，这些研究必须以维护和改善公众的健康状况为目的，违背人类尊严的做法，如用克隆技术繁殖人是不能被允许的。“成员国应该禁止任何通过克隆技术创造人类生命的科学研究。同时，在生命科学的应用中，人类尊严在任何情况下都应该受到尊敬，禁止违反人类尊严的基因工程技术研究。”①

---

① 《禁止生殖性克隆国际声明获通过》，载新浪网2005年2月19日，http://news.sina.com.cn/w/2005-02-20/09475148516s.shtml。

2021 年 7 月，世界卫生组织（WHO）发布了《人类基因组编辑管治框架》《人类基因组编辑建议》两份报告，这两份报告对人类基因组编辑的注册、国际研究、医疗旅行以及相关技术的教育等作出指导建议，为所有国家确保安全、有效、符合伦理的人类基因组编辑提供了一个全新的管理框架。其中，《人类基因组编辑管治框架》对人类基因组编辑研究的现状以及未来的发展趋势进行了全面阐述，是目前国际组织有关人类基因组编辑最为详尽的专门文件。其第一部分将人类基因组编辑研究领域规定为基础或临床前体外和体内动物模型研究、产前（子宫内）和产后体细胞基因组编辑、可遗传基因组编辑、体细胞或可遗传基因组编辑。其第二部分对人类基因组编辑研究的作用以及潜在和未来的影响进行了详尽的规定。

2. 欧洲区域立法

1997 年 4 月 4 日，欧洲理事会（Council of Europe）成员国在奥地利召开会议，签署了《欧洲在生物学和医学应用方面保护人权和人类尊严公约：人权和生物医学公约》，即《欧洲人权与生物医学公约》及其附加议定书。该公约第 13 条规定："仅出于预防，诊断或治疗目的，并且仅当其目的不是在任何后代的基因组中引入任何修饰时，才可以尝试寻求修饰人类基因组的干预措施。"第 14 条规定："禁止性别选择除非为了避免与性别有关的严重遗传性疾病，不得允许使用医学上辅助生育技术来选择未来子女之性别。"① 该公约禁止任何旨在改变任何后代基因组的干预，其既定目标是保护所有人的尊严和特性，并保证所有人不受歧视，尊重其在生物学和医学应用方面的完整性以及其他权利和基本自由。

1998 年 1 月 12 日，欧洲理事会 19 个成员国在法国巴黎签署了一项严格禁止克隆人的协议——《保护与生物及医学运用有关的人权与人类尊严公约禁止克隆人的附属议定书》，这是国际上第一个禁止克隆人的法律文件，其是对《欧洲人权与生物医学公约》的补充。这项禁止克隆人协议的规定，禁止签约国的研究机构或个人使用任何技术创造与一个活人或死人基因相似的人，否则予以重罚。违反协议的研究人员和医生将被禁止从事研究和行医，有关研究所和医院的执照将被吊销。如果签约国研究机构或个人在欧洲以外的地区进行这类活动，也将被追究法律责任。

---

① 赵西巨：《欧洲人权与生物医学公约（节译）》，载《法律与医学杂志》2005 年第 2 期，第 155 页。

（二）域外国家（地区）立法例

域外一些国家（地区）把内国（地区）立法作为规范辅助生殖的基本手段和方法，并辅之以可执行的条例或有影响力的指导，以便更详细地说明实质性规则和程序性机制。目前，英国、澳大利亚、德国、法国、加拿大等国和我国台湾地区在人类辅助生殖医疗方面的立法具有一定代表性。

1. 英国

英国是最早在辅助受孕和人类胚胎研究领域立法的国家之一，也是人类辅助生殖立法比较完善的国家。1985 年 7 月 16 日，英国通过了《代孕协议法案》（Surrogacy Agreement Act 1985）。1990 年，英国颁布了《人类生殖和胚胎学法案》（Human Fertilisation and Embryology Act 1990），该法案就辅助生殖技术的实施过程及适宜对象、生殖细胞和胚胎的保存期限及方法等作出详细的规定。2001 年 1 月 31 日，《人类生殖和胚胎学规定》（The Human Fertilisation and Embryology Regulations 2001）（research purpose）（S. I. 2001/188）修正生效；2001 年 12 月 4 日，英国颁布实施了《人类生殖性克隆法案》。2008 年，英国颁布了《人类生殖和胚胎学法案》（The Human Fertilisation and Embryology Act 2008），该法案对 1990 年版的部分条款和 1985 年的《代孕协议法案》进行了修正，并废止了 2001 年的《人类生殖和胚胎学规定》以及 2001 年颁布的《人类生殖性克隆法案》。此外，2009 年 3 月 3 日，英国又颁布了一项过渡性命令，即《2008 年人类受精和胚胎学法案（过渡条款）令（2009）》［The Human Fertilisation and Embryology Act 2008（Transitional Provisions）Order 2009］①。2015 年，英国议会通过了《人类受精和胚胎学（线粒体捐赠）条例》（SI 2015 第 572 号），该法案明确规定了人类“生殖系”修饰的许可范围，违反该法案将受到惩罚，包括罚款和/或监禁。

2. 澳大利亚

1980 年，澳大利亚国家医学研究委员会（National Health and Medical Research Council，NHMRC）制定了《辅助生殖服务和研究的伦理准则》（《NHMRC 准则》），《NHMRC 准则》明确禁止故意混淆儿童的亲子关系、禁止混合配

---

① 参见肖宇、武健：《相关国家辅助生殖技术刑事立法概况》，载《新余学院学报》2011 年 8 月第 4 期，第 9 页。

子等辅助生殖。此后，新南威尔士州、南澳州、维多利亚州和西澳州等州根据国家卫生与医学研究委员会指南制定了州法律，对辅助生殖进行监管。2002 年，澳大利亚颁布了《禁止人类生殖克隆法》（The Prohibition of Human Cloning for Reproduction Act 2002），禁止人类生殖性克隆，限制胚胎捐献的数量以避免基因身份的混乱。规定个人不得通过辅助生殖创造包含两个以上个体之遗传物质的胚胎。2019 年，澳大利亚卫生署发布了《基因技术法规修正案》，该法案禁止与生殖相关的基因编辑技术。

3. 德国

1990 年 10 月 24 日，德国议会通过了《胚胎保护法》，该法案于 1991 年 1 月 1 日生效。《胚胎保护法》对 7 个涉及人的生物医学研究领域或方向进行了规范。①《胚胎保护法》明确规定了对将一个未受精的卵子转移到另一位女子体内、非以怀孕为目的对一位女性进行人工授精、在一个周期内将三个及以上胚胎植入一个女性体内、在一个周期内使三个及以上卵母细胞受精、代孕等违法行为的刑罚。2002 年，德国议会制定了《胚胎干细胞保护法》，该法禁止胚胎干细胞的输入和研究以及使用胚胎干细胞制作胚胎的行为，但是若出于科研目的，则例外地予以许可。2011 年，德国议会对《胚胎保护法》的部分条款进行了修订，允许胚胎植入前遗传学诊断（preimplantation genetic diagnosis），并作出明确的规定。②

4. 法国

法国也是辅助生殖技术立法比较早的国家之一，1994 年 7 月 29 日，法国第 94 - 653 号法令规定了多个辅助生殖相关犯罪，并将这些犯罪作为危害公共卫生方面的犯罪规定在法国刑法典中，如“因遗传特征研究或基因样本鉴别侵害人身罪”“实施、组织旨在对人进行选择安排之优生学操作罪”等人体基因犯罪，涵盖了基因泄密、利用基因技术实施种族灭绝或优生操作、非法产前基因诊断等在内的多项刑事立法规范。2004 年 7 月 9 日，法国通过了《生物伦理法案》，该法案对辅助生殖技术之克隆技术研究与应用进行规制，禁止生殖性和治疗性克隆，规定从事人类生殖性克隆的行为成立“反人类物种罪”。此外，该法案禁

---

① 《胚胎保护法》7 个涉及人的生物医学研究领域或方向包括：（1）生殖技术滥用；（2）人类胚胎细胞滥用；（3）禁止性别选择；（4）未经授权的受精胚胎及未经授权的胚胎移植和死亡后的人工授精；（5）人工改变人类生殖细胞的；（6）禁止克隆技术；（7）禁止嵌合体和杂合体的形成。

② 参见袁敏、李久辉、罗会德：《德国〈胚胎保护法〉的建立和发展对我国生命科学研究领域立法的启示》，载《法制与社会》2020 年第 11 期，第 218 页。

止进行治疗性克隆，规定不得通过克隆获得人体干细胞，但是，该法案允许科研机构等在5年内对该法案生效之前的已存生育的胚胎进行干细胞研究。①

5. 美国

美国的预算授权禁止食品和药物管理局将资金用于可遗传种系编辑临床试验的任何申请。由于需要食品和药物管理局的许可，这实际上使得这种生殖编辑是非法的，除非食品和药物管理局的这种限制被解除。2001年，美国众议院通过一项法案，该法案规定任何使用克隆人或使用克隆技术培育人类胚胎的行为都是犯罪。同时禁止任何人从国外进口克隆的人体胚胎，违法者将被处以刑罚。②

6. 加拿大

2004年3月29日，加拿大颁布了《辅助人类生殖法案》，这是一部全面规制人类辅助生殖和相关研究的法案，该法案确定了辅助人类生殖技术的7项原则。③ 同时，该法案明确禁止包括故意使用任何技术创造人类克隆体，或将人类克隆体移植到人类或任何非人类生命形式或人工装置中，以及创建一个在试管内除创造人类或改进或提供辅助生殖程序指导外的任何目的的胚胎等在内的10项辅助生殖行为。④ 该法案还禁止故意改变“人类细胞或体外胚胎的基因组，以

---

① Assisted Human Reproduction Internationally, http ：//www. hcl—SC gcca/hl —vs/reprod/hc—sc/general/international—eng. php# tphp.

② An Act to am ned title 18, United States Code, to prohibit human cloning, H. R. 2505, Calendar N. 140.

③ 7项原则包括：（1）在关于使用辅助人类生殖技术的所有决定中，必须优先考虑通过应用辅助人类生殖技术出生的儿童的健康和福祉；（2）通过采取适当措施，在使用辅助人类生殖技术和相关研究中保护和促进人类健康、安全、尊严和权利，可以最有效地确保辅助人类生殖技术和相关研究对个人、家庭和整个社会的益处；（3）虽然所有人都受到这些技术的影响，但妇女比男子更直接和显著地受到这些技术应用的影响，在应用这些技术时必须保护妇女的健康和福祉；（4）必须将促进和适用自由和知情同意的原则作为使用人类生殖技术的基本条件；（5）寻求接受辅助生殖程序的人不得受到歧视，包括基于其性取向或婚姻状况的歧视；（6）买卖妇女和男子的生殖能力以及为商业目的剥削儿童、妇女和男子引起了健康和道德问题，因此有理由予以禁止；（7）人类的个性和多样性，以及人类基因组的完整性，必须得到保存和保护。

④ 法案规定任何人不得故意：（1）使用任何技术创造人类克隆体，或将人类克隆体移植到人类或任何非人类生命形式或人工装置中；（2）创建一个在试管内除创造人类或改进或提供辅助生殖程序指导外的任何目的的胚胎；（3）为了创造人类，用取自胚胎或胎儿的细胞或细胞的一部分创造胚胎，或将如此创造的胚胎移植到人类体内；（4）在受精或创造后胚胎发育的第14天之后，将胚胎保持在女性体外，不包括胚胎发育暂停的任何时间；（5）为了创造一个人，执行或提供任何程序、开处方或管理任何东西，以确保或增加胚胎具有特定性别的可能性，或识别胚胎的性别，除非用于预防、诊断或治疗与性别相关的疾病；（6）改变人类细胞的基因组或在试管内培育胚胎，使得这种改变能够传递给后代；（7）将非人类生命形式的精子、卵子、胚胎或胎儿移植到人类体内；（8）为了创造一个人，利用任何人类生殖材料或在试管内移植非人类生命形式的胚胎；（9）创造一个嵌合体，或将嵌合体移植到人类或非人类的生命形式中；（10）为了繁殖而创造一个混血儿，或者将混血儿移植到人类或非人类的生命形式中。任何人不得提议作出或宣传作出本条禁止的任何事情。禁止有偿代孕、配子和胚胎以及其他生殖材料买卖。禁止摘取未成年人捐献的配子。

使这种改变能够传播给后代”。①

7. 日本

2000 年 11 月 30 日，日本国会通过了《克隆技术规制法》，该法全面禁止制造有损于人类尊严的克隆人，违者将被处以监禁刑或罚金刑。

8. 新加坡

2004 年 9 月，新加坡国会通过了《人类克隆和其他被禁止活动法案》，该法案禁止将克隆人类胚胎植入人体或者其他动物体内；禁止在母体外对人类胚胎培养超过 14 天；禁止进口和出口胚胎及进行有关胚胎的任何形式的商业交易。

以上域外国家（地区）对人类辅助生殖中的克隆人等技术普遍持比较谨慎的态度，刑事立法有效地延缓和阻止了生殖性克隆人等辅助生殖技术的滥用。

二、辅助生殖犯罪域外刑法罪责制度

综观域外国家或地区的辅助生殖相关刑事立法，其刑法罪责制度主要涉及违反辅助生殖基因医疗程序、基因编辑造人、人类遗传物质资料买卖、生殖性克隆技术研究及应用、非法代孕等问题。

（一）违反辅助生殖基因医疗程序的罪责制度

1. 英国

英国《人类授精与胚胎移植法案》对辅助生殖的程序进行了规定，依据这些规定，从事辅助生殖的人须获得人类授精与胚胎学机构颁发的执照，并在该执照许可的范围内开展辅助生殖服务，任何人超出许可范围实施辅助生殖活动的，如体外制造胚胎、将人类胚胎植入其他动物体内、利用人类胚胎身上的原始细胞制造或培养人类等，② 都将构成犯罪并被追究相应的刑事责任。

2. 法国

《法国刑法典》第 511 -6 条规定，未经本人书面同意，从活人身上采集或者摘取配子的，处 5 年监禁并科处 75，000 欧元的罚金。③

（1）一经首次定罪，可处第 4 级罚款及监禁 6 个月；

（2）一经再度定罪，可处第 6 级罚款及监禁 2 年。

---

① https：//www. parl. ca/ /sites/Visit/default/en_ CA.

② 参见刘长秋：《人类辅助生殖技术的刑法学思考》，载《东方法学》2008 年第 2 期，第 46 页。

③ 参见《最新法国刑法典》，朱琳译，法律出版社 2016 年版，第 259 页。

第 511－19－2 条规定，事先没有征得《公共卫生法典》第 L2151－7 条规定之批准，或者该批准被撤销、中止，保存人体胚胎干细胞的，处 2 年监禁并科处 30，000 欧元罚金。①

3. 澳大利亚

澳大利亚《人类胚胎研究法案》专门设置了“违反许可从事辅助生殖罪”“超期使用人类胚胎罪”“使用非超期人类胚胎罪”，并规定对这类犯罪可判处 5 年监禁。

（二）利用辅助生殖技术进行基因编辑造人的罪责制度

域外国家或地区关于利用基因编辑辅助生殖技术进行造人的罪责制度主要涉及两种情形：

1. 对涉及基因跨种植入的罪刑规定

在英国，《人类生殖和胚胎学法案》规定对人兽杂交处以 10 年监禁。

在澳大利亚，通过受精以外的方式生产或培养人类胚胎、非以妇女受孕为目的创造人类胚胎以及创造或培养包含有多于两人提供的基因内容的人类胚胎的，最高量刑为 10 年有期徒刑。②

在德国，《胚胎保护法》规定了“制造混种胚胎嵌合体及混种杂交罪”，即利用含有不同遗传物质之胚胎（至少其中之一为人类胚胎）进行嵌合并制造出一个新的嵌合细胞，或利用含有不同于人类胚胎之遗传物质的细胞同人类胚胎结合并诱使其进一步发展之行为；或利用人类精（卵）细胞同动物卵（精）细胞进行受精并使之成为可以进一步分裂之胚胎，或将上述胚胎植入妇女或动物体内，或将人类胚胎植入动物体内的，处 5 年以下有期徒刑或罚金。③

在加拿大，《辅助人类生殖法》规定，将非人类之精子卵子胚胎或者胎体移植到人类个体中，将嵌合体移植至非人类生命形式之个体中，为生育而制造杂交体或将杂交体移植至非人类个体中的，处 50 万加元罚金或者 10 年以下有期徒刑，或并罚。

---

① 参见《最新法国刑法典》，朱琳译，法律出版社 2016 年版，第 261 页。

② 参见谢广宽：《澳大利亚 2002 年禁止克隆人法案（节译）》，载《法律与医学杂志》2004 年第 1 期，第 77 页。

③ 参见肖宇、武健：《相关国家辅助生殖技术刑事立法概况》，载《新余学院学报》2011 年第 4 期，第 8 页。

在日本，《人类克隆技术规制法》规定，将人与动物杂交之胚胎以及两者嵌合或克隆之胚胎移植到人体或动物之子宫内的，处10年以下有期徒刑或者1000万日元以下罚款①。

2. 对人体基因编辑辅助生殖的罪刑规定

因各国文化、传统、习俗等差异，域外国家（地区）对各类辅助生殖医疗技术的应用与犯罪性的认定及刑法的介入尺度存在差别，但各国几乎无一例外地严格控制和规范人体基因编辑研究与应用，多国（地区）明令禁止对人类胚胎进行基因编辑。

在法国，《生命伦理法》规定，将未受精卵的卵核取出，再取出其体细胞植入人类胚胎，将该胚胎植入母体诞生人类的处20年以下监禁。《法国刑法典》第511－24条规定，违法从事医学辅助生育活动的，处5年监禁并科处75，000欧元罚金。②

在德国，人为使用同另一胚胎、胎儿、人体以及死者相同之遗传信息制造人类胚胎，或将所制胚胎植入妇女体内的，处5年以下有期徒刑或罚金。

在加拿大，《人类辅助生殖法》规定，违法进行基因技术研究和应用有关伦理规范进行基因编辑造人的，可以处最高10年的监禁。

在英国，《人类受精与胚胎学法》规定，在妇女体内植入采用其他方式受精所制造出来之胚胎者，处10年以下有期徒刑或者罚金，或并罚。

（三）非法从事生殖细胞、胚胎以及其他人类遗传物质资料买卖的罪责制度

在法国，《法国刑法典》规定了“购买配子罪”“购买胚胎罪”“为买卖胚胎从事中介服务罪”“以商业为目的进行试管胎儿受孕罪”等罪名及刑事责任。例如，该法第511－5条规定：犯非法买卖人体组织、细胞活人体所生之物罪的，处5年监禁并科处75，000欧元罚金。③

在加拿大，《辅助人类生殖法》规定，购买或者提供购买来自捐献者的精子或卵子，以及购买体外胚胎，或用广告宣传以上几类购买的，处10年以下有期

---

① 参见《日本人类克隆技术规制法》，http：//www. cas. go. jp/jp/seisaku/hourei/da－ta/htc. pdf.

② 参见《最新法国刑法典》，朱琳译，法律出版社2016年版，第262页。

③ 参见《最新法国刑法典》，朱琳译，法律出版社2016年版，第258页。

徒刑或50万加元罚金，或并罚。①

在澳大利亚，进口或者出口克隆的人类胚胎的，最高可判15年有期徒刑。②

（四）非法从事生殖性克隆技术研究及应用的罪责制度

域外国家（地区）的立法几乎毫无例外地禁止生殖性克隆人。美国的《禁止克隆人法案》、法国的《生物伦理法案》、澳大利亚的《禁止克隆人法案》、德国的《胚胎保护法》、意大利的《医学辅助生殖规范》、日本的《克隆技术规制法》等均禁止生殖性克隆人。

在美国，从事生殖性克隆人及其相关研究的，最高可处10年监禁和100万美元罚金。从国外进口克隆的人体胚胎的，处100万美元以上的罚金或者10年以下监禁，或者二者并罚。③

在澳大利亚，故意克隆人类胚胎的，有期徒刑最高刑期达15年。④

在法国，以研究为目的以及以治疗为目的克隆繁殖人体胚胎的，均处7年监禁并科处10万欧元罚金。从事人类生殖性克隆活动的，最高处30年监禁和750万欧元罚金。

在意大利，研究人员或科学家进行克隆研究的，处10年以上20年以下的有期徒刑，并处100万欧元的罚金。

在日本，将克隆之胚胎移植到人体内，处10年以下有期徒刑或者1000万日元以下罚款，或者并罚。

在新加坡，任何从事生殖性克隆或其他被禁止活动的人员最高将被处10万新元的罚款或10年监禁，或两者并罚。⑤

---

① https：//www. parl. ca/ /sites/Visit/default/en_ CA.

② 参见谢广宽：《澳大利亚禁止克隆人法案（节译）》，载《法律与医学杂志》2004年第1期，第77页。

③ An Act to am ned title 18，United States Code，to prohibit human cloning，H. R. 2505，Calendar N. 140.

④ 参见谢广宽：《澳大利亚禁止克隆人法案（节译）》，载《法律与医学杂志》2004年第1期，第77页。

⑤ 参见《新加坡通过法律禁止克隆人》，载新浪网，https：//news. sina. com. cn/w/2004 －09 －03/20023576958s. shtml。

（五）代孕的罪责制度

在加拿大，《辅助性人类生殖法》禁止有偿代孕，任何人不得通过向女性给付报酬、保证提供报酬或用广告宣传提供报酬等手段进行商业代孕，禁止中介收取报酬以安排、提供或者广告宣传安排代孕，禁止任何人给予他人报酬以使其进行代孕，不得引诱或明知是21岁以下的女性成为代孕母亲或者采用任何医疗手段帮助这样的女性成为代孕母亲。违者处10年以下监禁或50万加元罚金，或并罚。①

在德国，《胚胎保护法》规定，对已经准备在分娩后永久性放弃婴儿抚养权之妇女（代孕母亲）进行人工授精，或将人类胚胎植入该女性体内的，处3年以下有期徒刑并处罚款。代孕母亲以及意欲长期抚养该孩子之人不受处罚。②

在澳大利亚，新南威尔士州《辅助生殖技术法案2007》规定，禁止宣传游说进行商业代孕，违者将被处2年有期徒刑和相应罚金。③

三、域外辅助生殖刑法制度比较研究

（一）基于立法模式的比较

基于人类辅助生殖医疗技术所带来的巨大利益与风险的不确定性以及各国社会制度、伦理道德观念、法律制度、文化传统等影响，域外国家或地区对辅助生殖医疗的刑事立法模式不尽相同，从其立法实践来看，主要有三种基本模式。

1. 刑法典一元化模式

目前，在刑法典中直接规定基因医疗犯罪及其刑事责任的国家有西班牙、芬兰、蒙古等国家。《西班牙刑法典》卷二“犯罪与刑罚”第5集“与基因操作相关的犯罪”对包括人类辅助生殖基因医疗犯罪的基因犯罪进行专门规定，其中第159条规定了“擅自改变人类基因罪”和“过失改变基因罪”两个基因犯罪的专有罪名。《芬兰刑法典》虽然没有将基因技术犯罪单独规定为一类犯

---

① Assisted Human ReproductionAct，https：//www. parl. ca/ /sites/Visit/default/en_ CA.

② The Embryo Protection Act，Federal Law Gazette，Part I，No. 69，issued in Bonn，19 th December 1990，p. 2746.

③ 参见肖宇、武健：《相关国家辅助生殖技术刑事立法概况》，载《新余学院学报》2011年第4期，第10页。

罪，但是其中第 4 章第 9 条规定了“基因技术罪”这一专有罪名。

2. 单行法一元化模式

美国、英国、德国、澳大利亚、加拿大、俄罗斯、新加坡等 20 多个国家或地区针对辅助生殖犯罪制定了专门的单行法。1976 年 6 月 23 日，美国国家卫生研究院制定并公布了《重组 DNA 分子实验室准则》，该准则为世界上首个实验室基因工程应用法规，开启了国家控制生物技术研究与发展的先例。之后，英国、俄罗斯、澳大利亚、加拿大等国相继颁布了规制辅助生殖的单行法规，英国于 1990 年制定了《人工授精与胚胎移植法案》，德国于 1991 年颁布了《胚胎保护法》，俄罗斯于 2001 年通过了《暂时禁止克隆人法案》，澳大利亚于 2002 年颁布了《禁止人类生殖性克隆法案》，2016 年，澳大利亚又颁布了《禁止克隆人法案》，加拿大于 2004 年制定了《人类辅助生殖法》等。

3. 刑法典与行政刑法相结合的二元化模式

法国、日本的刑法典仅规定了部分涉及辅助生殖医疗的犯罪，更多的辅助生殖犯罪附属规定在行政法规中。例如，法国新刑法典规定了“优生学或克隆繁殖宣传广告罪”“为生殖为目的提供细胞或者配子罪”“教唆他人为生殖为目的提供细胞或者配子罪”“购买配子罪”“购买配子中介罪”等辅助生殖罪名。同时，在法国，涉及基因治疗犯罪的也有在其他行政法规中加以规定，如《生物伦理法案》规定了“反人类物种罪”。日本的刑法典规定了医疗犯罪及其刑事责任，另外，其 2001 年 6 月开始实施的《关于限制有关人的克隆技术等的法律》对从事生殖性克隆人犯罪作出了专门规定。2002 年，日本通过了《规范基因技术法》，该法禁止生产人类基因个体、人与动物基因改良或混合个体等行为。

（二）基于对辅助生殖行为规制的比较

在世界范围内，对辅助生殖领域的相关危害行为进行规制已基本成为共识，域外国家或地区对于人类辅助生殖相关危害行为的法律规制比较相似，主要是对克隆人、代孕、商业化买卖人配子和胚胎等行为予以刑法规制，但是，各国刑法的具体规定存在差异。

1. 基于“代孕”对于辅助生殖犯罪评价意义的比较

域外国家或地区对于“代孕”的规制有三种不同情形。

一是禁止任何形式的代孕，包括代孕服务，违反者构成相应犯罪。目前域外多数国家或地区的立法严格禁止任何形式的代孕。例如，德国禁止所有形式的代孕行为，包括商业性代孕和非商业性代孕，但是代孕母亲以及意欲长期抚养该孩子之人不受处罚。

二是禁止商业化代孕。代表性国家有加拿大、澳大利亚的新南威尔士州等国家或地区，其中加拿大是典型的禁止商业化代孕的国家，其《辅助人类生殖法》规定，任何人不得通过向女性给付报酬、保证提供报酬或用广告宣传提供报酬等手段进行商业代孕，禁止中介收取报酬以安排、提供或者广告宣传安排代孕，禁止任何人给予他人报酬以使其进行代孕。但是，加拿大的《辅助人类生殖法》允许给予代孕母亲一定补偿。

三是限制商业化代孕。以色列是第一个积极准许和管制有偿代孕的国家，1996 年第 5756 – 1996 号《代孕母亲协议法（协议的核准和新生儿地位）》准许无血亲关系的有偿代孕。① 美国一些州允许在州政府不同程度的干预下进行商业代孕。其中加利福尼亚州于 2013 年立法，允许几乎所有情况的商业代孕，包括已婚及未婚的异性和同性情侣，且允许委托代孕的预期父母在孩子出生前申请法院指令，明确孩子的监护权归属。②

2. 基于“克隆”对于辅助生殖犯罪评价意义的比较

域外国家或地区对于克隆技术的立法规制有两种基本形式。

一是禁止一切克隆技术，包括克隆技术的研究和应用。代表性国家有加拿大、意大利等。加拿大的《辅助人类生殖法》禁止生殖性和治疗性克隆，并且明确规定禁止行为即在任何情况下均不得实施之行为。意大利的《医学辅助生殖规范》禁止使用冷冻的胚胎进行手术或者研究，研究人员或科学家进行克隆研究的，将面临 10 年以上 20 年以下的有期徒刑。

二是限制克隆技术的研究和应用。代表性国家有法国、日本等。例如，法国的《生物伦理法案》禁止生殖性和治疗性克隆，从事人类生殖性克隆的行为

---

① 以色列《代孕母亲协议法（协议的核准和新生儿地位）》准许无血亲关系的有偿代孕。经相应专业的 7 位成员（医生，社会工作者，心理学家和律师，其中每种性别需要三位法定代表）组成的法定委员会和订约夫妇所属宗教的一名宗教负责人实现核准代人受孕的协议，整个程序才合法。委员会核准付给受孕母亲的月费，月费除支付实际费用外还包括对怀孕辛苦的补偿、时间收入或者收入能力的损失的补偿或者任何其他合理的补偿。受孕母亲收取超过委员会核准数额的款项是非法的并且会使包括受孕母亲在内的协议各方受到刑事制裁。

② 参见澎湃新闻：《美国代孕之争：从入罪到开放，“爱创造家庭”还是付费怀孕?》，载搜狐网 2021 年 1 月 20 日，https：//www. sohu. com/a/445746331_ 260616。

构成“反人类物种罪”。此外，该法案不允许进行治疗性克隆，不得通过克隆获得人体干细胞，但是这一法案允许科研机构等在5年内对该法案生效之前的已存生育的胚胎进行干细胞研究。日本的《人类克隆技术条例法案》禁止克隆之胚胎移植到人体或动物之子宫内，而对于克隆技术研究，日本相关法律没有作出禁止性规定。

3. 基于“配子①、胚胎捐赠与商业化买卖”对于辅助生殖犯罪评价意义的比较

域外国家或地区对于人配子、胚胎使用的规制有三种不同情形。

一是全面禁止人配子、胚胎的捐赠与商业化买卖，违反者构成相应犯罪。意大利是全面禁止人配子、胚胎捐赠与商业化的代表性国家，2004年，意大利颁布的《医学辅助生殖规范》即禁止使用捐精和捐卵，禁止使用冷冻的胚胎进行手术或者研究。

二是严格禁止人配子、胚胎的商业化买卖。目前，域外多数国家或地区的立法允许配子、胚胎的捐赠，严格禁止人配子、胚胎的商业化。例如，加拿大对人配子、胚胎进行严格管理，其《辅助人类生殖法》禁止购买或者提供购买来自捐献者的精子或卵子，禁止购买体外胚胎。② 德国同样禁止人配子、胚胎的商业化，德国的《胚胎保护法》规定，转让体外制造之人类胚胎，或转让得自于在妇女子宫着床之前的人类胚胎，或以不符合其保存目的之方式交付、取得、使用人类胚胎者，构成不当使用人类胚胎罪，处3年以下有期徒刑或罚金。法国禁止介绍买卖配子之中介行为、禁止买卖胚胎之行为。《法国刑法典》第511－15条规定，无论采取何种形式，付款获取人之胚胎的；充当中介，为付款获得人之胚胎提供便利条件的，无论形式如何，或者将人之胚胎有偿转让给第三人的，处7年监禁并科100，000欧元罚金。③

三是严格限制人配子的有偿转让。例如，《法国刑法典》规定，无论采取何种形式，付款获得配子的，处5年监禁并科处75，000欧元罚金，但由配备与保

---

① 配子，简称生殖细胞，是指生物进行有性生殖时由生殖系统产生的成熟性细胞。配子分为雄配子（male gamete）和雌配子（female gamete），人的雌配子通常称为卵细胞（ova或egg），雄配子称为精子（sperm）。

② 参见肖宇、武健：《相关国家辅助生殖技术刑事立法概况》，载《新余学院学报》2011年第4期，第8页。

③ 参见《最新法国刑法典》，朱琳译，法律出版社2016年版，第260页。

存配子的机构支付款项获取的除外。[①]

4. 基于“生殖系基因编辑”对于辅助生殖犯罪评价意义的比较

域外国家或地区对生殖系基因编辑存在多元化的立场，其中有两种代表性的立场。

一是域外少数国家或地区支持基于治疗目的的生殖系基因编辑，代表性国家有英国和瑞典。例如，2015 年 2 月 3 日，英国下议院通过了允许对卵子进行线粒体 DNA 替代疗法以防止脑损伤、心脏病等严重遗传疾病的法案。该项立法实质上是在技术成熟的基础上允许对人类生殖系进行基因干预的临床操作。[②]

二是域外多数国家或地区的立场，即全面禁止生殖系基因编辑。代表性国家有德国、法国等。这些国家在人类胚胎研究方面一直持严格限制的立场，并对生殖系基因编辑予以刑法规制。

四、典型判例：德国“植入前基因诊断治疗”案

（一）案件概要

2005—2006 年，德国柏林一名妇产科医生为三对双方有一方带有或将导致“流产、新生儿死亡、新生儿患严重疾病”基因的夫妻进行了受精卵检测，对遗传基因病变的胚胎进行体外筛选，把“检查中未能检测出遗传疾病”的胚胎植入子宫，而让其余的胚胎失活，之后发现其中一对夫妇育有一个先天残疾的女儿，另一对夫妇经历了多次流产。2006 年，这名妇产科医生向柏林地方法院“自我起诉”，以确定自己是否违反了《胚胎保护法》。

（二）判决要旨

2009 年 5 月，柏林地方法院宣布该名医生无罪，但当地检察机关认定该医生违反了《胚胎保护法》，指控其非法检测、检测后使胚胎失活，并向德国联邦最高法院提起上诉。[③] 德国联邦最高法院法官认为，如果接受人工授精者的孩子有出现先天基因缺陷的风险，筛选人工体外授精胚胎的行为应为合法，最终判

---

① 参见《最新法国刑法典》，朱琳译，法律出版社 2016 年版，第 260 页。

② 参见田野、刘霞：《基因编辑的良法善治：在谦抑与开放之间》，载《深圳大学学报（人文社会科学版）》2018 年第 4 期，第 109 页。

③ 参见袁敏、李久辉、罗会德：《德国〈胚胎保护法〉的建立和发展对我国生命科学研究领域立法的启示》，载《法制与社会》2020 年第 11 期，第 218 页。

决遭起诉的妇科医生没有违反《胚胎保护法》，无罪释放。

（三）判决引发的理论问题

犯罪的本质特征在于法益的侵害性，影响本案的裁决，即本案中的医生是否构成犯罪的关键性问题有两个：一是辅助生殖孕前基因检测的行为定性问题；二是胚胎的权利属性问题。

1. 关于孕前基因检测的性质

辅助生殖中的孕前基因检测为遗传性基因组编辑干预提供了依据，对于有遗传病的准父母来说，通过受孕前的基因测试，可以推测性地确定其生物学亲属中的遗传状况，并通过采取可遗传基因组编辑干预方法，避免生育有遗传病的孩子，其目的是恢复后代的健康或减轻疾病给人们带来的痛苦。在德国，对通过孕前基因检测并进而进行可遗传基因组编辑的行为有一种强烈的反对意见：对所给予的任何干扰都是错误的，因为所给予的是由上帝或自然界赋予的。并且对生命科学和生物技术应用而言，“自然过程”比“人为修补”更可靠。但是，这种反对意见仅限于试图“优化”后代特征的尝试。

《世界人类基因组与人权宣言》倡导，只有在对有关的潜在危险和好处进行严格的事先评估后，根据国家法律的其他各项规定，才能进行针对某个人的基因组的研究治疗或诊断。有关人类基因组研究的应用，特别是在生物学、遗传学和医学方面的应用，均应以减轻每个人及全人类的痛苦和改善其健康状况为目的。德国在1990年通过的《胚胎保护法》积极吸纳该宣言的基本精神和有关规定，并对辅助生殖作出严苛的规定。德国在1990年通过的《胚胎保护法》禁止使用胚胎，其中包括对其进行破坏或让其死亡的规定。仅从刑事违法性的角度来看，涉案医生的行为应当构成犯罪，但是就医生的行为本质而言，该医生的行为并不具有法益侵害性。美国法哲学家乔尔·费恩伯格（Joel Feinberg）认为，儿童拥有“预期的自治权”或“信托权”，这就要求最大限度地为他们提供实现自我的机会，旨在排除遗传性疾病的基因检测与干预措施无疑是对后代人的利益的促进。

2. 关于胚胎的属性问题：胚胎可否成为权利主体？

关于胚胎可否成为权利主体，理论上和法律实践上存在积极、保守和折中三种态度。

积极的理论将胚胎视为“可能的人”“未来的人”“潜在者”，主张应当赋予胚胎与人等同的权利主体地位，美国法理学家德沃金[①]认为胚胎本身代表了人类的生命，具有“神圣性”。德国一些秉持传统基督教价值观的学者认为，人出生前（胚胎）即有尊严，有降生和受保护的权利，不应该对胚胎予以歧视，否则将影响整个社会对病人和残疾人的接受程度，他们也担忧这项技术导致“设计婴儿”出生。一些国家（地区）在立法上也表现出对胚胎主体地位的积极态度，例如，美国路易斯安那州法将胚胎定义为“法律上的拟制人”（juridicalpers）[②]。

保守的态度将胚胎视为权利客体，认为体外胚胎是一种特殊的物——伦理之物。杨立新教授指出：“民法上的物分为伦理物、特殊物和普通物三个类型，在伦理物中，包括人体变异物，即脱离人体的器官和组织、尸体及医疗废物。”[③]一些国家或地区的立法对体外胚胎体现为保守的态度，将体外胚胎视为权利客体——“财物”，例如，美国佛罗里达州法规定，提供生殖细胞的双方对体外胚胎享有共有权，有权决定对体外胚胎的处置。[④]

折中的态度认为胚胎兼具人的部分属性与物的部分属性，即胚胎非权利主体也非权利客体，而是介于权利主体与权利客体之间。一些国家的立法也坚持折中的立场，在德国，《胚胎保护法》规定人配子、胚胎商业化的行为为犯罪，而捐献配子、胚胎等行为并不构成犯罪，可见，德国对体外胚胎持折中态度。域外一些关于体外胚胎的司法判例也体现了明显的折中态度，如美国田纳西州高等法院对“Davis v. Davis”案的判决。在德国“植入前基因诊断治疗案”的审理中，德国联邦最高法院法官认为，为避免先天基因缺陷的风险，筛选人工体外授精胚胎的行为是合法的，判决医生无罪体现了辅助生殖的管理立法精神。

（四）判决的意义：不断变化的社会规范和“进步”

在新的机会或新的条件导致生殖行为发生变化的情况下，社会规范应当做出必要的修正，德国联邦最高法院的判决表明：《胚胎保护法》的一些规定不能

---

① 罗纳德·M. 德沃金（Ronald M. Dworkin，1931—2013），出生于美国马萨诸塞州，当代著名、活跃的法理学家。代表作有《认真对待权利》、《法律帝国》和《自由的法》等。

② La. Rev. Stat. Ann. §9：123，§9：124（West1991）.

③ 参见杨立新：《人的冷冻胚胎的法律属性及其继承问题》，载《人民司法》2014 年第 13 期，第 25 页。

④ FLa. Stat. §742. 17（2）（3）. §742. 13（12）（20）（2009）.

完全适用科技医疗对患者的福利。自2011年开始，德国不断对1990年通过的《胚胎保护法》进行修订。2011年11月，德国的《植入前遗传学诊断调节法》生效，该法明确规定：允许对人工受精胚胎进行基因检测遗传学诊断，在确认胚胎“极可能患严重遗传病，或成为死婴及流产”的情况下，可以不植入母亲体内，而让其失活。2011年12月，德国修订《胚胎保护法》，在第3条增加了一条补充条款，允许患有严重遗传性疾病的父母的受精卵进行植入前诊断。2013年2月，德国的《植入前诊断条例》获得通过，该条例对《胚胎保护法》第三章“植入前诊断”进行了进一步修订，明晰了植入前诊断技术的使用规范。①

第二节 基于维系生命与健康的器官移植域外刑法制度

一、器官移植域外立法概况

器官移植的潜力不仅取决于先进的医疗技术，还取决于器官捐赠立法的进程。随着世界范围内的人体器官移植的快速发展以及因器官移植供体短缺引发的日益增长的犯罪，域外人体器官刑事立法的进程不断加快。

（一）国际性、区域性立法

1. 国际组织立法

在器官移植中，对人体器官的需求增长速度远远超过器官的供应速度，这为非法器官买卖和贩运等人体器官移植相关犯罪打开了大门，特别是有组织的器官贩运正在全世界扩张。为此，国际组织通过协调国际合作以及制定预防措施和具有法律约束力的国际文件，遏制人体器官移植犯罪。本书在此介绍以下几个主要文件：

（1）2000年11月15日，第55届联合国大会通过《联合国打击跨国有组织犯罪公约关于预防、禁止和惩治贩运人口特别是妇女和儿童行为的补充议定书》的议案，该补充议定书第3条（a）款将“贩运人口”定义为：为剥削目的，通

① 参见袁敏、李久辉、罗会德：《德国〈胚胎保护法〉的建立和发展对我国生命科学研究领域立法的启示》，载《法制与社会》2020年第11期，第218页。

过威胁或使用武力或其他形式的胁迫、诱拐、欺诈、欺骗、滥用权力或滥用弱势地位，或为取得控制他人的人的同意而招募、运输、转移、窝藏或接收人员。剥削至少应包括剥削他人卖淫或其他形式的性剥削、强迫劳动或服务、奴役或类似奴役的做法、摘取器官。该补充议定书还规定，如果使用该补充议定书中所列人口贩运的一种或多种手段，受害者的同意无效。

（2）2005 年 10 月 22 日，联合国教科文组织第 33 届大会通过了《世界生物伦理准则宣言》，该宣言明确了医学、生命科学及应用于人类的相关技术的伦理问题和处理准则。该宣言第 21.5 条规定，各国应在国家和国际两级采取适当措施，打击生物恐怖主义和非法贩运器官、组织、样品、遗传资源和与遗传有关的材料的行为。

（3）2008 年 4 月 30 日至 5 月 1 日，国际器官移植学会在土耳其伊斯坦布尔召开会议，会议发表了旨在反对将器官移植商业化、器官移植与器官移植旅游的《伊斯坦布尔器官贩运和移植旅游宣言》。该宣言包括六项原则，并提出了若干战略，以增加器官捐献者的数量，防止器官贩运、移植商业化和移植旅游，并鼓励合法的拯救生命的器官移植方案。该宣言指出，器官贩运和移植旅游违反公平、公正和尊重人的尊严的原则，应予以禁止。

（4）2008 年 5 月，世界卫生组织执委会第 123 届会议讨论了人体细胞组织和器官移植问题，形成了《世界卫生组织人体细胞、组织和器官移植指导原则（草案）》。该草案包括 11 项指导原则，为以治疗为目的的人体细胞、组织和器官的获得和移植提供了一个有序、符合伦理标准并且可接受的框架。2010 年 5 月 21 日，第 63 届世界卫生大会通过《世卫组织人体细胞、组织和器官移植指导原则》，该文件规定了 11 项指导原则，以解决器官移植中的一些伦理问题，其中包括同意要求、未成年人和法律上不称职的人的捐赠以及器官组织的分配、无偿捐献以及捐献和移植的临床后果等。①

2. 欧洲区域立法

自 1997 年以来，欧洲委员会一直致力于制定区域性器官移植的道德和法律标准。

（1）1997 年，欧洲委员会制定《欧洲人权和生物医学公约》，禁止从人体

---

① Sixty third Word Health Assembly. Human organ and tissue trans plantation [EB/0L]．(2010—05—21)[2015—01—12]，http：//apps. who int/gb/ebwha/pdf - files/WHA63/A63_ R22 - en. pdf.

及其部分获得经济利益。该公约第21条规定，“人体及其部分不应因此产生财务收益”。[①] 2002年，欧盟各国签订的《人权和生物医学公约有关人体器官和组织移植的附加议定书》重申了这一原则。该议定书第22条明确规定，“应禁止器官和组织贩运”[②]。

（2）2004年，欧盟《2004/23/EC号指令》为人体组织和细胞的捐赠、获取、测试、加工、保存、储存和分配制定质量和安全标准。该指令第12条对组织和细胞捐献的原则作出明确规定：“成员国应努力确保组织和细胞的自愿和无偿捐赠。捐献者可以获得补偿，但仅限于补偿与捐献相关的费用和困难。成员国应努力确保组织和细胞的采购是在非营利基础上进行的。”

（3）2010年，欧盟《2010/45/EU号指令》和《2010/53/EU号指令》规定了用于移植的人体器官的质量和安全标准，确保在高水平上维护人体健康，明确了自愿、无偿的基本原则，鼓励匿名尸体器官捐献。其中，《2010/53/EU指令》明确了器官捐赠的价值优势，但器官捐赠也有风险。因此，用于移植的器官的质量和安全性“应该尽量减少与疾病传播有关的任何风险”。[③]

（4）2014年，欧洲委员会制定《打击贩运人体器官公约》，该公约于2015年3月25日开放以供签署，并于2018年3月1日生效。该公约向欧洲委员会成员国开放以供签署，并应邀请向非成员国开放以供签署，该公约补充了关于器官移植的国际法律文书中所载的禁令，要求各国根据本国法律确立与非法摘取器官有关的广泛行为，将这些行为作为刑事犯罪，目的是防止和打击贩运人体器官的行为，并保护根据该公约确立的一系列罪行的受害者的权利。

该公约对器官移植犯罪作出明确规定。

第一，该公约规定了两种“器官切除”犯罪行为：一是在未经捐助者自由、知情和具体同意的情况下进行切除，或捐助者已死亡，但未经其国内法授权就进行切除；二是为了换取切除，已向捐助者或第三方提供或捐助者或第三方已获得经济利益或类似利益（第4.1条）。

---

① 参见赵西巨：《欧洲人权与生物医学公约（节译）》，载《法律与医学杂志》2005年第2期，第155－157页。

② Council of Europe, Additional Protocol to the Convention on Human Rights and Biomedicine concerning Transplantation of Organs and Tissues of Hunman Origin [EB/OL]. (2002－01－24) [2015－01－11], http://conventions. Coe. int/Treaty/en/Treaties/Html/186. htm.

③ Directive 2010/53/EU of the European Parliament and of the Council of 7 July 2010 on standards of quality and safety of human organs intended for transplantation.

第二，该公约规定了器官移植其他犯罪：一是植入或以其他方式使用这种被非法切除的器官（第5条）；二是准备、保存、储存、运输、转移、接收、进出口这种被非法切除的器官（第8条）；三是非法招募或招揽捐赠者或接受者（第7条第1款）；四是向或由保健专业人员或官员提供和要求不应有的好处，以便进行这种摘除或植入或其他用途（第7条）；五是企图实施或协助或教唆实施任何这些犯罪行为（第9条）。①

（二）域外国家（地区）立法例

域外国家（地区）器官移植立法始于20世纪50年代的英国，1952年英国议会通过了世界上第一个规定人体器官移植的法令——《角膜移植法案》。之后，新西兰、意大利、美国分别于1964年、1967年、1968年制定了本国的人体器官移植法案。此外，丹麦等其他欧洲国家在20世纪60年代也制定了关于活体尸体器官摘取的法律。

在亚洲，最早进行器官移植立法的国家是日本，1958年日本制定了《关于角膜移植的法律》，20世纪70年代亚洲其他一些国家的人体器官捐法案相继制定，如马来西亚，新加坡、菲律宾、印度、日本、韩国和伊朗相继制定本国的器官移植法。（见表5－1）

表5－1　域外主要国家（地区）器官移植法律文本一览

国家（地区）	制定（修订）时间	法案名称
英国	1961年（1989年修订）	《人体组织法》
新西兰	1964年（2008年修订）	《人体组织法》
意大利	1967年	《肾脏移植法》
美国	1968年	《联邦遗体捐献法》
美国	1984年	《联邦器官移植法》
美国	1984—2004年	《器官捐献和恢复改善法》
马来西亚	1974年	《人体组织法》
南非	1978年	《人体器官移植法》

---

① Explanatory Report to the Council of Europe Convention against Trafficking in Human Organs, para 29.

续表

国家（地区）	制定（修订）时间	法案名称
西班牙	1979 年	《器官移植法》
新加坡	1987 年	《人体器官移植法》
菲律宾	1991 年	《器官捐献法》
印度	1994 年	《人体器官移植法》
德国	1997 年（2001 年修订）	《器官移植法》
日本	1997 年	《人体器官捐献与移植法》
马里兰州（美）	1998 年	《阿莫斯器官和组织捐赠法》
韩国	1999 年	《移植法》
伊朗	2000 年	《尸体和脑死亡病人器官移植法》
多巴哥	2000 年	《人体组织移植法》
芬兰	2001 年	《人体器官和组织医学应用法》

1. 美国

美国的器官捐赠法规植根于英国普通法，即任何人均不拥有对尸体的财产权益。在维持这一基本前提的同时，美国一些州法院通过司法判例授予死者家庭“准财产权”，允许死者家庭在家庭成员死亡后控制其尸体，以便为其举行葬礼。[①] 随着器官移植技术的发展和对捐献者需求的增加，这些法律的局限性日益显现。因此，一些州开始制定允许个人及其近亲捐献器官的法律。纽约州是第一个颁布法令允许个人捐献器官的州，而各州的相关规定经常出现矛盾，为此，1968 年，全美统一州法律委员会召开会议，并起草了《联邦遗体捐献法》，《联邦遗体捐献法》从谁可以捐赠自己的器官，到医生是否应该因为保护捐赠者生命的利益而禁止参与移植手术等 12 个问题作出规定，[②] 以平衡保护潜在捐赠者的

① Andrew J. Love, Replacing Our Current System of Organ Procurement with a FuturesMarket: Will Organ Supply be Maximized? JURIMETRICS, 167, 172 (1997).

② 《联邦遗体捐献法》规定了捐赠器官的 12 个问题：(1) 谁可以在其活着的时候以其身体或身体的一部分作出具有法律效力的赠与？(2) 近亲属有什么权利不顾死者所表达的捐赠意愿，或者他们自己决定以死者的尸体作出器官赠与？(3) 谁可以合法地成为捐献器官的受赠人？(4) 器官捐赠的目的是什么？(5) 捐赠可以通过什么方式发出，如通过遗嘱、手写、随身携带卡片、电报或录音电话通讯？(6) 赠与人在世期间怎样撤销赠与？(7) 捐赠器官被摘除后，生还者对植入体内器官的权利是什么？(8) 对外科医生和其他参与实施器官移植的人应该给予什么样的法律保护？(9) 无论签署赠与文件是哪个国家，是否都应提供这种保护？(10) 如果捐赠器官与有关尸体解剖的法律相冲突，对器官捐赠的影响是什么？(11) 死亡时间是否应由法律以任何方式规定？(12) 负责照顾死者的医生出于对生命利益的维护，是否应该排除其参与将捐献的组织或器官转移到新的宿主的移植程序？

意愿，尊重捐赠者家人的意愿，国家需要执行成功的器官获取程序，满足社会对可用器官的需求。

《联邦遗体捐献法》规定，任何已满 18 周岁的人，只要心智健全，在其死后可以捐献全部或部分身体器官。如果捐献者没有明确表示自己的意愿，特定他人有权作出决定是否捐赠死者的器官。捐赠可以在遗嘱或其他书面文件中注明，并可以指定给特定的受赠人。捐赠人在死亡前的任何时间均可以修改或撤销表示愿意捐赠的文件，即使该文件已经交付给特定的受赠人。1987 年，全美统一州法律委员会修订了《联邦遗体捐献法》，1987 年《联邦遗体捐献法》的要求医院询问每一位入院的患者是否为捐赠者，并要求提供一份授权捐赠的文件副本，或者与患者讨论器官捐赠的问题。1987 年的《联邦遗体捐献法》还要求执法人员、医护人员、其他紧急救援人员和医院工作人员应尽合理努力寻找表明个人捐赠意愿的信息。[①] 此外，1987 年的《联邦遗体捐献法》禁止器官商业化。

为了利用国家器官采购和分配系统来缓解器官短缺，改善器官捐赠和接受者的匹配。1984 年，美国国会通过了《联邦器官移植法案》，该法案于当年由总统签署成为法律，构成了美国器官捐赠的主要联邦法规。《联邦器官移植法案》有 6 个基本组成部分[②]，为美国的器官捐献提供了法基础。

2004 年 4 月 5 日，美国总统布什签署总统令，发布《器官捐赠与促进康复法案》，该法案对活体器官的捐献作了规定，对捐献者的权益作了两项规定：一是为活体器官捐献者提供或报销与器官捐献直接相关的交通和生活的费用；二是为活体器官捐献者提供或报销非医学等附带费用的开支。

2. 英国

英国政府对器官移植的监管早于美国的《联邦遗体捐献法》16 年，早于美国联邦法律——《联邦器官移植法案》32 年。早在 1952 年，英国议会通过了《角膜移植法案》，这是第一个关于直接处理人体组织移植的法令。9 年后这项法令被废除，取而代之的是对其他人体组织和器官具有普遍意义的《人体组织法》。1961 年的《人体组织法》为英国提供了不涉及特定组织或器官的尸体器官移植的法律

---

① id. §5（f）, at 47.

② NOTA 的 6 个基本组成部分：（1）成立器官采购和移植工作组，该组织由 25 名成员组成，他们研究与器官获取和移植有关的广泛的医疗、法律、伦理、经济和社会问题；（2）要求卫生和公众服务部部长召开会议；（3）创建器官移植科；（4）授权秘书会为器官采购机构的筹划、创立、初步运作及扩充提供拨款；（5）要求部长签订器官采购和移植网络和科学登记的合同；（6）禁止以有价值的代价购买和出售人体器官。

法规。该法案的条款类似于美国现行的《联邦器官移植法案》。英国的《人体组织法》根据个人决定是否捐献器官的权利，建立了一套表达同意或志愿服务的制度。

根据《人体组织法》的规定，死者捐赠其器官可以用于治疗、教育需要、捐赠或研究的目的。器官捐赠通过签署书面文件或当着两名证人的面口头请求捐赠；该法案还规定，在没有捐赠请求的情况下，拥有该尸体的人在提出合理的捐赠异议后，可以授权捐赠人，也可以捐赠其亲属。

1989 年，英国制定了 HOTA，该法案是英国关于器官获取和移植的第二项立法。与 1961 年的《人体组织法》主要规范尸体器官移植不同，HOTA 专注于活体器官的捐赠。HOTA 禁止出售或购买人体器官，禁止招揽器官买卖、协商或发起购买器官的谈判和宣传买卖器官。此外，为了消除器官采购的商业化，HOTA 禁止活体捐赠者将器官移植给无基因关系的接受者，除非符合某些规定。从 2006 年 9 月 1 日开始，英国针对除苏格兰以外的英国地区推出新的《人体组织法》，该法案赋予其公民在临终前决定捐献个人器官权利。

3. 意大利

意大利于 1967 年颁布了《肾脏移植法》。该法案规定器官的捐赠者主要是受赠者的父母、子女或兄弟姐妹；如果无上述近亲，或上述近亲不同意捐赠，或血型有异，则患者的其他亲属或无血缘关系的朋友亦可成为捐赠者（第 1 条）。实施器官移植手术的要件有五：其一，器官捐赠者必须是成年人并具有判断理解能力及意思表示能力；其二，医师必须向捐赠者阐明手术后可能发生的后果及手术对捐赠者的危险性；其三，器官捐赠者必须了解肾脏移植不成功的风险；其四，捐赠者的同意必须出于其本愿，而且捐赠器官不能以报酬或任何其他条件为代价；其五，在满足上述要件的情况下，捐赠者的同意表示应由地方法院予以公证（第 2 条）。如果患者确需器官移植，医师必须查明器官捐赠者与受赠者器官的适应性，才能决定是否进行移植手术（第 3 条）。器官捐赠者的疾病及风险应予保险（第 5 条）。器官捐赠者与受赠者间有关给付金钱及其他利益的同意均无效。

4. 法国

1988 年，法国议会颁布了《生物伦理法》，此后，《生物伦理法》历经多次修订，该法案对基因检测的途径进行了严格规定。1994 年 7 月 29 日，《生命伦理法》第 94 – 654 号修正案规定了对人体组织和器官的使用。2004 年 8 月 9 日，第 2004 – 806 号修正案将《生命伦理法》并入《公共卫生法典》，《公共卫生法典》对人体器官捐赠作出以下规定：（1）知情同意，同意捐献，也可在任何时候改变决定；（2）禁止任何机构为某人宣传广告，但是16—25岁的青年人例外；（3）禁止有任何报酬的捐献，器官获取的所有费用由获取机构承担；（4）匿名：供受者之间不得知晓对方身份，但在治疗必要时，可以违背这一原则；（5）权衡风险与受益：依据已有科学和医学知识，预测出受者的收益比风险高，才可以接受供者器官。① 2017年1月1日起，法国的器官捐献新法正式生效。该法设置了“预设默许”原则，即除通过官方渠道“主动退出”的人外，其他所有人都将被默认为器官捐献者，而不管家属是否同意捐赠死者的器官。如果公民不同意捐赠器官，必须在官方的“拒绝名册”上登记。

5. 日本

1958年，日本制定了《关于角膜移植的法律》，后因肾脏移植领域蓬勃发展，日本将角膜移植和肾脏移植的立法合并，于1979年颁布了《关于角膜及肾脏移植的法律》。

二、器官移植犯罪域外刑法罪责制度

（一）有关活体器官移植犯罪及其刑事责任制度

目前，世界上绝大多数国家和地区都在立法及医疗实践中承认了活体器官移植的正当性，然而，为了使活体器官移植得以有序开展，域外国家或地区普遍对人体器官捐献的程序和条件进行了严格规定，而构成犯罪的器官移植经常是因为不符合这些条件或程序。

1. 违背供体意愿而进行活体器官移植的罪责制度

目前，各个国家和地区基本上都将违背供体意愿而进行活体器官移植的行为规定为犯罪。

在英国，根据1989年《人体器官移植法》的规定，供体的同意是医生摘取其器官用于移植而不构成犯罪的前提，② 然而，如果供体的同意可能会导致其死亡，则该同意属于无效同意，医生可能因此而承担刑事责任，除非该同意是出于为供体的最佳利益考虑。

---

① Article R1211 - 1. Public Health Code（Article R1211 - 1. Le code de sant6 publique）. 2007 - 03 - 27（in French）.

② 英国的《人体器官移植法案》规定，活体器官移植必须满足以下条件才合法：（1）医生已就捐献的风险和程序向捐献者作了说明和解释；（2）捐献者理解了这种说明和解释；（3）供体的同意不是通过强制或物质诱惑而获得的；（4）供体知悉其有随时撤回捐献的权利。

在法国，《法国刑法典》第511－3条规定，未依据《公共卫生法典》第L1231－1条第4款规定之条件征得当事人的同意，或者未获得该条第2款和第6款之规定的许可，便在成年活人身上摘取器官的，即便是以诊疗为目的，处7年监禁并科处10万欧元的罚金。《法国刑法典》第511－5条规定，在成年人身上摘取组织、细胞或人体所生之物，然而当事人未在《公共卫生法典》第L1241－1条最后3款规定之条件下表示同意的，处5年监禁并科处75，000欧元的罚金。[①]

在意大利，法律规定，未取得合法授权而非法实施器官移植的，判处12年监禁，并处两年以下禁业。

2. 以暴力或胁迫手段非法摘取人体器官或人体组织的罪责制度

在俄罗斯，《俄罗斯联邦刑法典》第120条规定："使用暴力或以暴力相威胁，强制摘取人的器官或组织做移植的，处4年以下的剥夺自由，并处或不并处3年以下剥夺担任一定职务或从事某种活动的权利。犯罪人明知他人处于孤立无援的状态，或在物质方面或其他方面处于对犯罪人的从属地位而对其实施上述行为的，处2年以上5年以下的剥夺自由，并处或不并处3年以下剥夺担任一定职务或从事某种活动的权利。"[②]

在蒙古，使用暴力或胁迫手段非法采集人体器官或人体组织的，要被处4年以下有期徒刑，或者并处禁止3年内担任一定职务或从事特定职业的刑罚；而明知是孤立无援的人或利用物质上或其他方面的优势而使用暴力或胁迫手段非法采集人体器官或人体组织的，则要被处以5年以上10年以下有期徒刑，或者并处禁止3年内担任一定职务和从事特定职业的刑罚。

3. 违反器官移植的条件与程序的罪责制度

在澳大利亚，关于活体器官移植犯罪的条件与程序规定是目前世界上最为严厉的。依据《澳大利亚联邦刑法典》第268.96条的规定，[③] 对违反器官移植

---

① 参见《最新法国刑法典》，朱琳译，法律出版社2016年版，第258页。

② 《俄罗斯联邦刑法典》，黄道秀译，北京大学出版社2008年版，第48－54页。

③ 《澳大利亚联邦刑法典》第268.96条规定："如果符合下列情形，则行为人的行为构成战争罪中的为移植而输出血液、切除组织和器官罪：（a）犯罪人为了移植而从一人或数人的身体上转移血液、组织或器官；而且（b）在转移血液的情形中——该转移：（1）不是为了输血；或（2）在没有此人或数人同意的情况下；而且（c）在转移皮肤的情形下——该转移：（3）不是为了移植；或（4）在没有此人或数人同意的情况下移植；而且（d）该转移的目的不是为了治病；而且（e）该转移不是在和一般可予接受的医疗标准相一致的条件下执行，也不是为了此人或该数人或接受者的利益而有计划的实施；而且（f）此人或该数人作为某一国际武装冲突的结果被敌方所掌控、拘禁、扣押或者其他方式的剥夺；而且（g）行为发生在某一国际武装冲突中，或者与某一国际武装冲突有关。"

的条件与程序的可判处 25 年监禁。[①]

在法国，《公共卫生法典》对器官移植的条件与程序进行了严格限定，如禁止摘取未成年人活体器官、摘取成年人活体器官须以具备医学上的必要性为前提且须获得捐献人之自愿同意、移植必须在得到法定机构批准的基础上进行等，如果医生违反这些规定，都将会被追究刑事责任。

《法国刑法典》规定，未得到批准的机构或医师开展摘取、移植器官或组织，或保存、转接组织、移植器官的，判处 2 年监禁并科处 3 万欧元的罚金。[②]

4. 对受者进行活体瑕疵器官移植的罪责制度

在活体器官移植方面，一些国家和地区规定了活体接受瑕疵器官移植的刑事责任。

在瑞士，《瑞士联邦刑法典》第 231 条规定了故意或过失传播疾病罪，对包括利用器官捐献或移植传播危险的、可传染的人类疾病的行为进行了惩罚性规定。[③]

在芬兰，《芬兰刑法典》也规定了危害健康罪，对利用器官捐献传播危险性疾病而对他人生命健康造成一般危险的，处 4 个月以上 4 年以下的监禁。[④]

此外，俄罗斯、法国、丹麦、意大利等国也都在其刑法中设置了类似的罪名。

（二）有关尸体器官移植犯罪及其刑事责任制度

域外国家或地区对摘取尸体器官以自愿捐赠为原则，摘取尸体器官不得违背死者本人或其近亲属的意愿，否则应承担相应的法律责任。

在英国，根据 1961 年《人体组织法》的规定，医生必须出具死者生前明确同意捐献遗体器官的证据才可以从死者身上摘取器官，且必须严格根据死者的要求摘取相应的部分，否则便可能会被诉之以罪责。

在法国，任何未经死者本人生前同意或其家属同意摘取其器官的行为都构成对死者尸体之侵犯，《法国刑法典》第 511－5－1 条规定，为了科学目的，在

① Criminal Code Act 1995. https：//www. docin. com/p－541645466. html.

② 参见《最新法国刑法典》，朱琳译，法律出版社 2016 年版，第 259 页。

③ 参见《瑞士联邦刑法典：2003 年修订》，徐久生、庄敬华译，中国方正出版社 2004 年版，第 76 页。

④ Finland_ Criminal_ code_ amended 2008_ en. ，https：//www. docin. com/p－541647125. html.

未移交《公共卫生法典》第 L1232－3 条规定之尸检记录的情况下，在死人身上进行摘取的，处 2 年监禁并科处 3 万欧元罚金。[①]

此外，日本、德国、意大利、奥地利等国刑法典或“器官移植法”中也都有类似的规定。

（三）有关人体器官商业化犯罪及其刑事责任制度

严惩人体器官商业化犯罪，是目前各个国家和地区在规范人体器官移植方面的基本刑事立场。为此，很多国家和地区都制定了专门针对人体器官商业化运作的法律，如英国 1989 年的《人体器官移植法》、美国 1984 年的《国家器官移植法》、法国 1994 年的《最新刑法典》、日本 1997 年的《器官移植法》等。

在英国，《人体器官移植法》明确禁止人体器官的商业化运作，该法案第 1（1）条规定：“如果行为人在英国：（a）为提供已经或将要于英国或其他任何地方之去世或在生的人身上摘除并将被移植于另一人体内的器官或为意图提供这样的器官之要约而作出或接受付款；（b）谋求寻觅愿意为获取付款而提供该器官的人或为获取付款而要约提供该器官；（c）提出或商议涉及为该器官的提供或提供该器官的要约而作出付款的任何安排；（d）参与管理或参与控制其所从事的事务包含或包括提出或商议作出任何这种安排的法人或非法人社团，则其将构成犯罪。”此外，该法案第 2（1）条规定：“行为人如果在英国：（a）从活体身上摘取拟移植入另一人体内的器官，或（b）移植从活体身上摘取的器官到另一人体内，则将构成犯罪——除非器官被植入者与器官供应者有基因联系。”“有基因联系”主要是指器官捐献者是受体的血缘双亲或子女、具有全部或一半血缘的兄弟姐妹、生物学父母任何一方的具有全部或一半血缘的兄弟姐妹，以及具有全部或一半血缘的兄弟姐妹的生物学子女或生物学父母任何一方的具有全部或一半血缘的兄弟姐妹的生物学子女。[②]

在美国，《联邦器官移植法》规定下列人体器官买卖行为为犯罪——任何人明知因经济原因取得接受或者转让任何人体器官用来进行人体移植，并且这种转让涉及州际贸易。只有下列行为不属于经济原因，“为了适用本法的下列目的：支付与分离、移植、处理、保存、质控，以及储存一个人体器官有关的费

---

① 参见《最新法国刑法典》，朱琳译，法律出版社 2016 年版，第 258 页。

② 参见［英］厄莱斯代尔·麦克林：《医疗法简明案例》，武汉大学出版社 2004 年版，第 105 页。

用，或者为支付捐献者因旅费、住宿和治疗消瘦所需费用及治疗与捐献出的那个器官相连的器官的费用。”“违反本法，可以处以高达50万美元的罚金，或者处以5年的监禁，两项处罚可以并用。”

在澳大利亚，北方区《人体组织移植法》第24条规定，从事人体组织或器官买卖活动的，处500元罚金或3个月监禁。

在日本，《器官移植法》第20条规定了“非法出售人体器官罪”、“非法买受人体器官罪”、“从事人体器官买卖中介罪”以及“为获利而非法为他人实施器官移植罪”四项罪名，并规定对这些犯罪可以分处或者并处5年以下有期徒刑或500万日元以下的罚金。法人从事上述犯罪的，除处罚行为人外，对法人科处各条例规定的罚金刑。

在法国，《法国刑法典》第511－2条、第511－4条规定了“非法买受人体器官罪”“从事人体器官买卖中介罪”“有偿转让人体器官罪”“获利而非法为他人实施器官移植罪”四个罪名，其中第511－2条第1款（非法买受人体器官罪）规定，付款从某人身上取得其器官之行为，无论形式如何，处7年监禁并科处10万欧元罚金。第2款（从事人体器官买卖中介罪、有偿转让人体器官罪）规定：“充当中介，为付款取得人之器官提供方便条件，或者有偿转让他人人体器官的，处相同刑罚。”第3款（走私人体器官罪）规定：“取得的器官来自国外，仍适用相同刑罚。”①

在新加坡，《器官移植法》第14条（人体器官买卖契约罪）规定，一个人出于经济的考虑，为使自己得到或给予他人（经济利益）而同意出卖或得到他自己或他人的任何器官，无论在他或他人生前或死后，都构成犯罪。

除此之外，德国、加拿大、智利、西班牙、津巴布韦等国家也都明确将人体器官的商业化规定为犯罪而科以刑罚。

三、域外器官移植刑法制度比较研究

（一）基于“同意”对器官移植犯罪评价意义的比较

“同意”在人体器官移植的罪与非罪的评价中具有重要意义，从目前域外一些国家的立法来看，人体器官捐献中的“同意”有“表达同意”和“推定同意”两种。

---

① 《最新法国刑法典》，朱琳译，法律出版社2016年版，第257－258页。

1. 表达同意

表达同意是器官获取的第一种方式。表达同意制度的基础是个人自愿捐献器官，其事先表示同意摘除器官。美国、加拿大、英国和荷兰、土耳其等国家均以“表达同意”为人体器官移植合法性的要求。依据各国器官移植相关法律的规定，表达同意可以多种方式表示，包括口头、遗嘱、捐献者卡或驾驶执照。在美国，赠与器官的遗嘱在捐献者死亡后立即生效，无须等待遗嘱认证。[①] 这些国家认同明确同意的一个潜在假设是，即使在个人死亡后，仍然存在类似财产权的东西。这在某种程度上解释了为什么一些国家会选择表达同意而不是其他器官获取制度。像美国这样一个历来支持个人权利的国家，强调个人有权选择自己身体器官捐赠更符合其国家普遍的社会认知。

2. 推定同意

“推定同意”又称“假定同意”，与明确同意不同，这一制度是假设一个人希望捐赠他的器官，除非他明确表明反对捐献器官，即通过登记，个人就会获得一张卡片，以表明他对器官捐献的反对意见。法国、意大利、西班牙、奥地利、比利时、捷克斯洛伐克、丹麦、芬兰、希腊、以色列、日本、挪威、波兰、新加坡、瑞典和瑞士、巴西等国以及美国的一些州均采用人体捐献“推定同意”制度。[②] 人体器官捐赠的“推定同意”又有两种主要形式：一种是强烈推定同意；另一种是微弱推定同意。

（1）在强烈推定同意制度下，同意只能由死者生前的明确意愿予以推翻。法国、奥地利、捷克斯洛伐克、丹麦、以色列、波兰、新加坡和瑞士的法律允许医生摘除所有器官，前提是医生没有记录在案的反对意见。实践中，医生很少在没有家属同意的情况下进行手术。

以法国的假定同意为例。法国于 1976 年 11 月通过了一项关于器官移植的法律。该法第 2 条规定：“为了医学或科学，如果个人在死亡之前没有作出反对移植器官的表示，死亡后其器官可被移植。”该法进一步规定，如果一个人选择不捐赠，他或任何目睹他的反对意见的人可以在医院登记反对意见。在个人死

① Uniform Collections Gift Act, §4 (A－b), Reprinted in Manson, infra Note 108, p. 5; Melissa N. Kurnit, Organ Donation in the United States: Can We Learn From Successes Abroad? 17 B. C. Int'l & Comp. L. Rev. 405, 411 (1994)

② Andrea Mc Daniels, Brazil Mandates: Organ “Donation ” for Transplants, Christian Science Monitor, Jan. 16, 1998.

亡后，医生在进行手术前必须查核医院登记簿，以确定是否有反对器官摘取的意见。如果从第三方那里得知反对意见，即使患者没有登记反对意见，医生也不得摘取器官。可见，该法要求医生作出合理努力以查明死者的意愿，但是这并不要求医生付出这样的努力来确定近亲的意愿。统计数据显示，在法国，有90%以上的医生在摘除器官前会通知死者家属。

再以奥地利的假定同意为例。奥地利是目前世界上唯一一个器官移植在假定同意的“纯粹”制度下运作的国家，即完全排除了家属同意器官捐献的作用，医生可以在没有征得家属同意的情况下进行器官移植。奥地利法律要求个人对器官捐赠的反对意见作出书面声明，这样反对意见才具有法律约束力。但是，与其他国家不同的是，奥地利的医生没有明确的义务作出合理努力寻找表明同意或不同意的文件。此外，当对死者的意愿存在怀疑时，医生可以合法地进行器官摘除。

比利时的“假定同意”与法国相似，1987年，比利时通过了关于“假定同意”的法律，规定中央卫生管理局计算机化登记、跟踪所有反对摘取其器官的个人。如果医生在登记表上没有发现异议，他们就可以合法办理器官移植手续。

（2）微弱的假定同意制度允许死者的家人反对捐赠。芬兰、希腊、意大利、日本、挪威和西班牙等国家的人体器官移植实行微弱的假定同意制度，医生需要征询捐赠者家属对手术的反对意见。例如，在摘除眼角膜之前，许多国家要求医务人员进行“合理搜查”，以确定个人捐赠者或其家人是否反对。

（二）基于“非亲属有偿供体”对器官移植犯罪评价意义的比较

目前，域外各国立法对非亲属人体器官移植一般采取较为宽松的态度，其中英国、美国等明确允许非亲属的人体器官移植，少数国家限制非亲属的人体器官移植，意大利于1967年颁布的《肾脏移植法》规定，受赠人必须是捐赠人的父母、子女或兄弟姐妹。但当患者没有上述近亲属，或者上述近亲属不同意捐赠或者血型不符时，患者的其他亲属或无血缘关系的朋友也可以成为捐献者。但是对于“非亲属供体”的有偿性存在“禁止”和“允许”两种不同的态度。

1. 禁止有偿人体器官供给

世界卫生组织的《人体细胞、组织和器官移植指导原则》规定，细胞、组织和器官应仅可自由捐献，不得伴有任何金钱支付或其他货币价值的报酬。购买或提出购买供移植的细胞、组织或器官，或者由活人或死者近亲出售，都应予以禁止。禁止出售或购买细胞、组织和器官不排除补偿捐献人产生的合理和可证实的费用，包括收入损失，或支付获取、处理、保存和提供用于移植的人体细胞、组织或器官的费用。域外国家或地区的人体器官移植立法，不管是允许非亲属器官捐献的国家或地区，还是严格限制非亲属器官捐献的国家或地区，普遍遵循该指导原则的这一规定，严禁人体器官买卖。违法进行有偿器官移植的，构成相关犯罪。

如前文所述，美国、法国、日本等国家的相关法律规定人体器官买卖行为构成犯罪，行为人依法应承担刑事责任。例如，依照美国的《联邦器官移植法》的规定，任何人购买或出售器官都是重罪，可处以 5 万美元罚金和/或 5 年监禁。但是，各国的刑罚存在很大差异，为换取器官摘除而提供或获得经济利益或类似利益的，最低处罚从罚款（如德国、英国）到 5 年监禁（如土耳其），最高处罚从 1 年监禁（如比利时）到 12 年监禁（如西班牙）。

2. 允许有偿人体器官供给

目前，伊朗是允许有偿人体器官供给的唯一国家，1988 年，伊朗建立了有偿器官移植制度，成为世界上唯一实行“政府主导下的器官捐赠补偿机制”的国家，也是迄今为止世界上唯一允许器官有偿捐献的国家。根据伊朗 2000 年的《尸体和脑死亡病人器官移植法》及其实施细则的规定，捐献活体器官后，捐献人能够获得一定的补偿。

（三）基于“未成年人活体器官摘取”对器官移植犯罪评价意义的比较

世界卫生组织《人体细胞、组织和器官移植指导原则》第 4 条规定：“除国家法律允许的例外，不得将任何细胞、组织或器官从活体未成年人的身体中取出进行移植。应采取具体措施保护未成年人，在可能的情况下，应在捐赠前获得未成年人的同意。”域外人体器官移植相关立法大多对未成年人活体器官移植予以特别保护，就目前各国立法情况来看，可以分为以下两种情况：

一是禁止以器官移植为目的摘取未成年人的活体器官。综观域外各国家和地区器官移植相关立法，西班牙、日本、韩国等多数国家或地区禁止未成年人活体器官捐献，违者构成相关犯罪。例如，日本的《器官移植法》规定，禁止从 15 岁以下儿童身上摘取器官。西班牙的《皇家法令》规定：“未成年人，即便有其父母或监护人同意，也不能进行器官摘取。”

二是附条件允许以器官移植为目的摘取未成年人的活体器官。芬兰、法国、韩国、美国部分州的相关法律对禁止未成年人活体器官捐献作了例外性规定。例如，芬兰1985年第355号法律规定只有至少年满18周岁的公民方可捐献不可再生之器官，未满18周岁的公民只能捐献可再生之器官。法国的《器官摘取法》规定，如果从未成年人身上摘取器官，则受体必须是他的兄弟姐妹，同时必须经过未成年人本人、其法定监护人的同意和3名委员组成的委员会的许可。对于违法从未成年活人身上摘取器官的，处7年监禁并科处10万欧元罚金。

（四）基于器官移植刑事管辖的比较

就一般刑事管辖权而言，目前世界各国普遍采用“以属地管辖为主，兼采其他原则”的“折中主义”，刑事治外法权为各国刑事立法所确认，但是，在人体器官移植犯罪中，域外立法确立治外法权并不常见，多数域外国家的刑法对器官移植有管辖权限制，不允许起诉在国外实施或遭受非法器官移植的公民或居民。少数国家，如德国和以色列，对本国国民实施的非法器官切除行为适用域外管辖权,[①] 无论该行为在有关外国是否非法。而荷兰和土耳其对本国公民的器官移植犯罪刑事域外管辖，需要器官移植行为在行为法域国构成犯罪。[②]

四、经典判例：美国费尔德曼器官移植诈骗案

（一）案件事实

1. 医疗保险诈骗

（1）被告人（上诉人）执业精神病学家费尔德曼自1995年到1997年，在佛罗里达州的两个地方拥有并经营着杰罗姆·费尔德曼社区精神健康中心（JFC中心）。费尔德曼向联邦政府申请将JFC中心作为社区精神健康中心，并获得联邦认证，具备了获得医疗保险向医疗保险患者提供部分住院服务的合理费用的补偿资格。至1997年6月，JFC中心在运营了两年之后，费尔德曼已经申请并收到了超过100万美元的医疗保险和医疗补助基金。同年，州和联邦官员开始调查JFC中心是否提交了欺诈性报销申请。调查人员采访了JFC中心的职员，他们承认多次违反医疗保险规则。费尔德曼在1995年雇用的一名职员告诉调查人员，费尔德曼指示职员伪造患者的医疗保险报销票据，并对他个人未提供的

① Israel, Organ Transplantation Law, Article 36 (b); Germany, Criminal Code, §5, 17.

② The Netherlands, Criminal Code, Article 7 (1); Turkey, Criminal Code, Article 11.

团体治疗服务收取医疗保险费用，该职员的证词被医疗记录证实，调查人员要求审查20名联邦医疗保险患者的病历，20份记录中有4份找不到，其余16份记录都缺乏部分住院服务所需的医生医嘱，不符合医疗保险报销资格。从1996年8月到1997年6月，费尔德曼的虚假和欺诈性索赔造成了总额为1,131,771美元的医疗保险和医疗补助损失。

（2）在1996年到1999年这段重叠的时间里，费尔德曼在佛罗里达州拥有并经营三家名为“生命中的第二次机会”的艾滋病诊所。由于费尔德曼的医疗保险计划被暂停，其医疗保险账号被终止，费尔德曼被禁止接受医疗保险基金。然而，费尔德曼依然雇用医生，并以此账号收取医生的医疗保险费，一名医生支付了超过207，000美元的医疗保险费，另一名医生支付了超过378，000美元的医疗保险费。

（3）1999年8月23日，费尔德曼与美国当局达成认罪协议，承认他通过经营JFC中心犯有医疗欺诈罪。此后，费尔德曼因未能出席1999年10月5日在佛罗里达州中区地方法院举行的首次会议，被提起控诉，法院对费尔德曼发出了逮捕令。1999年11月10日，费尔德曼逃离美国，以逃犯的身份生活在菲律宾。

2. 器官移植诈骗

费尔德曼逃离美国后，在逮捕令未执行的情况下，其利用菲律宾允许外国游客入境接受无亲属关系的活体捐赠者的政策（2008年被取消），实施器官移植诈骗。

2000年11月，费尔德曼使用“阿尔贝托·戈麦斯”一名，注册了网址为“www. liver4you. org”的网站，公开发布提供活体肾移植和活体或尸体肝移植的宣传。费尔德曼在网站上声称，移植由菲律宾一家医院的有资质的外科医生进行，移植项目由菲律宾卫生部负责，并列出了以下价格：肾移植，6.5万~9.5万美元；肝脏移植，13万美元。此外，该网站列出了几个电子邮件地址，包括“fastertransplant@ yahoo. com”，以供有意进行器官移植的人进一步联系。费尔德曼一人以医生“米切尔·迈克尔森”和助理“阿尔贝托·戈麦斯”两个化名，承诺为患者安排移植手术。除该网站外，费尔德曼还使用两个化名在美国开设银行账户和注册UPS邮箱。在他的liver4you. org网站计划期间，费尔德曼至少吸引了五名患者。如下所述，每个患者（或监护人）都从liver4you. org网站上了解到费尔德曼器官移植的信息，并使用liver4you. org网站上列出的电子邮件地址与费尔德曼联系，付钱给费尔德曼让他安排在菲律宾进行器官移植。

到达菲律宾之后，费尔德曼没有能力保证器官移植。这五名患者或其监护人员总共损失了 30 多万美元。

患者 A：2006 年 3 月，第一个患者的儿子在 fastertransplant@ yahoo. com 给费尔德曼发了电子邮件，这个电子邮件地址列在费尔德曼的 liver4you. org 网站上。患者的儿子告诉费尔德曼，他的父亲急需一个肾脏，正在竭力寻求移植。费尔德曼用了医生“米切尔 · 迈克尔森”这个化名，向患者的儿子承诺，他将以合法的方式安排一次移植手术，费用为 8. 5 万美元。2006 年 5 月 8 日，患者向费尔德曼在德威特的阿尔贝托 · 戈麦斯银行账户电汇了 3 万美元的首付款，随后不久飞往菲律宾的马尼拉。费尔德曼在菲律宾见到患者，并要求患者在进行肾脏移植手术之前支付更多的钱。患者随后给了费尔德曼 1 万美元现金，并额外电汇了 2 万美元到费尔德曼的德威特银行账户。付款后，费尔德曼告知患者，马尼拉没有供肾者。费尔德曼随后指示患者前往达沃市的一家医院，并承诺那里有一名捐赠者。然而，达沃市也没有捐赠者。患者最终没有接受移植就返回了美国，并要求费尔德曼退还支付的 6 万美元，费尔德曼拒绝患者的要求，并告诉他，如果他再支付 2 万美元，就可以接受移植。最终，该患者未接受费尔德曼的器官移植，也未获得退款。

患者 B：2005 年秋天，第二个患者检索到了 liver4you. org 网站，并给费尔德曼发了电子邮件，询问更多的信息。费尔德曼声称，他在菲律宾工作，可以为患者进行肾脏移植。患者在与费尔德曼交谈后，又与另一名男子交谈，该男子告诉患者，费尔德曼在菲律宾帮助他找到了肾捐献者（但拒绝提供其姓名），患者同意向费尔德曼支付肾移植的费用。

2006 年 6 月，患者向德威特的阿尔贝托 · 戈麦斯银行账户电汇了 6. 5 万美元的首付款。几天后，患者和妻子一起去了菲律宾。到达菲律宾后，患者在一个小的、不合格的办公室接受透析，在那里他感染了一种传染病。几天后，患者在马尼拉的一家医院约见了一名医生，而这名医生并未为费尔德曼所联系过，该医生说肾移植需要 5 万美元。三周后，这名医生找到了一个匹配的捐赠者。患者向该医生支付了 5 万美元——除患者支付给费尔德曼的费用外——2006 年 7 月 17 日，患者接受了肾移植手术，之后患者要求费尔德曼退还他先前支付的 6. 5 万美元，但被拒绝。

患者 C：在检索浏览了费尔德曼的 liver4you. org 网站后，第三位患者给费尔德曼发了电子邮件。费尔德曼向患者保证，他有一个肾脏捐献者和外科医生可以在菲律宾进行手术。2007 年 5 月 10 日，患者同意向费尔德曼付款，电汇 4.3 万美元到德威特的阿尔贝托·戈麦斯账户。大约一个月后，即 6 月 5 日，患者又向该账户电汇了 2.7 万美元。

当患者到达菲律宾时，患者得知费尔德曼既没有找到捐肾者也没有找到外科医生。在马尼拉等待后，费尔德曼让患者前往达沃市，患者在那里接受了一名菲律宾医生的肾脏移植手术。随后，患者返回美国，但于 2007 年 8 月 1 日死于手术并发症。患者去世后，患者的家人收到了在菲律宾住院的费用账单。费尔德曼承诺他将用收到的 7 万美元支付患者的所有医疗费用，但拒绝退款。

患者 D：在浏览费尔德曼的 liver4you. org 网站后，第四位患者的妻子给费尔德曼发了电子邮件，讨论为她的丈夫进行肝脏移植。患者的妻子告诉费尔德曼她的丈夫病得很重，有出血的食管静脉曲张（食管下段的静脉），为了防止进一步出血，这些静脉被扎了起来，只有在医生允许的情况下才能离开医院。费尔德曼承诺以 7 万美元在菲律宾“合法”安排移植，他表示这个价格将支付在菲律宾的医疗费用。

由于担心这笔交易，患者的妻子要求律师介入。费尔德曼拒绝了这一要求，并向患者的妻子承诺，如果她的丈夫没有接受移植，她的钱将被退还。

2008 年 5 月，患者的妻子向费尔德曼在德威特的阿尔贝托·戈麦斯账户电汇了 3.7 万美元，作为移植的首付款。费尔德曼同意，患者的妻子可以在她的丈夫见到并对菲律宾的治疗外科医生感到满意后再支付剩余的 3.3 万美元。

尽管美国的医生建议患者不要旅行，但患者还是和一个朋友去了菲律宾。到达菲律宾后，患者几乎没有得到费尔德曼的帮助，几天后患者不得不进入菲律宾当地的医院。两个多星期后，这名患者仍然没有见到移植外科医生，费尔德曼只去看过他一次，而且时间很短。当患者的妻子向费尔德曼抱怨手术安排时间太迟缓时，费尔德曼答复：外科医生想要全额 7 万美元。患者在当地医院等待时，医生说马尼拉医院肝移植的成功率“很低”，建议他去新加坡或中国进行移植。当患者的妻子向费尔德曼询问这一建议时，费尔德曼将菲律宾的不良结果最小化为“意外”，并劝阻患者去其他地方移植。日子一天天过去，移植毫无进展，患者的妻子继续给费尔德曼发邮件，要求他遵守诺言。费尔德曼将延误归咎于所谓的移植医生，并警告患者的妻子不要打电话给医生，因为医生会“感觉到对患者的恐惧，并加倍收费”。费尔德曼向患者的妻子索要剩余的 3.3 万美元，患者的妻子恳求费尔德曼给她时间，让她抵押自己的房子来获得更多的钱。一周后，患者的妻子又电汇了3.3万美元到德威特的阿尔贝托·戈麦斯账户。其间，马尼拉医院将患者转移到另一家医院。尽管如此，在抵达菲律宾近一个月后，该患者仍未接受移植，健康状况迅速恶化，两周后，患者死于肝衰竭，费尔德曼终止了与患者妻子的所有联系。更具有讽刺意义的是，患者的妻子从她丈夫入住的菲律宾医院收到了2.7万美元的账单。尽管费尔德曼承诺支付这些费用，但他拒绝支付任何账单，也拒绝退款。

患者E：第五个患者的父亲在互联网上搜索发现费尔德曼的liver4you.org网站，并于2008年9月发给费尔德曼电子邮件。不到一个月后，患者父亲给费尔德曼电汇了4.5万美元到德威特的阿尔贝托·戈麦斯账户，作为儿子肝移植的部分费用。费尔德曼收到这笔钱后告诉患者的父亲，患者在肝移植名单上排在第三位，并提出额外支付3万美元将患者的排序提升到第一位。这名父亲拒绝支付这笔钱，之后其又与费尔德曼谈了五次。不幸的是他的儿子在去菲律宾之前去世了，儿子去世后，这名父亲要求费尔德曼退还4.5万美元的款项，但费尔德曼拒绝，并停止了与这名父亲的所有联系。

2009年2月3日，美国警方在菲律宾将费尔德曼抓获。同年2月11日，纽约北区的一个大陪审团以五项电汇欺诈指控费尔德曼。

（二）纽约北区地区法院判决

2010年5月27日，美国纽约北区地区法院法官大卫·N.赫德依据《美国法典》第18卷第1343条，以费尔德曼犯有一项医疗欺诈罪、五项电汇诈骗罪为由，判处费尔德曼188个月监禁和3年释放监督。

1. 法院认定费尔德曼应对2，027，796.63美元的总损失负责，其中包括JFC中心虚假索赔欺诈医疗保险基金1，131，771.05美元，三家名为“人生第二次机会”的艾滋病诊所欺诈的586，040.58美元，以及309，985美元器官移植电汇诈骗金额。法院将费尔德曼的基本危害等级提高了16级。

2. 法院认定费尔德曼利用liver4you.org网站通过大规模营销实施电汇欺诈，并依据《美国量刑指南手册》的规定将其基本犯罪等级提高了两级。

3. 法院依据《模范刑法》的规定，以费尔德曼逃到菲律宾妨碍司法公正为由，将其罪刑等级提高两级。

4. 法院以费尔德曼电汇欺诈涉及死亡或严重身体伤害的有意或无意风险，依据《美国量刑指南手册》的“恶劣行为”、“对痛苦的严重漠视”以及“对重病患者的医疗保健漠不关心”的规定，将其罪刑等级提高两级。

最终，纽约北区地区法院考虑在151个月至188个月监禁的范围内适用刑罚，并对费尔德曼作出188个月监禁的有罪判决。

（三）案件争议焦点及评析

1. 本案的争议焦点

纽约北区地区法院对费尔德曼的有罪判决存在以下争议焦点。

（1）对费尔德曼的行为是否应适用加重处罚的刑罚？

①费尔德曼诈骗犯罪金额如何计算？

纽约北区地区法院认定费尔德曼的JFC中心欺诈是整个诈骗犯罪“同一行为过程”的一部分，或“共同计划或计划”的一部分，其导致的1，131，771.05美元的估计损失应作为费尔德曼整个诈骗罪犯罪数额的一部分，并据此将他的危害水平增加两个级别。

②费尔德曼的行为是否成立“有意识或不计后果的死亡或严重身体伤害风险”的欺诈？

“严重身体伤害”是指涉及极度身体疼痛或身体器官某一部分功能长期受损的伤害或心智能力严重受损，或者需要医疗干预，如手术、住院或身体康复。法院的判决依据了《美国量刑指南手册》的规定。为了适用强化条款，被告的欺诈行为必须造成他人遭受严重身体伤害的风险；此外，所述风险必须是被告知道的（有意识的），或者，如果被告不知道，但该风险对于一个精神正常的人来说是显而易见的风险类型，并且对所述风险的忽视代表着对一个精神健康的人会做的事情的严重偏离（鲁莽的）。

③费尔德曼的行为是否成立故意妨碍司法公正？

《美国量刑指南手册》规定，在以下情况中，犯罪级别增加2级：被告故意妨碍或妨碍与即时定罪犯罪的调查、起诉或判刑有关的司法，以及存在与被告的定罪犯罪和任何相关行为有关的妨碍行为或者密切相关的犯罪。该条款适用于被告故意不出席司法程序的情况。被告故意不按要求出现在司法程序中的行为本身就是妨碍司法，只要被告故意从事基本行为就足够了，而不管其任何其他目的。

（2）法院的判决是否存在滥用自由裁量权的问题？

根据《美国法典》第3553（a）条的规定，法院必须判处足够但不超过必要的刑罚，以符合法典中规定的目的。

2. 法院判决评析

（1）关于法院采用两级强化法定刑的问题

根据《美国量刑指南手册》的规定，欺诈罪有两个等级，如果犯罪“是通过大规模营销实施的”，量刑幅度就会增加。量刑委员会的应用说明将“大众营销”定义为通过电话、邮件、互联网或其他方式进行的计划、方案、促销或活动诱使大量人员购买商品或服务、参加竞赛或抽奖，或为财务利润进行投资。

本案中，费尔德曼进行了一场互联网运动，以确保其器官移植诈骗的实施。这种行为符合量刑委员会规定的关于大众营销的目的法定刑增强的条件。

费尔德曼通过注册 liver4you. org 网站发布器官移植相关信息的行为是否属于“招揽”？很显然，招揽个人购买器官移植是该网站存在的原因，“iver4you. org”这个名字也表明了这一点。依据《美国量刑指南手册》的规定，对费尔德曼刑罚的增强不需要其使用最积极的营销方法。费尔德曼创建了一个公共网站，任何有互联网连接的人都可以查看该网站，他这样做是为了吸引那些渴望器官移植的人。费尔德曼公开在一个公共网站上提供器官移植价格，并为感兴趣的购买者提供联系方式。

liver4you. org 网站是否具有诱导大量的人购买商品或服务的故意？在互联网高度发达和普遍适用的当代，互联网上的任何一个公共网站均可被设计，并为海量的人所接触。费尔德曼利用这样一个网站诱使人们，可以大大增加其欺诈的范围。就器官移植的情况来看，全世界需要肝脏或肾脏移植的人不在少数，仅在美国就有大量等待器官移植的患者。美国卫生部和人类服务部曾发布报告称，在 2006 年、2007 年和 2008 年，每年都有 8 万至 9 万人在等待肾脏或肝脏移植。由于费尔德曼的 liver4you. org 网站是公开的，全世界所有人都可以访问 liver4you. org 网站，他可以轻而易举地吸引任何能阅读和写电子邮件的人——大量的人，即使它只到达那些能阅读英语的人的视野内。

（2）关于费尔德曼犯罪金额的计算问题

纽约北区地区法院依据《量刑指南手册》规定的“特定的犯罪特征”，如损失金额，基于“与侵权罪属于同一指挥者共同计划或计划的一部分”的所有行为。当两种或两种以上的违法行为“通过至少一个共同因素，如共同的受害者、共同的共犯、共同的目的或类似的作案手法，而实质上相互联系在一起”，即为“共同计划或某一计划的一部分”。此外，如果被告人一再实施类似的犯罪行为，即使这些犯罪行为不是根据某一计划实施的，也可能被认定为同一行为过程的一部分。

无论费尔德曼的 JFC 中心欺诈和“生命中的第二次机会”欺诈是否是欺诈医疗保险的常见计划或计划的一部分，它们都构成了《美国量刑指南手册》规定的犯罪。费尔德曼在佛罗里达州经营这两家医疗保健机构，他用这两家机构获得了数十万美元的医疗保险基金，但他没有资格获得这些资金。在他被发现在 JFC 中心犯有医疗保险欺诈行为后，他试图，并且有一段时间确实在运营“生命中的第二次机会”，以欺诈性地获得医疗保险基金。这两个骗局是费尔德曼住在佛罗里达州时进行的一系列罪行的一部分，因此这些罪行是“同一行为过程”的一部分。

（3）关于费尔德曼实施了涉及“有意识或不计后果的死亡或严重身体伤害风险”的欺诈问题

“严重身体伤害”是指涉及极度身体疼痛或身体器官某一部分功能长期受损的伤害或心智能力严重受损，或者需要医疗干预，如手术、住院或身体康复。依据《美国量刑指南手册》的规定，适用增强的法定刑需要满足两个基本条件：一是被告的欺诈行为一定造成了他人遭受严重身体伤害的风险；二是所述风险必须是被告已知的（有意识的），或者如果被告不知道，但风险的类型是显而易见的，无视所述风险意味着严重违背一个常人应做的事情（鲁莽）。

费尔德曼明知第四位患者患有严重的健康问题，还说服患者飞往菲律宾。费尔德曼谎称已经有医生准备好进行移植手术，而事实是医院的医生没有受过训练，也没有能力治疗患者。当患者到达并进入一家菲律宾医院时，医院的医生提醒患者，马尼拉的医院做肝移植手术的成功率“很低”，并建议患者在新加坡或中国接受移植，患者接受医生的建议准备离开时，费尔德曼再次说服他，让患者相信会在菲律宾接受成功的移植。对于一个迫切需要肝移植的人来说，费尔德曼关于他可以安排肝移植的虚假和毫无根据的断言造成了患者死亡或严重受伤的高风险。这位患者在生命的最后阶段浪费了宝贵的时间，住在一家没有机会接受移植的医院里，这使他无法前往另一个国家接受移植，也无法回到治疗他的医生和家人身边。费尔德曼为了尽可能多地从患者和他的妻子那里骗取更多的钱——总共 7 万美元，置第四位患者的健康和生命于不顾，其行为符合《美国量刑指南手册》中关于“有意识或不计后果的死亡或严重危险”身体伤害的规定。

（4）关于费尔德曼妨碍司法公正的裁决的问题

《美国量刑指南手册》规定，在以下情况中，提供两级的攻击级别提升：被告人故意阻挠或者妨碍的……与即时定罪的调查、起诉或判决有关的司法，以及与被告的定罪和任何相关行为有关的妨碍性行为或者密切相关的犯罪。

本案中，费尔德曼在承认犯有 JFC 中心虚假医疗保险索赔欺诈罪后，从佛罗里达州逃往菲律宾的行为妨害了司法办案。第一，费尔德曼潜逃、滞留菲律宾是故意阻碍对其进行“即时定罪”，即费尔德曼在逃离佛罗里达州前实施的“人生第二次机会”欺诈的调查和起诉。费尔德曼作为一名逃犯在菲律宾生活了整整 10 年，没有因为该诈骗而被起诉。第二，这一阻碍性行为既与“定罪犯罪”——“人生第二次机会”欺诈有关，也与器官移植诈骗犯罪的“相关行为”——JFC 中心虚假医疗保险索赔欺诈有关。

正如量刑委员会的《申请说明》对《美国量刑指南手册》所解释的，“如果行为是有目的的，并且有可能阻碍对定罪犯罪的调查或起诉，那么在对即时定罪犯罪的调查开始之前发生的行为可以包括在本指南中”。

2006 年 11 月 1 日及其后的 27 个月里，费尔德曼一直作为逃犯生活在菲律宾，这妨碍了司法公正，阻碍了对他的“人生第二次机会”诈骗案的调查和起诉。费尔德曼无法再通过 JFC 中心骗取医疗保险基金后，才参与了他的“人生第二次机会”骗局。当他因 JFC 中心诈骗而被起诉，而“人生第二次机会”诈骗案仍未被联邦当局发现时，费尔德曼逃到了菲律宾。显然，费尔德曼的行为是有目的的：阻碍对他的“人生第二次机会”欺诈案的调查或起诉。

第三节　基于维护生命健康的基因治疗域外刑法制度

一、基因治疗域外立法概况

“人类历史上任何一种新的科技成果，从诞生于世起就不仅仅是科技领域的事情，因为它对整个世界的社会结构、道德伦理、政治理论、法律体系、生活方式和社会心理所带来的巨大冲击，常常是最开始从事相关研究的科学家始料所不及的。有许多专家指出，既不能夸大基因技术的作用，也不能忽视其未来在临床上的巨大应用前景，应该科学地对待。尤其是给基因技术应用设置一道

‘法律门槛’是非常重要的。”[①] 21世纪以来，人体基因医疗科技的快速发展和广泛应用，诱发了相应的基因医疗犯罪问题，对此，国际社会及各国予以高度重视，并通过完善立法不断强化对基因治疗的规制。

（一）国际性、区域性立法

1. 国际组织立法

国际组织关于基因治疗的重要文件有两个：《世界基因组人权宣言：国际医学伦理学法规（七）》与《关于人类基因组数据库的声明》。

1997年11月11日，联合国教科文组织第29届大会通过了《世界基因组人权宣言：国际医学伦理学法规（七）》，该宣言的主旨在于维护人体基因研究中所涉及的人性尊严，重视人类基因的个人权利，规范与人类基因相关的科技研究活动，促进人类福祉。2002年，国际人类基因组织发布了《关于人类基因组数据库的声明》，该声明不仅明确人类基因组数据库为全球的公共财产，并且对基因平等权、隐私权保护作出明确规定。

（1）对基因整体权利的保护。《关于人类基因组数据库的声明》关于人类整体利益的建议：人类基因组数据库是全球的公共财产，对人类健康有益的知识属于人类。人类基因组数据库是公共的资源，所有人都应该分享且获得数据库的利益。[②]

（2）对基因个人私权利的保护。《世界基因组人权宣言：国际医学伦理学法规（七）》对基因平等权、基因隐私权、知情同意权的保护作出明确规定。关于基因平等权，该宣言第2条规定：“每个人无论他们的遗传差别如何，都享有受尊重的权利。”[③] 第6条规定：“任何人都不应受到基于遗传特征的歧视，因为此类歧视是侵犯人权、基本自由和人类尊严的，或是有侵犯人权、基本自由的人类尊严的影响的。”[④] 第8条规定：“每个社会成员均有权根据国际法和本国法对于干扰其基因组的直接或者间接损害要求公正赔偿。”[⑤] 《关于人类基因组数据

① 吴学安：《国际法律框架中的基因技术应用》，载《检察风云》2008年第2期，第26页。

② 参见梁立智：《HUGO伦理委员会关于人类基因组数据库的声明》，载《中国医学伦理学》2003年第4期，第64页。

③ 参见《世界基因组人权宣言：国际医学伦理学法规（七）》第2条。

④ 参见《世界基因组人权宣言：国际医学伦理学法规（七）》第6条。

⑤ 《世界基因组人权宣言：国际医学伦理学法规（七）》第8条。

库声明》第5条规定："应保护个人、家庭与社群防止歧视和侮辱。"[①] 关于基因隐私权与知情同意权，该声明第4条规定：应尊重个人、家庭与社群的选择和隐私。①有关的选择有：样本及从样本所获信息的捐赠、贮存和使用（如特殊的、相关的或其他的使用由伦理委员会授权等）。知情同意可以包括使用（实际的或未来的）通知书，或者退出，或者在某些情况下一揽子同意。②应建立机制确保尊重这些选择。③参与者应被告知他们的数据的可识别程度（如被编码的、匿名的、集合的等）以及确保保密的安全机制。④应告诉参与者样本或从样本获得的信息可通过发表和互联网来自其他国家的其他研究人员、与商业实体分享。[②]《世界基因组人权宣言》第5条（b）款规定：所有病例均应得到有关人员事先、自由的知情同意。若有关人员不处于同意的地位，则应在有关人员的最高利益下按法律规定的方式获得同意或授权。（c）款规定：对每个人决定是否被告知遗传检查的结果及由此带来的后果的权利应予以尊重。（d）款规定：在进行研究的情况下，研究方案应另外提交按有关的国家和国际研究标准或准则进行事先评审。[③] 该宣言第7条规定："与身份可辨认的人有关的，为研究目的或其他目的存储或处理的遗传数据，必须在法律规定的条件下保密。"[④]

（3）对生命健康权利的保护。《世界基因组人权宣言：国际医学伦理学法规（七）》第5条（a）款规定：影响一个人基因组的研究、治疗或诊断只应在对此后的潜在风险和好处进行严格的事先评估之后并依据国家法律的任何其他要求来进行。（e）款规定：若按法律规定，一个人不具备表示同意的能力，则影响他或她基因组织的研究只能在对他或她有直接健康好处的情况下进行，并受法律规定的授权与保护性条件的管辖。[⑤]

《世界基因组人权宣言：国际医学伦理学法规（七）》和《关于人类基因组数据库的声明》关于基因权利的保护性规定在各国法律创制过程中得到体现或者被引用。

2. 欧洲区域立法

1997年4月4日，欧洲理事会签署的《欧洲人权与生物医学公约》对基因

---

① 《关于人类基因组数据库的声明》第5条。
② 参见《关于人类基因组数据库的声明》第4条。
③ 参见《世界基因组人权宣言：国际医学伦理学法规（七）》第5条。
④ 《世界基因组人权宣言：国际医学伦理学法规（七）》第7条。
⑤ 参照《世界基因组人权宣言：国际医学伦理学法规（七）》第5条。

医疗相关问题作出明确规定。关于基因平等权，该公约第 11 条规定：“任何形式的基于一个人基因遗传的歧视均应被禁止。”关于预测性基因测试，该公约第 12 条规定：“预测性基因测试对于预测基因疾病的测试或旨在确定某一疾病之基因的携带者或旨在探查某一疾病之基因倾向性或易感性的测试，只有在为了健康目的或为了与健康目的相关的科研目的并经适当的基因咨询的情况下方可进行。”关于基因医疗的干预，该公约第 13 条规定：“对人类基因组的干预寻求改变人类基因组的干预只有在基于预防、诊断或治疗目的之下，并且干预的目的不在于改变任何后代的基因组时方可进行。”① 此外，欧盟对关于基因科技的相关事项制定或发布了数十项规则、指令与决定，这些规定多为关于基因改造生物体、食品与劳动安全等的规定，本书不再详述。

（二）域外国家（地区）立法例

美国与欧洲一些国家的基因治疗开展得比较早，这些国家对基因治疗的相关立法具有较成熟的经验。

1. 德国

1990 年，德国颁布了世界上第一部《基因技术规制法》，该法共 7 个部分 42 节，详尽规定了基因科技研究中应遵守的法律规范，包括一般规定、基因设备的技术操作、基因交易、公共规定、义务规定、刑罚和罚款规定以及过渡性的规定等。② 随后经 1993 年、2010 年两次大的修改和 2019 年的微调，德国的《基因技术规制法》旨在“保护人类的生命和健康，保护动物、植物、其他物质和环境免受基因技术和基因技术产品可能对其造成的危险，并预防这种危险的发生；为基因技术在科学和技术上研究、发展和使用的可能性提供法律空间”③，该法案将“考虑到人类的伦理价值、生命和健康”作为全法之最高价值。但是德国的《基因技术规制法》并未对基因治疗进行规范，而是将其纳入药物法进行规范。按照德国药物法的规定，进行基因治疗必须事前报备，且对基因治疗也采取许可制。对基因治疗除采取法律管制外，还通过伦理原则来对其进行规制。例如，由联邦医师公会拟定的“人体基因移植一般准则”就是伦理委员会

---

① 赵西巨：《欧洲人权与生物医学公约（节译）》，载《法律与医学杂志》2005 年第 2 期，第 155 页。

② 参见沈秀芹：《人体基因科技立法规制研究》，山东大学 2010 年博士学位论文，第 105 页。

③ 参见德国的《基因技术规制法》第 1 条。

审查时的一个重要的伦理规范审查依据。① 此外，德国在21世纪初还相继颁布了《基因检测法》《胚胎植入前诊断法》等生命科技法。

2. 法国

现行《法国民法典》的第一编第三章对“基因权”进行了专门规定。1994年7月29日，法国《生命伦理法》第94－654号，即《生命伦理法》修正案规定了在充分尊重人体的原则下，可进行人类基因特征方面的研究，可进行基因识别方面的研究以及辅助生殖等领域的研究。② 2004年8月9日，该法第2004－806号修正案被纳入法国的《公共健康法》。

《法国刑法典》第二卷第二编第六章第六节“因遗传特征研究或基因样本鉴别侵害人身罪”对基因泄密、利用基因技术实施种族灭绝或优生操作、非法产前基因诊断等多项犯罪进行了刑事立法规范。《法国刑法典》第五卷第一编第一章规定了“生物医学伦理领域之犯罪”③，对以基因研究为目的而保存并改变人体器官、组织、细胞等行为进行专门规制。

3. 美国

美国虽然没有为基因治疗专门制定一部完整的法律规范，但是美国联邦政府和各州大多数具有与基因治疗有关的高新生命科技权利保护的法律。1985年，美国国立卫生研究院发布了《人类体细胞基因治疗的设计和呈批考虑要点》，该文件以1975年世界医学会采纳的《赫尔辛基宣言》为蓝本，基本上囊括了开展基因临床研究所必须注意的要点，④ 这是美国人类体细胞基因治疗领域里第一个系统的成文规章。1991年，美国国会通过了《人类基因组隐私法令》，该法令旨在给个人提供确定的法律保护，以保障个人的遗传隐私不受那些要求获得这些信息的机构和个人的侵犯。1997年，美国相继对《公共卫生法》和《联邦食品、药物及化妆品法》进行了修改，正式将基因治疗纳入药物法管理系统，这两部法律也成了美国规范基因治疗的最主要法律。2008年5月，美国国会参议院和众议院通过了《遗传信息非歧视法》，该法明确规定了禁止基因歧视的最低标准。

---

① 参见沈秀芹：《人体基因科技立法规制研究》，山东大学2010年博士学位论文，第125页。

② 参见李久辉等：《法国〈生命伦理法〉立法之路及其伦理学思考》，载《中国医学伦理学》2013年第4期，第518页。

③ 《最新法国刑法典》，朱琳译，法律出版社2016年版，第257页。

④ 参见朱希：《论我国生命科技犯罪的立法缺陷与完善》，2011年广西民族大学硕士学位论文，第12页。

4. 澳大利亚

2000 年 12 月 21 日，澳大利亚总督签署《基因技术法 2000》（Gene Technology Act 2000）、《基因技术（相应修正案）2000》［GeneTechnology（ConsequentialAmendments）Act 2000］、《基因技术（许可证收费）法 2000》［Gene Technology（Licence Charges）Act 2000］。《基因技术法 2000》规定：除非是已豁免（已经评估其风险是非常小的）、已告知其风险是非常小、已获许可或注册的，否则禁止所有与转基因有关的活动，如果违反了《基因技术法 2000》，视其情节轻重进行相应处罚，对个人最高处罚 22 万澳元，对单位最高处罚 110 万澳元等。①

此外，瑞典、奥地利等国家均制定了与基因医疗相关的法律。瑞典于 1994 年制定了《基因技术法》和《基因技术活动条例》。奥地利于 1994 年制定了《基因技术法》，之后又发布了多个涉及生物技术领域的条例，对基因治疗作出完整的规定。

二、基因治疗犯罪域外刑事罪责制度

（一）侵犯人体基因隐私犯罪的罪责制度

1. 法国

《法国刑法典》第六章“侵犯人格罪”中的第六节“因遗传特征研究或基因样板鉴别侵害人身罪”有多个法律条文规制基因医疗相关犯罪，② 其中第 226 - 22 条规定：如果泄露信息会对当事人的名誉或私生活造成损害，任何人在未经当事人允许的情况下，在其记录、分类、传输或进行其他各种形式的信息处理过程中收集此类信息并将其透露给无资格获得此类信息之第三人的，处 5 年监禁并科处 3 万欧元罚金。③ 第 226 - 26 条规定：“未依照《民法典》第 16 - 11 条之规定条件先征求当事人同意，出于医疗或科研目的，采用基因样本对当事人进行鉴别的，或者以当事人作为直系尊亲属、直系卑亲属或旁系亲属的身份提取其生物样本的，并通过此基础建立 16 - 11 条第 3 项所指之人的身份资料的，处 1 年监禁并科 15,000 欧元罚金。”④

---

① 参见沈秀芹：《人体基因科技立法规制研究》，山东大学 2010 年博士学位论文，第 105 页。

② 参见《法国刑法典》第 226 - 25—226 - 30 条的规定。

③ 参见《最新法国刑法典》，朱琳译，法律出版社 2016 年版，第 140 页。

④ 《最新法国刑法典》，朱琳译，法律出版社 2016 年版，第 141 页。

2. 德国

依据《德国刑法典》的规定，医师、牙医、药剂师或其他需要经过国家规定的培训才可执业的医护人员，因其身份而被告知或知悉他人的秘密，尤其是私生活秘密未被授权而加以泄露的，处1年以下自由刑或罚金刑。①

3. 美国

依据美国联邦政府《人类基因组隐私法令》的规定，除法律另有规定外，疏忽和蓄意侵犯该法令所规定的个人权利而导致的任何侵犯，都要受到刑法的制裁。

此外，欧洲以及亚洲其他一些国家也有关于基因隐私犯罪的相关刑事法律制度，如《奥地利联邦共和国刑法典》规定的侵害职业秘密罪，《保加利亚刑法典》规定的泄露他人秘密罪，《韩国刑法典》规定的医务人员非法信息公开罪等。

（二）非法进行人体基因科研与治疗犯罪的罪责制度

1. 法国

《法国刑法典》第226－28－1条规定，"任何人，在法律规定的情形之外，申请研究样本或第三人的遗传特征的，或者申请采取基因样本对人进行鉴别的，处3750欧元罚金"②。

2. 奥地利

奥地利的《基因科技法》允许在当前科技水平下开展以治疗或预防严重疾病为目的的体细胞治疗研究及临床实验，但原则上禁止干预胚胎的遗传物质的治疗或实验，未按规定取得许可证而实施的基因治疗、临床试验及违反胚胎保护法改变胚胎基因的，则会被追究刑事责任。③

（三）非法利用基因信息犯罪的罪责制度

1. 法国

《法国刑法典》第226－19条规定：在法律规定的情形外，未经当事人的明

---

① 参见《德国刑法典》，徐久生译，北京大学出版社2019年版，第151－152页。

② 《最新法国刑法典》，朱琳译，法律出版社2016年版，第141页。

③ 参见刘长秋：《生命科技犯罪及现代刑事责任理论与制度研究》，上海人民出版社2011年版，第161页。

确同意，将直接或间接反映当事人种族和人种、政治、哲学或宗教观点、所属工会、健康状况、性取向或性别的个人信息数据输入或储存于计算机中的，处5年监禁并科处3万欧元罚金。[①] 第226－19－1条规定：在处理健康研究用途的个人数据信息时，有下列情形之一者，处5年监禁并科处30万欧元罚金：未提前单独告知当事人其有权利知晓、更改并对其个人数据信息被收集或传输，以及未提前告知当事人其被传输的数据信息之性质及接受人；不顾当事人的反对，或者在法律有规定时，未征得当事人明确同意，或者涉及已过世的当事人，不顾其生前已表示的拒绝。[②]

2. 德国

《德国刑法典》第204条（利用他人秘密罪）规定：医师、牙医、药剂师或其他需要经过国家规定的培训才可执业的医护人员有义务为他人保密，未经授权而利用他人的秘密的，处2年以下自由刑或罚金刑。[③]

3. 英国

英国《人体组织法》第45条规定了DNA盗窃罪，将非经适格同意而分析含有他人DNA的人体材料的行为以及将该种分析结果以他人非期望的目的加以使用的行为界定为犯罪。

三、域外基因治疗犯罪刑法制度比较

（一）域外基因治疗刑法规制的进路比较

综合考察域外主要国家有关基因治疗犯罪的刑法规制，主要有三种进路。

1. 刑法典规制

以刑法典规制基因治疗相关犯罪的进路主要有两种基本方式。

一种是采用法条修订的方式，直接在特定的相关条款中增加基因治疗的罪刑制度。例如，在《法国刑法典》第六章“侵犯人格罪”中有“因遗传体特征研究或基因样板鉴别侵害罪”一节，其中第226－25—226－30条对基因治疗相关犯罪加以规制。

另外一种方式是依照刑法已有的犯罪来规制基因治疗相关犯罪，例如，德

① 参见《最新法国刑法典》，朱琳译，法律出版社2016年版，第139页。
② 参见《最新法国刑法典》，朱琳译，法律出版社2016年版，第139页。
③ 参见《德国刑法典》，徐久生译，北京大学出版社2019年版，第152页。

国医师、药剂师或其他需要经过国家规定的培训才可执业的医护人员，因其身份而被告知或知悉他人的基因秘密时，如果出现信息泄露，那么只能依照德国刑法中的泄露秘密罪定罪处罚。医师、药剂师或其他需要经过国家规定的培训才可执业的医护人员有义务为他人保密，未经授权而利用他人的秘密只能依照利用秘密罪定罪处罚。在荷兰可依照《荷兰刑法典》规定的泄密罪定罪处罚。在保加利亚可依照《保加利亚刑法典》规定的泄露他人秘密罪定罪处罚。亚洲一些国家的刑法典也有基因医疗可依照的相关犯罪罪责制度，例如，《韩国刑法典》规定的医务人员非法信息公开罪，《泰国刑法典》规定的医生、药剂师、药商、助产士、护士等泄露私人秘密罪，一般都可适用于严重侵害基因隐私权的行为。

2. 行政刑法规制

行政刑法规制的模式是在有关基因行政法中直接规定有关基因犯罪的刑罚制度。以法国的《生命伦理法》为例，该法主要是对违反生命伦理法规范的行为施以行政性管理，较少涉及基因犯罪问题。但是该法规定，对实施法律禁止的研究胚胎的行为要施以罚金刑与监禁刑并罚。德国的《基因科技法》对该技术涉及的操作规范、交易规则和应当遵守的义务以及违法所带来的刑罚和罚款规定等也作出了详细的规定。

3. 结合立法规制

此种模式对基因医疗犯罪是通过行政法规、刑法等予以规制。目前，多数国家没有对基因医疗犯罪进行单独或专项立法，主要制定或依据其他部门法的相关内容以及参照各该国刑法相关犯罪的规定对基因医疗犯罪进行规范。比如，美国1976年制定的《国家科技政策、组织与优先法》，日本制定的《科学技术设置法》《科学技术厅组织令》都是规范科学技术的专项法，其中很多规定适用于基因科技，是其基因科技法体系的基础，其中关于基因科技的相关规定是基因医疗法律规制的重要组成部分。

（二）域外基因治疗犯罪刑罚制度比较

1. 非法利用基因治疗侵犯隐私权、知情同意权犯罪的刑度轻刑化

综合上文关于法国、德国、荷兰、韩国等国家基因治疗犯罪罪责制度的考察，可以发现，对于基因犯罪的专门立法，主要集中于基因治疗侵犯隐私权、知情同意权的行为，这些国家大多将这些行为规定为轻罪，法定刑较轻。例如，

《法国刑法典》规定，基因治疗侵犯隐私权、知情同意权的法定刑为 1 ~5 年监禁。《德国刑法典》规定，侵害他人隐私的，处 1 年以上自由刑或罚金刑。

2. 基因治疗侵犯隐私权、知情同意权犯罪的刑种多元化

关于基因治疗侵犯隐私权、知情同意权犯罪的刑种，各国多采用身体刑与罚金刑并罚或者选罚。例如，依照《法国刑法典》的规定，基因治疗侵犯隐私权、知情同意权的，实行身体自由刑与罚金刑并罚。而《德国刑法典》规定，医师、牙医、兽医、药剂师或者其他需要经过国家规定的培训才可执业的医护人员因其身份而被告知或知悉他人的秘密而加以泄露的，处自由刑或罚金刑。

第四节 基于维护生命健康的 AI 辅助医疗域外刑法制度

一、域外 AI 辅助医疗刑法规制前置法——AI 辅助医疗相关政策

随着 AI 的快速发展，AI 辅助医疗技术日益受到重视，为了规范 AI 医疗行为，特别是促进 AI 医疗的应用与发展，欧盟及其成员国以及美国、日本等国家先后制定了有关 AI 技术应用的政策，但是欧盟及其成员国以及美国等国家并没有对 AI 医疗犯罪进行专门规制。

（一）欧盟 AI 辅助医疗政策

2004 年，欧盟委员会发布“数字医疗行动计划”（2004—2010），旨在借助信息通信手段为欧洲人提供更好的医疗保健服务，建设欧洲数字医疗区。

2014 年，欧盟委员会发布《2014—2020 欧洲机器人技术战略报告》以及《地平线 2020 战略——机器人多年发展战略图》，旨在促进机器人行业和供应链建设，将先进机器人技术的应用范围拓展到包括健康在内的诸多领域。

2016 年 5 月，欧盟议会法律事务委员会发布《对欧盟机器人民事法律规则委员会的建议草案》。同年 10 月发布《欧盟机器人民事法律规则》，积极关注人工智能的法律、伦理、责任等问题。

2017 年 4 月 5 日，欧洲议会和理事会制定了《关于医疗器械的第（EU）2017/745 号条例》，该条例经第［2020］OJ L130/18 号指令修订，于 2021 年 5

月生效（因新冠疫情影响，法案推迟一年生效）。

2018 年 12 月，欧盟委员会及其成员国发布《欧盟人工智能协调计划》，该计划提出欧盟将联合其成员国，通过增加投资、推动研究和运用、培养人才和增加技能等行动使欧洲成为人工智能开发与应用的全球领先者。

2019 年 4 月，欧盟人工智能高级别专家组正式发布了《可信赖的人工智能伦理准则》。根据该准则，可信赖的人工智能应该是合法的、合乎伦理的、稳健的。该准则提出了未来 AI 系统应满足的 7 大原则，以便被认为是可信的。

2019 年 6 月，欧盟发布《人工智能道德准则》《可信赖的 AI 伦理准则》（ETHICS GUIDELINES FOR TRUSTWORTHY AI），提出了 AI 全生命周期框架。

2020 年 2 月，欧盟委员会在布鲁塞尔发布了《人工智能白皮书》，该白皮书提出一系列人工智能研发和监管的政策措施。

2021 年 4 月，欧盟发布《人工智能法》提案，该提案提出了 AI 统一监管规则，从国家法律层面防范 AI 技术发展带来的潜在风险，使 AI 技术的应用创新在符合欧洲价值观和基本权利的基础上进一步加强。该提案基于不同应用场景的风险差异性，将 AI 系统分为“不可接受、高、有限、极小”四个风险等级，并针对不同级别风险实施不同程度的规制。（见表 5－2）

表 5－2　欧盟《人工智能法》基于不同应用场景的 AI 系统四个风险等级

系统类型	应用场景	风险等级	约束力
对基本人权和社会公平构成明显威胁的 AI 系统	公共机构开展社会信用评分； 非特殊情况下基于执法目的在公共实时远程生物识别； 在平台算法推荐具有算法偏见的场景中对人类意识和行为进行操作； 在具有算法偏见的场景中伤害儿童及残疾人等弱势群体	不可接受的风险（unaccep table risk）	明令禁止

续表

系统类型	应用场景	风险等级	约束力
可能危及公民人身安全及生活基本权利场景中的AI系统	重要基础设施（如交通），可能使人民的生命和健康受到威胁； 教育或职业培训，可能决定某人的受教育机会（如考试评分）； 产品的安全零件（如AI在机器人辅助手术中的应用）； 就业、员工管理（如正在使用的履历分类软件）； 基本的私人和公共服务（如信用评分剥夺了公民取得贷款的机会）； 可能干涉人们基本权利的执法（如评断证据可靠性的系统）； 移民、庇护和边境控制管理（如核实旅行文件真实性的系统）； 利用AI于司法和民主程序	高风险（high risk）	在投放市场前和使用过程中应严格履行并接受审查的义务； 充分的风险评估和缓解系统； 为系统提供高质量的数据集，以尽量减少风险和歧视性的结果； 对活动进行记录，以确保可追溯结果； 提供关于系统及其目的的所有必要信息，以便监管单位评估其合规性； 向用户提供充分且清晰的信息； 适当的人力监督措施，以最大限度地减少风险； 高度的稳健性、安全性和准确性
具有特定透明度义务的AI系统	因特定透明度义务的存在，故当用户使用人工智能系统时，能够意识到其本身正在与人工智能系统进行交互，即在用户知情的情况下提供用户方决定继续运行或中止的权利	有限风险（limited risk）	履行用户告知等透明义务，保障用户的知情选择权
将提供简单工具性功能的AI系统	免费使用人工智能视频游戏或垃圾邮件过滤器等应用程序等	最小风险（minimal risk）	未对极小的风险进行干预

（二）域外国家（地区）AI辅助医疗政策

1. 美国

美国现有多项政策用于AI医疗。2016年10月，美国科技政策办公室（Office of Science and Technology Policy，OSTP）、国家科学技术委员会（National Science and Technology Council，NSTC）发布《为人工智能的未来做准备》以及《国家人工智能研究与发展战略计划》两份重要报告，探讨了人工智能的发展现状、应用领域以及潜在的公共政策问题，提出了美国优先发展的人工智能 7 大战略方向。明确要加速人工智能在医疗领域的发展，利用人工智能对并发症进行预测及预防，通过电子化病历对医疗大数据进行分析挖掘等，还要在医学诊断等领域利用人工智能系统自动执行决策和进行医疗诊断。2016 年 12 月发布的《人工智能、自动化与经济》深入考察了人工智能驱动的自动化将会给经济带来的影响，提出国家三大应对策略。2019 年 2 月 11 日，时任美国总统的特朗普签署启动《美国人工智能倡议》，该倡议提出要向学术界、医疗领域开放一些政府数据库，便于人工智能项目积累所需要的数据量。

2. 英国

英国自 2014 年以来已出台多项关于人工智能研发与应用的政策。2014 年，英国发布《RAS2020 国家发展战略》（RAS 指机器人和自主系统），建立 RAS 生态系统 5 个互相交织的战略线。2016 年 10 月，发布《机器人技术与人工智能》，规范机器人技术与人工智能系统的发展，应对发展带来的伦理道德、法律及社会问题。2016 年 12 月发布的《人工智能对未来决策的机会和影响》阐述了人工智能的未来发展对社会和政府的影响。2017 年发布的《英国人工智能产业发展报告》明确了人工智能应用到医疗领域的三个优势。[①] 目前，英国政府突出人工智能在医疗领域的三大发展方向——辅助诊断、早期预防控制流行病并追踪其发病率和图像诊断。2018 年 4 月公布的《产业战略：人工智能领域行动》（Industrial Strategy：Artificial Intelligence Sector Deal）提出了英国应对人工智能带来的机遇和挑战的总体策略，该文件就理念、人力资源、基础设施、商业环境和产业集群 5 个生产力基础领域制定了具体的行动措施，以确保英国在人工智能行业的领先地位。

3. 德国

2018 年 11 月，德国出台《人工智能战略》，该项战略强调人工智能在卫生健康等社会领域的应用要兼顾数据保护和使用创新，既要保障个体对个人数据的权利，又不应给创新造成阻碍。其战略目标之一是使人工智能在伦理、法治、文化和制度上融入人类社会生活。

---

① 一是诊断，可将患者过往病历的细微变化与相似患者的数据进行比较；二是识别早期潜伏疾病并追踪疾病发生率，实现预防、阻止传播的目的；三是影像诊断，随着医疗领域与人工智能技术的深度融合，人工智能将逐渐被应用到医疗保险和智能挂号、数据驱动诊断和虚拟药物开发、代替诊疗的机器人医生等方面。

4. 法国

2017 年 3 月，法国制定了《国家人工智能战略》，该战略将医疗健康作为要优先发展人工智能的 4 个领域之一，决定在国家健康数据研究所的基础上成立包括医保报销、临床和科研数据的卫生健康数据中心。2018 年 3 月，法国总统马克龙签署了《法国人工智能发展战略》，该战略将医疗作为人工智能技术研发的优势重点行业之一，其中人工智能在医疗卫生领域的应用主要体现在医疗预防、医学诊断和研究方面。

5. 日本

2017 年，日本发布了《下一代人工智能促进战略》，该战略在医疗领域提出依据患者个人生命信息、基因信息、生存环境等大数据，提供最合适（个性定制）的医疗保健服务，将人工智能与信息通信技术相结合，从而使名医的知识与技术发挥最大作用。此外，通过高效学习顶尖的医疗技术或让机器人实际装载这些技术可以使任何人任何时间都能享受到顶尖的医疗服务。2018 年 6 月，日本政府在人工智能技术战略会议上发布推动人工智能普及的计划，在医疗领域提出打造人工智能医院，计划在 2022 年前打造 10 所样板医院，利用人工智能技术自动录入病例、影像识别及提供最佳治疗方案等。通过人工智能检测、分析病情，分析各治疗方案后给出最可行的治疗建议。基于医疗、护理系统的大数据化，构建以人工智能为依托、世界一流的医疗与护理先进国家。

6. 其他国家

自 2016 年以来，越来越多的国家先后制定国家层面的人工智能战略政策、产业规划。阿根廷、爱尔兰、巴西、印度尼西亚等国均制定了积极推进 AI 医疗的相关政策。例如，2018 年 6 月，印度出台《人工智能国家战略（讨论稿）》，以促进相关企业致力于开发以 AI 为核心的医疗产品和解决方案，促进医疗质量的提高、增加医疗资源的可获得性和可负担性。

二、域外 AI 辅助医疗犯罪刑法规制路径

目前域外各国刑法对此尚无专门立法，对 AI 医疗犯罪的刑法规制主要有三种进路。

（一）以传统犯罪相关罪名规制“AI 医疗犯罪”

对于 AI 医疗犯罪侵害生命健康的故意或过失犯罪，各国现行刑法一般以传

统相关犯罪加以规制，如故意杀人罪、谋杀罪、伤害身体罪、过失杀人罪、业务过失致人死伤罪等。

在德国，依据其现行刑法的规定，AI 医疗不法伤害他人身体或损害其健康的，可以构成身体伤害罪或者危险的身体伤害罪。AI 医疗过失杀人的可以构成过失杀人罪。AI 医疗过失伤害他人身体或损害其健康的，可以构成过失伤害身体罪。

在法国，AI 医疗中因笨拙失误、轻率不慎、缺乏注意、怠慢疏忽，或未履行法律或条例强制规定的审慎或安全义务，导致他人死亡的，可以构成非故意杀人罪。因笨拙失误、轻率不慎、缺乏注意、怠慢疏忽，或未履行法律或条例强制规定的审慎或安全义务，导致他人完全丧失劳动能力的，可以构成非故意伤害人的身体罪。

在英国，医师因极端的疏忽或是轻率使得他人死亡、重伤的，可以成立“极度疏忽杀人罪”或轻率杀人罪、轻率伤害罪。

在日本，AI 医疗故意犯罪的，可以构成杀人罪、自杀参与罪、伤害身体罪。AI 医疗因懈怠业务上必要的注意而致人死伤的，可以构成业务过失致人死伤罪。

（二）以网络犯罪相关罪名规制“AI 医疗犯罪”

1. 破坏医疗 AI 系统、毁坏 AI 数据的犯罪

在德国，破坏医疗 AI 系统、毁坏 AI 数据的，可以构成变更数据罪，破坏计算机罪，毁坏电子、磁性或其他非直接可存储或传输大数据罪。《德国刑法典》第 303a（1）条规定，非法消除、扣押、使其不能使用或变更数据的，处 2 年以下自由刑或罚金刑。第 303b（1）条规定，以下任何严重破坏对他人至关重要的数据处理的，处 3 年以下有期徒刑或罚款：根据第 303a（1）条做出行为；输入或传输数据［第 202a（2）条（电子、磁性或其他非直接可存储或传输的数据）］以造成他人损失；毁坏、损坏数据处理系统或数据载体使其无法使用、被淘汰或改变的。①

在法国，破坏医疗 AI 系统、毁坏 AI 数据的，可以构成侵入资料自动处理系统罪，妨害资料自动处理系统运作罪，非法输入、取消、变更资料罪等。《法国刑法典》第二编设专门一章，“第三章 侵犯数据主动处理系统罪”，其中第

① 参见《德国刑法典》，徐久生译，北京大学出版社 2019 年版，第 210 页。

323－1条规定：“非法入侵或拒不退出整体或部分自动处理系统的，处2年监禁并科60，000欧元罚金。造成系统储存之数据被删除或更改，或者导致该系统运行受到损坏的，处3年监禁并科100，000欧元罚金”。第323－2条规定：“妨碍或扰乱数据资辑自动处理系统之运作的，处5年监禁并科150，000欧元罚金。”① 此外，该章还规定，法人亦可构成上述犯罪，对其科处罚金；对自然人和法人还可判处“禁止从事在活动中或活动时实行了犯罪的那种职业性或社会性活动”等资格刑，且未遂也要处罚。

在日本，破坏医疗AI系统、毁坏AI数据的，可以构成毁坏电子计算机等业务妨害罪。《日本刑法典》第234－2条规定：损害他人业务所使用的计算机或电磁记录，或对他人业务上所使用的计算机提供虚假信息或欺诈性命令或用其他方式使计算机无法按照操作目的运行或使用，干扰他人业务的，处5年以下监禁或100万日元以下罚金。②

在美国，破坏医疗AI系统、毁坏AI数据的，可以构成故意导致被保护的计算机的损坏罪、过失导致被保护的计算机损坏罪。1984年，美国制定了专门惩治计算机犯罪的联邦法律：《伪造连接装置及计算机欺诈与滥用法》（Counterfeit Access Device and Computer Fraud and Abuse Act），经过1986年、1988年、1989年、1990年、1994年、1996年的修订，最后形成《计算机滥用修正案》，并将其纳入美国的《模范法典》第十八篇——“犯罪与刑事诉讼篇”第1030条：“与计算机有关的欺诈及其相关活动”。

2. 非法取得、转让、修改、泄露、使用AI医疗数据的犯罪

在德国，非法取得、使用AI医疗数据的，可以构成探知数据罪、截取数据罪、数据窝藏罪。《德国刑法典》第202条a规定：“未经准许为自己或他人探知不属于自己的为防止被他人非法获取而作了特殊安全处理的数据的，处3年以下自由刑或罚金刑。”第202条b规定：“未经准许利用技术手段，为自己或他人从不公开的数据传递或从数据处理设备的电磁辐射中截取不属于自己的数据的，处2年以下自由刑或罚金刑，但以行为在其他条款中未受到更重的处罚为限。”③ 第202条c规定：“为第202条的a和b规定的犯罪进行预备，对下列对象加以制作，为自己或他人获取、出售、转让他人，散布或以其他方式公之

① 《最新法国刑法典》，朱琳译，法律出版社2016年版，第179页。

② 参见《日本刑法典》第234－2条。

③ 《德国刑法典》，徐久生译，北京大学出版社2019年版，第148－149页。

于众的，处1年以下自由刑或罚金刑。（1）成功获取数据（第202条a）所需要的口令或其他安全密码，或（2）此等犯罪之一的计算机程序。”第202条d（数据窝藏）规定，“将不向公众开放的数据（第202条a第2款）以违法行为使得他人得到、为自己或他人设法获取、转让给他人、传播或以其他方式使得他人得到的，处3年以下自由刑或罚金刑”①。

在法国，AI医疗不遵守数据处理的法定程序的，可以构成非法处理个人信息罪。以欺诈、其他不正当手段或非法手段收集个人信息数据的，可以构成非法收集个人信息数据罪。《法国刑法典》第二编的第六章第五节为“因数据采集或处理侵犯人的权利罪”，本节从第226－15条至第226－24条，有多个条款的规定可以适用于AI医疗数据危害行为。例如，第226－16条规定，不遵守数据处理的法定程序，处理或指示他人处理个人信息的，处5年监禁并科处30万元罚金。第226－18条规定，以欺诈、其他不正当手段或非法手段收集个人信息数据的，处5年监禁并科处30万欧元罚金。②

在英国，行为人故意非法对计算机中的程序或数据进行修改的，可以构成非法修改计算机程序或数据罪。英国《计算机滥用法》第3条规定：行为人故意非法对计算机中的程序或数据进行修改的，处5年以下监禁或无上限罚金。

（三）以侵害个人隐私犯罪相关罪名规制“AI医疗犯罪”

在德国，依据《德国刑法典》第203条的规定，在AI治疗中，依法执业的医务人员、在执行科学研究计划中依法负有认真履行保密义务的人员等人员因其身份而被告知或知悉他人的秘密，尤其是私生活的秘密未被授权而加以泄露的，可以构成侵害他人隐私罪，处1年以下自由刑或罚金刑。行为人为获取报酬或意图使自己或他人获利，或意图损害他人的利益而公开此等秘密的，处2年以下自由刑或罚金刑。第204条规定，有义务为他人保密之人，未被授权而利用他人秘密，尤其是利用企业或商业秘密的，可以构成利用他人的秘密罪，处2年以下自由刑或罚金刑。③

在法国，《法国刑法典》第226－19条规定，在AI治疗中未经当事人的明确同意，非法将直接或间接反映当事人种族、人种、政治、哲学或宗教观点、

---

① 《德国刑法典》，徐久生译，北京大学出版社2019年版，第148－149页。

② 参见《最新法国刑法典》，朱琳译，法律出版社2016年版，第134页。

③ 参见《德国刑法典》，徐久生译，北京大学出版社2019年版，第150页。

所属工会、健康状况、性取向或性别的个人信息数据输入或存储于计算机中的，可以构成侵犯个人隐私罪，处5年监禁并科处30万欧元罚金。第226－22条规定，未经当事人同意，在其记录、分类、传输或其他形式的信息处理过程中，收集或将个人信息透露给无资质的第三人，对当事人的名誉或私生活造成损害的，可以构成收集、透露信息侵害名誉或私生活罪，处5年监禁并科处30万欧元罚金。①

在日本，《日本刑法典》第134条规定，医生、药剂师、助产士等将其业务处理中获取的他人秘密在没有正当理由的情况下泄露的，可以构成秘密披露罪，处6个月以下惩役或10万日元以下罚金。②

第五节　基于生命终结的医疗安乐死域外刑法制度

一、域外安乐死刑法规制现状

（一）国际性、区域性立法

1. 国际组织立法

有关安乐死的国际法源有两种基本形式。

一是一般性国际公（条）约。目前有关国际组织尚无关于安乐死的国际公（条）约。1948年12月10日，联合国大会通过第217A（Ⅱ）号决议并颁布《世界人权宣言》，作为第一个人权问题的国际文件，《世界人权宣言》对人的自由、尊严、生命进行了明确规定。其中，该宣言第1条规定，人人生而自由，在尊严和权利上一律平等。第3条规定，人人有权享有生命、自由和人身安全。但该宣言没有对安乐死作出明确规定。

二是国际刑法。从国际刑事立法的历史进程来看，国际刑法作为规定国际犯罪的刑法规范，主要涉及与战争有关的侵略罪、危害人类罪、战争罪等犯罪，与人权有关的灭绝种族罪、种族隔离罪、奴役及与奴役有关习俗的犯罪、非法

---

① 参见《最新法国刑法典》，朱琳译，法律出版社2016年版，第139－140页。

② 参见《日本刑法典（2010年最新修订）》，载原创力文档网，https：//max.book118.com/html/2016/0120/33660667.shtm。

人体实验罪等犯罪，与恐怖有关的危害联合国及有关人员罪、劫持航空器和危害国际航空安全罪、威胁和使用武力危害国际保护人员罪、劫持人质罪等犯罪，与海洋和环境有关的海盗罪、毒品犯罪等。目前国际刑法尚无有关安乐死的专门规定。尽管联合国大会于1998年7月17日通过的《国际刑事法院罗马规约》第7条（危害人类罪）第1款第11项规定了“故意造成重大痛苦或对人体或身心健康造成严重伤害的其他性质相同的不人道行为”。但是从法律条文的逻辑关系分析，此处的“其他性质相同的不人道行为”应当符合两个条件：第一个条件是必须故意造成重大痛苦或对人体或身心健康造成严重伤害；第二个条件是必须与《国际刑事法院罗马规约》第7条第1款第1—10项的谋杀、灭绝、奴役、酷刑等犯罪行为具有等同性，显然，《国际刑事法院罗马规约》的这一兜底性规定不能包含安乐死行为。

2. 欧洲区域立法

欧洲立法是目前世界上最完备和最成熟的区域立法，其影响最大的两个组织：欧洲理事会和欧盟自成立以来致力于区域协调与发展的立法，其中在欧洲理事会起草通过的200个多边条约和协定中有10多项与刑事法有关，但是这些规定大多与引渡、刑事互助、程序移转、执行惩罚、保护被害人有关，涉及的犯罪主要是恐怖主义、洗钱、腐败、环境等特定犯罪，少有关于安乐死与犯罪的明确规定。1950年11月4日，欧洲委员会①通过《欧洲人权公约》，依据欧洲委员会的章程，该公约可在比利时、丹麦、法国、爱尔兰、意大利、卢森堡、荷兰、挪威、瑞典和英国直接适用。同样地，《欧洲人权公约》没有对“安乐死”作出明确规定，与此相反，《欧洲人权公约》第2条规定，任何人的生存权应当受到法律的保护。不得故意剥夺任何人的生命，但是，法院依法对他所犯的罪刑定罪并付诸执行的除外。依据该条规定，任何形式的安乐死都是非法的。

2007年《欧盟基本权利宪章》第1条规定，人的尊严不可侵犯，它必须得到尊重和保护。该条规定的“尊严”是否包括“生的尊严”与“死的尊严”？对此，域外学者存在不同理解，有学者认为，“尊重人的尊严将包括有尊严地生

---

① 1949年5月5日，比利时、丹麦、法国、爱尔兰、意大利、卢森堡、荷兰、挪威、瑞典和英国在伦敦签订《欧洲委员会规章》，正式成立欧洲委员会。其宗旨是：努力实现更紧密的欧洲联合；促进成员国的经济和社会进步；维护议会民主和人权原则。

活、结束或要求第三方协助自己生命的权利”①，将此作为患者不再忍受不治之症所造成的痛苦的一种方式。罗马尼亚有学者对此持有不同观点，其认为作为患者不忍受无法治愈的疾病所造成的痛苦的一种方式，转向人的尊严来解决安乐死问题将是一个“陷阱”，人的尊严赋予生命权神圣不可侵犯的性质。因此，即使在这方面形成一致意见的情况下，立法者仍然难以确定允许安乐死的实际形式。

（二）域外国家（地区）立法例

虽然自21世纪初以来，域外各国议会越来越多地起草关于安乐死的法案，但是实际颁布的并不多。本书以已经通过安乐死有关法案的美国部分州、澳大利亚、荷兰、比利时、新西兰、西班牙等代表性国家（地区）为例，考察域外安乐死相关刑事法律制度。

1. 美国

美国联邦法律没有统一的安乐死法案，但是为了使各州的自然死亡法尽可能一致，1985年8月，美国联邦统一州法律委员会通过了《统一重危患者权利法》。美国的《宪法》规定，“美国宪法中未作出规定，亦未予以禁止的，留予各州由其公民决定”，因此一些州积极推进安乐死立法。1994年11月8日，俄勒冈州通过了《尊严死亡法案》，该法案以选民2%的微弱优势获得通过，这是美国第一部关于安乐死的法案，也是人类历史上第一个有关安乐死的法案，该法案于1998年生效。② 此后，蒙大拿州、佛蒙特州、加利福尼亚州、科罗拉多州等和哥伦比亚特区先后制定类似的死亡法。例如，2015年，加利福尼亚州立法机构通过了《生命终结选择法》，该法案将PAS合法化。2016年11月，科罗拉多州的选民2∶1的优势通过了第106号提案——《生命终结选择法》，2016年12月，哥伦比亚特区通过《哥伦比亚特区第21－182号法》，即《尊严死亡法》。截至2016年，美国有25个州将安乐死合法化。之后，美国又有一些州试图通过立法将安乐死合法化，例如，2018年4月，夏威夷的PAS立法，《我们的关怀，我们的选择法案》签署成为法律，该法案于2019年1月1日生效。

---

① P. Jordan, The Human Right to die with Dignity. A policy oriented essay, HRQ, 1995, apud N. M. Vlădoiu, op. cit., p. 19

② See Michael J. Cholbi, *Euthanasia and Assisted Suicide*, Santa Barbara, California: Praeger, an imprint of ABC－CLIO, LLC, 2017, p. 8.

2. 澳大利亚

澳大利亚至今仍无有关安乐死的国家立法。但是，1996 年 5 月，澳大利亚北部通过了《临终患者权利法案》，该法案于同年 7 月 1 日正式生效。由于该法案允许在一定条件下实施积极安乐死，所以遭到不少议员和公民反对，最终于 1997 年 3 月 25 日被宣布废除。2017 年 10 月，允许协助自杀的立法在维多利亚州议会立法会议上获得通过，并于 2019 年生效。

3. 荷兰

2000 年 11 月 28 日，荷兰议会下议院通过了一项关于安乐死的法案——《应请求终止生命与协助自杀（审核程序）法》，该法案对有关安乐死的司法程序进行了规定。2001 年 4 月 10 日，荷兰上议院以 46 票赞成、28 票反对、1 票弃权的结果通过了安乐死法案——《荷兰王国安乐死法》。

4. 比利时

2002 年 5 月 16 日，比利时议会众议院以 86 票同意对 51 票反对的结果通过了《比利时安乐死法》。随后该法经 2005 年、2014 年两次修订。

5. 卢森堡

2009 年 12 月 18 日，卢森堡议会以 31 票同意、26 票反对和 3 票弃权的表决结果通过了安乐死法案。

6. 新西兰

2020 年 11 月，新西兰对《生命终结选择法案》（安乐死法案）进行全民公投，并以 65.2% 的选民支持的结果获得通过。该法案于 2021 年下半年在新西兰生效。

7. 西班牙

2021 年 3 月 7 日，西班牙众议院以 202 票赞成、141 票反对的结果通过《安乐死法案》，该法案于 2021 年 6 月生效。

二、安乐死域外刑法制度类型化研究——安乐死非犯罪化与犯罪化

世界范围内的安乐死是一个在情感上和道德上都极具挑战性的命题。目前，荷兰、比利时、卢森堡、新西兰、西班牙等少数国家以及美国部分州在立法中进行了不同程度的认同，整体趋势是域外国家或地区关于安乐死和医助自杀立法在缓慢推进。为了系统地研判安乐死问题的法律制度发展特点，本书通过梳理部分代表性国家的相关刑事法律制度，按照类型化思维，分析过去 20 多年域

外安乐死法律制度的变革。

（一）安乐死非犯罪化

近年来，全球范围内发生的一些典型的安乐死案件引起了公众相当程度的同情。人们普遍认为，依据现行的法律制度处理涉及安乐死案件的方式是不适当的，有必要进行法律改革，考虑将安乐死合法化。尤为值得注意的是，自21世纪初以来，越来越多的国家立法机关起草关于安乐死和协助自杀的法案或颁布新的相关法律。一些国家或地区将安乐死予以合法化，由此使得基于安乐死的“自杀”以及“协助自杀”不再是一种犯罪行为。有的国家或地区将主动安乐死与被动安乐死均合法化，有的国家或地区则仅仅接受被动安乐死，将主动安乐死仍认定为犯罪。

1. 美国

如前文所述，目前美国已有多个州通过州立法将安乐死合法化。美国最高法院在“Harold Glucksberg 案”中裁决允许个别州独立决定辅助自杀问题。自1994年以来，俄勒冈州、华盛顿州、佛蒙特州、加利福尼亚州、科罗拉多州和哥伦比亚特区已将医生协助自杀合法化。在美国安乐死合法化的州立法中，一些州的安乐死包括主动安乐与被动安乐死均不构成犯罪；一些州只有实施被动安乐死才不构成犯罪，主动安乐死仍然构成犯罪。例如，俄勒冈州《尊严死亡法》规定：有能力、居住在俄勒冈州的成年人，经主治医生和咨询医生诊断为患有绝症，并自愿表示希望死亡的，可以根据该法案的规定，以人道和有尊严的方式结束他或她的生命的目的提出书面药物申请。该法案规定：任何参与善意遵守该法案的人都不会受到民事或刑事责任或专业纪律处分，这包括当一个有资格的病人①服用处方药物以人道和有尊严的方式结束他或她的生命时在场的人。华盛顿州《尊严死亡法》允许患有绝症的、有能力的成年华盛顿州居民在医学上预测在6个月内死亡，要求并自行服用规定的致命药物。佛蒙特州《临终病人选择和控制法》规定年龄在18岁以上、有精神能力、患有晚期疾病、预

① 依照美国俄勒冈州的《尊严死亡法》的规定，须具备以下条件：“成人”是指年满18岁的个人；“有能力的”是指根据法院的意见或病人的主治医生或咨询医生、精神病学家或心理学家的意见，病人有能力做出医疗保健决定并向医疗保健提供者传达，包括通过熟悉病人的交流方式的人进行交流，如果这些人可以；“合格患者”是指居住在俄勒冈州的有能力的成年人；“不治之症”是指经医学确诊，并经合理医学判断6个月内导致死亡的无法治愈、不可逆转的疾病。

后为6个月以下的佛蒙特州居民，可以向医生提出口头要求并获得致命药物。科罗拉多州《生命终结选择法案》将晚期疾病患者的辅助死亡合法化。华盛顿特区《2016年带有尊严的死亡法案》将协助自杀罪转变为一种由医生提供协助的医疗治疗。

2. 英国

英国否认将结束延长生命的治疗作为安乐死，但其可以作为姑息治疗的一部分，亦称“生命终结关怀”，通常对于将结束生命的人，即可能在未来12个月内死亡的人，可以采取姑息治疗的方式，这一类人包括因年老而即将死亡的人，以及患有晚期不治之症，如癌症或痴呆症的人；病情累积，预计在12个月内死亡的人；如果病情突然发生危机，则预先存在的疾病有死亡危险的人；由于突发性灾难性事件（如事故或中风），有危及生命的急性疾病的人。

3. 荷兰

荷兰《安乐死和协助自杀管制法》承认个人有权（通过给予致命物质的医生的干预）实施安乐死，以及有权在医疗协助下自杀（协助自杀），病人自己服用医生推荐的致命物质，但如果病人的痛苦不可逆转（病人的状况会逐渐恶化，痛苦是无法忍受的），参与死亡的人不承担任何刑事责任。该法案规定，为了遵守《荷兰刑法》第293条第2款所述的适当照料标准，主治医生必须：（1）确信病人是自愿并经仔细考虑后提出要求的；（2）确信病人的痛苦难以忍受，而且没有好转的希望；（3）告知病人其情况和前景；（4）与患者一起得出结论，根据患者的情况，没有合理的替代方案；（5）至少咨询过一名独立医生，该医生必须见过患者，并就上述4项所述的适当护理标准给出书面意见；（6）终止病人生命或提供自杀援助，并给予适当的医疗照顾和注意。

如果病人是16岁以上的、不再能够表达其意愿的人，但被认为是能够合理评估自己的利益的，且做出了一份书面声明要求终止其生命，主治医生则符合上述照料义务要求。

如果病人是16岁至18岁的未成年人，并且被认为有能力对自己的利益作出合理的评估，主治医生可以与其父母或对其有责任的父母、其监护人商量之后遵照病人的要求终止其生命或提供自杀协助。

如果病人是12岁至16岁的未成年人，并且被认为有能力对自己的利益作出合理的评估，那么需要由病人的父母或对其有责任的父母或其监护人决定是否终止其生命或协助其自杀。

同时，该法案第四章第二十节规定，将《荷兰刑法》第293条修订为：在他人明确而认真的请求下终止他人生命的人，如果终止他人生命的行为由符合《请求终止生命和协助自杀（审查程序）法》第二节中规定的适当护理标准的医生实施，则不构成犯罪。

4. 比利时

比利时《安乐死法》规定，实施安乐死的前提是病人的病情已经无法挽回，他们遭受着“持续的和难以忍受的生理和心理痛苦”。实施安乐死的要求是必须由“成年和意识正常”的病人在没有外界压力的情况下经过深思熟虑后自己提出来。该法案同时规定，病人有权选择使用止痛药进行治疗，以免贫困或无依无靠的病人因为无力负担治疗费用而寻死。

5. 瑞士

瑞士宪法和瑞士刑法禁止主动安乐死，然而，瑞士一些州或者城市接受被动安乐死。例如，2000年10月26日，瑞士苏黎世市政府通过决定，自2001年1月1日起允许为养老院中选择以“安乐死”方式自行结束生命的老人提供协助。

6. 法国

法国于2005年4月12日通过新法，新法对生命终期问题作出定夺，尽管安乐死法案没有得以通过，但确认了“放任死亡权”，允许放弃治疗或拒绝无休止的无为治疗。

7. 新西兰

新西兰《生命终结选择法案》规定，医生或护士通过喂服以及静脉注射对生命终结者实施的安乐死行为在以下情形中不构成犯罪：一是一个人必须患有可能在6个月内终结生命的绝症。二是他们的身体机能必须明显下降，并经历了无法忍受的痛苦，而这种痛苦无法以个人认为可以忍受的方式来缓解。三是他们必须仍有理性，能够对协助死亡作出独立决定，并证明自己理解自己的决定，仅仅患有精神障碍或精神疾病，或任何形式的残疾，或高龄，这些都无法成为生命终结的理由。四是两名医生——自己的医生和一名独立医生必须签字同意。五是有四种方法可以使用致死药物：由本人口服、由本人静脉注射、由医生或护士喂服、由医生或护士静脉注射。

8. 西班牙

西班牙《安乐死法案》规定，所有患有重症、无法治愈或者长期忍受病痛无法自理的人，都可以要求医护人员协助死亡，以避免难以忍受的痛苦。同时该法案对安乐死实施作出了严格限制：西班牙公民或在西班牙居住的外国人必须自己提出要求；提出要求时必须意识清醒；申请必须通过书面形式；申请时不能遭受外部压力；提出申请后 15 天必须再次确认；申请需要主治医生的认可，医生认为病人的情况不符合上述标准的，可以拒绝病人的要求。申请还需要另一名医生的认可，并且需要一个评估委员会的同意。此外，该法案规定无论什么医务人员都有权表达反对意见，拒绝参与安乐死的实施。符合该法案以上规定实施的安乐死（医护人员采取医疗手段导致病人死亡）和医疗辅助自杀（病人通过服用医生开处方的药物自杀）不构成犯罪。

综上，在美国俄勒冈州、新西兰、西班牙、比利时等国家或地区，符合条件的主动安乐死行为与被动安乐死行为均不被认为是犯罪。另有少部分国家或地区，如瑞士、法国、美国的华盛顿州仅将被动型安乐死，即辅助安乐死认定为合法行为，对于主动安乐死行为则持否定态度。

（二）安乐死犯罪化

尽管近年来世界范围内的安乐死合法化呼声日益高涨，但是绝大部分国家和地区的立法并没有将安乐死合法化，安乐死的实行行为以及安乐死的辅助行为或协助行为仍然构成犯罪。

1. 美国

1997 年 4 月 30 日，时任美国总统的克林顿签署了 1997 年《联邦协助自杀资金限制法案》，该法案禁止使用联邦资金支持医生协助自杀。1999 年 10 月 27 日，美国众议院通过法例，授权药物管制的执法人员严厉查办有目的地使用受联邦政府管制的麻醉药以帮助病人死亡的医生。美国有 20 多个州在 2017 年后一直在考虑用尊严法规范安乐死，但至今尚未作出决定，安乐死没有合法化，安乐死的帮助行为和协助行为成立谋杀罪。例如，纽约州法律将自杀援助视为二级过失杀人的一种形式，而将安乐死视为二级谋杀。南卡罗来纳州州法规定，一个人协助另一个人自杀是违法的。该州法规定协助自杀包括通过强迫或胁迫故意使他人自杀或企图自杀，或者知道他人有意或企图自杀，并故意提供他人自杀或企图自杀的物理手段，或参与他人自杀或企图自杀的行为。协助自杀的人犯有重罪，一经定罪，应当被判处 15 年以下的监禁或不超过 10 万美元的罚金，或两者并罚。协助自杀的卫生保健专业人员的执照或证明，在其被定罪、认罪后，应被吊销或暂时吊销。

2. 英国

依据英国1961年的《自杀法》和2010年2月发布、2014年10月修订的《检察官关于鼓励或协助自杀案件的政策》，任何人协助自杀都是违法的，可以被判处协助自杀罪或试图协助自杀罪。

3. 德国

依据《德国刑法典》第216条的规定，受被害人明示且真诚之要求而将其杀死的，构成受嘱托杀人罪。

4. 法国

依据《法国刑法典》第221－4条的规定，故意杀害因年龄、疾病、残疾、身体或者精神缺陷、怀孕而明显为极易受伤害之人或犯罪人明知极易受伤害之人的构成故意杀人罪。

三、域外安乐死犯罪刑法制度比较研究

（一）基于“动机”对安乐死犯罪评价意义的比较分析

1. “动机”在英美国家安乐死犯罪评价中的意义

安乐死在英美法律体系中被视为严重的杀人犯罪。这一立场的理由是相关国家的刑法不承认“动机”在犯罪构成中的意义，即使基于人道主义考虑，如仁慈，也不可作为对杀人指控的辩护。

（1）“动机”在美国安乐死犯罪评价中的意义

美国的刑事司法制度没有将动机作为杀人的要素加以规定，不支持将仁慈的动机作为谋杀的否定性辩护。如果有事实能够证明，被告实际上是故意杀人的，而且是预谋和深思熟虑，从而意味着行为人是经过预先考虑和确定的，那么不管被告的动机是什么，都属于一级谋杀。虽然美国安乐死非合法化的州立法反对一切安乐死，但经常存在司法与立法对立的情形，这体现在法律规定安乐死非法，法官却在案件审判中实施了妥协。其中的原因除检方“证明的困难”外，安乐死的家人通常不愿意与检察官合作，检察官除几乎没有机会了解关于医生、护士和医院当局的有关报告外，更为重要的原因是陪审团不愿意出于对死者的善意或同情而对实施安乐死的医生作出有罪判决，因为法官在很大程度上承认安乐死案件中行为人的“仁慈动机”。

（2）“动机”在英国安乐死犯罪评价中的意义

根据2003年英国的《刑事司法法》，罪犯出于同情而行事，可以作为判刑的一个缓和因素。当涉及医生的行为时，也可以同时进行纪律起诉，纪律起诉由总医务委员会发起。例如，作为纪律制裁，可以宣布禁止医生从事医疗职业。

2. “动机”在欧洲大陆国家安乐死犯罪评价中的意义

与英美国家不同，一些欧洲大陆国家的刑法将动机规定为决定罪责的关键因素，他们之所以将动机概念纳入刑法之中，是因为与英美国家的判例法允许法官自行解释法律不同，欧洲刑法强调法官能赋予法律何种意义，只能从法律制定的背景，或者从法律的明确规定中找寻依据。因此对动机的考虑通常有助于法官以最符合一般法律原则的方式解释法律，进而作出判决。因此，在现代欧洲大陆国家的刑法典中，动机既是传统意义上的加重或减轻因素，也是某些犯罪概念的明示或暗示的构成部分，作为犯罪定义的一部分，犯罪动机的先验性决定了犯罪的严重程度。本书以德国、瑞士为典型国家予以评析。

（1）“动机”在德国安乐死犯罪评价中的意义

其一，动机是德国安乐死罪与非罪的要素。德国刑法认为动机是确定罪责的一个重要因素，并将动机视为一种愿望，这一愿望包括以希望和打算实现一定结果为目的的某种意图。动机在安乐死中所起的作用是不可分割的，例如，当医生对一个无法治愈的病人实施安乐死时，他的意图可能是终止病人的生命，但他的动机是减轻病人的痛苦。因此，虽然意图仅限于医生实施行为的目的，但动机涉及他为什么实施该行为的问题。德国刑法坚持对行为动机的充分考量使得犯罪分子的性格和个性变得更加明显，行为人的性格和个性揭示了潜在的再犯罪的可能性。因此，德国刑法在罪行的分级和量刑上都会考虑犯罪者的动机，在对安乐死的起诉中，法官将其注意力放在行为人的全部人格上，通过对行为人犯罪动机的认定，法官可以更好地把握整个事件，从而更好地作出公正和公平的判决。此外，在德国，犯罪嫌疑人或被告人的动机决定其行为是否构成犯罪和遭受惩罚，动机的类型决定犯罪类型，动机是区分罪与非罪以及是否能够减轻处罚的根据。

可见，美国法官可以酌情考虑杀人动机，但根据德国刑法的制度，法官必须调查动机。德国法官也不得拒绝减刑，即使被告有善意的动机；而美国法官可以行使其酌处权判处严厉的刑罚，即使被告出于最佳动机。

其二，动机在德国安乐死犯罪认定中的体现。预谋与深思熟虑在美国刑事法律制度中具有十分重要的意义，而德国刑法不考虑预谋和深思熟虑对犯罪的意义。德国刑法谋杀和过失杀人罪的规定中未曾出现“预谋”这一表述。德国刑法规定，杀人犯是“出于杀人欲望，或满足性冲动，或出于贪婪，或出于其他卑鄙的动机，恶毒或残忍，或危害公众，或为了实施或掩盖另一个应受惩罚的行为而杀人的人”①。虽然德国刑法没有直接适用“基本动机”这一术语，但这一措辞意味着杀人罪的基本动机包括贪婪、杀人欲望或满足性冲动。实施安乐死的人似乎没有任何刑法所规定的“基本动机”。考虑到出于仁慈的动机和缺乏故意杀人的基本动机，实施安乐死的医生不会被当作杀人犯来审判，而是依照过失杀人的规定受到处罚。同时，德国刑法规定，如果有其他情有可原的情况存在，可减少处罚，德国的刑法制度将情有可原的情况与高尚的动机相等同。因此，处于高尚动机实施的安乐死可以从该规定中受益。

（2）“动机”在瑞士安乐死犯罪评价中的意义

动机对瑞士安乐死罪与非罪的意义与德国相一致，依据《瑞士刑法典》的规定，谋杀的真正标志是基本态度、心态或行为人的危险。《瑞士刑法典》第112条规定，行为人在某种情况下有预谋地杀人，表明行为人具有一种特别应受谴责的态度或是危险的，行为人将受到终身监禁的惩罚。法官要想洞悉这种态度或危险，必须观察评价行为人的心理、性格和个性，才能作出公正适当的判决。《瑞士刑法典》第115条规定，出于自私动机，诱使他人自杀或协助他人自杀的应受到惩罚。因此，如果一个人出于自私的动机说服另一个人自杀，煽动者将受到惩罚。然而，如果医生出于仁慈的动机，实施安乐死或协助病人自杀，考虑这种利他动机将消除实施这一惩罚的必要性。尽管《瑞士刑法典》中包含了“预谋”一词，但“预谋”对故意杀人犯罪的成立不具有排他性和充分性。行为人的预谋不是谋杀的必要因素，行为人的危险及其心态也可能来自其他情况，如行为人的动机。因此，《瑞士刑法典》更重视行为人的动机，而不是行为人的预谋。

与德国刑法一样，瑞士刑法通过分析行为人的动机来确定行为人是否无害或危险。瑞士刑法与德国刑法的不同在于，前者明确允许法官减轻对动机高尚的行为人的惩罚，甚至法官可以基于仁慈动机完全免除其罪责。一个医生基于

---

① 151. STGB § 211.

仁慈的动机终止一个人的生命，尽管在形式上这似乎达到犯罪构成要件符合性的要求，但被判犯有安乐死犯罪的行为人由于缺乏恶意，所以可以被免除或减轻刑罚。

综上，德国和瑞士的成文法都重视行为人在“被控罪行的等级划分和随后的判决”两方面的动机。在德国，动机是谋杀罪的一个要素；在瑞士，动机也是犯罪的一个要素。相比之下，在英美国家刑法中，杀人的基本要素之一是预谋，而不是动机。

（二）基于“请求”对安乐死犯罪评价意义的比较分析

1. “请求”对英美国家安乐死犯罪的意义

“请求”在英国与美国对定罪没有根本制约，只可能影响刑罚适用。

在英国与美国，根据其刑事法律制度，被害人的同意或请求在杀人案件中并不是考量的定罪要素，“煽动和同意”实施杀人也不能成为抗辩的理由。

“请求”对于美国安乐死犯罪的意义与对“自杀”的定性密切相关。美国对安乐死合法化的持续反对也是源于反对者将这种安乐死等同于协助自杀罪。这些反对者认为合法的自愿安乐死将导致“代理自杀”。根据英国普通法，自杀一直是一种刑事犯罪，按照普通法的传统，美国一些州也认为自杀是犯罪。更为重要的是，根据普通法，协助他人自杀的人被认为是谋杀的主导者，因而“协助自杀”或者“帮助自杀”的“请求”在美国没有得到法律的合法性认可。对协助他人自杀的，以“谋杀”“故意杀人”追究刑事责任。也有一些州将这种行为视为一种误杀，将其定性为一种单独的犯罪。另有一些州立法则将这种犯罪视为一种轻微犯罪，只要求行为人支付罚金。

近年来，死亡权利在美国取得重大发展，虽然美国国会尚未颁布与德国刑法和瑞士刑法在相关方面具有同等效力的法律，但一些州立法机构已经通过了允许被动安乐死的法规。这些州立法机构已经颁布了承认“生存意志”的死亡权利法案，这些法案允许患者通过“生存意志”书面请求医生允许其死亡。死亡权利法律的目的之一是将应患者“请求”、使遵守患者的书面指令的医生和其他医疗保健专业人员从潜在的刑事责任中解脱出来。在这些法规颁布之前，医生或者其他医疗保健专业人员应患者“请求”停止使用维持生命装置或实施被动安乐死的都有可能承担刑事责任，这种责任源于医生在法律上的职业责任，即一旦医生和病人建立了医患关系，医生就有责任对病人采取合理的行动，并根据情况需要继续治疗。

死亡权利的法律确立会产生一项新的义务——不采取行动的义务。不采取行动的义务源于安宁死亡的权利，因此，美国一些州对按照病人的“请求”行事的医生予以豁免。例如，加利福尼亚州立法机构通过自然死亡法案，允许绝症患者指示（请求）医生停止或撤回生命维持机制。如果医生未能执行病人的指示（“请求”），按照该法案规定，就是违反职业的行为，医生对违反职业的行为至少需要承担民事责任。

2. “请求”在欧洲大陆国家安乐死犯罪评价中的意义

许多欧洲大陆国家的刑法承认“应请求杀人”，德国、瑞士和意大利现行刑法最能说明“请求”对安乐死处理的意义，即如果动机是为了满足受害人的杀人请求而产生的利他欲望，那么杀人就变成了单独的“应请求杀人”罪。

在德国，“按要求杀人”的法律规定具有深厚的历史渊源，1870 年的《北德联邦刑法典》规定：正义感要求杀死一个同意的人，不应像违背意愿杀死一个人那样受到严厉的惩罚。但是，无可争议的道德原则，即生命是不可剥夺的价值，既不允许豁免，也不允许低惩罚。[①] 尽管 1870 年的《北德联邦刑法典》没有作出特别规定来减轻对被判犯有这种谋杀罪的人的惩罚，但“应请求杀人”是德国现行刑法的一般杀人罪的一个独立罪名——受嘱托杀人罪。《德国刑法典》第 216 条规定：受被害人明示且真诚之要求将其杀死的，处 6 个月以上 5 年以下自由刑；犯本罪未遂的，也应处罚。[②]

在瑞士，“应请求杀人”被视为故意杀人的例外情况。《瑞士刑法典》第 114 条规定：任何人如因后者的认真和紧急要求而杀害另一人，可处以监禁。虽然这一规定以监禁惩罚，但一些评论人士认为，行为人的“请求”大大减轻了惩罚。在实践中，“死者请求”对法官作出处罚决定具有重要意义。瑞士刑法的这一规定还包括一种情况，即行为者错误地认为提出了请求，并加快了请求的速度。《瑞士刑法典》第 19 条对事实错误理论进行了立法界定：如果某人对事实情况存在错误理解而采取行动，那么将根据其有利他的实际情况进行判决。

在意大利，仅仅“同意”就足以将一项行为归类为“经同意的杀人行为”，意大利刑法将这一特殊罪行规定为协助自杀罪，该罪适用刑罚较轻。

① Strafgesetzbuch ffir den Norddeutschen Bund of May 31，1870.

② 参见《德国刑法典》，徐久生译，北京大学出版社 2019 年版，第 154 页。

在比利时，安乐死法规定，应患者要求，如果符合法律规定的所有条件，那么医生可以实施安乐死。安乐死请求是由有意识有法律能力的病人当前请求或事先宣布意愿（来自不可逆转的无意识病人）转达的。在这两种情况下，只有有关病人才能被视为安乐死请求的来源。安乐死法规定，安乐死不是一项权利，对提出安乐死请求的人不能保证安乐死会得到执行。即使所有法律义务都得到了履行，医生也可以自由同意安乐死或拒绝安乐死。

通过以上对英美、典型欧洲大陆国家的刑罚制度考证，可见“请求”在安乐死犯罪中具有不可替代的意义。无论是在美国安乐死合法化的州，还是在德国和瑞士，实施安乐死的行为者必须遵守“请求”的要求。在德国，这种请求必须是“明确和认真的”，而在瑞士，这种请求必须是“认真和紧急的”。“根据请求杀人”规定的重要意义在于，法官在宣判前可将死者的同意作为无罪、免除处罚、减轻处罚的因素。强调行为人的动机以及死者的同意，是承认一个人有权决定他的生命归宿的一个必要步骤。

（三）基于安乐死刑罚适用的比较分析

域外国家或地区关于安乐死的理论争议在法律上的另一个体现，是安乐死犯罪化国家在刑罚制度上的差异。

1. 安乐死犯罪刑罚适用的重刑化

虽然域外一些国家的公众对安乐死的支持程度很高，人们越来越接受甚至赞成所谓的被动安乐死，即停止对垂死病人的所有姑息治疗。但这些国家中的大多数没有从立法上认同人们的呼声，反而是将安乐死的帮助行为和协助行为称作“另一张谋杀的脸”，并规定这些行为构成重罪。

在英美法系中，任何人都不能以危急为借口，为自己夺走无辜者的生命的行为辩解。美国、英国是安乐死犯罪刑罚适用重刑化的代表性国家。在英国，协助安乐死被视为谋杀，惩罚是终身监禁。根据美国《模范刑法典》第 210 条第 5 款的规定，帮助他人自杀是犯罪行为。在美国安乐死非法化的州，安乐死属于严重的犯罪。如果一个人自愿终止了一个无药可救的病人或受苦的人，即使是出于利他动机，他的行为也是有预谋和深思熟虑的。根据目前的美国判例体系，安乐死构成一级谋杀，应处 20 年以上监禁或终身监禁。在挪威，2000 年 4 月，一位 82 岁的退休医生因通过注射致命剂量的吗啡来帮助患有无法治愈的多发性硬化症的病人死亡，而被检察机关指控犯谋杀罪，经过由高等法院审理、最后向挪威最高法院提出上诉的漫长刑事审判，这名退休医生最终被判一级谋杀罪。

2. 安乐死犯罪刑罚适用的轻刑化

德国和瑞士等欧洲大陆国家对安乐死的刑罚适用与英国、美国截然不同，虽然其刑法规定安乐死构成犯罪，但是对于安乐死的刑罚适用趋于轻刑化。

在德国，《德国刑法典》明确规定，如有要求，可减少对杀人案件的处罚，处 6 个月以上 5 年以下的监禁。

在瑞士，《瑞士刑法典》第 114 条规定，因值得尊敬的动机，尤其是出于同情，经被杀之人严肃且迫切地请求而将之杀死的，处监禁刑。

在丹麦，《丹麦刑法典》第 239 条规定，根据被害人之明确请求将其杀害的，应当处不超过 3 年之监禁。

在挪威，《挪威一般公民刑法典》第 235 条第 2 款规定，经被害人同意将其杀死或者重伤、基于同情剥夺身患绝症的人的生命、帮助实施前述行为的，减轻处罚或者适用较轻的刑罚，处 60 天以下的监禁。

在希腊、冰岛、芬兰和奥地利的刑事立法中，根据请求的安乐死均可以减轻处罚。

葡萄牙和波兰的刑法，对安乐死刑罚作出了特别规定，刑罚也低于其他杀人犯罪行为。

3. 安乐死犯罪刑罚适用的去优先化

域外另有一些国家或地区，虽然在刑法中规定安乐死的帮助或者协助行为构成犯罪，但是对安乐死的责任追究采取的是去刑罚优先化。

在美国安乐死非法化的州，人们认为安乐死的禁令应当对无辜者，即医生和亲属施加刑事处罚，他们的共谋导致病人或亲人死亡，使垂死者陷入绝望状况和产生死亡意愿。虽然法律文本将医生协助自杀和安乐死的所有行为都定为犯罪，但在法律适用中通过去刑罚优先化以保护无辜者免受刑事处罚。换句话说，医生协助的自杀和安乐死没有合法化，但国家或州承认援助死亡的做法是一种合法的个人自由。在涉及支持、在场或协助病人或亲人安乐死的案件中取消刑罚的优先次序，以行政制裁取代刑事制裁。

在英国，依据 2009 年《验尸官和司法法》第 59 条的规定，协助自杀和安乐死构成协助自杀罪，一般情况下相关辩护是无效的，但检察官可以行使起诉酌处权用来确定是否应继续起诉。当然在取消优先排序中，由于没有法律或条例的明确规定，在缺乏精确、具体、明确的规范的情况下，只能依据国家检察官的诉讼准则进行追诉。因此，对医生辅助自杀和安乐死的刑罚去优先化不具有法律上的强制力。

4. 安乐死犯罪非刑罚化——安乐死必要性辩护

协助自杀和安乐死的刑事定罪是道德价值在法律上的一种表现。美国、德国、瑞士等国家刑法的实践表明，安乐死不仅正在经历向非犯罪化的变革，而且通过必要性辩护，可以排除安乐死的犯罪性。

在美国，通过承认在协助自杀和安乐死的情况下的必要性辩护，在某些情况下，扩大对危急情况的辩护可以为以下论点提供理由。法律和道德责任之间发生冲突：保护生命与减轻痛苦，允许病人选择有尊严地死去。安乐死可以通过接受其作为对杀人指控的辩护而合法化，就像自卫的辩护一样是可以接受的。

在加拿大，任何人不得同意对其造成死亡，这种同意并不免除任何造成这种死亡的人的刑事责任。然而，加拿大公民有拒绝医疗的基本权利，以及可以决定他们接受或拒绝何种医疗，即使拒绝救生程序导致死亡。这项权利是加拿大宪法规定的不被剥夺人身安全的权利的一部分，拒绝治疗的权利成为安乐死犯罪的抗辩事由。

在德国，医学会的行为守则明确禁止医生实施安乐死或协助自杀，但是一些判例认定实施被动安乐死（德国通常将其称为消极安乐死）的医护人员不需要承担刑事责任。联邦最高法院在 1994 年的一起案件判决中认定，如果身患绝症的患者再无康复可能，并且其明示或者可以推定其不欲延长自己的生命，那么即便此时的病情尚未引发不可逆转的死亡进程，医护人员也可以中断延长生命的治疗措施。

在日本，迄今为止虽未通过一部有关安乐死的成文法律，安乐死没有合法化，并且依照日本刑法的规定，安乐死的帮助行为构成故意杀人罪，行为人应当被判处 6 个月以上 7 年以下的有期徒刑或监禁。但是，医疗安乐死可以刑法中的紧急避险为抗辩事由。1950 年 4 月，日本东京地方法院在一起安乐死案件判决中，通过对“紧急避险”行为的司法解释，判决旨在消除患者躯体上的剧烈痛苦而不得已采取的侵害其生命的行为属于刑法中的紧急避险，行为人不应受到惩罚。

四、安乐死经典判例——荷兰医生对老年痴呆症患者实施安乐死案

（一）上诉案件

荷兰总检察长向荷兰最高法院提出上诉，反对中央医疗保健纪律委员会2019年3月19日关于C2018.352号的决定，即关于对老年痴呆症患者实施安乐死的医生的决定。

此上诉案涉及荷兰中央卫生保健纪律委员会（CTG）关于对老年痴呆症患者实施安乐死的医生的决定。CTG裁定医生违反了《关于应要求终止生命和协助自杀的评估法》（Wtl）第2条第1款的适当护理规定，并对医生采取了警告措施。荷兰总检察长对CTG的决定提出了撤销上诉。

（二）撤销上诉和CTG的决定

1. 上诉请求：荷兰总检察长杰·西尔维斯对CTG的决定提出了撤销上诉，申请撤销该判决。

2. CTG的裁决：医生违反了《关于应要求终止生命和协助自杀而的评估法》第2条第1款的适当护理规定，并对医生采取了警告措施。

（三）案件涉及的重要法律

1.《荷兰刑法》第293条：

故意以他人明确和认真愿望结束他人生命的人，最高可判处12年徒刑或第五类罚款。

第1款所称罪行，如果由医生犯下，从而符合该法第2条中关于应要求终止生命和协助自杀的评估所规定的适当护理要求，并根据《丧葬法》第7条第2款的规定通知市政验尸官，则不应予以惩罚。

2.《关于应要求终止生命和协助自杀的评估法》

第2条第1款、第2款：

(1)《刑法》第293条第2款所称尽职调查要求，是指医生：

a. 已确信患者有自愿和深思熟虑的请求，

b. 已确信患者有绝望和难以忍受的痛苦，

c. 已将他发现自己的情况及其前景通知了病人，

d. 已与病人共同认识到，病人所处的情况，没有合理的其他解决办法，

e. 至少咨询了另外一名独立医生，该医生看过病人，并书面就（a）至（d）部分提到的适当护理要求提出了意见，以及

f. 已终止生命或协助医疗自杀。

（2）如果 16 岁或以上的患者不再能够表达他意愿，但在他处于这种状态之前，被认为能够合理评估他在这方面的利益，并作了书面声明，包括要求终止生命，医生可以遵守这一要求。

《关于应要求终止生命和协助自杀的评估法》第 3 条：

（1）有区域委员会审查《刑法》第 293 条第 2 款、第 294 款第 2 款所称的应请求终止生命和协助自杀案件的报告。

（2）委员会应由若干成员组成，包括至少一名法律工作者、一名医生和一名伦理问题专家。

《关于应要求终止生命和协助自杀的评估法》第 8 条：

（1）根据《丧葬法》第 7 条第 2 款所述的报告，委员会应评估应要求终止生命或协助自杀的医生是否按照第 2 条所述的适当护理要求行事。

（2）委员会可要求医生以书面或口头形式补充其报告。

（3）如果有必要适当评估医生的行为，委员会可从市政验尸官、顾问或有关护理提供者那里获得信息。

3.《个人保健职业法》第 75 条：

中央纪律法庭的决定除了为了法律利益而撤销外，没有补救措施。

（四）检察机关的指控：应要求终止生命犯罪

不遵守 Wtl 的第 1 条照料规则会导致除安乐死以外的生命罪行。检察机关指控，在有能力表达意愿的患者没有适当宣布意愿的情况下，犯罪嫌疑人未能确定其有自愿和深思熟虑的死亡愿望便结束其生命。检察机关认为，只要患者能够表达意愿，医生就必须核实患者在意向声明中提出的死亡愿望，而医生未履行这一义务。除意向声明是否足够明确的问题外，还缺少患者自愿和深思熟虑的请求，医生有责任核实患者的意愿，医生不履行这一义务不仅说明患者申请终止生命是没有道理的，而且该终止生命的行为不能算作安乐死。

检察机关认为，犯罪嫌疑人犯有谋杀罪。

（五）CTG 决定的依据

1. 关于 Wtl 第 2 条所述是否有法律上有效的终止生命的申请的问题。CTG

认为患者在有意志时所作的陈述对于其希望实施安乐死的那一刻不够清楚。安乐死证明不符合 Wtl《关于应要求终止生命和协助自杀的评估法》第 2 条第（1）（a）项的要求。

2. CTG 认为患者在终止生命时完全丧失行为能力，因此，其不再能够准确表达其愿意。

3. 患者表示其不想被送进疗养院，这是无可争议的。然而，安乐死声明的问题在于，这些陈述包含与患者希望看到生命终止的那一刻的矛盾。一方面，这个时刻似乎很清楚——“当患者必须住进精神病老人疗养院”，另一方面，患者在其（在第一个痴呆症声明的表述中）“仍然有点意志力”的时刻并没有提出“自愿”的要求。此外，（适用的）第二次痴呆症声明的意思是“当我自己认为时机合适”和“在我的要求下”。可见，患者的声明包含时间因素和个人的选择。因此，带有痴呆症条款的书面安乐死声明并不明确，而且含混不清。鉴于终止生命的不可逆转性以及与有意识地终止人类生命有关的伦理问题，不应对安乐死的书面声明作进一步解释。这意味着本案中的安乐死声明不符合 Wtl 第 2（1）（a）条的要求。在此基础上，被告不应确信患者（当时）自愿和深思熟虑地要求终止生命。

（六）荷兰最高法院判决中认定的事实

患者已婚，与丈夫有一个成年女儿。2012 年 9 月 11 日，患者被老年病医生诊断为痴呆症，即阿尔茨海默病。2012 年 10 月 2 日，老年病医生将此事告知患者。2012 年 10 月 20 日，患者根据 2011 年荷兰自愿终止生命协会的规范签署了安乐死请求书。患者在安乐死请求书上附上了同日手写签名的痴呆症条款。同一天，患者签署了医疗决策和决定的委托书，其中授权其丈夫为代理人，其女儿为次全权代表，并在同一天签署了治疗禁令。

安乐死请求书内容如下：我想利用法律权利对我实行自愿安乐死，那时我仍然有点意志能力，不再能够和我丈夫一起住在家里。我当然不想被安置在老年痴呆症院。我想有尊严地告别我的亲人。我母亲死前在一家精神病机构里待了 12 年，我近距离地经历了这一点。我知道我在说什么，我当然不想经历这种情况，它给我造成了严重的创伤，也给全家人带来了很多悲伤。相信到我的生命质量达到上述情况时，我可能会自愿被安乐死。

2012 年 11 月 28 日，患者和她的丈夫拜访了她的全科医生，在那里讨论了安乐死请求和2012年签写的痴呆症条款。

2013年1月17日，患者在丈夫在场的情况下与老年科医生交谈。老年科医生在2013年1月22日写给全科医生的一封信中写道，就目前而言：（1）有痴呆症类型阿尔茨海默病，可能有家族基础。（2）患者说，如果她应该住进疗养院，她想要安乐死。（3）患者给人留下了平静的印象，她感谢她的丈夫。她交出了安乐死声明，以及一份禁止治疗患有绝望痛苦疾病的表格，根据该声明，她也了解严重的痴呆症。（4）患者授权她的丈夫代表她作出决定。

2015年1月13日，患者签署了属于安乐死请求的修订痴呆症条款，其内容如下：我想利用法律权利对我实施安乐死，当我自己认为时机是正确的时候。我当然不想被安置在老年痴呆症院。我想及时向亲人告别。我母亲去世前在一家机构里被照顾了12年，所以我近距离地经历了这个过程。我知道我在说什么，我当然不想经历这种事，它给我造成了严重的创伤，也给全家人带来了很多悲伤。当我的生活质量变得如此糟糕时，我请求安乐死。

2015年1月19日，患者和她的丈夫约见了她的全科医生，讨论了2015年修订后的痴呆症条款。在谈话笔记中，全科医生指出，就目前而言，关于这一点——患者想更新安乐死条款，增加一些东西，不想被照顾，不想被安置在一个机构，希望能够告别亲爱的人，她仍然可以承认。

2016年3月3日，患者被送去疗养院。患者在疗养院期间，患者的丈夫首次与嫌疑人（疗养院的老年科医生）讨论了安乐死请求，包括2012年签写的痴呆症条款和2015年修订的痴呆症条款。

据此，嫌疑人根据安乐死请求和痴呆症条款开始调查是否可能实施安乐死。根据病人的医疗档案，嫌疑人在患者入院后曾多次与患者接触，并观察她数次。还拍摄了病人的录像（经丈夫和女儿许可）来记录她的行为。嫌疑人还注意到了患者的全科医生的医疗档案，咨询了患者的全科医生、疗养院的护理人员、患者的丈夫和女儿、心理医生和生命终结诊所的顾问。2016年3月2日，生命终结诊所的顾问与患者进行了接触，并观察了她，并在此基础上得出结论：患者对疾病没有洞察力，没有认识，也没有意愿。该顾问还与嫌疑人一起办理了安乐死的法律尽职调查要求。此外，嫌疑人独立咨询了精神病医生、内科医生。医疗档案记录了嫌疑人与患者于2016年3月8日和10日之间的接触，具体如下：“……2016年3月8日……太太觉得很可怕……不知道她在哪里，要求离开去看望她的丈夫、孩子和各种各样的人。认不出她的倒影，问她是否想继续这样下去：是的，她想，她不想死。她重复了好几次。……2016 年 3 月 10 日……然后我问她是否介意痴呆症。她认不出那个词。我问她是否被她的记忆力差的事实所困扰以及她是否介意。她回答说，她已经有过，但幸运的是，她已经更好了。然后我问她是否宁愿死：是的，如果我生病了，但还没有……”

2016 年 4 月，与患者有过接触并观察过她的内科医生独立得出结论，患者的安乐死请求符合法律尽职调查要求。

2016 年 4 月 22 日，嫌疑人通过实施安乐死结束了患者的生命。嫌疑人根据《丧葬法》第 7 条第 2 款的规定向市政验尸官报告了死亡情况，并附上了安乐死报告和死者遗嘱的书面声明（安乐死请求和痴呆症条款）。

2016 年 8 月 30 日，全科医生向区域审查委员会提出口头解释的业务报告：就目前相关情况而言，患者在 2012 年和 2015 年的书面意向书中表示，当她不再认得亲人，将依赖护理，不得不被送进疗养院时，她希望安乐死适用于她。

2018 年 3 月 19 日，在预审法官面前，患者的丈夫作为证人被传唤。患者的丈夫陈述如下：……确定她早发性阿尔茨海默氏症。……我们立即起草了安乐死声明。……你问我们以前是否谈过安乐死。是的，当她的母亲在七十年代开始患痴呆症时，她在一所机构住了 12 年，我妻子自己不想那样，就把它写在安乐死声明中。……我们已成为安乐死协会的成员，并一起谈论了很多。……入院前，她想安乐死。检察官问我们是否一起讨论过这个问题。是的，每天都是。……你问我为什么起草了 2015 年的第二份安乐死声明。……这实际上是第一个声明的重复，是对原来的安乐死声明的复制。……对她来说，最重要的是，她没有被送进疗养院，在那之前可以实施安乐死，这是她的愿望，她所有的发言都说明了这一点。

2018 年 3 月 19 日，在预审法官面前，患者的女儿作为证人被传唤。患者的女儿陈述如下：……她的母亲也得了老年痴呆症，她担心自己会得。……多年来，她一直不想像她的母亲那样坐在养老院里，像温室里的植物一样，她想阻止这种情况的发生，她不想去那里……2015 年 7 月起，患者的病情恶化，她每周接受一次日托服务，以缓解家人在患者护理中的问题。2015 年 12 月起，患者每周接受五天日托服务。

2018 年 4 月 23 日，在预审法官面前，全科医生作为证人宣布了患者 2012 年的安乐死声明和痴呆症条款，以及 2015 年修订的痴呆症条款。

（七）荷兰最高法院的裁决

荷兰最高法院审议了上诉案件的相关判决以及关于终止生命的书面申请内容。

1. 关于如何确定书面请求的内容

对患者的安乐死请求必须注意案件的所有情况，而不仅仅是请求的字面措辞，以便确定患者的请求的真正意图。任何实质性的模棱两可或不一致的都会导致安乐死请求无效。但是，这不适用于该安乐死请求中一些与安乐死不相关的含混不清或矛盾。

2. 关于是否有“自愿和深思熟虑的要求”的问题

法院认为，被告深信不疑而且确信安乐死请求是患者自愿和有意识地提出，而患者仍然被认为能够合理评估她在安乐死方面的利益。法院还认为，根据立法历史，如果患者丧失工作能力和严重痴呆，那么口头核实其愿望和痛苦是不可能的，医生必须根据自己对医疗档案和患者具体情况的评估，即有自愿和深思熟虑的请求，咨询其他护理提供者，并与患者的家人和亲属协商。本案的被告认为患者有自愿和深思熟虑的要求，因此注意到患者的全科医生的医疗档案、载有患者老年病医生的诊断信息。被告人还与患者的全科医生、（授权的）丈夫和女儿进行了咨询。此外，被告咨询了独立内科医生。

3. 验证当时的生死愿望

法院认为，鉴于患者当时处于极度精神病的状态，被告没有义务询问其当时的生死愿望。与无行为能力的患者口头核实其愿望和痛苦是不可能的。

4. RTG① 和 CTG 的观点

RTG 和 CTG 认为“原则上没有解释空间”的书面请求是不正确的。医生必须解释请求或对请求作出一种有意义的解释。

CTG 认为，假定患者将她“必须住进老年痴呆症老人疗养院”的那一刻作为她希望终止生命的那一刻，而收治行为发生在 2016 年 3 月 3 日。在此之前，她仍然能够表达与之相关的意愿。根据 CTG 的调查结果，该终止生命的意愿在经历太久的时间后没有再被提出。因此，该意愿在 2015 年结束。同时，患者在

---

① 荷兰区域保健纪律委员会（RTG）。RTG 可以根据《个人保健职业法》第 73 条第 1 款的规定对检查员提出的申诉向 CTG 提出上诉。根据《个人保健职业法》第 75 条的规定，除为了法律利益而撤销对 CTG 的决定外，没有其他补救办法。

书面陈述中要求终止生命的时刻为“必须住进老年痴呆症老人疗养院”该表述含混不清，因此，终止生命的请求在法律上无效。

5. 荷兰最高法院裁决

2020 年 4 月 21 日，荷兰最高法院为了捍卫法律利益，当庭公开宣告：有争议的裁决无效。

结语：在域外，医生协助自杀和安乐死合法化以两个原则为基础：有尊严的死亡和生命自治。有尊严的死亡原则在关于协助自杀和安乐死的法律和道德的讨论中占有突出地位。尊重个人自主权是决定辅助自杀和安乐死合法性的首要目标。保护个人自主权已成为医疗决策中的一个突出价值，这有力地保护了有能力的患者决定保留或提供可用治疗的权利。目前的争论集中在个人自主权是否也应该延伸到医生协助的自杀和安乐死上，绝症患者接受医疗而被迫遭受更长时间的痛苦，实则是否认了他们的自主权。那些认为在某些情况下有必要帮助临终患者的人更有可能接受医疗援助死亡的硬性合法化。在法治国家中，立法是解决该问题的唯一办法。

第六章　现代医学科学时代的中国医疗刑法制度完善与发展

第一节　我国现代医疗刑事立法与司法概况

一、我国现代医疗刑事法律前置法

医学科学的发展为人类提供了关涉孕育生命和健康维护的某些新方法、新手段，这些新方法和手段的实现路径需要国家的制度性规范。在我国，随着现代医学科学的发展，辅助生殖、器官移植、基因治疗等关涉生命与健康的新型医疗技术被日益广泛应用，相关法律问题日益暴露，国家不断加强对现代医学科研与医疗技术应用的相关民事与行政立法。

（一）人类辅助生殖治理刑事前置法

1. 民法关于人体基因编辑的相关规定

我国目前对人类辅助生殖领域的民事法律制度集中规定在《民法典》中，其中“总则编”、“人格权编”以及“侵权责任编”等均有相应规定。《民法典》第 8 条规定的“公序良俗”原则、第 109 条规定的自然人的人身自由和人格尊严受法律保护、第 110 条第 1 款规定的自然人享有生命权、健康权等具体人格权，可谓对人类辅助生殖作出的宣示性规定。《民法典》还对人类辅助生殖作出了直接规定，《民法典》第 1009 条规定，从事与人体基因、人体胚胎等有关的医学和科研活动，应当遵守法律、行政法规和国家有关规定，不得危害人体健康，不得违背伦理道德，不得损害公共利益。

2. 法律法规关于人类辅助生殖的相关规定

我国目前针对人类辅助生殖活动的规定散见于《生物安全法》以及国务院及有关部门颁布的行政法规、部门规章等规范性文件和非规范性文件中。

十三届全国人大常委会于2020年10月17日通过的《生物安全法》是我国第一部关于人类辅助生殖的国家层面立法。《生物安全法》第四章以专章规定了"生物技术研究、开发与应用安全"，其中第34条规定，在我国从事生物技术研究应当符合伦理原则；第40条规定，从事生物技术临床研究，应当在具备相应条件的医疗机构内进行，进入人体临床研究操作的，还应由符合相应条件的卫生专业技术人员执行。第六章专门规定了"人类遗传资源与生物资源安全"。

2019年，国务院颁布的《人类遗传资源管理条例》对我国人类遗传资源的利用和保护作出专门规定。

此外，我国目前有多个关于人类辅助生殖的部门规章。

原卫生部于2001年发布的《人类辅助生殖技术管理办法》、《人类精子库管理办法》以及同年发布的《人类辅助生殖技术规范》、《人类精子库基本标准》、《人类精子库技术规范》和《实施人类辅助生殖技术的伦理原则》（已失效）有效地促进和规范了我国人类辅助生殖技术和人类精子库的发展和应用。

2003年，原卫生部颁布了《人类辅助生殖技术和人类精子库评审、审核和审批管理程序》，这标志着我国人类辅助生殖技术和人类精子库已步入规范有序的程序化监管阶段。

2003年，原国家药品监督管理局、科学技术部和原卫生部印发的《人基因治疗研究和制剂质量控制技术指导原则》和《人胚胎干细胞研究伦理指导原则》明确禁止进行生殖性克隆人的任何研究；[①] 进行人体胚胎干细胞研究时，在体外的培养期限自受精或核移植开始不得超过14天。[②]

2015年，原国家卫生和计划生育委员会和原国家食品药品监督管理总局联合印发的《干细胞临床研究管理办法（试行）》规定，我国医疗机构开展干细

---

① 参见《人胚胎干细胞研究伦理指导原则》第4条。

② 参见《人胚胎干细胞研究伦理指导原则》第6条。

胞临床研究时应当组建学术委员会和伦理委员会，对相关研究进行科学性审查和伦理审查。[①]

2016 年，原国家卫生和计划生育委员会修订的《涉及人的生物医学研究伦理审查办法》对伦理委员会的构成、职权和审查程序等作出进一步细化。

2018 年，国家卫健委发布的《医疗技术临床应用管理办法》明确了四大类禁止用于临床的医疗技术。[②]

综上，出于人类社会自身的发展与进步，为了满足社会对辅助生殖日益增长的需求，我国人类辅助生殖行政立法稳步推进，辅助生殖技术研究与应用在良好的法治环境下规范开展。

（二）人体器官移植治理刑事前置法

1. 民法关于人体器官移植的相关规定

我国目前对人体器官移植的民事法律制度集中规定在《民法典》的“人格权编”中：其一，确立知情同意原则，即器官移植捐献的供体要求是具备完全的民事行为能力的人本人同意（本人未明确反对，近亲属同意），捐献需具备书面形式或订立遗嘱；[③] 其二，确立无偿原则，即器官来源非商业化，禁止任何形式的买卖人体器官的行为[④]，人体器官买卖合同无效。

2. 行政法律法规关于人体器官移植的相关规定

我国行政法律法规对器官移植的规制经历了从地方性法规到国家层面的部门规章再到单行法规的历史演进过程。

2003 年，深圳市人大常委会通过了《深圳经济特区人体器官捐献移植条例》，这是我国首部人体器官捐献移植的地方性法规。之后，上海、福建等地也相继制定了器官移植捐献的地方性法规。地方性立法对于规范人体器官捐献移植行为、保障人体器官捐献者及接受者的合法权益发挥了重要作用，同时填补

---

① 参见《干细胞临床研究管理办法（试行）》第 19 条、第 20 条。

② 参见《医疗技术临床应用管理办法》第 9 条。

③ 《民法典》第 1006 条规定，完全民事行为能力人有权依法自主决定无偿捐献其人体细胞、人体组织、人体器官、遗体。任何组织或者个人不得强迫、欺骗、利诱其捐献。完全民事行为能力人依据前款规定同意捐献的，应当采用书面形式，也可以订立遗嘱。自然人生前未表示不同意捐献的，该自然人死亡后，其配偶、成年子女、父母可以共同决定捐献，决定捐献应当采用书面形式。

④ 《民法典》第 1007 条规定，禁止以任何形式买卖人体细胞、人体组织、人体器官、遗体。违反前款规定的买卖行为无效。

了我国器官捐献管理制度的立法空缺。

2006 年，原卫生部颁布了《人体器官移植技术临床应用管理暂行规定》，该规定作为国家层面规范人体器官移植的文件，在规范人体器官移植技术临床应用、保证医疗质量和医疗安全、保护患者健康中发挥了重要作用，并促使了我国《人体器官移植条例》的出台。

2007 年，国务院通过了《人体器官移植条例》；2009 年，原卫生部颁布了《关于规范活体器官移植的若干规定》；这是目前我国规制人体器官移植的主要行政法规。《人体器官移植条例》与《关于规范活体器官移植的若干规定》对涉人体器官移植中的器官摘取和器官植入两类行为予以明确规定。一是由于器官移植的非商业原则，《人体器官移植条例》对器官摘取、捐献行为进行重点规制，对买卖人体器官活动以及参与上述活动的相关人员予以明确的行政处罚。[①] 二是由于器官移植的专业性，《人体器官移植条例》重点规制医疗机构和医务人员的器官植入行为，明确医务人员器官移植的医疗行为规范，按照违反情节的严重程度，给予不同程度的行政处罚。[②] 为了落实《人体器官移植条例》而制定的《关于规范活体器官移植的若干规定》进一步明确了医疗机构及医务人员器官植入行为的操作规范和文书资料，若违反法定行为，[③] 涉嫌犯罪，移交司法机关查处。

此外，《医师法》也有人体器官移植的相关规定，其中第 56 条明确规定了医师开展禁止类医疗技术临床应用的法律责任。

（三）基因治疗治理刑事前置法

1. 民法关于基因治疗的相关规定

我国目前对基因治疗的民事法律规制同样集中于《民法典》“人格权编”[④]，《民法典》第 1009 条确立了从事与基因治疗、人体胚胎等有关的医学和科研活动的相关人员的规则，以基本法形式设定了基因权利私法保护规范，“基因人格权”被纳入我国民法，首次予以立法保护。

---

① 参见《人体器官移植条例》第 26 条的规定。

② 参见《人体器官移植条例》第 28 条、第 29 条、第 30 条的规定。

③ 参见《关于规范活体器官移植的若干规定》第 10 条的规定。

④ 《民法典》第 1009 条规定，从事与人体基因、人体胚胎等有关的医学和科研活动，应当遵守法律、行政法规和国家有关规定，不得危害人体健康，不得违背伦理道德，不得损害公共利益。

2. 行政法律法规关于基因治疗的相关规定

目前，我国行政法律法规对于基因治疗的规制散见于体细胞和生殖细胞两类细胞的行政法规中。

对于体细胞治疗，早在 1993 年，原卫生部药政管理局即制定了《人的体细胞治疗及基因治疗临床研究质控要点》，将我国体细胞治疗及基因治疗纳入法治化轨道。此后，药事与医事相关立法从基因治疗产品的角度对体细胞治疗进行规制。例如，《药品管理法》《生物制品管理规程》《药品注册管理办法》对基因治疗产品的安全性、有效性、合法性等作出专门规定。① 自 2020 年以来，国家药品监督管理局又陆续出台了《基因治疗产品非临床研究与评价技术指导原则（试行）》《基因治疗产品长期随访临床研究技术指导原则（试行）》等②多部与基因治疗相关的指导规范，以健全和完善针对基因治疗试验与临床应用的审批和监督制度。

对于生殖细胞的治疗，前文关于辅助生殖相关行政法规的梳理中已有所述，包括原卫生部发布的《人类辅助生殖技术规范》、科学技术部和原卫生部共同印发的《人胚胎干细胞研究伦理指导原则》、原卫生和计划生育委员会和原国家食品药品监督管理总局联合印发的《干细胞临床研究管理办法（试行）》等。目前，我国行政法规已有的规定均禁止生殖性细胞治疗。例如，《人类辅助生殖技术规范》明确规定，我国的人类辅助生殖技术③禁止技术人员以生殖为目的对生殖细胞进行基因操作；《人胚胎干细胞研究伦理指导原则》明确规定，我国进行人体胚胎干细胞研究时，在体外培养期限自受精或核移植开始不得超过 14 天。④但是，非以生殖为目的的生殖细胞基因编辑在我国并未被禁止，如植入前胚胎

---

① 参见刘晓丹、王欣怡、曹萌：《基因治疗产品的研究进展及其国内外监管制度探析》，载《中国医药工业杂志》2021 年第 8 期，第 1099 页。

② 另有两部征求意见稿，分别是《基因治疗产品药学研究与评价技术指导原则（征求意见稿）》（主要针对体内基因导入治疗产品提出技术要求）和《基因转导与修饰系统药学研究与评价技术指导原则（征求意见稿）》（针对 CAR－T 细胞、诱导多能干细胞等体外基因导入治疗产品提出一般性技术要求）。

③ 《人类辅助生殖技术规范》中所指的人类辅助生殖技术包括体外受精—胚胎移植及其衍生技术和人工授精两大类。

④ 《人胚胎干细胞研究伦理指导原则》第 6 条规定，进行人胚胎干细胞研究，必须遵守以下行为规范：（1）利用体外受精、体细胞核移植、单性复制技术或遗传修饰获得的囊胚，其体外培养期限自受精或核移植开始不得超过 14 天。（2）不得将前款中获得的已用于研究的人囊胚植入人或任何其它动物的生殖系统。（3）不得将人的生殖细胞与其他物种的生殖细胞结合。

遗传学诊断（PGD）。[①]

（四）AI 辅助医疗治理刑事前置法

1. 民法关于 AI 辅助医疗的相关规定

随着近年来“互联网 + 医疗”的发展，腾讯、华为、科大讯飞与阿里巴巴等企业纷纷踏入医疗人工智能领域，掀起了 AI 辅助医疗的研发与应用浪潮，引发了公众对 AI 辅助医疗的法律伦理、政策等问题的关注，特别是对主体资格、侵权责任划分和承担的关注。

目前，我国民法主要通过《民法典》“总则编”“侵权责任编”对涉及 AI 辅助医疗的医疗损害纠纷进行规制。关于 AI 辅助治疗的医疗损害责任，《民法典》第 1223 条规定了医疗器械产品缺陷导致的医疗损害由生产者和医疗机构承担连带赔偿责任的产品责任因医院管理失误或医生操作失误而产生的医疗过失侵权责任。[②]

2. 行政法律法规关于 AI 辅助医疗的相关规定

我国目前尚无关于 AI 辅助医疗的专门立法，关于医疗人工智能的研发、审批、应用、监管散落在各类行政法律法规中。

（1）AI 辅助医疗数据和算法管理

数据与计算是 AI 辅助医疗的灵魂与表现，对于医疗人工智能面临的法律问题，核心或者出发点是对大数据与核心算法进行规制。我国目前主要可依据《网络安全法》《电子商务法》两部行政法律对 AI 辅助医疗中的数据和算法进行管理。

《网络安全法》对网络运行安全实行国家网络安全等级保护制度，确保了信息收集人对患者个人信息的保护和管理，以防泄露患者个人隐私等侵权行为。

《电子商务法》第 18 条、第 39 条、第 40 条关于对企业运用算法的规定可作为规制医疗人工智能核心算法的法律依据。

（2）AI 辅助医疗产品准入管理

AI 辅助医疗中的人工智能产品即医疗器械，目前，我国有多部有关医疗器械准入和审批的行政法律法规。2014 年，原国家食品药品监督管理总局发布了

---

① 参见杨丹：《尖端医疗领域刑法理论及立法对策研究》，法律出版社 2016 年版，第 199 页。

② 参见《民法典》第 1218 条至第 1222 条。

《创新医疗器械特别审批程序（试行）》（已失效）、《医疗器械注册管理办法》（已失效），对创新医疗器械的审批、注册、管理作出规定；2018 年修正的《产品质量法》是医疗器械准入和审批的主要法律；2018 年，原国家食品药品监督管理总局颁布的《医疗器械分类目录》新增了与人工智能辅助诊断相对应的器械分类；[①] 2021 年，国务院修订的《医疗器械监督管理条例》将计算机软件纳入医疗器械，这进一步完善了医疗器械标准管理体系，加强了对 AI 辅助医疗产品的准入管理。

（3）AI 辅助医疗技术准入管理

2012 年，原卫生部印发了《机器人手术系统辅助实施心脏手术技术规范（2012 年版）》和《机器人手术系统辅助实施心脏手术技术培训与管理规范（2012 年版）》，两个规范均对手术机器人的操作技术作出明确规定，以确保机器人辅助医疗的安全性。

2017 年，原国家卫生和计划生育委员会修订的《人工智能辅助诊断技术管理规范》和《人工智能辅助治疗技术管理规范》对医疗机构及其医务人员应用人工智能辅助诊断和治疗提出了极具操作性的要求，具体包括医疗机构的硬件设施、医务人员的资质要求以及技术管理和培训管理制度等。

（4）AI 辅助医疗技术人员准入管理

我国目前有关 AI 辅助医疗技术人员管理的行政法律法规有《医师法》《医师执业注册管理办法》《机器人手术系统辅助实施心脏手术技术培训管理规范》（2012 年版）等。《医师法》与《医师执业注册管理办法》对医师执业的准入作出明确规定。[②]《机器人手术系统辅助实施心脏手术技术培训管理规范（2012 年版）》则对从事机器人手术系统辅助实施心脏手术技术的相关专业技术人员，包括心脏大血管外科医师、麻醉医师、医学影像科医师、体外循环医师、手术室护士的准入作出了专门规定。[③]

---

① 《医疗器械分类目录》，如果诊断软件仅提供诊断建议，没有给出诊断结论，则按照第二类医疗器械设备进行管理；如果诊断软件给出诊断建议并给出明确诊断提示，则按照第三类医疗器械进行管理。

② 《医师法》第 13 条规定，国家实行医师执业注册制度。未注册取得医师执业证书，不得从事医师执业活动。

③ 《机器人手术系统辅助实施心脏手术技术培训管理规范 2012 年版》规定，拟从事机器人手术系统辅助实施心脏手术技术的相关专业技术人员应当接受系统培训并考核合格。

（五）医疗安乐死治理刑事前置法

1. 民法关于医疗安乐死的相关规定

我国民法目前对医疗安乐死并没有明确规定，但《民法典》“人格权编”对生命权的规定发生了变化，《民法典》第1002条①的规定强调法律不仅维护人的生命安全权，同时维护人的生命尊严权。生命尊严作为人之为人的一项独立权利，其核心是有尊严地“生”，但是，当一个人因其无法医治的病痛而失去“生”的尊严时，法律可否尊重其对生命的放弃，让其选择有尊严地死去？我国《民法典》尚未对有尊严地“死”予以明确规定，但是间接鼓励了具有民事行为能力的自然人有作出自己生死的决定，这为未来探索安乐死医疗制度提供了法律基础。②

2. 行政法律法规关于医疗安乐死的相关规定

我国目前国家层面尚无有关医疗安乐死的专门行政立法，本书认为，从现行关于规制医疗行为的法律中，我们可以找寻有关反映患者利益和需求的规定，为国家后续安乐死的适时立法提供参考。

国务院于1994年颁布的《医疗机构管理条例》（已被修订）中即明确强调了医疗机构的诊疗行为必须经过患者及其家属同意。此后，《执业医师法》（已失效）、《医疗事故处理条例》、《医疗纠纷预防和处理条例》等法律法规明确规定医疗机构及其医务人员在医疗活动的诊疗过程中需要向患者进行必要解释，患者自行确认、知晓自己的病情和诊疗。违反医疗卫生管理法律、行政法规、部门规章和诊疗护理规范、常规，过失造成患者人身损害的，根据情节的严重程度，依法追究其相应的行政责任与刑事责任。

2017年，原国家卫生和计划生育委员会颁布了《安宁疗护中心基本标准（试行）》，其开篇载明：“安宁疗护中心是为疾病终末期患者在临终前通过控制痛苦和不适症状，提供身体、心理、精神等方面的照护和人文关怀等服务，以提高生命质量，帮助患者舒适、安详、有尊严离世的医疗机构。”此规章虽然旨在为安宁疗护中心设立基本标准，但其亦明确了安宁疗护的价值与理念，其可

---

① 《民法典》第1002条规定，自然人享有生命权。自然人的生命安全和生命尊严受法律保护。任何组织或者个人不得侵害他人的生命权。

② 参见杨立新、李怡雯：《论〈民法典〉规定生命尊严的重要价值》，载《新疆师范大学学报（哲学社会科学版）》2020年第6期，第103页。

谓我国第一部专门针对临终患者权益保障的规范性文件，也为我国的安乐死治疗提供了制度上的可能。

2019年，《基本医疗卫生与健康促进法》明确了医方的如实告知义务与患者的知情同意权，[①] 以及患者人格尊严和隐私的保护。[②] 以上涉及自主决定和知情同意的内容都极大地体现了医疗对于患者生命安全和人格尊严的保护。

2022年，深圳市七届人大常委会第十次会议表决通过《深圳经济特区医疗条例》[③]，其中的"生前预嘱"地方立法，无疑是对"临终决定权"立法的重大突破。

结语：通过对以上5种现代医疗刑法前置法的梳理，可以发现关于辅助生殖类的法律规范最早出现于21世纪初期，而器官移植类的行政规范主要是出现在2007年和2009年，这也为《刑法》中的组织出卖人体器官罪做了很好的法律铺垫。随着科技的发展，AI辅助治疗相关规范从2012年开始陆续产生，随后的5年中，各种行政规范陆续出台，为管制AI技术提供了良好的法律保障。而有关基因治疗的法律规制出现于2003年，由于贺建奎基因编辑案的影响，自2015年基因治疗的法律陆续出台后，2019年，贺某奎案件判决结果为非法行医罪，国家对基因治疗管控的行政规范进一步得到完善。（见图6－1）

① 《基本医疗卫生与健康促进法》第32条规定，公民接受医疗卫生服务，对病情、诊疗方案、医疗风险、医疗费用等事项依法享有知情同意的权利。需要实施手术、特殊检查、特殊治疗的，医疗卫生人员应当及时向患者说明医疗风险、替代医疗方案等情况，并取得其同意；不能或者不宜向患者说明的，应当向患者的近亲属说明，并取得其同意。法律另有规定的，依照其规定。开展药物、医疗器械临床试验和其他医学研究应当遵守医学伦理规范，依法通过伦理审查，取得知情同意。

② 《基本医疗卫生与健康促进法》第33条规定，公民接受医疗卫生服务，应当受到尊重。医疗卫生机构、医疗卫生人员应当关心爱护、平等对待患者，尊重患者人格尊严，保护患者隐私。公民接受医疗卫生服务，应当遵守诊疗制度和医疗卫生服务秩序，尊重医疗卫生人员。

③ 《深圳经济特区医疗条例》第78条规定，收到患者或者其近亲属提供具备下列条件的患者生前预嘱的，医疗机构在患者不可治愈的伤病末期或者临终时实施医疗措施，应当尊重患者生前预嘱的意思表示：（1）有采取或者不采取插管、心肺复苏等创伤性抢救措施，使用或者不使用生命支持系统，进行或者不进行原发疾病的延续性治疗等的明确意思表示。（2）经公证或者有两名以上见证人在场见证，且见证人不得为参与救治患者的医疗卫生人员。（3）采用书面或者录音录像的方式，除经公证的外，采用书面方式的，应当由立预嘱人和见证人签名并注明时间；采用录音录像方式的，应当记录立预嘱人和见证人的姓名或者肖像以及时间。

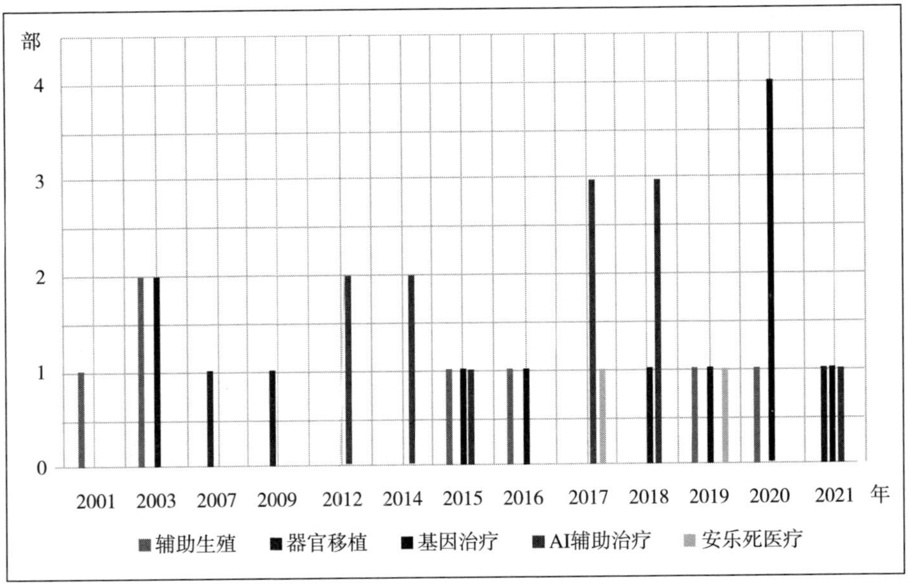

图 6－1　医疗刑事前置法立法年度分布

二、我国现代医疗刑事立法进程

中华人民共和国成立以来，我国现代医疗刑事法律制度经历了从无到有的发展历程。

（一）以行政法规治理医疗危害行为

自 1949 年中华人民共和国成立以后至 1979 年的《刑法》颁布实施前的近 30 年时间里，我国有关犯罪的单行刑法尚无关于医疗犯罪的规定，国家主要通过行政法规治理医疗危害行为。例如，1951 年，原中央人民政府政务院批准、原卫生部公布的《医院诊所管理暂行条例》。同年，原卫生部颁布的《医院管理暂行条例实施细则》《医师暂行条例》《中药师暂行条例》《药师暂行条例》《牙医师暂行条例》等法规明确规定，犯业务过失且情节严重的，得分别予以警告、停业、撤销开业执照或证书等行政处分；情节严重者，应依法律处分。例如，《医师暂行条例》规定，医师依法执行业务时，应受法律之充分保障，但违反本条例及犯有业务过失者，依情节轻重，得分别予以警告、停业、撤销开业执照或证书等行政处分；情节严重者，应受法律处分。① 《中药师暂行条例》规定，

① 参见《医师暂行条例》（1951 年，原中央人民政府政务院批准、原卫生部公布）第 27 条。

中医师依法执行业务时，应受法律之充分保障，但违反本条例及犯有业务过失者，依情节轻重，得分别予以警告、停业、撤销开业执照或证书等行政处分；情节严重者，应受法律处分。①

（二）行政法规与刑法相衔接规制医疗犯罪

1979年，中华人民共和国成立后颁布的第一部刑法对医疗相关犯罪未作出专门规定。为了进一步加强对医疗卫生领域的监管，国家相继颁布并开始实施规范医疗行为的行政法律法规，如《医疗机构管理条例》《外国医师来华短期行医暂行管理办法》《母婴保健法》等，其中一些法律法规对相关医疗犯罪作出了指引性规定。例如，《母婴保健法》第36条规定，未取得国家颁发的有关合格证书，施行终止妊娠手术或者采取其他方法终止妊娠，致人死亡、残疾、丧失或者基本丧失劳动能力的，依照刑法有关规定追究刑事责任。因此，对于违反《母婴保健法》致人死亡、残疾、丧失或者基本丧失劳动能力的行为，可依据1979年的《刑法》第133条、第135条的规定，以过失杀人罪或过失重伤罪定罪处罚。

（三）"刑法典+附属刑法"规制医疗犯罪

1997年，第八届全国人民代表大会第五次会议审议通过的《刑法》首次对医疗相关犯罪作出专门规定，如1997年的《刑法》第330条规定的妨害传染病防治罪，第331条规定的传染病菌种、毒种扩散罪，第334条规定的非法采集、供应血液、制作、供应血液制品罪；采集、供应血液，制作、供应血液制品事故罪，第335条规定的医疗事故罪和第336条规定的非法行医罪、非法进行节育手术罪。

随着我国社会经济的快速发展，自1999年开始，全国人民代表大会常务委员会通过修法不断完善我国刑事法律，我国刑法逐步将有关现代医疗犯罪纳入立法，予以专门规制。2011年2月25日，第十一届全国人民代表大会常务委员会第十九次会议通过的《刑法修正案（八）》首次制定了涉现代医疗技术应用的专门犯罪——组织出卖人体器官罪。2020年12月26日，第十三届全国人民代表大会常务委员会第二十四次会议通过的《刑法修正案（十一）》规定了非

---

① 参见《中医师暂行条例》（1951年，原中央人民政府政务院批准、原卫生部公布）第27条。

法采集人类遗传资源、走私人类遗传资源材料罪和非法植入基因编辑、克隆胚胎罪。

同时，在我国现行刑法分则罪名体系中有多个罪名可供辅助生殖、器官移植、基因治疗、AI 辅助医疗、安乐死医疗等涉现代医学研究与技术应用犯罪适用，如以危险方法危害公共安全罪、重大责任事故罪、过失致人死亡、故意伤害罪、侵犯公民个人信息罪、非法侵入计算机信息系统罪等。

此外，我国现阶段还存在大量行政法律法规对现代医疗犯罪作出的“指引性”规定。例如，1989 年第七届全国人民代表大会常务委员会通过的《传染病防治法》规定了从事传染病的医疗保健、卫生防疫、监督管理的人员玩忽职守，造成传染病传播或者流行的，给与行政处分；情节严重、构成犯罪的，追究刑事责任。1998 年第九届全国人民代表大会常务委员会通过的《执业医师法》(已失效)、2002 年国务院第五十五次常务会议通过的《医疗事故处理条例》均对医疗事故罪与非法行医罪进行了相应规定。2021 年第十三届全国人民代表大会常务委员会通过的《医师法》规定，违反《医师法》的规定，构成犯罪的，依法追究刑事责任。

三、我国现代医疗刑事司法概况

（一）现代医疗刑事案件数据检索

本书通过 Alpha 案例库、中国裁判文书网①等，检索自 2011 年以来我国现代医疗犯罪刑事判决书共计 519 例，通过样本分析，筛选有效案件 92 例。② 数据更新时间为 2022 年 2 月 14 日。

1. 刑事案件时间分布趋势

检索数据显示，近十多年来，我国涉现代医疗犯罪案件总体呈现波浪式发展趋势，其中，2014 年至 2020 年，犯罪处于相对高发时期。(见图 6 - 2)

① 案例来源：Alpha 案例库、中国裁判文书网，个别案件源于百度检索。

② 通过数据库关键词检索到刑事案件共 519 例中，笔者依次阅读梳理筛选出符合要求的有效案例共 92 例。其中辅助生殖类案件 66 例，器官移植类案件 21 例，基因治疗类案件 1 例，AI 辅助治疗类案件 0 例，安乐死类案件 4 例。由于笔者系人工筛查，笔者仅从自己筛查后符合案情的案例中进行梳理研究。

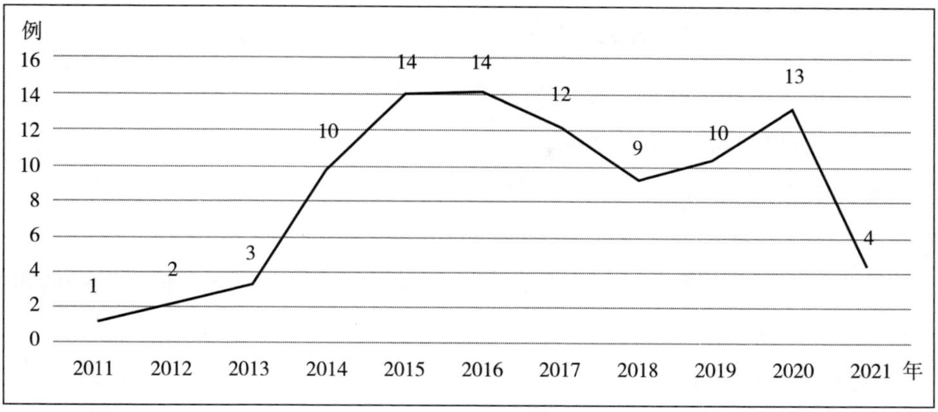

图 6－2　2011—2021 年现代医疗刑事犯罪案例数量分布

案例来源：Alpha 案例库、中国裁判文书网。

2. 刑事案件地域分布趋势

统计数据显示，近十多年来，各级人民法院判决的涉现代医疗刑事犯罪案件，地域分布较广，涉及 24 个省份。其中广东、湖南、河南、福建等省份是现代医疗刑事犯罪的多发地区，广东 13 例，湖南 12 例，河南和福建分别是 11 例和 9 例。（见图 6－3）

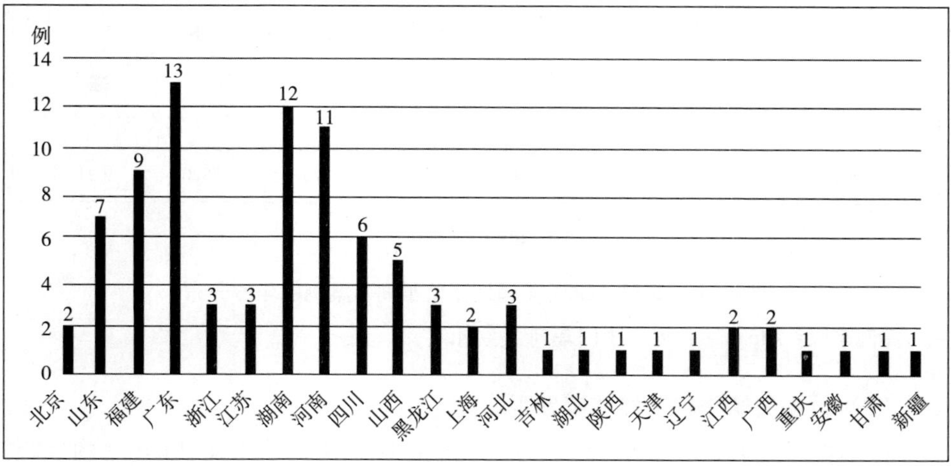

图 6－3　2011—2021 年现代医疗刑事犯罪地域分布情况

案例来源：Alpha 案例库、中国裁判文书网。

（二）现代医疗犯罪案件类型化分布

1. 辅助生殖相关刑事案件

（1）辅助生殖相关案件数据

案例来源：Alpha 案例库、中国裁判文书网。

案件发生区间：2011 年 1 月 1 日—2022 年 2 月 14 日。

检索关键词：辅助生殖、代孕、生殖细胞、卵细胞、卵子、精子、受精卵、胚胎、人工授精、医学技术。

总案件数量：340 例。

有效案件数量：66 例。

（2）辅助生殖相关刑事案件发生趋势

本书对检索数据进行分析，筛选有效案例 66 例，在所选取的 66 例刑事判例中，从年份的分布来看，国内涉人类辅助生殖犯罪在 2014 年至 2016 年处于高发时期，2016 年达到高峰，此后则呈现下降趋势。（见图 6－4）

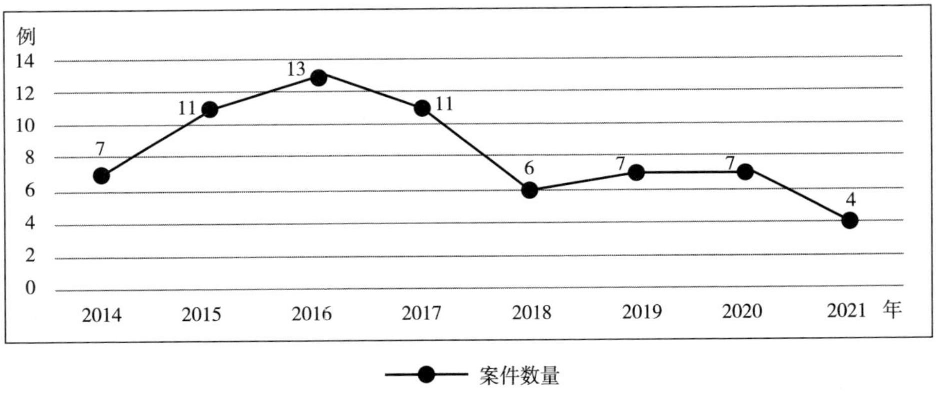

图 6－4　2014—2021 年辅助生殖类刑事案例的年份分布

案例来源：Alpha 案例库、中国裁判文书网。

（3）辅助生殖相关案件地域分布趋势

样本数据显示（见图 6－5），各级人民法院判决的涉人类辅助生殖刑事案件在全国各省份的分布明显不均衡，其中，分布在南方省份的案件居多。例如，广东有 11 例，占比最高，约 19%；湖南 10 例，占比约 17%；福建 7 例，占比约 12%；吉林和北京分别只有 1 例，分别占比约 2%。在案件数量分布较多的前五个省份中，广东 11 例案件中，扰乱无线电通讯管理秩序罪 4 例、诈骗罪 3 例、非法拘禁罪 2 例、非法行医罪 1 例、买卖国家机关证件罪 1 例。湖南的 10 例案件中，涉及非法拘禁罪 2 例，诈骗罪 5 例，伪造、买卖国家机关证件罪 4 例，伪造事业单位印章罪 1 例。福建的 6 例案件均属于诈骗罪。河南定罪的 6 例案件中，诈骗罪占绝对多数，仅 1 例是破坏公用电信设施罪。①

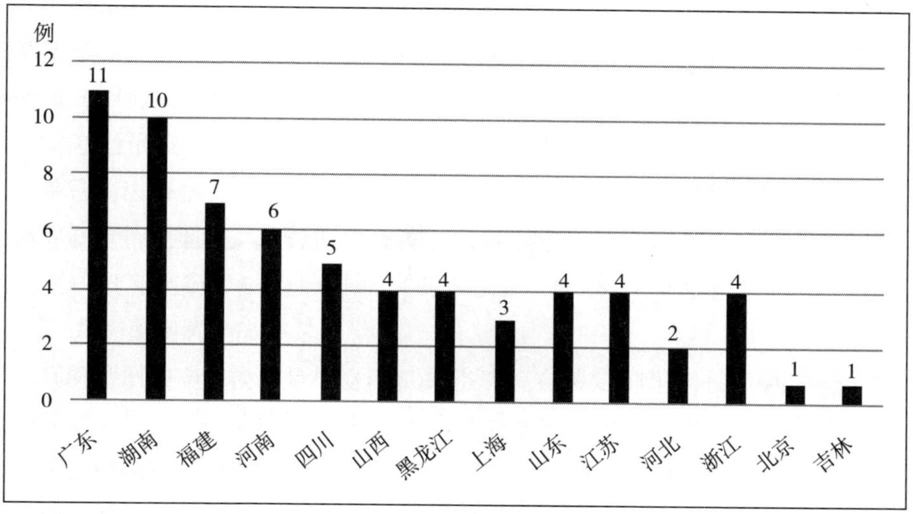

图 6－5　辅助生殖类刑事犯罪全国分布情况

案例来源：Alpha 案例库、中国裁判文书网。

（4）辅助生殖相关案件的定罪量刑

通过对样本的分析，各级人民法院对辅助生殖相关犯罪的罪名适用主要有非法拘禁罪、非法行医罪、诈骗罪、买卖国家机关证件罪等 10 项罪名。其中，以代孕等为由实施诈骗行为被判诈骗罪的有 47 例。（见图 6－6）

---

① 目前我国刑法有关现代医疗犯罪的专有罪名较少，因此，涉现代医疗犯罪的只能依据相关犯罪定罪处罚。

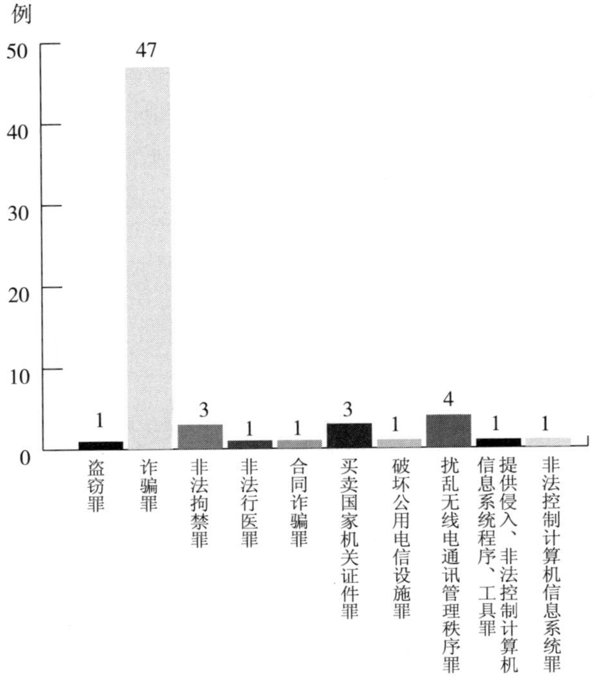

图 6－6 辅助生殖类刑事犯罪定罪分布

案例来源：Alpha 案例库、中国裁判文书网。

在刑罚的适用上，涉人类辅助生殖犯罪 66 例有效案件中，共涉及犯罪人员 125 人，判处拘役 18 人（14.4%），3 年以下有期徒刑 70 人（56%），3 年以上 7 年以下有期徒刑 29 人（23.2%），7 年以上有期徒刑 8 人（6.4%）。

2. 器官移植相关犯罪刑事司法判例

（1）器官移植相关刑事案件数据检索

案例来源：Alpha 案例库、中国裁判文书网。

案件发生区间：2011 年 1 月 1 日—2022 年 2 月 14 日。

检索关键词：器官移植、器官摘取、器官植入、肝移植、肾移植。

总案件数量：66 例。

有效案件数量：21 例。

数据更新时间：2022 年 2 月 14 日。

（2）器官移植相关刑事案件发生趋势

统计样本显示，自 2011 年以来，我国有关器官移植的刑事犯罪呈现较为明显的波浪式上升趋势，2014 年至 2016 年，案件数量虽有所下降，但 2018 年后

又呈现较快的上升趋势，2020 年达到顶峰。(见图 6 －7)

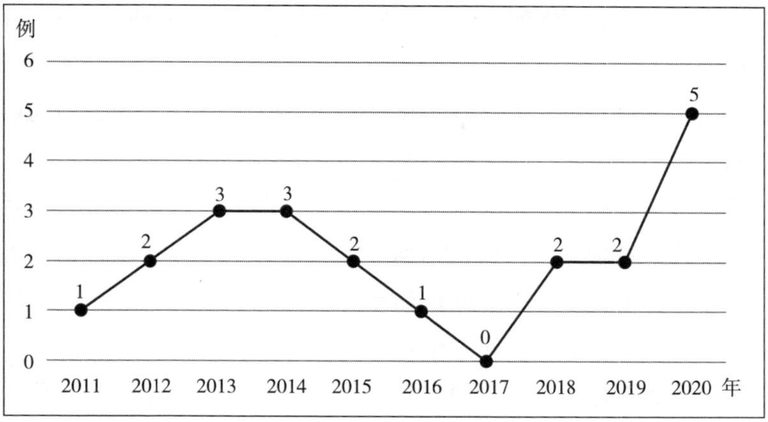

图 6 －7　2011—2020 年器官移植类刑事案件的数量分布

案例来源：Alpha 案例库、中国裁判文书网。

（3）器官移植相关刑事案件的地域分布趋势

统计数据显示，器官移植犯罪案件以河南省、山东省和福建省等省份为多发地区（见图 6 －8）。其中在河南省发生的 5 例案件中，判处诈骗罪 2 例、敲诈勒索罪 1 例、非法经营罪 1 例、组织出卖人体器官罪 1 例。福建省 3 例案件均被判处组织出卖人体器官罪。山东省的 3 例案件中有 2 例被判处组织出卖人体器官罪，有 1 例被判处故意毁坏尸体罪。

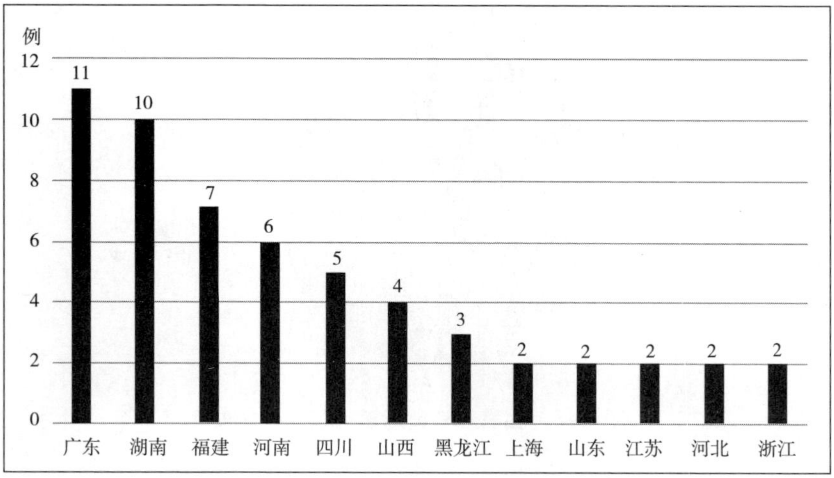

图 6 －8　器官移植类刑事案件的部分省份分布情况

案例来源：Alpha 案例库、中国裁判文书网。

（4）器官移植相关刑事案件的定罪与量刑

通过 Alpha 案例库、中国裁判文书网检索涉及器官移植刑事案件 66 例，筛选有效案件为 21 例。

从定罪方面来看，组织出卖人体器官罪 15 例。目前国内犯罪中与器官移植行为相关的犯罪中，组织出卖人体器官罪占比最高。在检索的案例中，涉及的人体器官移植均为肾移植，犯罪分子大多租赁私房或医院手术室、卫生所等作为非法进行肾移植的场所，并通过网络联系中介、供体和受体，利用人脉关系联系手术医生、护士等，非法进行肾移植手术，牟取暴利。医疗机构的监管缺位使得医务人员参与犯罪的案件占比居高。在《刑法修正案（八）》出台之前，医生明知器官来源不合法，却依旧实施移植行为的，一般以非法经营罪定罪处罚。[①] 自《刑法修正案（八）》增加了组织出卖人体器官罪后，在检索到的 15 例案件中，有 9 例为医护人员参与实施。涉及的人员有主刀医师、护士、手术助理和麻醉师，均以组织出卖人体器官罪定罪处罚。

与器官移植相关的其他刑事犯罪中，诈骗罪案件 2 例；故意毁坏尸体罪、滥用职权罪以及故意伤害罪的案件各 1 例。

从量刑方面来看，在 21 例有效案件中，有 24 人被判处实刑。其中有 7 人被判处 3 年以上 10 年以下有期徒刑，占比为 28%，有 16 人被判处 3 年以下有期徒刑，占比为 72%。（见图 6－9）

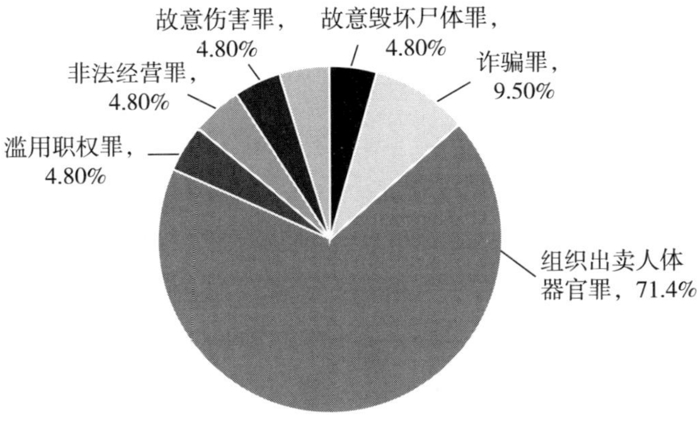

图 6－9　器官移植类刑事犯罪罪名分布

案例来源：Alpha 案例库、中国裁判文书网。

① 参见江苏省徐州市中级人民法院刑事判决书，（2012）徐刑二终字第 31 号。

3. 安乐死医疗犯罪相关刑事司法判例

（1）安乐死医疗相关刑事案件数据

案例来源：Alpha 案例库、中国裁判文书网。

案件发生区间：2011 年 1 月 1 日—2022 年 2 月 14 日。

检索关键词：安乐死、刑事判决书。

总案件数量：33 例。

有效案件数量：4 例。

（2）安乐死犯罪定罪与量刑

安乐死相关刑事犯罪进入人们视野，源于 1986 年汉中市的蒲某升案件。本书通过中国裁判文书网、Alpha 案例库共检索到涉安乐死犯罪案件 4 例。人民法院对 4 例案件的审理均以故意杀人罪定罪量刑，[①] 在刑罚适用中以短期自由刑为主，其中，1 例判处 3 年有期徒刑，缓刑 4 年；1 例判处有期徒刑 1 年 6 个月。公开报道医疗安乐死案件 1 例。

表 6－1　现代医疗犯罪典型判例

类型	编号	案号	裁判时间	案名	定罪	量刑
辅助生殖犯罪典型案件	1	（2017）粤 0111 刑初 568 号	2017. 4. 25	赖某与邓某某非法行医案	非法行医罪	有期徒刑 1 年/10 个月，并处罚金人民币 5000 元/3000 元
	2	（2017）湘 0405 刑初 81 号	2017. 5. 31	曾某某、徐某买卖国家机关证件伪造、变造、买卖国家机关公文、证件、印章案	买卖国家机关证件罪	剥夺政治权利 2 年/剥夺政治权利 2 年，并处罚金人民币 5 万元/3 万元，没收非法所得
	3	（2018）粤 0114 刑初 722 号	2018. 5. 21	杨某志扰乱无线电通讯管理秩序案	扰乱无线电通讯管理秩序罪	有期徒刑 10 个月
	4	（2016）粤 0103 刑初 569 号	2016. 7. 15	赵某华破坏公用电信设施案	扰乱无线电通讯管理秩序罪	有期徒刑 11 个月，并处罚金人民币 5000 元

① 蒲某升案件以无罪处理。

续表

类型	编号	案号	裁判时间	案名	定罪	量刑
辅助生殖犯罪典型案件	5	（2019）湘0903刑初771号	2019.12.25	汤某慧、戴某敏、肖某伪造、变造、买卖国家机关公文、证件、印章案	伪造国家机关证件罪	免予刑事处罚
	6	（2020）浙1022刑初83号	2020.4.22	周某诈骗案	诈骗罪	有期徒刑4年6个月，并处罚金4.5万元
	7	（2018）鲁1323刑初90号	2018.6.4	朱某琳诈骗案	诈骗罪	有期徒刑3年，缓刑4年，并处罚金人民币2万元
	8	（2020）沪0117刑初1561号	2021.3.11	沙某诈骗案	诈骗罪	有期徒刑3年3个月，并处罚金人民币3000元
	9	（2017）豫0184刑初341号	2017.11.27	王某飞诈骗罪案	诈骗罪	有期徒刑3年，缓刑4年，并处罚金人民币3万元
	10	（2020）湘0405刑初222号	2020.12.28	陈某非法拘禁案	非法拘禁罪	有期徒刑1年，缓刑1年6个月
器官移植犯罪典型案例	1	（2011）济刑初字第302号	2011.11.23	张某诈骗、敲诈勒索案	诈骗罪、敲诈勒索罪	有期徒刑9年6个月，并处罚金10.2万元
	2	（2015）西刑初字第00078号	2015.8.17	朱某组织出卖人体器官案	组织出卖人体器官罪	有期徒刑2年，并处罚金人民币1万元
	3	（2013）雁刑初字第00439号	2014.5.19	王某甲组织出卖人体器官案	组织出卖人体器官罪	有期徒刑2年，并处罚金5万元

续表

类型	编号	案号	裁判时间	案名	定罪	量刑
器官移植犯罪典型案例	4	（2014）一中刑终字第2489号	2014.8.20	郑某、周某、赵某、周某、樊某雁、王某红、王某兰、李某铭、王某、赵某、杨某忠、支某光、刘某、苏某华、翟某超犯组织出卖人体器官案	组织出卖人体器官罪	有期徒刑12年/9年/7年6个月/6年6个月/6年6个月/5年6个月/4年/4年/3年/3年6个月/3年6个月，并处罚金人民币200万元/50万元/15万元/10万元/10万元/6万元/2万元/2万元/1万元/1万元，剥夺政治权利3年/2年/1年
	5	（2020）闽0681刑初53号	2020.8.26	张某某组织出卖人体器官案	组织出卖人体器官罪	有期徒刑2年，并处罚金人民币8000元
	6	（2013）尉刑初字第126号	2013.9.27	史某、蔡某、刘某组织出卖人体器官案	组织出卖人体器官罪	有期徒刑1年3个月/1年3个月/1年，并处罚金1万元/1万元/5000元
	7	（2018）湘0304刑初172号	2018.11.22	薛某东、冯某启、李某、黄某柱、伍某、张某永、李某强、周某顺组织出卖人体器官案	组织出卖人体器官罪	有期徒刑4年/3年6个月/3年/2年6个月/2年6个月/2年6个月/2年/2年，并处罚金8万元/7万元/6万元/5万元/5万元/5万元/3万元/3万元
	8	（2015）龙刑初字第585号	2015.10.10	伊某组织出卖人体器官案	组织出卖人体器官罪	有期徒刑1年，缓刑1年3个月，并处罚金8000元
	9	（2013）杭江刑初字第74号	2013.4.23	吕某、沈某、向某成、白某、叶某、陈某、殷某、顾某、郝某等组织出卖人体器官罪案	组织出卖人体器官罪	有期徒刑10年/5年6个月/4年9个月/2年6个月/2年/2年/1年6个月/1年3个月/1年，并处罚金10万元/5.5万元/5万元/2.5万元/1万元/1万元/8000元/5000元/3000元

续表

类型	编号	案号	裁判时间	案名	定罪	量刑
器官移植犯罪典型案例	10	（2012）尉刑初字第336号	2012.12.10	杨某滥用职权罪案	滥用职权罪	有期徒刑1年
	11	（2015）郴北刑初字第343号	2016.9.7	段某故意伤害罪案	故意伤害罪	有期徒刑1年，缓刑1年
	12	（2019）鲁0883刑初438号	2020.4.16	王某盗窃、侮辱、故意毁坏尸体、尸骨、骨灰案	故意毁坏尸体罪	拘役4个月
	13	（2013）金刑初字第1549号	2013.12.16	雍某诈骗案	诈骗罪	有期徒刑7个月，并处罚金5000元
基因治疗犯罪典型案件	1	案件来源新华网	2019.12.30	贺某奎、张某礼、覃某洲非法行医案	非法行医罪	有期徒刑3年/2年/1年6个月，缓刑2年；并处罚金：300万元/100万元/50万元
安乐死犯罪典型案例	1	判决书源自腾讯新闻报道	1991.4.6	蒲某升故意杀人案	无罪	情节轻微，不构成犯罪
	2	（2015）武刑初字第10号	2015.4.10	冯某故意杀人案	故意杀人罪	有期徒刑3年，缓刑4年
	3	（2020）川0112刑初88号	2020.11.5	陈某故意杀人案	故意杀人罪	有期徒刑1年6个月

第二节　现代医学科学时代的中国医疗刑法问题检视

我国医疗刑法在经历了从无到有的跨越发展中，尚未形成完善的医疗刑法体系，已经出台的涉现代医疗犯罪的刑法规定尚存诸多不足。

一、我国现行刑法与其他部门法衔接存在的问题

（一）现代医疗犯罪的刑法规制与其他法律法规衔接不畅

1. 刑法对现代医疗法律关系调整的定位

社会关系不因法律规范的调整而存在，但只有经由法律规范调整后的社会关系才能成为受法律确认与保护的法律关系。从刑民、刑行关系来看，民法、行政法是一次规范，刑法是二次规范。

（1）民法、行政法属于一次规范。现代医疗关系是通过法律对参与者之间确定或者设立相应的权利和义务而形成的法律关系，并由此建立起正常的医疗法律秩序，这是法律对现代医疗关系的第一次调整，其核心是规定或设定权利义务，设立第一次法律调整之责的法律规范被称为调整性规范，民法、行政法均属于调整性规范，即一次规范。例如，《民法典》第1006条规定，完全民事行为能力人有权依法自主决定无偿捐献其人体细胞、人体组织、人体器官、遗体。任何组织或者个人不得强迫、欺骗、利诱其捐献。完全民事行为能力人依据前款规定同意捐献的，应当采用书面形式，也可以订立遗嘱。自然人生前未表示不同意捐献的，该自然人死亡后，其配偶、成年子女、父母可以共同决定捐献，决定捐献应当采用书面形式。该条即对人体细胞、人体组织、人体器官、遗体捐赠的权利和义务予以设定的调整性规范，经由该规范调整所形成的人体细胞、人体组织、人体器官、遗体捐赠法律关系和法律秩序，是经由民事法律制度作出的调整而形成的第一性法律关系。又如，《人体器官移植条例》第19条规定，从事人体器官移植的医疗机构及其医务人员摘取活体器官前，应当履行下列义务：①向活体器官捐献人说明器官摘取手术的风险、术后注意事项、可能发生的并发症及其预防措施等，并与活体器官捐献人签署知情同意书；②查验活体器官捐献人同意捐献其器官的书面意愿、活体器官捐献人与接受人存在

本条例第10条规定关系的证明材料；③确认除摘取器官产生的直接后果外不会损害活体器官捐献人其他正常的生理功能。从事人体器官移植的医疗机构应当保存活体器官捐献人的医学资料，并进行随访。该条例对摘取人体器官的医疗机构与供者的权利义务关系的确立，是经由行政法规对人体器官移植中的权利义务所作出的一次规范。

（2）医疗刑法二次规范的保障性与独立性。首先，刑法的保障性，是指从刑法与民法、行政法在权利义务的意义来看，刑法规范，特别是刑法分则性条文的罪责制度由通过“假定”即“罪状”和“制裁”即“刑罚”两个要素构成，通过规定刑事责任、刑罚，预防一次规范所设定、确定的权利义务关系遭到破坏，或者在一次规范所设定、确定的权利义务关系遭到破坏时予以救济，是对一次规范的保障。作为二次规范，刑法与民法、行政法相比兼具救济性和相对独立性。一次规范虽确认或设定了相应的权利与义务，但是，权利与义务的运行并非绝对如法所安排，当权利遭到破坏，或者义务怠于行使时，则需要二次规范的救济。正如有学者指出的，权利的不当行使或者义务的不当履行，不仅是对调整性规范的违反，还是对调整性法律关系及其建立的正常法律秩序的破坏和侵犯，从而在成为违法行为的同时，开启了法律对社会关系的第二次调整——法律保护。[①] 医疗刑法通过对违法行为人的法律责任的追究和法律制裁的适用，对被违法行为破坏的第一性法律关系即调整性法律关系进行补救与恢复，进而保障调整性法律关系及其建立的正常法律秩序的实现。其次，刑法的独立性，是指承担第二次法律调整之责的刑法规范不同于民事、行政法律规范，刑法规范与民法、行政法等非刑事部门法中的法律责任条文虽同属保护性规范，但是，从医疗刑法的责任追究和制裁手段的严厉性来看，“在根本上与其说是一种特别法，还不如说是其他一切法律的制裁力量”[②]。医疗刑法对医疗秩序与医疗法益的维护与保护为民事、行政规范所不可替代，医疗刑法具有维护医疗权利义务运行的独立意义与价值。

2. 刑法对现代医疗法律关系维护的缺位

目前，我国现行刑法与其他部门法不够衔接，这导致了民法与行政法规中大量指引性刑事责任规范的落空。

---

① 参见田宏杰：《刑法与前置法的关系再讨论》，载百度网2021年4月14日，https：//baijiahao. baidu. com/s？ id = 1696975616917883938。

② 林山田：《刑法学》，台北，台湾商务印书馆1983年版，第63页。

一方面，近年来，国家通过民事的、行政的立法和修法对新型医疗法律关系予以确认，对人类辅助生殖、器官移植、基因治疗、AI 医疗、安乐死医疗等现代医学研究与医疗技术临床应用的规制散见于《民法典》和多部专门行政法律法规中，相关法规除规定民事责任、行政责任外，还规定了构成犯罪的刑事责任。例如，1993 年 12 月 24 日，原国家科学技术委员会颁布的《基因工程安全管理办法》第 28 条第 2 项规定：违反本办法的规定，损害或者影响公众健康的，情节严重，构成犯罪的，依法追究直接责任人员的刑事责任。2001 年，原卫生部发布的《人类辅助生殖技术管理办法》第 22 条规定，开展人类辅助生殖技术的医疗机构违反本办法，买卖配子、合子、胚胎的，实施代孕技术的，使用不具有《人类精子库批准证书》机构提供的精子的，擅自进行性别选择的等，构成犯罪的，依法追究刑事责任。2016 年 9 月 30 日，原国家卫生和计划生育委员会通过的《涉及人的生物医学研究伦理审查办法》第 18 条规定，涉及人的生物医学研究应当符合知情同意原则、控制风险原则，同时该办法规定了涉及人的生物医学研究的伦理审查、批准实施的具体程序，并规定了医疗卫生机构、项目研究者等相应的法律责任，除罚款、警告等行政处罚、民事责任外，构成犯罪的，依法追究刑事责任。

另一方面，我国现行《刑法》对多数此类违反民事、行政法规，严重危害社会的行为并没有相应的罪责规定。诚然，刑法过度扩张的必然结果是刑法对民法、行政法规制领域的侵蚀，这会导致整体法秩序功能的紊乱，但刑法的消极作为会导致民法、行政法效力的弱化。刑法与民法、行政法固然有着各自的价值追求和制度安排，但是三者在整体法秩序意义上是统一的，只有彼此协调统一，才能最大化地发挥法律维系社会秩序的整体效能。

（二）刑事损害赔偿与民事损害赔偿存在制度性冲突

世界范围内的刑事损害赔偿与民事损害赔偿经历了“一体—分立—融合”的历史演进。赔偿作为责任手段，在古代民刑不分的时期没有明确的刑民界限。19 世纪，随着社会的发展，刑法与民法相分离。就损害赔偿法律制度而言，民事赔偿重补偿，刑事赔偿重制裁。随着社会的发展和法律的进步，刑法与民法的再接近实有必要。在赔偿制度上则表现为，刑事赔偿制度与民事赔偿制度在某种程度上的相互融合成为世界立法的趋向。例如，《法国刑事诉讼法典》明确规定，犯罪损害赔偿范围包括物质的、身体的和精神的损害，这一规定与《法国民法典》（1990年实施）第847条关于非财产上之损害或称财产以外的损害的规定相一致。英国的刑法和民法都明确了精神损害赔偿的求偿地位。

综合考察我国现行相关法律的规定，涉现代医疗犯罪的刑事损害赔偿与民事损害赔偿存在制度性冲突。例如，我国《人类辅助生殖技术管理办法》规定，开展人类辅助生殖技术的医疗机构违法买卖配子、合子、胚胎，构成犯罪的，依法追究刑事责任；2007年3月31日，国务院第一百七十一次常务会议通过的《人体器官移植条例》第25条规定，违反本条例规定，未经公民本人同意摘取其活体器官的、公民生前表示不同意捐献其人体器官而摘取其尸体器官的以及摘取未满18周岁公民的活体器官，构成犯罪的，依法追究刑事责任。该条例第27条第4款规定，违反本条例规定，给他人造成损害的，应当依法承担民事责任。依据2020年10月17日第十三届全国人民代表大会常务委员会通过的《生物安全法》第74条、第79条、第82条的规定，违反《生物安全法》规定，从事国家禁止的生物技术研究、开发与应用活动构成犯罪的，以及未经批准，采集、保藏我国人类遗传资源或者利用我国人类遗传资源开展国际科学研究合作构成犯罪的，依法追究刑事责任。造成人身、财产或者其他损害的，依法承担民事责任。

关于损害赔偿的范围，依据我国《民法典》第1182条、第1183条的规定，对侵害他人人身权益的赔偿范围既包括物质损失，也包括精神损失，而我国《刑法》第36条仅规定了犯罪行为所致被害人遭受的经济损失赔偿。据此，现代医疗犯罪的刑事赔偿范围与民事赔偿范围不一致。另外，依据最高人民法院关于刑事附带民事诉讼的司法解释，附带民事诉讼可以在刑事案件立案以后、第一审判决宣告之前提起，也可以在刑事判决生效后另行提起民事诉讼。这一规定必然导致同一行为所致的同一损害后果因提起诉讼的阶段不同、赔偿的范围不同而赔偿的结果相差悬殊。

二、我国现行刑法有关现代医疗犯罪的罪行制度缺陷

正如前文所述，现代医学科学研究与医疗技术应用相关犯罪集中表现在人类辅助生殖、器官移植、基因治疗、AI医疗、安乐死等领域，目前，我国现行刑法对上述领域中的相关危害行为大多没有作出专门规定。

（一）刑法规制人类辅助生殖危害行为的外延狭窄

目前，域外国家对于人类辅助生殖研究与技术应用相关危害行为的规制比

较完善，一些国家对具有严重危害性的人类辅助生殖研究与技术应用一般都有专有罪名可以适用，如法国刑法对从活人身上采集或者摘取配子、购买配子、购买胚胎、为买卖胚胎从事中介服务、为商业目的进行试管胎儿受孕、生殖性克隆人等行为均予以专门规制，并规定了相应罪名。澳大利亚的《人类胚胎研究法》对违反许可从事辅助生殖、超期使用人类胚胎、使用非超期人类胚胎等行为进行专门规制，并规定了相应罪名。

目前我国《刑法》第 334 条之一对非法采集人类遗传资源、走私人类遗传资源材料作了明确规定、第 336 条之一对非法植入基因编辑、克隆胚胎的罪行作了明确规定，但是对购买配子、胚胎、为买卖胚胎从事中介服务、为商业目的进行试管胎儿受孕等行为均无专门规定。

（二）刑法保护人体器官移植法益的力度不够

其一，未能因应人体器官移植犯罪调适法益保护范围。在人体器官移植法益的刑法保护上，尤其是人体器官移植犯罪的相关立法上，我国刑法未能及时规制现代医学科学时代的各种人体器官移植犯罪行为，也未能积极调适器官移植法益的刑法保护范围。我国《刑法》第 234 条之一对组织他人出卖人体器官、非法摘取他人器官的行为，或者强迫、欺骗他人捐献器官的行为作出明确规定。但是对非法出售人体器官、非法买受人体器官、从事人体器官买卖中介、瑕疵器官移植等涉器官移植中的其他相关犯罪行为尚未作出明确规定，因而对相关犯罪所侵害的法益保护不及。

其二，未将精神病人的器官移植法益纳入刑法保护范围。我国《刑法》第 234 条之一第 2 款规定：“未经本人同意摘取其器官，或者摘取不满十八周岁的人的器官，或者强迫、欺骗他人捐献器官的，依照本法第二百三十四条、第二百三十二条的规定定罪处罚。”这一规定体现了刑法对活体器官移植中的未成年人法益的特别保护，对未成年人人体器官法益的特别保护确有必要，这是因为：就理论层面而言，未成年人缺乏自我决定权；就实践层面而言，未成年人是活体人体器官移植中极易受到侵害的群体。法律提供基本的秩序框架，其目的是实现公平正义，在活体人体器官捐献中，精神病人的法益无论就理论层面还是实践层面均具有与未成年人非常相似的法律地位或法律意义，但是《刑法》第 234 条之一并没有对精神病人活体器官法益作出专门规定予以特别保护。

（三）刑法规制的基因治疗危害行为类型较为单一

目前我国刑法在基因治疗供者方面的突出问题是对作为的犯罪构成要素的基因治疗行为的规定存在缺陷。随着基因医疗技术的广泛应用，其在造福人类的同时，风险日益显现，基因治疗所裹挟的危害行为的种类日趋多样化，域外一些国家或地区的立法对基因医疗相关危害行为进行专门规制。其中法国刑法较有代表意义，《法国刑法典》在“因遗传特征研究或基因样板鉴别侵害人身罪”一节有多个法律条文规制基因医疗相关犯罪行为，对采用基因样本对当事人进行鉴别基因、非法申请研究样本或第三人的遗传特征、申请采取基因样本对人进行鉴别、泄露个人基因信息等行为均作出明确的罪行规定。

我国现行刑法只对非法采集人类遗传资源，走私人类遗传资源材料以及非法运送、邮寄、携带我国人类遗传资源材料出境，危害公众健康或者社会公共利益，情节严重的行为作出明确规制，而对非法基因样本鉴别、泄露个人基因信息等其他危害行为尚未作出明确规定。

（四）刑法规制 AI 辅助医疗犯罪尚无专门罪名

目前域外国家对 AI 医疗相关犯罪尚无专门规定，对于涉 AI 医疗犯罪，或者以传统犯罪相关罪名规制“AI 医疗犯罪”，或者以网络犯罪相关罪名规制“AI 医疗犯罪”，或者以侵害个人隐私犯罪相关罪名规制“AI 医疗犯罪”。我国刑法对于涉 AI 医疗犯罪也没有作出专门规定，对于涉利用人工智能辅助医疗活动中的相关危害行为只能依照刑法规定的“网络犯罪”“医疗过失犯罪”等相关罪名定罪处罚。

（五）刑法规制安乐死医疗犯罪尚无适当罪名

域外一些国家或地区对安乐死非法医疗行为或者规定了专有罪名，或者有可供适用的适当罪名。例如，在英国，医务人员实施安乐死是一种协助自杀的行为，可以被判协助自杀罪或试图协助自杀罪；在德国，医务人员受被害人明示且真诚之要求而将其杀死的，构成受嘱托杀人罪。罪名是对犯罪本质或主要特征的高度概括，刑事立法上的特定罪名通过对罪状的“精简”但不失“周延”来增强刑法立法的科学性。因此，将安乐死犯罪的罪名特别化才能够准确体现安乐死医疗犯罪的本质特征，我国目前刑法对安乐死医疗行为并无专门规定，且可供依照定罪量刑的刑法条文较少，一般只能依照“故意杀人罪”或者“医疗事故罪”等定罪处罚，而“故意杀人罪”“医疗事故罪”等犯罪难以对医疗安乐死行为作出较为准确全面的价值评判。

三、我国现行刑法涉现代医疗犯罪刑罚制度的缺陷

（一）我国刑法对“非法植入基因编辑、克隆胚胎罪”的刑罚偏低

罪行相适应是现代刑事法治的基本原则，对于基因编辑、克隆人等犯罪的严重社会危害性，国际社会基本达成共识，域外一些主要国家对基因编辑、克隆人犯罪普遍采取较为严厉的刑罚。在法国，处 7 年监禁并科处 10 万欧元罚金。在美国，最高可处 10 年监禁和 100 万美元罚款。在澳大利亚，最高可处 15 年有期徒刑。在日本最高处 10 年监禁。我国《刑法》第 336 条之一规定：“将基因编辑、克隆的人类胚胎植入人体或者动物体内，或者将基因编辑、克隆的动物胚胎植入人体内，情节严重的，处三年以下有期徒刑或者拘役，并处罚金；情节特别严重的，处三年以上七年以下有期徒刑，并处罚金。”我国刑法规定的“非法植入基因编辑、克隆胚胎罪”的法定刑较低，无法体现“罚当其罪”，这会导致刑罚功能的弱化。

（二）我国刑法对“组织出卖人体器官罪”的刑罚设置不科学

依据《刑法》第 234 条之一第 1 款的规定，组织他人出卖人体器官的，处 5 年以下有期徒刑，并处罚金；情节严重的，处 5 年以上有期徒刑，并处罚金或者没收财产。可见，“组织出卖人体器官罪”以身体自由刑为主，且最高法定刑一般是 15 年有期徒刑。在我国刑法分则罪名体系中与“组织出卖人体器官罪”的犯罪构成具有较大相似性的犯罪是“非法组织卖血罪”，关于“非法组织卖血罪”的刑罚，我国《刑法》第 333 条规定，处 5 年以下有期徒刑，并处罚金；以暴力、威胁方法强迫他人出卖血液的，处 5 年以上 10 年以下有期徒刑，并处罚金。有前款行为，对他人造成伤害的，依照《刑法》第 234 条的规定定罪处罚。可见，实施非法组织卖血，如果导致出卖人死亡，其最高法定刑可以判处无期徒刑，甚至死刑。众所周知，作为人体组织，血液具有可再生性，而人体

器官具有不可再生性或者唯一性。① 因此，就危害性与法益侵害性而言，“组织出卖人体器官罪”比“非法组织卖血罪”更为严重，对此，有学者质疑，现行刑法的规定是否会出现“法益侵害程度更高的以伤害罪论处的强摘骗摘行为反而适用较低法定刑”的不合理现象？②

（三）我国刑法关于“非法采集人类遗传资源、走私人类遗传资源材料罪”的量刑情节难以确定

依据《刑法》第 334 条之一的规定，“非法采集人类遗传资源、走私人类遗传资源材料罪”属于法定的情节犯，但是如何界分“情节严重”与“情节特别严重”，存在一定的技术障碍，这是因为“非法采集人类遗传资源、走私人类遗传资源材料罪”的犯罪对象具有极强的生物技术专业性特点。关于何为“人类遗传资源、人类遗传资源材料”，2019 年，国务院通过的《人类遗传资源管理条例》规定，人类遗传资源包括人类遗传资源材料和人类遗传资源信息。人类遗传资源材料是指含有人体基因组、基因等遗传物质的器官、组织、细胞等遗传材料。人类遗传资源信息是指利用人类遗传资源材料产生的数据等信息资料。基于本罪犯罪对象的高度生物技术专业性以及我国刑事立法的惯例，刑法在立法技术上对前述两个量刑情节无须也无法作出具体标准，而对于“情节严重”和“情节特别严重”，无论在立法解释或司法解释上都具有相当的技术难度。

第三节　现代医学科学时代的中国医疗刑法制度建构

一、我国现代医疗刑法的发展方向：实质合理性与形式合理性的统一

就本质而言，合理性属于价值领域的概念，具有合理性的事物意味着它得到人们的价值认同。因此，医疗刑法的合理性即在法的基础上对医疗刑法的理性价值认同。易言之，即医疗刑法的发动具有正当合理的根据。由于人的理性表现在认识和实践两个方面，是主观与客观的统一，法的合理性必然源于社会

---

① 依据《人体器官移植条例》第 2 条的规定，我国境内人体器官移植的“人体器官”是指具有特定功能的心脏、肺脏、肝脏、肾脏或者胰腺等器官的全部或者部分。

② 参见王强：《组织出卖人体器官罪之解读——解析〈刑法修正案（八）〉第 37 条》，载《政治与法律》2011 年第 8 期，第 36 页。

现实中人们行为的目的性、实践性等合理性，因而医疗刑法的合理性有形式合理性和实质合理性之分。

（一）医疗刑法形式合理性与实质合理性之外在形式的对峙

1. 医疗刑法形式合理性的法理意涵与特征

法律的形式合理性又称工具合理性，对于“形式性”这一概念，德国著名社会学家马克斯·韦伯主要在两种意义上使用：首先是指按照抽象的一般性法律规则处理具体问题，而不是具体情况具体处理；其次是指法律体系的独立性和自我完善性，即法律规则的适用不受道德、宗教、政治以及权力者个人意志等实体性要素的影响，强调法律的自治性。① 因此，形式合理性是一种排除道德、宗教、政治等价值，形式的、客观的合理性，表现为整体、内在的逻辑关系以及目的上的可计算性。形式合理性强调法律的外部形式，如一般性、独立性等，而不涉及其内在价值范畴。当然，这种形式合理性的法律与现存社会的发展，尤其是社会制度、社会活动有内在的逻辑关系。可见，这种形式合理的法律摆脱了追求目的结果价值的羁绊，提供了一种可以预测行为结果的体系。在刑事司法活动中，则可以把一般性的刑法规定应用于具体的个别刑事案件的事实认定与裁判。正如韦伯所言：司法形式主义使法律体系能像机器一样合理地运行，这就保证了个人和群体在这个体系内获得相对最大限度的自由，并极大地提高了预言他们行为法律后果的可能性。②

结合以上关于形式合理性的分析，医疗刑法的形式合理性是指刑法具有普遍适用于医疗活动的确定规则、规范，且用法律之内的标准来处理医疗相关活动的具体案件。这种法律上的一般、独立的性质为社会所承认，得到人们的普遍认同。医疗刑法的形式合理性具有以下几个特点：第一，客观性。医疗刑法的形式与内容是客观的、确定的。从法律角度来理解，医疗刑法形式合理性的客观性是指其规则、规范严格依法定程序获得确认。第二，确定性。刑法对医疗行为作出明确的规范标准，并保持一定时期的稳定性，因此人们可以对其行为可能适用的法律有所预计和判断。第三，普遍适用性。形式合理性的法律代

---

① 参见黄金荣：《法的形式理性论——以法之确定性问题为中心》，载《比较法研究》2000 年第 3 期，第 289 页。

② 参见［美］E. 博登海默：《法理学：法律哲学与法律方法》，邓正来译，中国政法大学出版社 1999 年版，第 94 页。

表了高度逻辑化的普遍性思维。[①] 医疗刑法的普遍适用性既包含其效力对象的广泛性，也包含其效力的重复性以及同类案件适用相同的法律规则、规范。在现实生活中，极端和特别的情况是不可避免的，重要的是，法律不应在极端的背景下制定，而应基于概括性。正如英国学者所说："棘手的案件造就糟糕的法律。如果'极端'构成了一般法律的基础，它将可能影响安乐死的各个方面，因为在他们自己和其他人看来，当他们满足安乐死的条件时，一些人可能会觉得有义务要求安乐死。"[②] 以"形式合理性"为特征的医疗刑法理想类型表现为一种逻辑一致的抽象规则的结构。根据这种结构，能够认定案件和问题中的有效事实，并解决这些案件和问题。

2. 医疗刑法实质合理性的法理内涵与特征

实质合理性亦称价值合理性，其是与形式合理性相对应的概念。医疗刑法的实质合理性是刑法对实现医学伦理、生命意义、医学科学与医疗价值等方面的信念所确认的价值目标的合理性，它强调的是刑法在实现医疗秩序维护与医疗法益保护特定目的上的合理性。对这种合理性的确认，直接把法律与医疗秩序、生命价值等信念相联系，重点考虑法律与这些信念之间是否存在内在价值目标的一致性。因此，医疗刑法实质合理性的核心是医疗刑法的应然形态。

医疗刑法的实质（价值）合理性主要具备以下几个方面的特征：第一，突出刑法与理想的医疗卫生秩序目标、生命价值信念等相一致。第二，直接以医疗卫生的理想目标以及生命价值信念等为依托或根据证明医疗刑法的合理性。第三，以理想的医疗卫生目标、生命价值信念等来设定医疗刑法原则、制度和规范。第四，以理想的医疗卫生目标、生命价值信念等价值标准对医疗活动作出实质性的"罪"与"非罪"评判。

3. 医疗刑法形式合理性与实质合理性的冲突

韦伯曾经有一个生动的表述，他说："法逻辑的抽象的形式主义和通过法来满足的实质的需要之间存在着一种无法避免的矛盾"。[③] 在理性化的刑法制度中，形式合理性的医疗刑法是形式化了的实质合理性，两者在多数情况下是可以或

---

① 参见王瑞君：《罪刑法定、形式合理性及其代价与选择》，载《宁夏大学学报（人文社会科学版）》2008 年第 1 期，第 51 页。

② Ole Hartling, *Euthanasia and the Ethics of a Doctor's Decisions*, Bloomsbury Academic Bloomsbury Publishing Plc, 2021, p. 53.

③ 冯亚东：《理性主义与刑法模式：犯罪概念研究》，中国政法大学出版社 1999 年版，第 6、7 页。

可能相容的，但是由于二者本质属性的不同，形式合理性的刑法主要是一种手段和程序的合理性，是一种客观的合理性；实质合理性的刑法基本属于目的和后果的价值，是一种主观的合理性。这就使得二者之间经常存在一种紧张的对立关系和不能相容的排斥关系，具体表现在以下几个方面。

（1）实然性与应然性的冲突。形式的合理性是指客观的合理性和手段的合理性，其外在的形式即实然法或现实法。形式合理性的医疗刑法代表了高度逻辑化的普遍性思维，是一种体现“制度化”的思维模式。这种制度化的思维在立法上要求制定逻辑清晰、前后一致、可以适用于任何实际情况的完备的体系规则，这一体系规则的核心是法律的确定性和可预测性两个形式要素。因此，形式合理性的医疗刑法坚持法律的相对独立性，在法律规范与实体性的道德观念、政治原则关系紧张的场合倾向于排除实质要素的干扰。实质的合理性是指主观的合理性和目的的合理性，其外在形式表现为应然法或理想法，应然法或理想法在一定程度上可以说就是正义法。实质合理性的医疗刑法往往对法律规范与道德规范、价值原则不加区分，在司法上对法律的适用倾向于屈从于事实的伦理道德、价值原则的评价，从而缺少独立性、确定性，其存在的价值在于超越实在法，引导和推进实在法不断向公平正义的目标前进。

（2）规则性与观念性的冲突。现代刑事法治的精义就在于合法颁布的具有普遍性的法律应当被全社会尊为至上的行为规则，即便其存在实质不合理也应该无例外地被尊重。如果不强调依照既定的法律规则办事，而是随意改变既定的法律规则，那么法律就丧失了稳定性，法律就失去了权威，法治也就沦为了人治。形式化的医疗刑法在司法中表现为严格的、形式的程序主义。在程序中，“事实”被严格限定于法定程序中建立起来的事实，即法律真实，而经过程序操作也包括程序中技术性的剪裁而建构起来的事实，即法律真实才是法庭承认的事实。如果国家实行的是真正的法治，那么在法律颁布之后，即执行法律的过程中则不应当过多地考虑法律规则之外的因素。医疗刑法形式合理性的代价是有可能牺牲个别具体案件的实质正义，因此，如果从实质合理性的角度来看，形式合理性就是非理性的，其结果将背离实质正义的目标。但是它获得了一种价值中立的、可预测的系统。

医疗刑法的实质合理化立足于人文主义的立场，根据人的需要和人的权利来确定实质合理的价值标准，把基于疾病治疗目的的辅助生殖、器官移植等公共理性所能够理解和接受的价值公理、原则和规则法律化，使之成为一种法律制度，因而实质合理化的医疗刑法实际上更多的是表现为一种价值观念。当然，在这个方面，还存在各种各样的相互竞争的关于如何判定实质合理性的不同标准，例如，集体主义、自由主义、保守主义以及功利主义等诸多思想和理论体系，它们在判定实质合理性方面所采用的标准有很大的不同，但是也存在某些共同的特征，即承认和尊重人权、关注公共福利、实行民主政治、奉行法治原则等。如果背离了这些现代法律文化中最基本的价值理念，就很难被主流价值观念视为实现了实质合理化。

（3）权力依赖性与价值依赖性的冲突。刑法是以一种带有强制性的支配力量来保证社会秩序的必要手段。形式合理化的医疗刑法是具有普遍性的和非人格化的支配力量。刑法规则是经过许多社会各方面利益代表性的人物反复讨论和达成利益妥协后制定下来的，它是理性的、稳定的、不为私利所驱动的，并且人们能事先预见其后果的、客观的、程式化的尺度。不允许人为因素、道德因素、政治因素以及时势因素无限制地膨胀，更排斥法律成为一种“可变”的、不稳定的因素，过于追求实质合理性。这样的法律只能产生于普遍的公共权力，并且必须以国家权力为后盾。

与形式合理性相反，医疗刑法实质合理性的参照标准是人的意志、伦理道德、社会信仰、一定的社会事实，实质合理性强调运用正义原则介入立法和司法过程。正义原则的介入，一方面要求立法者应当根据以上四种因素在遵循客观规律的条件下制定，另一方面必然要赋予司法机构广泛的自由裁量权，在司法工作人员不受严格程序约束的情况下，价值判断便成为医疗刑法目标实现与否的关键所在。

（二）医疗刑法形式合理性与实质合理性的交互作用

1. 医疗刑法形式合理性对实质合理性的高度依赖

刑事法律发展的经验表明，形式合理化程度越高的刑法体系对实质合理化的逻辑规则的依赖越强。在刑事立法领域中，任何社会的立法者都会把实质合理性的最大化当作优先考虑的因素。德沃金在《法律帝国》中论道：“法律推理是建设性阐释的一种运用，我们的法律存在于对我们的整个法律实践的最佳论证之中，存在于对这些法律实践做出尽可能最妥善的叙述中。根据这一见解，只有当我们确认并区分政治价值中各种各样而且往往相互竞争的不同方面，识别并辨明复杂的法律判断中交织在一起的不同思路，以求某种阐释经全面考虑总的说比其他任何阐释都能更好地体现法律叙述时，法律论证特有的构成和制约才能显示出来。"① 如果把德沃金所谓的"最佳论证""最妥善的叙述"理解为最接近满足上述实质合理性的要求，那么就可以说，医疗刑法确定性的实质内容就是对"生命尊严""生命伦理""生命权利"等的"最佳论证"和"最妥善的叙述"。

2. 医疗刑法实质合理性的前提是已经实现了形式合理性

法治是以形式理性为载体的，刑事法治必然要求罪刑法定，而罪刑法定不能离开一个相对封闭的规范体系。法治意味着法的统治，因此，法的至上性是其应有之义。医疗刑事法治是建立在形式理性基础之上的，通过形式合理性而追求与实现实质合理性，由此而保障公民个人的权利与自由，限制司法的恣行擅断。可以说，罪刑法定主义就是建立在形式理性之上的，并以承认形式合理性为前提。实现医疗刑法的正当性的前提是已经实现了形式合理化，即一个被认为符合正义的医疗刑法制度同时拥有一套形式化的合理而完备的概念和范畴体系，拥有一套逻辑严谨的形式合理化的运行规则，只要遵循这些运行规则，把相关的法律概念和范畴恰当地适用于待决争议，就可以基本保证在大多数医疗刑事案件中普遍正义和个案正义、形式合理性和实质合理性均得到较好的实现，理由如下。

其一，理性化的医疗刑法制度运用理性的抽象来形成各种形式化的法律概念和范畴，然后再通过司法活动把这些形式化的概念和范畴适用于那些需要由法律调整的医疗关系。在形式合理化了的医疗刑事法律制度中，有一个储藏着众多法律概念和范畴的仓库，这个仓库足以达到完备的程度，即近乎能够覆盖（绝对覆盖是做不到的）法律调整的所有空间。这个仓库中不仅有那些会被频繁使用的概念和范畴，也有一些不经常使用但可备一时之需的概念和范畴。例如，从业禁止、非法行医、非法绝育、辅助生殖、器官移植等概念或范畴。所有这些概念和范畴都是形式化的法律符号，它们剔除了所指称事物的个性化特征，抽象出其中具有法律意义的因素。因此，"那种尚未在逻辑上理性化的法，今天仍然对于法的'科学'处理的原则感到陌生，这个原则就是：法学家用他的概念的库存不能'构想'即不能'设想'的东西，在法律上也无法

① ［美］R. 德沃金：《法律帝国》，李常青译，中国大百科全书出版社1996年版，第10页。

存在”。[①]

其二，理性化的医疗刑法制度有逻辑严谨的形式合理化的运行规则，任何进行运行的人都被要求遵循这些规则。已经实现了理性化的法律制度必须是一个具有形式严谨的命题体系，因此，法律推理和法律思维的过程是在固定的规则结构之内展开的。具体到医疗刑法制度则表现为在罪状制度中的罪状与罪刑的固定联系。

其三，在具有形式合理化特点的理性医疗刑法制度中，能够做到类似案件类似处理：以法律上的既定标准加以衡量，对于符合医疗犯罪构成要件的行为，不管这些行为来自什么样的人，也不管由什么样的人扮演“主持正义”的司法者角色，案件的处理结果都应当是相同或相似的。

综上，一个实现了形式合理化的法律制度就是奉行法治原则的法律制度，只有实现了实质合理化的法律制度才能够真正地符合法治正义原则的要求。

（三）法治精神对医疗刑法形式合理性和实质合理性的要求

法治所蕴含的法律精神包括：第一，法律至高无上。法律具有最高的权威，法大于权，正式的法律不因局部政策变化而被随意修改。第二，善法之治。善法是经正当程序制定的，必须反映广大人民的意志并体现客观规律，善法需要通过理性来公平地分配各种利益。第三，无差别适用。法律适用不承认个别（特殊）情况，只承认普遍规则的效力。富勒认为，法律的“一般性要求有时被解释成意味着法律必须客观地运作，它的规则必须适用于一般性的阶层并且不能包含专门针对某些人的内容。”[②] 非经法定程序不得因个别情况而改变法律的普遍性，即使这种改变的目的是正当的，目标是正义的。第四，制约权力。任何公权力都必须接受法律的制约，滥用权力的应当受到追究。第五，权利本位。法律必须包含切实保护人民权利的内容，权利和义务是统一的，但是权利是基本的，应占主导地位，在立法、执法和司法的各个环节均应关怀和尊重人权。第六，正当程序。程序是法律实施的关键，正当的程序是实行法治的关键，它不仅具有消极限制权力的功能，还具有积极引导和促进权力行为合乎正义的作

---

① 参见［德］马克斯·韦伯：《经济与社会（下卷）》，林荣远译，商务印书馆1997年版，第44页。

② 参见［美］朗·L. 富勒：《法律的道德性》，郑戈译，商务印书馆2005年版，第56页。

用。[①] 因此，形式合理性与实质合理性二者为法治精神所不可或缺，刑事法治对医疗刑法的形式合理性与实质合理性有着双重期待。

1. 法治精神对医疗刑法形式合理性的需求

形式合理性是实现医疗刑事法治精神的前提和保障，法律本身是一种追求形式合理性的事物。虽然不同的时代和国家在法律中会赋予某种实质合理性的内容，如自近代以来比较普遍推行的所谓主权在民原则、平等原则等，但在总体上说，法律主要是以追求形式合理性为价值取向的，这一特征在刑罚的实现中得到了最为彻底的贯彻。

在当代社会，当两种合理性处于矛盾冲突状态时，医疗刑法的形式合理性要比实质合理性更重要。因为，对于法治而言，其首要条件并不是法律外部所追求的合理与正义，而是“形式法律”的合理与健全。正如韦伯所说，“一切形式法律至少在形式上是相对合理性的”，按照亚里士多德的话来讲，就是“已成立的法律获得普遍的服从，而大家所服从的法律又应该本身是制定得良好的法律”[②]。

2. 法治精神对医疗刑法实质合理性的期待

实质合理性是国家法治内在权威、尊严的根据，法治中国对刑法实质合理性的期待是必然的终极选择，因为法律的严格规则并非在任何情况下都是灵验的，刑法亦如此。哈格认为，如果法定的惩罚与被感到的所要求的正义更重或更轻，法律便丧失其效果。如果法定的惩罚被感到不足，便会出现私人复仇。如果法定的惩罚被感到过分，法官可能拒绝为避免其所感到的过分惩罚而对其明知有罪的人不予定罪，在此类情况下，法官没有权利但有力量挫败法律。而在两种情况下，正义都被挫败。[③] 但是，如何理解“被感到的所要求的正义”，是非常难以完全从形式合理性刑法找到答案的。例如，应晚期绝症患者的请求停止医疗救治的行为是否成立故意杀人罪？这就需要以实质合理性之社会本位价值观念进行必要的补充。

---

① 参见笑侠：《论新一代行政法治》，载《外国法译评》1996 年第 2 期。

② ［古希腊］亚里士多德：《政治学》，吴寿彭译，商务印书馆 1965 年版，第 167－168 页。

③ See Ernest Van den Haag, *Punishing Criminals: Concerning Very Old and Painful Question*, New York: Basic Books, lnc. Publishers, 1975, p. 125.

二、中国现代医疗刑法的发展路径——消极刑法观向积极刑法观的转型

刑法是社会的一面镜子，有什么样的社会就有什么样的犯罪，相应地就有什么样的刑法。[①] 积极刑法观与消极刑法观成为当下立法活性化时代刑法观此长彼消的一对范畴。在我国刑事法治现代化的进程中，一方面是新的利益格局不断引发新型犯罪，我国《刑法》所划定的犯罪圈不断扩张；另一方面，刑法学理论存在“积极刑法观”与“消极刑法观”的对峙。消极刑法观主张立法机关不应当积极地通过刑事立法增设新罪，不能扩大犯罪圈。[②] 积极刑法观主张犯罪圈扩大的立法趋向是当代中国社会治理与社会控制的客观需要。[③]

本书认为，现代医学科学时代的中国医疗刑法，唯有坚持由“消极刑法观”向“积极刑法观”的适时转型，方可建构完善的现代医疗刑法制度体系。

（一）积极刑法观的兴起

1. 概念的厘定

何为“积极刑法观”？“积极刑法观”又称“积极主义刑法观”，张明楷教授在《增设新罪的观念——对积极刑法观的支持》一文中指出，积极刑法观主张通过积极的刑事立法扩大刑法处罚范围，使刑法满足不断变化的社会生活事实的需要。[④] 刘艳红教授在其《化解积极刑法观正当性危机的有效立法》一文中指出，“积极刑法观以法益侵害的风险预防为核心”“积极刑法观的重点，就在于姿态的积极，不是在事后惩治而是在事前预防，因此，积极刑法观的终极目标是为了将刑法打造为预防性刑法”[⑤]。

本书认为，“积极刑法观”是一种“刑法价值观”，或可称其为“刑法价值趋向”。作为一种“刑法价值观”，“积极刑法观”有两个显著特征：第一，在

---

① 参见张明楷：《增设新罪的观念——对积极刑法观的支持》，载《现代法学》2020 年第 5 期，第 150 页。

② 参见张明楷：《增设新罪的观念——对积极刑法观的支持》，载《现代法学》2020 年第 5 期，第 150 页。

③ 参见梁根林：《刑法修正：维度、策略、评价与反思》，载《法学研究》2017 年第 1 期，第 50 页。

④ 参见张明楷：《增设新罪的观念——对积极刑法观的支持》，载《现代法学》2020 年第 5 期，第 152 页。

⑤ 刘艳红：《化解积极刑法观正当性危机的有效立法——〈刑法修正案（十一）〉生物安全犯罪立法总置评》，载《政治与法律》2021 年第 7 期，第 20 页。

刑法的功能上，“积极刑法观”突出刑法对法益保护的“提前性”和对犯罪行为的“预防性”；第二，在刑法的根据上，“积极刑法观”突出刑法对社会发展中不断出现的重大安全威胁的“防范性”和对新型犯罪现象回应的“及时性”，包括将新型犯罪及时纳入刑法、将危险行为与预备行为犯罪客观要件化等。

何为“消极刑法观”？目前学界并无确定的概念，张明楷教授指出，“消极刑法观的基本观点是，立法机关不应当积极地通过刑事立法增设新罪，不能扩大犯罪圈”①。刘艳红教授认为：“消极刑法观是与古典刑法报应刑思想相适应的观念。”②

本书认为，作为一种与“积极刑法观”相对应的刑法价值观，在刑法功能上，“消极刑法观”突出刑法对犯罪行为的事后“报应性”和对法益保护的最后“救济性”。在刑法的根据上，“消极刑法观”突出对犯罪行为恶害的“否定性”和对控制犯罪行为的“必要性”。

2. 积极刑法观兴起的缘由

近年来，我国刑事立法的犯罪圈不断扩张，犯罪化的倾向明显，有学者称其为“刑事立法活性化”，在未来，我国仍将有一个随着社会形势的变化而逐步严密刑事法网的过程，这个过程是渐次的犯罪化过程。本书认为，我国积极刑法观的兴起主要基于以下两个方面的缘由。

一是因应社会发展的客观需要：新型法益的不断增多。刑法立法并非静止的、一成不变的，而是要随着社会的发展而不断发展，若想实现刑法对社会保障的有效性，就应当将犯罪化作为作用力，将非犯罪化作为反作用力。积极刑法立法观对社会保护功能的前置使刑法在一定程度上不再是解决问题的最后手段，相反，它处于社会治理的最前线，在尚未用尽行政管理手段的情况下就使用刑法进行规制，打破了刑法作为其他部门法的保障法的特点。③ 21 世纪以来，特别是最近十几年来，我国步入了社会发展的快车道，新的事物不断出现，新的利益形态不断形成。尤其是高科技迅猛发展，其不可控性和不确定性日益增强，科技重大风险对新型法益的侵犯备受关注。例如，在医学科学不够发达的

---

① 张明楷：《增设新罪的观念——对积极刑法观的支持》，载《现代法学》2020 年第 5 期，第 151 页。

② 刘艳红：《化解积极刑法观正当性危机的有效立法——〈刑法修正案（十一）〉生物安全犯罪立法总置评》，载《政治与法律》2021 年第 7 期，第 19 页。

③ 参见高铭暄、孙道萃：《预防性刑法观及其教义学思考》，载《中国法学》2018 年第 1 期，第 166－189 页。

时代，人的配子、胚胎、活体器官等不可能成为犯罪的对象，但是，随着医学科学的发展，非法摘取、走私、贩卖人的配子、胚胎不仅具有现实可能性，而且具有日趋严重的社会危害性。遗传基因权利已经成为一种迫切需要刑法保护的独立法益，与基因权利相类似的还有“生育自主权”“生命自决权”等，这些新型法益亟待刑法的特别保护。《刑法修正案（十一）》增加的“非法采集人类遗传资源、走私人类遗传资源材料罪”、“非法植入基因编辑、克隆胚胎罪”和“非法引进、释放、丢弃外来入侵物种罪”，正是对重大科技风险的刑法应对。正如日本学者井田良教授所言，“刑事立法的活性化倾向，是表明日本社会转变为比以往更加不得不依赖刑罚的社会的一个标志”①。

二是顺应国际刑事立法趋势：积极的刑事立法。积极的刑事立法并非我国独有的现象，自 20 世纪 80 年代开始，犯罪化趋向日益成为一些国家刑事立法的主流趋势。英国在 1997 年至 2006 年新创立 3000 个罪名，目前英国罪名总数已超过 1 万。德国自 2002 年到 2017 年对有组织犯罪、恐怖主义犯罪、洗钱犯罪等作了多处修改，刑事犯罪圈逐步扩张。比如，将严重危及国家安全犯罪的预备行为予以正犯化。与组织犯罪密切关联的是加大对洗钱行为的打击，如赋予特定义务人揭发洗钱行为的义务。提升对儿童性权利的保护力度，如制作、展示未成年人无助状态的照片、拍摄未成年人的裸体照都会受到刑事处罚。② 法国作为成文法国家，其刑事立法非常成熟，1810 年，法国制定刑法典，在经历 180 年的实施后，法国于 20 世纪 70 年代对其进行大规模的修订，其中新罪名的制定是法国新刑法典的主要内容，修订后的法国刑法典增加了计算机领域的有关犯罪，如窃取计算机信息罪、破坏计算机处理系统罪、利用计算机牟取非法利益罪。③ 日本在“二战”后，其刑法学中一致坚持刑罚消极主义的基调，将刑罚权的发动作为必要的恶，认为其发动范围要尽可能地窄一些。这也符合当时的实定法以及司法实务的基本立场，因而赢得了相当的社会支持。现在日本的立法和司法实务具有明显的刑罚积极主义倾向，即在更早的时点上就认可刑罚权的介入（“处罚的早期化”现象），在发生实害时则科处更重的、更严厉的

---

① 张明楷：《增设新罪的观念——对积极刑法观的支持》，载《现代法学》2020 年第 5 期，第 156 页。

② 参见徐久生：《德国刑法典的重大变化及其解读》，载《刑事法评论》2017 年第 1 期，第 391 页。

③ 参见冯锐、张明：《修订中的法国刑法典》，载《中外法学》1991 年第 5 期，第 73 页。

刑罚。①

上述国家适应社会发展的需要，通过刑事修法，对“犯罪圈”进行必要的扩充，有效地保护了新型法益，对我国现代医疗刑事立法具有一定借鉴意义。

（二）积极刑法观在我国刑事立法中的体现

近年来，随着我国刑事修法进程的加快，刑法的“犯罪圈”呈不断扩张之势。从1979年的《刑法》到1997年的《刑法》（经十一次修正），我国刑事立法经历了由不成熟到成熟、由不完善到不断完善的发展历程，与此相适应的是我国刑法所确定的“犯罪圈”不断扩张，尤其是近年来，历经《刑法修正案（七）》《刑法修正案（八）》《刑法修正案（九）》《刑法修正案（十一）》四次较大的修订，我国刑法确定的“犯罪圈”扩张较大。

1979年的《刑法》共有192个条文，共计129个罪名。之后，随着国家由计划经济向社会主义市场经济的剧烈转型，社会矛盾凸显，新型犯罪高发，自1981年开始至1997年《刑法》的颁布实施，全国人大常委会陆续制定了25个单行刑法，对1979年《刑法》进行修改、补充和完善，其中的一些单行刑法创设了新罪。尤其是自1983年的《关于严惩严重危害社会治安的犯罪分子的决定》（已失效）开始，单行刑法的立法内容逐渐偏向对新罪的创设。例如，1995年，全国人大常委会通过的《关于惩治违反公司法的犯罪的决定》（已失效）新规定了虚报注册资本罪、骗取公司登记罪、虚假出资罪、提供虚假财务报告罪等10种犯罪。

1997年的《刑法》对1979年的《刑法》以来分散、凌乱的刑法规范进行了整合，科学吸纳、整合1979年《刑法》以及同时期单行刑法的犯罪，形成统一的科学的刑法罪责体系，其中刑法分则共计351条，规定了412个罪，由此观之，我国刑事立法上的“犯罪圈”明显扩张。

1997年的《刑法》颁布实施以后，全国人大常委会对其进行了十一次修订，统计数据显示，从1997年的《刑法》到现在的《刑法修正案（十一）》，我国法定罪名由1997年的412个扩大到486个。增加新罪名74个，直接增设的新罪名17个。扩充犯罪构成的罪名有76个。其中1998年至2010年的七个刑法

---

① 参见姜涛：《在秩序与自由之间：刑法父爱主义之提倡》，载《江淮论坛》2015年第1期，第11－12页。

修正案共涉及刑法分则条文56条，新增加组织、领导传销活动罪，出售、非法提供公民个人信息罪，利用影响力受贿罪，枉法仲裁罪等31个罪名。2011年的《刑法修正案（八）》、2015年的《刑法修正案（九）》以及2021年的《刑法修正案（十一）》三个刑法修正案对“犯罪圈”的扩张幅度明显大于之前历次刑法修正案，其中，2011年的《刑法修正案（八）》增加了危险驾驶罪、组织出卖人体器官罪等7个新罪名，同时对近20个罪名拓宽了犯罪构成要件范围，降低了犯罪成立标准。2015年的《刑法修正案（九）》增加了准备实施恐怖活动罪、组织考试作弊罪、非法利用信息网络罪等20个新罪名，扩大了帮助恐怖活动罪、危险驾驶罪、强制猥亵、侮辱罪等19个罪名的入罪范围。2021年的《刑法修正案（十一）》制定了17个新罪名，如《刑法》第133条之二的“妨害安全驾驶罪”；第142条之一的“妨害药品管理罪”；第291条之二的“高空抛物罪”；第334条之一“非法采集人类遗传资源、走私人类遗传资源材料罪”；第336条之一“非法植入基因编辑、克隆胚胎罪”；第355条之一的“妨害兴奋剂管理罪”等，此外《刑法修正案（十一）》对15个已有犯罪的构成要素进行修订，扩大其入罪范围。例如，《刑法》第141条增加了“药品使用单位的人员明知是假药而提供给他人使用的”规定，罪名相应修改为“生产、销售、提供假药罪”；《刑法》第142条增加了“药品使用单位的人员明知是劣药而提供给他人使用的”情形，罪名相应修改为“生产、销售、提供劣药罪”。《刑法》第330条将妨害传染病防治罪规定的传染病的种类由“甲类传染病”修改为“甲类传染病以及依法确定采取甲类传染病预防、控制措施的传染病”，并将“出售、运输疫区中被传染病病原体污染或者可能被传染病病原体污染的物品，未进行消毒处理的”和“拒绝执行县级以上人民政府、疾病预防控制机构依照传染病防治法提出的预防、控制措施的”规定为客观行为方式等。

由此观之，我国刑法历次修法不断加强对公共安全、市场经济秩序、公民人身权利、社会管理秩序以及国家机关正常活动的保护，对计算机网络犯罪、新型医疗技术应用犯罪、生物安全犯罪等通过刑法介入早期化、危险行为犯罪化、预备行为正犯化、行政违法行为犯罪化等方法，不断扩大犯罪范围。[①]

---

① 参见王鹏祥、陶旭蕾：《70年来我国刑法立法的变迁与未来走向》，载《河南师范大学学报（哲学社会科学版）》2019年第6期，第91页。

（三）积极刑法观在现代医疗刑法中的提倡

马克思指出："社会不是以法律为基础的。那是法学家们的幻想。相反地，法律应该以社会为基础。"现代医学科学的快速发展与现代医疗技术的广泛应用所衍生的新型法益当属我国新型法益体系中的主体，与之相关的新型犯罪对新型医疗法益的侵害日趋严重，刑法只有坚持积极的刑法观，才能适应不断变化的社会生活，发挥刑法应有的功能。

1. 恪守法益保护原则，平衡利益诉求

在法利益体系中经常会出现不同利益的冲突，甚至对立，比如个人利益与集体利益的冲突、现实利益与未来利益的冲突等。如果所有人都应平等享有基本权利，则在一个权利人行使其权利可能会干扰同样受到权利保护的另一方利益的情况下，它们必须有来自法律的许可。不管是直接的对另一个人的影响或间接的对共同生活的条件产生的负面影响，法律应当为利益可能相互干扰的人们提供一种利益平衡的机制。以生命为基本线索的现代医疗刑事立法应当最大化地保持各种利益的平衡。

（1）保护医学科学研究及发展权利与保障医疗法益的平衡。现代医学科学研究与医疗技术应用领域的刑事立法的首要问题便是如何平衡医学科研工作者的科研权利、医疗技术人员的诊疗权利与人的生命健康等医疗法益保护的关系。

首先，关于医学科研权利与诊疗权利问题。医学科研与诊疗权利是医学研究者、医疗工作者的法定基本权利。我国《宪法》第20条规定："国家发展自然科学和社会科学事业，普及科学和技术知识，奖励科学研究成果和技术发明创造。"《医师法》第22条明确规定，医师在执业活动中享有在注册的执业范围内，按照有关规范进行医学诊查、疾病调查、医学处置，选择合理的医疗、预防、保健方案以及从事医学研究的权利。原卫生部发布的《人类辅助生殖技术管理办法》规定，开展人类辅助生殖技术的各类医疗机构可以在医疗机构中进行以医疗为目的的符合国家计划生育政策、伦理原则和有关法律规定的人类辅助生殖技术。我国《人体器官移植条例》明确规定，具备相应条件的医疗机构经法定程序许可可以从事人体器官移植。医疗刑法应充分保障医学研究者从事科学研究的权利、维护医疗工作者进行诊疗活动的权利。

其次，关于医疗法益保护问题。现代刑事法治理念的核心是"人权保障"，据此，刑法直接保护的基础性法益便是生命权、身体权、健康权等基本权利。

医疗行为在造福人类的同时，又是一种高度风险的复杂技术行为，其本身蕴含对人体结构和机能的致害因素。[①] 与传统的医疗模式不同，辅助生殖、基因治疗、器官移植、AI 医疗等现代医疗技术的侵袭性具有很大的不确定性，其中的任何一种医疗技术的滥用所侵犯的法益更加复杂，除可能造成受试者个体生命、身体、健康等重大的人身权利侵害外，还可能侵犯受试者的生育自主权、生命自决权等新型个体法益，以及种族、国家乃至全人类的整体法益。

联合国《人类基因组与人权世界宣言》第 5 条（a）项规定：影响个人基因组的研究、治疗或诊断，只有在对相关的潜在风险和利益进行了严格的事先评估之后，并应根据国家法律的任何其他要求，才能进行。第 10 条规定：关于人类基因组的研究或研究应用，尤其是在生物学、遗传学和医学领域的研究或研究应用，不应超过对个人的人权、基本自由和人的尊严的尊重。我国《民法典》对器官移植、人体基因胚胎科研活动等作出了规范：禁止以任何形式买卖人体细胞、人体组织、人体器官、遗体。从事与人体基因、人体胚胎等有关的医学和科研活动，应当遵守法律、行政法规和国家有关规定，不得危害人体健康，不得违背伦理道德，不得损害公共利益。

刑法作为权利保障的最强有力的手段，切实保障人的生命健康权等法益不受侵犯。必须坚持作为刑法基本原理的罪刑法定主义、行为主义、责任主义框架下的法益保护原则，以审慎的态度对待医学科学研究与医疗技术应用，抑制现代医疗技术的滥用。立法机关在制定法律时，应在促进科技进步与保护人类尊严和社会全面进步之间保持平衡，以切实保障人的生命健康权不受侵犯、保障人体的完整性和人种的完整性以及人类遗传特性不受侵犯。[②]

（2）保护当代人的权利与增进未来人福利的平衡。现代医学科学的发展与医疗技术应用的理想状态是既造福当代又惠及未来，值得注意的是，改善当代人福祉的现代医疗技术并不能完全消除其潜在的对于后代的风险。以人类辅助生殖医疗技术为例，人类辅助生殖医疗在很大程度上已经逾越了当代人类福祉的边界，其既可以造福当代又可以惠及未来。但是，这一技术的应用也面临巨大的挑战，即保护了或者满足了当代人的利益，却危及未来人的福利。近几年

---

① 参见石滨、温继华：《论医疗行为侵袭性“可允许危险”责任豁免》，载《现代预防医学》2008 年第 18 期，第 35 – 43 页。

② 参见郭自立：《基因治疗与法律调控》，载《北京大学学报（哲学社会科学版）》2001 年第 1 期，第 74 页。

围绕基因编辑辅助生殖的争论大有愈演愈烈之势，在这场激烈的论辩中，反对者的论点占据压倒性优势，与此同时，支持基因编辑辅助生殖的论点仍不绝于耳。基因编辑辅助生殖的争论无法回避保护当代人的权利还是增进未来人福利之争。基因编辑辅助生殖可以满足当代人的某些诉求，比如避免生育具有某些遗传疾病的后代，甚至可以选择生育“最好的孩子”。但是，高度发达的现代医学科学依然不能完全预测当下的干预措施为未来人带来的是福利还是灾难。

医疗刑事立法应兼顾未来人的利益与当代人的利益，尽一切努力满足当代人的利益诉求，并保障未来人的福利最大化。如果对现代医疗技术应用的后果存在很大的不确定性，并且有理由相信某些结果可能会带来灾难性后果，特别是如果个体自由或社会自治所失去的利益可以用社会总体福利（比如安全、健康等）的增量来抵偿，那么自治、自由就应当向国家干预、强制让步。[①]

2. 积极应对现代医疗领域的犯罪，突显风险防范理念

伴随风险社会的到来，作为规制社会危害的工具，刑法的价值不应只通过刑法的适用得以体现，单纯地适用刑法已经无法满足风险社会的现实需要，因此，理应把预防风险的发生作为首要任务，将传统刑法对法益的保护由实质受损阶段提前到危险初步形成阶段。毋庸置疑，风险社会的触角正由当代向未来延伸，伦理规范之外，医疗科研与技术应用行为更需要法律的规范和调整。只有在应受处罚的行为造成客观侵害的时候作出反应才认为是合理的罪责刑法，这不能适应风险社会对防范、减少、限制风险的客观需要。以行为的危险性为前提的安全刑法，只要应受处罚的行为存在威胁法秩序共同体的危险，在该危险变成现实之前就应当提前介入，以防范社会风险的发生。现代医学研究，尤其是医疗技术的应用所引发的犯罪所侵害的法益往往不再是单一的法益类型，除了受试者以及后代的人格（权），更关涉国家、公共安全乃至人类整体安全，医疗危害结果一旦显现，就会造成难以估量，甚至毁灭性的后果，为防范医疗技术滥用给人类社会带来的严重灾难，需要我们秉持积极的刑法观，强化刑法的社会预防功能。

3. 保持刑法应有的“谦抑性”，适度介入现代医疗领域

有学者指出：“出于对生命的敬畏，在有十足的把握修改生命密码不会造成

---

① 参见吴元元：《法律父爱主义与侵权法之失》，载《华东政法大学学报》2010 年第 3 期，第 135 页。

灾难性后果之前，谦抑的立法比冒进的立法更可取。”① 积极刑法观并不意味着对刑法“谦抑性”的背离。基于刑法的“谦抑性”特质，现代医疗刑法应做到介入医学科研与医疗技术应用的“适时”与“适度”。刑法积极介入医疗技术活动的目的是规范医疗行为，保障公众权益和新型医疗法益，但刑法的过度介入会妨害医疗科技人员的科研权，制约医疗科研的健康发展。将现代生物医学领域里的某些行为犯罪化，有必要充分考虑适度的问题。刑法应避免埋没于“规范主义世界”的倾向，立法者须谨慎设计现代医疗犯罪的刑事责任制度。

一方面，对极有可能导致现代医疗科学研究与技术滥用，具有高风险与社会危害的行为，如利用医疗技术进行种族灭绝、利用基因技术进行人兽杂交体研究与临床应用等，刑法应不失时机地介入。

另一方面，对于一般性的现代医疗科学研究与应用活动，刑法不宜过早介入，如“无偿代孕”。同时，刑法应当首选通过刑法解释论的方法来规范新型医疗犯罪，保护新型医疗法益，例如，对于 AI 医疗犯罪，域外各国基本适用计算机相关犯罪的规定。我国《刑法修正案（七）》和《刑法修正案（九）》对互联网相关犯罪给予了足够的“关切”，增加了出售、非法提供公民个人信息罪；非法获取公民个人信息罪；非法获取计算机信息系统数据罪；非法控制计算机信息系统罪；提供侵入、非法控制计算机信息系统程序工具罪等多个计算机、互联网相关犯罪。目前，AI 医疗犯罪在我国可以依据计算机与互联网相关犯罪定罪处罚。正如张明楷教授所指出的，如果通过解释就可以将某种行为涵摄于刑法规定的犯罪构成要件之中，却由于没有解释就提出增设新的犯罪构成要件，这显然不合适。②

三、现代医学科学时代的中国医疗刑事立法模式展望

（一）刑事立法模式及其类型

立法模式，又称立法体例，是指一个国家或地区立法所采取的方法、结构、

---

① 田野、刘霞：《基因编辑的良法善治：在谦抑与开放之间》，载《深圳大学学报（人文社会科学版）》2018 年第 4 期，第 112 页。

② 参见张明楷：《增设新罪的观念——对积极刑法观的支持》，载《现代法学》2020 年第 5 期，第 151 页。

体例及形态，一般是统指法律以何种形态作为表现。① 刑法立法模式是指有关刑事的规范性法律的标准样态。依据刑法的不同存在样态，可以将刑法立法模式分为四种。

1. 刑法典型立法

法典型刑法立法模式是指立法者将所有犯罪规定在一部统一的刑法法典中的刑法立法模式。大陆法系国家的刑法立法一般采用法典型立法模式，如 1810 年的《法国刑法典》、1871 年的《德国刑法典》、1907 年的《日本刑法典》。

2. 单行刑法型立法

单行刑法型立法模式是指立法者针对特定的领域、特定的行为或者特定的主体等制定特别刑法。单行刑法是英美法系国家主要的刑法立法模式，例如美国的《1978 年盗窃罪法》，英国的《犯罪法》《煽动性集会法》等。

3. 判例型刑法立法

判例型刑法立法模式是指立法机关将法院在特定刑事案件审判中得出的确定的原则上升为普遍适用的刑法原则的刑法立法模式。判例型刑法立法模式是英美法系国家独特的刑事立法传统。英美法系国家的早期刑法立法都是以判例法为刑法的主要渊源。

4. 附属刑法型立法

附属刑法型立法模式是指在行政法规中制定有关犯罪和刑罚。大陆法系国家与英美法系国家都存在附属刑法的立法。例如，日本的《器官移植法》规定了非法出售人体器官罪、非法买受人体器官罪、从事人体器官买卖中介罪，并规定了相应的刑罚。德国的《基因科技法》对基因违法技术应用的刑罚作出了详细的规定。英美法系国家由于没有成文的刑法典，其附属刑法大量存在于其他非刑事法律规范中。例如，美国的刑法立法模式以单行刑法和附属刑法为主，并且由于美国有联邦和州两罚法律系统，美国的附属刑法数量异常庞大。又如，澳大利亚的《人类胚胎研究法案》中专门设置了“违反许可从事辅助生殖罪”“超期使用人类胚胎罪”“使用非超期人类胚胎罪”。

---

① 参见竺效、杨飞：《境外社会工作立法模式研究及其对我国的启示》，载《政治与法律》2008 年第 10 期，第 141 页。

（二）刑事立法模式的一元化与多元化

刑事立法模式的一元化是指罪和刑的规定都必须在刑法典或者单行刑法里面。[①] 刑事立法模式的多元化是指只有一部分所谓自然犯，就是侵犯伦理的这些犯罪被规定在刑法典里面，其他许多法定犯，如侵犯管理秩序的罪，绝大多数都不规定在刑法典中，而是规定在刑法以外的各种各样的法律当中。[②]

目前，世界各国无论是大陆法系国家还是英美法系国家，刑法立法均呈现明显的多元化立法模式。

大陆法系国家在完善的刑法典基础上，日益注重单行刑法和行政刑法的制定和修订。法国在20世纪初开始对刑法典进行修改，并于1945年成立刑法改革委员会，随后进行了大量的单行刑法立法。在德国和日本，单行刑法也都大量存在，如德国的《德意志联邦共和国少年法院法》《德意志联邦共和国军事刑法》《德意志联邦共和国进一步简化经济刑法法》，日本的《轻犯罪法》《爆炸物取缔罚则》《大麻取缔法》等。

英美法系国家在继续保持将其判例法作为刑法立法模式的同时，日益注重单行刑法甚至刑法典的制定。例如，澳大利亚在承继英美法传统的基础上，制定了统一的联邦刑法典——《1995年刑法典法令》。美国虽然没有制定统一的联邦刑法典，但1962年美国法学会发布了《模范刑法典》（正式草案），供各州立法参考。美国50个州以及哥伦比亚特区均有各自的刑法典。并且美国的《宪法》明确规定了极少数的犯罪，包括弹劾罪（第1条第3款）、公海上所犯的海盗罪与重罪以及违反国际法的犯罪（第1条第8款）、叛国罪（第3条第3款）。[③]

（三）我国刑事立法模式的三个不同阶段

中华人民共和国成立后，我国刑事立法经历了由“单行刑法”到“法典式+单行式+附属式”到现行的“法典式+附属式”三个不同阶段。

---

① 参见储槐植：《走向刑法的现代化》，载《井冈山大学学报（社会科学版）》2014年第4期，第6页。

② 参见储槐植：《走向刑法的现代化》，载《井冈山大学学报（社会科学版）》2014年第4期，第6页。

③ 参见李仲民：《美国联邦刑法法典化述评》，载《西南政法大学学报》2014年第4期，第4页。

1. 单行刑法阶段（1949 年 10 月至 1979 年 6 月）

中华人民共和国成立初期，百废待兴，尚无制定刑法典的条件，国家通过制定刑法单行条例惩治反革命、妨害国家货币以及贪污腐败等犯罪。例如，1951 年制定的《惩治反革命条例》（已失效）；1952 年制定的《惩治贪污条例》（已失效）；1951 年制定的《妨害国家货币治罪暂行条例》（已失效）。

2. “刑法典 + 单行刑法 + 附属刑法”阶段（1979 年 7 月至 1997 年 3 月）

（1）1979 年《刑法》的制定，标志着中华人民共和国刑法典从无到有。这部刑法典的法律条文共 192 条，其中，总则 89 条、分则 103 条，共规定了 129 个罪名。

（2）以单行刑法补充、完善刑法立法。党的十一届三中全会后，我国社会经济急剧变革，形形色色的新型犯罪日益显现，1981 年至 1995 年，全国人大常委会共颁布了 24 部单行刑法，如《惩治军人违反职责罪暂行条例》（已失效）、《关于严惩严重破坏经济的罪犯的决定》（已失效）、《关于严惩严重危害社会治安的犯罪分子的决定》（已失效）、《关于惩治走私罪的补充规定》（已失效）、《关于惩治贪污罪贿赂罪的补充规定》（已失效），补充了 133 个罪，如《惩治军人违反职责罪暂行条例》补充的“违反军人职责犯罪”“违反武器装备使用重大责任事故犯罪”“泄露或者遗失国家重要军事机密犯罪”等。《关于惩治走私罪的补充规定》增加了“走私毒品犯罪”“走私武器、弹药犯罪”“走私伪造货币犯罪”“走私国家禁止出口的文物、珍贵动物及其制品犯罪”“走私贵重金属犯罪”等。

（3）通过制定附属刑法构筑刑法体系。1979 年刑法典颁布后，国家通过附属刑法的制定，即在行政法规、经济法规中附随一些宣示性的刑法条文，补充、完善刑法。统计数据显示，这一时期共制定附属刑法 106 件，如 1989 年 2 月 21 日第七届全国人民代表大会常务委员会第六次会议通过的《传染病防治法》（已被修改），该法第 37 条规定：“有本法三十五条所列行为之一，引起甲类传染病传播或者有传播严重危险的，比照刑法第一百七十八条的规定追究刑事责任。”第 38 条规定：“从事实验、保藏、携带、运输传染病菌种、毒种的人员，违反国务院卫生行政部门的有关规定，造成传染病菌种、毒种扩散，后果严重的，依照刑法第一百一十五条的规定追究刑事责任；情节轻微的，给与行政处分。”第 39 条规定：“从事传染病的医疗保健、卫生防疫、监督管理的人员和政府有关主管人员玩忽职守，造成传染病传播或者流行的，给予行政处分；情节严重、构成犯罪的，依照刑法第一百八十七条的规定追究刑事责任。”附属刑法对相关犯罪或者作出概括式规定，或者作出明示式以及比照式的规定。

3. “刑法典＋附属刑法”（1997 年至今）

1997 年新刑法颁布后，一方面，1997 年新刑法将之前颁布的单行刑法或者吸收或者废止，单行刑法淡出我国刑事立法。虽然 1998 年 12 月 29 日第九届全国人民代表大会常务委员会第六次会议通过了《关于惩治骗购外汇、逃汇和非法买卖外汇犯罪的决定》的单行刑法，但该决定中的多数条款例如第 2、4、5、6 条分别成为 1997 年《刑法》第 280 条、第 225 条和第 231 条、第 191 条、第 397 条的“立法解释”，国家主要通过制定刑法修正案不断完善刑事法律制度。另一方面，附属刑事立法依然发挥着对刑法的重要补充作用。例如，1998 年 6 月 26 日通过的《执业医师法》（已失效）第 37 条、第 39 条、第 40 条、第 42 条均对相关犯罪作了比照式的刑法规定；2020 年 10 月 17 日，第十三届全国人民代表大会常务委员会第二十二次会议通过的《生物安全法》第 82 条规定，违反该法规定，构成犯罪的，依法追究刑事责任；2021 年 8 月 20 日第十三届全国人民代表大会常务委员会第三十次会议通过的《医师法》第 63 条规定，违反本法规定，构成犯罪的，依法追究刑事责任。

“刑法典＋附属刑法”二元立法模式已经成为我国稳定、成熟的刑事立法模式。①

（四）我国现代医疗刑法立法模式选择

回望刑法变迁历史，中国近现代刑法历经长达一个多世纪的传统法律文化与现代法律文化的碰撞、本土法律文化与外来法律文化的交融，形成了“法典式＋附属式”的二元刑事立法模式。可以预测“法典式＋附属式”的二元模式依然是我国未来刑事立法的方向，因应现代医学科学时代的要求，我国刑法规制现代医学科研以及技术应用总体上宜采用“法典式＋附属式”二元结构立法模式。

1. 以刑法典规制现代医疗犯罪

刑事法律的法典化是世界各国刑法的基本样态和国际走向，中国有着深厚的制定法传统，法典具有政治、文化整合的历史功能和独立的形式理性，《民法典》的制定是我国法典法的巅峰。刑法典无疑在我国刑法体系中居于核心和最

---

① 学界对附属刑法的主流定义是“非刑事法律中的刑事责任条款”。［参见高铭暄、马克昌：《刑法学》（第 7 版），北京大学出版社、高等教育出版社 2011 年版，第 10 页。］我国的“附属刑法”不同于域外国家的附属刑法，所谓的附属刑法只有宣示性的规定，而没有具体罪状与法定刑。

高地位。同样，对涉现代医学科学研究与医疗技术犯罪的规制应当发挥刑法典的统领作用。在我国现行刑法典中将滥用辅助生殖、器官医疗、基因治疗等现代医疗技术的行为犯罪化，规定具体相关罪名，并配置相应的刑事责任，既有利于维护刑法的权威性和统一性，又可以实现对涉现代医学科学研究与医疗技术犯罪的有效防范与规制。

2. 附随在其他法律法规中规范现代医疗犯罪

附随式刑法亦即附属刑事立法，其是世界各国刑事立法的重要组成部分。附属刑法在我国具有特定的存在价值，这就是附属于其他法规的刑事责任指引条款不仅可以有效地提升行政法律的威慑力，还可以突出刑法的权威和规范机能，通过行政责任与刑事责任的有效衔接实现国家法律责任体系的统一性。与刑法典相比较，附属刑法具有较强的专业性；与单行刑法相对照，附属刑法具有很强的体系性。现代医学科学以及医疗技术相关的行政法、医疗卫生法等各自调控的社会关系具有较强的专业性，附属刑法与之相衔接，针对各种违反行政法规、医疗卫生法规等社会危害行为规定相应的刑事责任，形成规制医疗犯罪的“体系化＋专业化”刑法格局。

四、现代医学科学时代的中国医疗刑法罪名体系之重构

我国刑法对涉现代医学研究与技术应用犯罪的规制需要解决体系结构与罪名设置问题，在我国刑事立法日臻完善的今天，涉现代医学研究与技术应用犯罪立法在结构和罪名设置上要依据科学的标准，构筑完善的体系，设置科学的罪名，准确界分行为性质、危险程度不同的现代医学研究与技术应用相关犯罪。

本书拟从《刑法》局部修法和《刑法》全面修正两个角度，提出有关现代医疗犯罪罪名体系建构的建议。

（一）我国《刑法》的局部修法

从局部修正《刑法》的角度来看，可以通过增设现代医疗相关罪名，完善现代医疗犯罪的罪行制度。

1. 国内立法现状

储槐植教授认为，我国刑法结构存在“刑罚苛厉，法网不严”的问题。①

① 参见储槐植：《刑事一体化论要》，北京大学出版社2007年版，第54－67页。

这一问题在刑法应对现代医疗领域犯罪表现尤为突出。我国现行刑法适用于现代医学研究以及医疗技术应用犯罪的专有罪名只有“组织出卖人体器官罪”、“非法采集人类遗传资源、走私人类遗传资源材料罪”和“非法植入基因编辑、克隆胚胎罪”。对于其他涉现代医学研究以及医疗技术应用犯罪只能依照刑法其他相关犯罪予以规制。例如未经本人同意摘取其器官，或者摘取不满18周岁的人的器官，或者强迫、欺骗他人捐献器官的依照“故意伤害罪”或“故意杀人罪”定罪处罚。违背本人生前意愿摘取其尸体器官，或者本人生前未表示同意，违反国家规定，违背其近亲属意愿摘取其尸体器官的，依照“故意毁坏尸体罪”定罪处罚。

2. 域外经验的借鉴

就现代医学研究与技术应用犯罪的具体罪名而言，法国新刑法典对辅助生殖、器官移植等危害生物医学伦理犯罪规定了“购买配子罪”“购买胚胎罪”“为买卖胚胎从事中介服务罪”“为商业目的进行试管胎儿受孕罪”“非法摘取未成年人活体器官罪”“非法摘取死者尸体器官罪”“因遗传特征研究或基因样本鉴别侵害人身罪”“利用基因技术实施种族灭绝罪”等40多个专有罪名。匈牙利、西班牙、澳大利亚等国家对现代医学研究与技术应用相关危害行为规定了不同的罪名。例如，匈牙利刑法典规定的“违反关于人体胚胎或者配子试验研究规则罪”“出于操纵人类胚胎基因结构目的而实施人类胚胎科学试验罪”等专门罪名。

3. 增设现代医疗犯罪相关罪名的建议

我国刑法有限的医疗犯罪条款难以应对不断增量的新型医疗犯罪，并且现代医学研究与技术应用犯罪与危害公共卫生犯罪法益侵害的性质、社会危害性有重大区别，刑法对此应当进行差异化的罪刑设计，制定相关专门规定，形成较完善的侵害生命医学伦理秩序犯罪的罪名体系。

建议一：增设辅助生殖相关犯罪，如“违反许可从事辅助生殖罪”“为商业目的进行试管胎儿受孕罪”“生殖细胞、胚胎买卖罪”“擅自改变人类基因罪”“过失改变人类基因罪”“有偿代孕罪”“生殖性克隆人罪”“利用人兽杂交制造怪物罪”等。

建议二：增设器官移植相关犯罪，如“非法摘取活体器官罪”“非法移植、组织、保存、转接、移植器官罪”“活体瑕疵器官移植罪”“非法买卖人体器官罪”“走私人体器官罪”等。

建议三：增设基因治疗相关犯罪，如“非法进行基因治疗、临床实验罪”“DNA盗窃罪”等。

建议四：增设安乐死医疗犯罪，如“应请求杀人罪”“协助自杀罪”等。

（二）我国《刑法》的全面修正

从全面修正《刑法》的角度来看，可以将医疗犯罪作为大类罪名予以设计，以完善现代医疗犯罪的罪行制度。

周光权教授认为，我国现行刑法是一部比较完备、大致能够适应惩罚犯罪需要的刑法典。但是，其是在法典化的立法意识相对薄弱的时代所制定的，因此，需要结合法典化的理念，考虑提升我国现行刑法的法典化水平这一问题①。完善的刑法典，是我国法治社会成熟的主要体现，可以预见在未来，基于法典编纂的理念全面修订刑法典的新要求、我国刑事立法及理论的积淀、刑法与“周边”法律的协调统一、我国刑法体量扩增中的自身不协调，刑法全面修法势在必行。

本书认为，在未来我国《刑法》的全面修订中，刑法的分则体系势必会进行适当调整，对各种犯罪进行大部类的重新划分。现代医疗刑法可借鉴域外立法经验，充分考量我国刑事立法的客观实际，对涉现代医学研究与医疗技术应用犯罪从类型化作出科学的定位和规定。

1. 我国现行刑法对涉现代医学研究与医疗技术应用犯罪的归类与不足

犯罪的同类客体是我国现行刑法对犯罪归类的主要依据，本书认为，从犯罪构成的客体要件分析，涉现代医学研究与医疗技术应用犯罪侵犯的客体一般为复杂客体，即医学伦理秩序以及人身关系，其主要犯罪客体或者为医学伦理秩序或者为人身关系。目前，我国《刑法》分则对有关现代医学研究与医疗技术应用犯罪的专门规定主要分布在第四章“侵犯公民人身权利、民主权利罪”和第六章“妨害社会管理秩序罪”中的第五节“危害公共卫生罪”，其中，第234条之一第1款规定了“组织出卖人体器官罪”，第334条之一规定了“非法采集人类遗传资源、走私人类遗传资源材料罪”，第336条之一规定了“非法植入基因编辑、克隆胚胎罪”。我国现行刑法对涉现代医学研究与医疗技术应用犯罪的归类在总体上可以适应现行刑法的类罪名体系，但尚存明显不足。

---

① 参见周光权：《法典化时代的刑法典修订》，载《中国法学》2021年第5期，第63页。

一是将“组织出卖人体器官罪”归类于侵犯公民人身权利犯罪与我国《刑法》分则以犯罪客体为类罪名划分的主要标准不相符，按照目前我国刑法对犯罪的类型划分依据，“组织出卖人体器官罪”的主要犯罪客体与“非法组织卖血罪”的犯罪客体相同，其犯罪的客观方面、犯罪主体以及犯罪主观要素与“非法组织卖血罪”具有高度相似性，但是，“非法组织卖血罪”规定在《刑法》第六章，纵然“组织出卖人体器官罪”与“非法组织卖血罪”二者的犯罪对象具有不同的生物学意义，即“组织出卖人体器官罪”的“人体器官”，包括心脏、肾脏、肝脏等，具有唯一性和不可复制性，“非法组织卖血罪”中的血液具有可再生性，但是犯罪对象并非我国刑法犯罪分类的主要依据。

二是将危害生命伦理秩序的现代医疗犯罪归类于“危害公共卫生罪”不够周延。从犯罪客体来看，“危害公共卫生罪”的主要犯罪客体为公共卫生秩序，现代医疗犯罪的主要犯罪客体为生命伦理秩序。诚然，生命伦理秩序与公共卫生秩序有一定的相似性，但是，公共卫生秩序突出医疗卫生社会关系的公共性，比如传染病的防治、国境卫生检疫等，生命伦理秩序则突出人类生命繁衍过程中的自然性。

2. 现代医疗犯罪增设类罪名的建议

从现代医疗新型犯罪的客体或所侵害的法益来看，其主要有两类：一类是以侵犯公民个人权利为主的犯罪；另一类是以侵犯公共卫生秩序或生命伦理秩序为主的犯罪。在未来刑事修法中可考虑在大的类罪名结构中增设现代医疗犯罪类罪名或次类罪名，具体建议如下。

建议一：调整我国现行《刑法》分则第四章的结构，相应划分次类罪名。我国现行《刑法》分则第四章包括侵犯公民人身权利和民主权利两类犯罪，随着我国社会生活的深刻变化，在公民的个人权利体系中，新型权利不断衍生。2021 年生效的《民法典》将人格权独立成编，这既彰显了对公民人格权的保护，也是适应我国社会发展中公民个人权利体系内容扩张的需要。《民法典》第四编将人格权划为“生命权、身体权和健康权”“姓名权和名称权”“肖像权”“名誉权和荣誉权”“隐私权和个人信息保护”。在未来我国的刑事修法中，可考虑对现行《刑法》分则第四章增设“节”的结构，在侵犯公民个人权利犯罪的大类下规定相应的次类罪名。将新型医疗犯罪，如“擅自改变人类基因罪”“非法摘取活体器官罪”“活体瑕疵器官移植罪”“以欺诈、其他不正当手段或非法手段收集个人信息数据罪”“DNA 盗窃罪”等划归到相应的次类罪名中。

建议二："危害公共卫生犯罪"独立成章。鉴于现行刑法的不足，借鉴域外国家的经验，如《法国刑法典》第五卷：其他重罪和轻罪，第一编为"公共卫生领域之犯罪"，其中，第一章为"生物医学伦理领域之犯罪"。澳大利亚刑法典规定"反人道及其相关犯罪"专章。西班牙刑法典有"与基因操作相关的犯罪"专章。

我国未来在刑法全面修法中，可以考虑将"危害公共卫生犯罪"独立为一章，并单独设立"危害生物医学伦理罪"一节，将"违反许可从事辅助生殖罪""为商业目的进行试管胎儿受孕罪""生殖细胞、胚胎买卖罪""有偿代孕罪""生殖性克隆人罪""利用人兽杂交制造怪物罪""非法移植、组织、保存、转接、移植器官罪""非法买卖人体器官罪""走私人体器官罪""非法进行基因治疗、临床实验罪"等纳入其中。

五、现代医学科学时代的中国医疗刑法的刑罚制度之改革

世界范围的刑罚制度嬗变经历了由非理性的纯因果报应刑向理性的犯罪预防刑的转变，这一转变取决于特定社会、特定时期的政治、经济、文化等要素及其需求。涉现代医学研究与技术应用犯罪刑罚制度的创设应立足我国社会政治、经济、文化的发展进程，以及医学科学与医疗技术应用的秩序状况，以科学的法治理念改革创新刑罚体系和刑罚方法。

（一）均衡现代医疗犯罪法定刑的配置

1. 法定刑立法配置的基础观念：罪刑均衡原则

"罪刑均衡原则"又称"罪刑相当原则""罪刑相适应原则"，作为现代刑事法治的重要原则，"罪刑均衡原则"是法定刑立法配置的根本遵循。在中外刑事法治发展史上，罪刑均衡原则经历了由报应主义的罪刑均衡理论到预防主义的罪刑均衡理论再到责任主义的罪刑均衡理论的嬗变。

（1）报应主义的罪行均衡理论：报应主义的罪刑均衡理论经历了由康德的罪刑均衡理论到黑格尔的罪刑均衡理论的发展。

康德的"等量"与"等价"罪刑均衡思想。关于康德的罪刑均衡思想，学界一般认为其所主张的是"罪"与"刑"的"等量"均衡，本书认为，康德的罪刑均衡思想是一种等害均衡理论，例如，康德提出，只有依照同害报复的原则，使体现正义报应的刑罚所施加于罪犯的痛苦与犯罪加予被害人的恶害保持

数量的绝对等同，才能维持正义和天平的均衡。[①] 在《法的形而上学原理－权利的科学》一书中，康德的这一罪刑价值均衡思想有所体现，他指出，可以作为公共的正义的原则和处罚方式与尺度只能是平等原则，“它是支配公共法庭的唯一原则”[②]。“任何一个人对人民中的某个个别人所做的恶行，可以看作对他自己的做恶。”[③] 那么，康德所主张的“平等”是“量”的平等还是“价”的平等？康德在其《关于法（学）的形而上学原理的若干说明》中指出，“犯什么样的罪，受到什么样的惩罚……人类对他们进行惩罚是完全违背惩罚的正义性的概念的”[④]。由此看来，康德所主张的“罪刑均衡”思想并非绝对的“等量均衡”，其罪刑均衡思想包含犯罪的内在价值与刑罚的内在价值的等同。

黑格尔的“等价”罪刑均衡思想。黑格尔在对等害均衡的批判中构建了等价均衡的罪刑均衡理论。基于对罪刑等量均衡的批判，黑格尔主张，“犯罪应该受到什么刑罚，但并不规定这种刑罚的外在的种的形态，单从这种外在的种的形态来看，一方面窃盗和强盗，他方面罚金和徒刑等等之间存在显著的不等同，可是从他们的价值即侵害这种普遍的性质看来，彼此之间是可以比较的。寻求刑罚和犯罪接近于这种价值上的等同，是属于理智范围内的事”[⑤]。

尽管，康德与黑格尔关于罪刑的均衡思想有所不同，但是，无论是康德的罪刑均衡思想还是黑格尔的罪刑均衡思想都是以满足恶害报应为尺度。

（2）目的主义的罪刑均衡理论。目的主义又称目的刑主义，依据目的刑犯罪预防的对象不同，目的罪刑均衡理论又可以分为一般预防罪刑均衡理论和特殊预防罪刑均衡理论。

贝卡里亚的一般预防罪刑均衡理论。贝卡里亚虽然也是古典刑事学派的重要代表之一，但其罪刑均衡理论不同于康德、黑格尔的“报应主义”均衡理论。贝卡里亚在《论犯罪与刑罚》一书中对“罪刑均衡原则”进行了精辟的阐述。他提出：“犯罪对公共利益的危害越大，促使人们犯罪的力量越强，制止人们犯

---

① 参见［德］康德：《法的形而上学原理——权利的科学》，沈叔平译，商务印书馆 1991 年版，第 165 页。

② ［德］康德：《法的形而上学原理——权利的科学》，沈叔平译，商务印书馆 1991 年版，第 164 页。

③ ［德］康德：《法的形而上学原理——权利的科学》，沈叔平译，商务印书馆 1991 年版，第 40 页。

④ ［德］康德：《法的形而上学原理——权利的科学》，沈叔平译，商务印书馆 1991 年版，第 201 页。

⑤ ［德］黑格尔：《法哲学原理》，范扬、张企泰译，商务印书馆 1961 年版，第 160 页。

罪的手段就应该越强有力。这就需要刑罚与所犯罪行对称。”① “刑罚也需要一个相应的、由最强到最弱的阶梯。”② 贝卡里亚所主张的罪刑均衡是一种概括的均衡，正如他所说的“对于明智的立法者来说，只要标出这一尺度的基本点，不打乱其次序，不使最高一级的犯罪受到最低一级的刑罚，就足够了”③。与康德、黑格尔“恶害报应”为尺度的罪刑均衡思想不同的是，贝卡里亚的罪刑均衡思想是以威慑的需要为“罪”与“刑”相均衡的尺度，其罪刑均衡思想虽然带有报应主义色彩，但是更注重预防目的。因此，贝卡里亚反对刑罚上的酷刑，他认为“一种正确的刑罚，它的强度只要足以阻止人们犯罪就够了”④。贝卡里亚的“罪行均衡”思想对于当时的残酷刑事立法来说是一个巨大的进步。

菲利的特殊预防罪刑均衡理论。19 世纪末 20 世纪初，实证刑事学逐渐兴起，特殊预防主义的刑罚观得以产生和发展，特殊预防主义认为刑罚的目的在于使犯罪人改过，不再犯罪。其代表人物菲利对“罪刑均衡原则”进行了深刻的阐述。菲利的罪刑均衡思想不同于刑事古典学派，其“罪刑均衡”理论建立在刑罚作为社会防卫犯罪手段的基础之上，将刑罚与具体的犯罪人的状况相结合，以及与犯罪人通过犯罪所表现出来的反社会性相结合。他主张应当根据罪犯种类的不同，施以不同的刑罚，以实现罪犯本人与刑罚之间的相适应。“对于任何一起犯罪，刑罚都不应当仅仅配给罪犯与其道德责任相应剂量的药，而应当被限定为根据实际情况（违法及其造成的损害）和罪犯个人情况（罪犯的人类学类型），视其是否被认为可以回归社会，确定是否有必要将罪犯永久、长期或短期地隔离，或者是否强制他严格赔偿他所造成的损失就足够了。”⑤

菲利的罪刑均衡思想不以刑罚给犯罪人造成的痛苦与犯罪人给其他社会成员造成的痛苦之间的抽象均衡为尺度，而是更侧重于刑罚对具体人的预防、医治。

（3）责任主义的罪刑均衡理论。报应主义专注于刑罚对已然之罪的公平回报，而忽视甚至排斥了刑罚对未然之罪的预防。目的主义的刑罚则完全以预防犯罪的功利性为转移，而失去了刑法应有的公平性。责任主义罪刑均衡理论是

---

① ［意］贝卡里亚：《论犯罪与刑罚》，黄风译，中国大百科全书出版社 1993 年版，第 65 页。

② ［意］贝卡里亚：《论犯罪与刑罚》，黄风译，中国大百科全书出版社 1993 年版，第 66 页。

③ ［意］贝卡里亚：《论犯罪与刑罚》，黄风译，中国大百科全书出版社 1993 年版，第 66 页。

④ ［意］贝卡里亚：《论犯罪与刑罚》，黄风译，中国大百科全书出版社 1993 年版，第 47 页。

⑤ ［意］恩里科·菲利：《犯罪社会学》，郭建安译，中国人民公安大学出版社 2004 年版，第 271 页。

对报应主义和目的主义的罪刑均衡观的扬弃，责任主义从“责任”的角度阐明了：“责任虽然是以个别的行为为对象的，但同时要把行为与人联结起来，对实施行为的行为人本身进行非难。”① 责任主义刑法均衡理论包含行为责任论与行为人责任论。行为责任论以违法犯罪行为为责任前提，根据行为违法性的质与量来决定责任的有无和大小，意旨在“向后看”的惩罚。行为人责任论的前提是行为人的人身危险性，意旨保护社会而“向前看”的惩罚。责任主义的罪刑均衡论已经把报应主义和目的主义的刑罚观有机结合起来，对20世纪的许多国家的刑事立法产生了深刻的影响。我国《刑法》第5条规定，刑罚的轻重，应当与犯罪分子所犯罪行和承担的刑事责任相适应。

2. 我国现代医疗犯罪刑罚配置的基本要求

我国现代医疗刑法的“罪行均衡”主要体现在各罪的内部“罪刑均衡”和罪与罪之间的外部“罪刑均衡”两个方面。

（1）刑罚配置的内部均衡。内部均衡是指，各罪内部的“罪”与“刑”在质、量两个方面保持均衡。

首先，在“质”上，现代医疗刑法各罪的“刑质”要与“罪质”保持均衡。刑质即刑种；罪质是犯罪构成主客观要件统一表现的犯罪性质，即各犯罪行为侵害、威胁合法权益。我国现行刑法对现代医疗犯罪的刑罚设置，从刑种看，涵盖了死刑、无期徒刑②、有期徒刑、拘役、管制五种主刑和罚金、没收财产刑。但是，涉现代医疗犯罪的刑罚种类主要集中在有期徒刑、拘役和罚金刑。我国在未来的修法中，涉现代医疗犯罪既有“走私、贩卖人体器官罪”“利用人兽杂交制造怪物罪”等重罪，也有“活体瑕疵器官移植罪”“有偿代孕罪”“应请求杀人罪”“协助自杀罪”等轻罪，刑罚设置应当根据各罪的社会危害性大小，科学设置轻重有别的刑种，增加资格刑的配置，形成“罪刑相符”的刑种体系。

其次，在“量”上，刑量与罪量相均衡，即现代医疗刑法各罪所配置的刑罚量要与犯罪的社会危害性的大小相均衡。罪量是指犯罪所具有的社会危害性的大小；刑量是指各罪可计量的刑罚的幅度。我国《刑法》分则对于现代医疗

---

① ［日］大冢仁：《犯罪论的基本问题》，冯军译，中国政法大学出版社1993年版，第170页。

② 《刑法》第234条之一第2款规定：“未经本人同意摘取其器官，或者摘取不满十八周岁的人的器官，或者强迫、欺骗他人捐献器官的，依照本法第二百三十四条、第二百三十二条的规定定罪处罚。”

犯罪刑度的设置的跨度、幅度不大，以中短期有期徒刑、拘役和罚金为主，大部分犯罪刑罚比较轻缓。我国刑法在未来的修法中，对于“走私、贩卖人体器官罪”“利用人兽杂交制造怪物罪”等严重危害法益的故意犯罪应当配置较大跨度或幅度的法定刑。对于“过失改变人类基因罪”“有偿代孕罪”“协助自杀罪”等轻罪，应当配置较小跨度、幅度的刑罚。

（2）刑罚配置的外部均衡。外部均衡是指刑法对不同犯罪之间的刑罚配置的协调均衡，包括“同罪同刑”和“异罪异刑”。同罪同刑是指社会危害性相当的犯罪配置的刑种、刑度、幅度保持一致性。异罪异刑是指社会危害性、法益侵害性不同的犯罪配置的刑种、刑度、幅度具有明显的阶梯档位划分。正如前文所述，我国现行《刑法》存在“同罪不同刑”或“异罪同刑”的罪刑失衡现象。医疗刑罚的外部均衡应从根本上解决“同罪不同刑”或“异罪同刑”的罪刑失衡现象。

（二）提倡从业禁止资格刑的适用

资格刑是刑法理论中的一种刑罚类型，其是剥夺或限制犯罪分子享有或行使一定权利的资格的刑罚种类。从业禁止是指在一定时期和时限内剥夺犯罪分子从事某种行业或行使某一权利资格的刑罚措施。2015 年，我国《刑法修正案（九）》增加了从业禁止的规定，尽管法律界对我国现行《刑法》从业禁止的性质尚存争议，就从业禁止是否为一种资格刑并没有达成共识，但是其所涉及的刑罚预防犯罪功能广受关注。本书认为，引入从业禁止资格刑，在我国刑事立法上存在修法的空间，在刑罚预防犯罪的功能发挥上具有积极意义。

1. 我国刑罚体系引进从业禁止资格刑的可能性

我国《刑法》第 37 条之一第 1 款规定，“因利用职业便利实施犯罪，或者实施违背职业要求的特定义务的犯罪被判处刑罚的，人民法院可以根据犯罪情况和预防再犯罪的需要，禁止其自刑罚执行完毕之日或者假释之日起从事相关职业，期限为三年至五年”。本条关于从业禁止制度的规定契合我国现行《刑法》资格刑的基本属性。

首先，从剥夺的权利内容来看，我国刑法中的资格刑主要为剥夺政治权利，其中的四项内容包括：担任国家机关职务的权利；任国有公司、企业、事业单位和人民团体领导职务的权利；选举权和被选举权；言论、出版、集会、结社、游行、示威自由的权利。四项权利均以剥夺犯罪分子参与国家管理活动的资格为内容。禁止从业资格是对利用特定职业实施犯罪的人，剥夺其从事该特定职业一定期限的资格。二者剥夺犯罪分子的权利均属于资格。

其次，从适用对象上来看，从业禁止适用的对象是被判处刑罚的犯罪分子。具体来说，即利用职业便利实施犯罪的人，或者实施违背职业要求的特定义务的犯罪的人。这与我国《刑法》剥夺政治权利资格刑的适用对象相契合。

最后，从适用期限上来看，《刑法》第 37 条之一规定的从业禁止适用期限是 3 年至 5 年，从业禁止开始的时间点是刑罚执行完毕或假释之日起。《刑法》第 55 条规定，剥夺政治权利的期限一般为 1 年以上 5 年以下。第 58 条规定，附加剥夺政治权利的刑期，从徒刑、拘役执行完毕之日或者从假释之日起计算，剥夺政治权利的效力当然适用于主刑执行期间。二者剥夺犯罪分子权利的期限基本相同。

因此，虽然我国现行《刑法》未将从业禁止明确规定为一种刑种，但是禁止从业资格制度与资格刑剥夺犯罪人某种资格在形式上颇为相似，从业禁止的入刑也是通过剥夺犯罪人的从业资格来预防犯罪人再犯罪。作为一种立法考量，在我国未来刑事修法中，在刑罚体系中增设剥夺从事特定职业或活动的资格刑具有可行性。

2. 医疗刑法从业禁止资格刑适用的现实必要性

首先，从刑罚预防犯罪功能的有效性来看，现代医疗犯罪具有显著的行业特色，行为人多为掌握现代医疗科学知识与医疗技能的从业者，并且一般具有相应的执业资格或专业技术职称。单纯使用自由刑和财产刑或剥夺政治权利资格刑，一方面会造成司法成本过高，另一方面无法起到抑制和预防犯罪的预期效果。现代医疗犯罪的多数犯罪是通过非法医疗活动来获得巨大利益，如非法开展辅助生殖、非法组织人体器官买卖、走私贩卖人体器官、商业代孕等。对于从事医疗领域相关职业的自然人或单位而言，资格刑具有“准自由刑”或“准生命刑”的效果，可有效遏制犯罪的发生和预防犯罪，从而实现特殊预防和一般预防的刑罚功能。

其次，从我国资格刑的种类来看，我国刑罚体系中只有剥夺政治权利和驱逐出境，资格刑种类单一。在域外，源自罗马法名誉减损刑的资格刑[①]，经过

① 参见王志民：《我国资格刑的立法审视与制度完善》，载《南昌大学学报（人文社会科学版）》2018 年第 4 期。罗马法将以下情形认定为“名誉减损”：作伪证、可为证人但拒绝作证、书面侮辱他人、重婚、犯罪、从事卑贱职业（倡优、斗兽员等）、被社会轻蔑排斥。被认定为“名誉减损者”，还有可能被剥夺选举权、继承权、监护权、出庭作证权，并被限制结婚权。

1810 年《法国刑法典》、1871 年《德国刑法典》的改进，以及后来美国、日本等国家的发展，形成了刑种齐全、针对性较强的资格刑体系，域外国家的刑事立法中禁止从事一定职业或活动等内容的资格刑被广泛适用。例如，现行《德国刑法典》第 70 条禁止执业规定：因滥用职业或行业的违法行为，或严重违反有关义务而实施的违法行为而被判处刑罚，或因证实无责任能力或不能排除无责任能力而未被判处刑罚，对行为人和其行为进行综合评价后，认为其继续从事某一职业或职业部门的业务、行业或行业部门的业务，仍有发生上述严重违法行为危险的，法庭可禁止该人在 1 年以上 5 年以下的期限内从事职业或职业部门的业务、行业或行业部门的业务。①《法国刑法典》第 131 – 6 – 11 条规定，若所从事的职业或社会活动提供的便利条件被故意用来准备犯罪或实施犯罪，则禁止此类职业或社会活动，最长期限为 5 年。② 在当代，刑法逐渐凸显出轻刑化的发展趋势，与之相适应的是处理方式的多元化，从业禁止制度彰显了刑罚的个别化思想，特别是在当前我国行政犯不断扩大的背景下，从业禁止刑的引入，不仅有助于完善我国的刑罚体系，更重要的是将从业禁止制度引入刑法，从而更有针对性地灵活处理与职业相关的各种犯罪问题。

3. 增设医疗犯罪从业禁止资格刑的路径

我国现行《刑法》关于“从业禁止制度”的规定为医疗犯罪的刑罚配置提供了有力的帮助和极好的契机。本书认为，医疗犯罪从业禁止资格刑的适用需要审慎处理两个方面的问题。

（1）关于从业禁止资格刑的定位。关于《刑法》第 37 条之一规定的“从业禁止”的法律属性，目前学界仍未达成共识，其中具有代表性的观点可以大致分为三种：第一种观点认为，禁止犯罪人从事特定职业在本质上与刑罚措施大体相同，不宜被视为非刑罚措施，其更类似一种资格刑。③ 此种观点认为，从业禁止是一种新增的刑罚类型。第二种观点认为，从业禁止是非刑罚处罚措施，禁止从事相关职业的规定只是将非刑罚处理方法的范围予以扩大。④ 第三种观点认为，从业禁止既不是一种新增的刑罚种类，也非刑罚的执行方式，而是为了

---

① 参见《德国刑法典》，徐久生、庄敬华译，中国法制出版社 2000 年版，第 51 – 52 页。

② 参见《最新法国刑法典》，朱琳译，法律出版社 2016 年版，第 14 页。

③ 参见陈兴良主编：《刑法总论精释》（第 3 版），人民法院出版社 2016 年版，第 772 页。

④ 参见苏永生：《变动中的刑罚结构——由〈刑法修正案（九）〉引发的思考》，载《法学论坛》2015 年第 5 期，第 9 页。

预防相关犯罪人利用职业再次犯罪的保安处分措施，并且只有将从业禁止解释成保安处分，才能保持条文之间的协调。[①] 从世界范围来看，资格刑在多数国家的刑事立法中被规定为附加刑，也有既可作为主刑也可作为附加刑的立法例，但目前尚没有国家将资格刑只作为主刑来对待。我国现行刑法将资格刑规定为附加刑，尽管我国现行刑法并没有将“从业禁止”明确规定为资格刑，1997 年《刑法》中“剥夺政治权利”附加刑的规定中，剥夺犯罪分子担任国家机关职务以及剥夺其担任国有公司、企业、事业单位和人民团体领导职务的权利，虽是剥夺犯罪分子管理国家事务的政治资格，但其中具有禁止犯罪分子从事特定职业的刑罚属性。依据《刑法》第 37 条之一的规定，从业禁止即对因利用职业便利或者实施违背职业要求的特定义务而犯罪的犯罪人判处相应的刑罚后，审判机关有权根据犯罪情节的严重程度以及预防其再犯罪的需要，在其刑罚执行完毕或者假释之日后禁止从事特定职业的一项制度。随着社会分工的日益专业化，一些特定领域的犯罪，如医疗领域、教育领域、司法领域等，表现出明显的职业便利性，犯罪主体往往具有特定的执业资格，因而在未来我国刑事修法中，将“从业禁止”确定为一种独立的资格刑，对于预防职业犯罪具有重要意义。

（2）从业禁止资格刑与从业禁止资格罚的有效合理衔接。在我国，除了《刑法》明文规定的禁止从业资格制度外，在行政法律法规体系中存在大量的从业禁止资格罚。游离于刑罚体系外的医疗从业资格罚主要散见于行政法律法规中，例如《医师法》第 58 条规定，严重违反医师职业道德、医学伦理规范，造成恶劣社会影响的，由省级以上人民政府卫生健康主管部门吊销医师执业证书或者责令停止非法执业活动，5 年直至终身禁止从事医疗卫生服务或者医学临床研究。《药品管理法》第 125 条规定，违反本法规定，未经批准开展药物临床试验、使用未经审评的直接接触药品的包装材料或者容器生产药品以及销售该类药品、使用未经核准的标签或说明书的，没收违法生产、销售的药品和违法所得以及包装材料、容器，责令停产停业整顿，并处 50 万元以上 500 万元以下的罚款。情节严重的，吊销药品批准证明文件、药品生产许可证、药品经营许可证，对法定代表人、主要负责人、直接负责的主管人员和其他责任人员处 2 万元以上 20 万元以下的罚款，10 年直至终身禁止从事药品生产经营活动。我国

---

① 参见张明楷：《刑法学》，法律出版社 2016 年版，第 641 页。

《人体器官移植条例》第28条规定，医务人员未经人体器官移植技术临床应用与伦理委员会审查同意摘取人体器官的、摘取活体器官前未依照本条例规定履行义务的、对摘取器官完毕的尸体未进行符合伦理原则的医学处理，情节严重的，由县级以上地方人民政府卫生主管部门依照职责分工暂停其6个月以上1年以下执业活动；情节特别严重的，由原发证部门吊销其执业证书。原卫生部发布的《人类精子库管理办法》第23条规定，未经批准擅自设置人类精子库，采集、提供精子的非医疗机构，由县级以上人民政府卫生行政部门责令其停止执业活动，没收非法所得和药品、器械，并可以根据情节处以1万元以下的罚款。

从业禁止资格刑的立法需要与行政法达到有效合理的衔接，在辅助生殖医疗、人体器官移植、基因诊疗、AI辅助医疗、安乐死医疗等现代医疗领域增设类似于一定期限或者终身禁止从事医疗卫生服务、医学临床研究等资格刑。例如，《最新法国刑法典》第226－25条、第226－31－2条规定，出于医疗或科研之外的其他目的，研究当事人遗传特征的；或者虽出于医疗或科研目的，但事先未按照法国《民法典》第16－10条规定之条件征得当事人同意，研究当事人遗传特征的，处1年监禁并科15，000欧元罚金，并依据第131－27条之限制规定，禁止从事在从事该项活动之中或之时实施了犯罪的那种职业或社会活动。[①]《最新法国刑法典》第511－27条规定，自然人犯“生物医学伦理领域之犯罪”的，附加从事禁止职业。例如，未经本人书面同意，从活人身上采集或者摘取配子的，处5年监禁并科75，000欧元罚金，并禁止从事在从事该项活动之中或之时实施了犯罪的那种职业或社会活动。

鉴于我国对于医疗刑法的研究以及从业禁止资格刑的研究还处于初级阶段，如何实现刑法的“刑罚”与行政法规的“行罚”对接，有待于法学理论界和法律实务界的深入探索。

（三）重视轻型医疗犯罪刑罚适用的轻缓化

1. 轻罪刑罚轻缓化的国际形势

第二次世界大战以后，各国的刑事政策发展趋势朝着“宽松的刑事政策”

① 参见《最新法国刑法典》，朱琳译，法律出版社2016年版，第141－142页。

与“严厉的刑事政策”两个不同的方向发展，即刑事政策的两极化[①]。这种“刑事政策两极化”的趋向被概括为“轻轻重重”刑事政策。

“重重”是指针对性质严重的犯罪或者人身危险性严重的罪犯，予以更为严厉的刑事政策调处。从域外国家的刑事立法与司法状况来看，“重者更重”的刑事政策主要体现在对社会秩序危害严重的犯罪以及人身危险严重的犯罪人从严惩处。例如，美国、英国对有组织犯罪、恐怖犯罪和毒品犯罪等犯罪从严惩处，对惯犯、累犯适用长期监禁。1970 年美国通过的《反犯罪组织侵蚀合法组织法》的规定实际上突破了禁止溯及既往的原则，在特定情况下允许有条件地从重溯及，刑罚种类上增加了没收财产刑，增设确定刑事责任的鬼影（penumbra）规则[②]，共犯需要对实施共同犯罪过程中所发生的一切后果承担责任。日本刑法的“重重”则表现在打击严重的暴力团伙犯罪上。法国刑法规定，对于自然人累犯的处罚可以加重处罚至比应处刑档更重的上一刑档的刑期，甚至提升刑种。[③]

“轻轻”是指对于罪质、罪行轻微或者犯罪人人身危险性轻微的犯罪，予以更加宽缓的刑事政策调处。在“轻轻”方面，该政策强调“轻者更轻”，主要表现在“立法上的非犯罪化”“刑罚上的轻缓化”。本书认为，尽管全球范围内存在“重重”的刑事政策，但是在刑罚的适用上呈较为明显的轻缓化趋势，具体表现在两个方面。

（1）轻罪处理的非刑罚化。受轻型化刑法国际潮流的影响，轻罪非刑罚处理方法已经成为我国刑罚制度的重要补充内容。非刑罚处理方法的价值在于弥补刑罚作用的有限性，以轻缓、人性、文明的方式有效预防和控制犯罪。在美国，缓刑监督制度是对被告人的犯罪行为作有罪宣告而不判处刑罚，其本质上就是一种非刑罚的处理方法。如果受有罪宣告的人在规定的监督考验期内表现良好，则期限届满后不再适用刑罚。[④] 德国“轻轻”刑事政策在处罚原则上体现出了指引性作用，认识错误、犯罪中止、赔偿损失达成和解，都可以减轻甚至免除刑罚。在刑罚适用上相对强化罚金刑和缓刑的适用。在法国，轻罪案件

---

① 参见［日］森下忠：《犯罪者的处遇》，白绿铉等译，中国纺织出版社 1994 年版，第 4 页。

② 参见李晓明：《欧美“轻轻重重”刑事政策及其借鉴》，载《法学评论》2009 年第 5 期，第 109 页。

③ 参见《最新法国刑法典》，朱琳译，法律出版社 2016 年版，第 35－36 页。

④ 参见李晓明：《轻轻重重与宽严相济：域外刑事政策的借鉴（上）——重在从法律制定与司法运作两个层面探究》，载《法治研究》2010 年第 4 期，第 54 页。

的处理，法院可以在宣告报告人有罪并在必要时没收危险物或有害物之后，裁决免除被告的其他任何刑罚。[①]

（2）轻罪刑罚执行的非监禁化。“监禁只能作为一种最后手段，要考虑到犯罪行为的性质和严重性，以及与法律有关的社会条件和罪犯其他方面的个人情况。原则上不应对轻罪犯实行监禁。”[②] 非监禁刑是将罪犯置于监狱等禁闭场所之外且不剥夺其人身自由的轻型刑罚。在域外许多国家的刑罚结构体系中，非监禁刑越来越占据主体地位。英国确立了监禁刑的“最后手段性”规则，法院选择对被告人判处监禁刑，必须经过对犯罪行为的全面考量，确认适用监禁刑是维护正义所必要的，或者在被告人实施暴力犯罪或者性犯罪的情况下，适用监禁刑是保护公众所必要的。[③] 对较轻微的犯罪行为规定了社区服务令制度。如果法官认为仅判处罚金过于轻微，而判处监禁刑又过重，可以签发“社会服务令状”，要求犯罪人在一定期限内参加社会公益劳动或服务。德国则明确了考虑行为人的再社会化和保护公众免受进一步的犯罪侵害的刑罚执行原则，刑罚执行的外在形式逐渐呈现开放化和社会化的特征。在法国，当轻罪被告人被判处有期徒刑时，法院可以决定对被告人进行公民素质培训，用以代替监禁刑。

2. 我国轻型医疗犯罪的刑罚轻缓化建议

与世界范围内的“轻轻”“重重”刑事政策以及“刑罚轻型化”趋势相适应，我国从根本上确立了“宽严相济”的刑事政策，刑罚表现出轻缓化的立场。本书认为，对于轻型医疗犯罪的刑罚轻缓化应重点解决两个方面的问题。

建议一：保障非刑罚处理方法的实施。我国刑法虽在总则中规定了非刑罚处理方法，[④] 但因分则中的罪责条文少有专门规定，非刑罚处理方法的适用率比较低。刑罚规制现代医疗犯罪应从源头上保障非刑罚处罚方法的有效适用，在涉现代医学研究与技术应用轻型犯罪的罪责条文中明确规定训诫或者责令具结悔过、赔礼道歉、赔偿损失、行政处罚、行政处分等非刑罚处理方法。

建议二：重视非监禁刑的应用。我国现代医学研究与技术应用犯罪刑事立法应当积极借鉴域外国家的经验，对于轻型犯以管制刑、罚金刑或财产刑、资

---

① 参见《最新法国刑法典》，朱琳译，法律出版社 2016 年版，第 51 页。

② 1985 年 8 月联合国在意大利的米兰通过的《减少监禁人数、监外教养办法和罪犯的社会改造》决议的规定。

③ 参见梁根林：《刑事制裁——方式与选择》，法律出版社 2006 年版，第 46 页。

④ 参见《刑法》第 37 条的规定。

格刑取代6个月以下的短期监禁刑，除非短期监禁刑被认为必要。这既是对国家宽严相济刑事政策的贯彻，也是顺应行刑社会化的国际潮流。

结语：走中国式现代医疗法治道路，是新时代法治建设全部理论和实践的立足点。中国刑事法治化建设是一项需要不断进取完善的事业，自1979年以来，我国刑事法治建设完成了阶段性的任务，但在我国社会主义现代化的进程中，刑事法治建设还需要不断克服和超越现存的问题和困难。在中国医疗刑事法律制度现代化的道路上，我们应当坚持医疗刑事法律实质合理性与形式合理性的统一，构架实质合理与形式合理的现代医疗刑法体系；在中国医疗刑法制度现代化的方向上，实现由消极刑法观向积极刑法观的转型，以满足我国社会转型期和现代医疗衍生的新型法益保护的需要。但是，积极刑法观并不意味着对“刑法谦抑性”的否定，相反，现代医疗“积极刑法观”的提倡与“刑法谦抑性”的坚守并行不悖。在中国医疗刑法现代化的立法模式上，法典化是中国刑事立法模式的方向，现代医疗犯罪的预防与现代医疗新型法益的保护需发挥刑法典的权威性和统一性作用，但是刑法的法典化并不排斥附属刑法的存在与价值。在医疗刑法的现代化罪刑制度建构上，中国医疗刑法应当进行适时修法，增设现代医疗犯罪的相关罪名，同时，需要着眼长远，布局在未来我国刑法整体修改中，现代医疗犯罪罪名体系的架构。在中国医疗刑罚制度现代化改革上，我国现代医疗刑罚需顺应“刑罚轻型化”的国际趋势，贯彻我国“宽严相济”刑事政策下的刑罚轻缓化立场，保障非刑罚处理方法的实施，重视非监禁刑的适用。

参考文献

一、中文期刊

1. 刘长秋：《刑法学视域下的克隆人及其立法》，载《现代法学》2010 年第 4 期。

2. 刘长秋：《生命科技犯罪及其刑事责任制度比较研究》，载《甘肃政法学院学报》2009 年第 6 期。

3. 刘长秋：《人类辅助生殖技术的刑法学思考》，载《东方法学》2008 年第 2 期。

4. 刘长秋、陆庆胜：《辅助生殖犯罪略论》，载《江西公安专科学校学报》2006 年第 3 期。

5. 刘长秋：《论器官移植犯罪的概念、构成及其立法应对》，载《北京人民警察学院学报》2005 年第 2 期。

6. 刘建利：《晚期患者自我决定权的刑法边界——以安乐死、尊严死问题为中心》，载《中国社会科学院研究生院学报》2018 年第 3 期。

7. 刘建利：《刑法视野下克隆技术规制的根据与方法》，载《政法论坛》2015 年第 4 期。

8. 郭自力：《基因治疗与法律调控》，载《北京大学学报（哲学社会科学版）》2001 年第 1 期。

9. 杨丹：《论尖端医疗领域的刑法立法原则》，载《暨南学报（哲学社会科学版）》2015 年第 7 期。

10. 杨丹：《论尖端医疗的伦理、法律和社会意蕴——兼谈对中国立法的启示》，载《云南社会科学》2016 年第 3 期。

11. 杨丹：《论人格尊严的刑法保护——以尖端医疗为视角》，载《四川师范大学学报（社会科学版）》2016 年第 4 期。

12. 杨丹：《我国处理医疗事故刑事案件的实证分析》，载《中国刑事法杂志》2008 年第 6 期。

13. 张爱艳：《非犯罪化与安乐死——以违法性阻却事由和期待可能性理论为视角》，载《政法论丛》2005 年第 2 期。

14. 高铭暄、孙道萃：《预防性刑法观及其教义学思考》，载《中国法学》2018 年第 1 期。

15. 张明楷：《也论刑法教义学的立场 与冯军教授商榷》，载《中外法学》2014 年第 2 期。

16. 张明楷：《法益保护与比例原则》，载《中国社会科学》2017 年第 7 期。

17. 张明楷：《论被允许的危险的法理》，载《中国社会科学》2012 年第 11 期。

18. 张明楷：《增设新罪的观念——对积极刑法观的支持》，载《现代法学》2020 年第 5 期。

19. 周光权：《论主要罪过》，载《现代法学》2007 年第 2 期。

20. 周光权：《刑法中的因果关系和客观归责论》，载《江海学刊》2005 年第 3 期。

21. 周光权：《法典化时代的刑法典修订》，载《中国法学》2021 年第 5 期。

22. 陈兴良：《构成要件的理论考察》，载《清华法学》2008 年第 1 期。

23. 陈兴良：《从归因到归责：客观归责理论研究》，载《法学研究》2006 年第 2 期。

24. 陈兴良：《犯罪价值论》，载《法制与社会发展》1995 年第 6 期。

25. 杨立新、李怡雯：《保障人工辅助生殖技术所生子女的生的尊严——认定人工辅助生殖技术所生子女的法律地位的基准点》，载《中国应用法学》2021 年第 3 期。

26. 杨立新：《人的冷冻胚胎的法律属性及其继承问题》，载《人民司法》2014 年第 13 期。

27. 杨立新、曹艳春：《脱离人体的器官或组织的法律属性及其支配规则》，载《中国法学》2006 年第 1 期。

28. 杨立新：《人身自由与人格尊严：从公权利到私权利的转变》，载《现代法学》2018 年第 3 期。

29. 杨立新：《人的冷冻胚胎的法律属性及其继承问题》，载《人民司法》2014 年第 13 期。

30. 熊永明：《器官移植关联犯罪及其刑法应对》，载《中国刑事法杂志》2008 年第 1 期。

31. 刘宪权：《涉人工智能犯罪刑法规制的路径》，载《现代法学》2019 年第 1 期。

32. 刘宪权、胡荷佳：《论人工智能时代智能机器人的刑事责任能力》，载《法学》2018 年第 1 期。

33. 刘艳红：《以科学立法促进刑法话语体系发展》，载《学术月刊》2019 年第 4 期。

34. 刘艳红、万桂荣：《论犯罪故意中的违法性认识》，载《江海学刊》2003 年第 5 期。

35. 刘艳红：《化解积极刑法观正当性危机的有效立法——〈刑法修正案（十一）〉生物安全犯罪立法总置评》，载《政治与法律》2021 年第 7 期。

36. 储槐植、杨书文：《复合罪过形式探析——刑法理论对现行刑法内含的新法律现象之解读》，载《法学研究》1999 年第 1 期。

37. 储槐植：《走向刑法的现代化》，载《井冈山大学学报（社会科学版）》2014 年第 4 期。

38. 谢晖：《论新型权利的基础理念》，载《法学论坛》2019 年第 3 期。

39. 劳东燕：《风险刑法理论的反思》，载《政治与法律》2019 年第 11 期。

40. 张迅等：《从辅助生殖技术的个案析要论知情同意的完善》，载《医学与哲学（人文社会医学版）》2007 年第 6 期。

41. 刘惠芹：《人类辅助生殖技术的法律调控原则》，载《黑龙江省政法管理干部学院学报》2005 年第 4 期。

42. 甘代军、吴会娟：《非商业性妊娠型代孕的伦理正当性分析》，载《医学与哲学（A）》2016 年第 4 期。

43. 张清：《人体基因的人格权属性略探》，载《医学与哲学（A）》2015 年第 7 期。

44. 满洪杰：《风险社会视角下医疗损害责任立法之反思——兼评〈民法典〉侵权责任编（草案）的相关规定》，载《山东大学学报（哲学社会科学版）》

2019 年第 4 期。

45. 于改之、吕小红：《比例原则的刑法适用及其展开》，载《现代法学》2018 年第 4 期。

46. 于改之：《社会相当性理论的机能》，载《武汉大学学报（哲学社会科学版）》2007 年第 5 期。

47. 姚万勤：《对通过新增罪名应对人工智能风险的质疑》，载《当代法学》2019 年第 3 期。

48. 韩跃红、孙书行：《人的尊严和生命的尊严释义》，载《哲学研究》2006 年第 3 期。

49. 王德政：《人工智能体犯罪主体资格的理论廓清与现实应对》，载《新疆社会科学》2020 年第 3 期。

50. 魏东：《人工智能犯罪的可归责主体探究》，载《理论探索》2019 年第 5 期。

51. 司晓、曹建峰：《论人工智能的民事责任：以自动驾驶汽车和智能机器人为切入点》，载《法律科学（西北政法大学学报）》2017 年第 5 期。

52. 刘洪华：《论人工智能的法律地位》，载《政治与法律》2019 年第 1 期。

53. 许钟灵、吴情树：《人工智能体过失刑事风险的因应》，载《法治社会》2020 年第 6 期。

54. 林来梵：《人的尊严与人格尊严——兼论中国宪法第 38 条的解释方案》，载《浙江社会科学》2008 年第 3 期。

55. 北岳：《法律权利的定义》，载《法学研究》1995 年第 3 期。

56. 刘小平：《新兴权利的证成及其基础——以“安宁死亡权”为个例的分析》，载《学习与探索》2015 年第 4 期。

57. 周刚志：《论“消极权利”与“积极权利”——中国宪法权利性质之实证分析》，载《法学评论》2015 年第 3 期。

58. 刘旭霞、刘桂小：《基因编辑技术应用风险的法律规制》，载《华中农业大学学报（社会科学版）》2016 年第 5 期。

59. 詹红星、叶梦燕：《生殖系基因编辑技术的刑法规制》，载《湖南工业大学学报（社会科学版）》2021 年第 3 期。

60. 于佳佳：《论英美过失处罚规则的历史变迁——以英美医疗过失刑事判例为素材》，载《北大法律评论》2011 年第 2 辑。

61. 王耀忠：《现代风险社会中危害性原则的角色定位》，载《现代法学》2012 年第 3 期。

62. 陈树林、李凌江：《知情同意中病人自主权和传统医疗父权的冲突》，载《医学与哲学》2003 年第 6 期。

63. 段文波：《间接反证——事实认定中的效用论》，载《宁夏大学学报（人文社会科学版）》2008 年第 3 期。

64. 方忠耀、刘丹红：《刑法修改的立法技术评析》，载《中国刑事法杂志》2011 年第 12 期。

65. 付立庆：《平衡思维与刑法立法的科学化》，载《法学》2018 年第 3 期。

66. 蒋红珍：《论必要性原则适用的困境及其出路》，载《现代法学》2006 年第 6 期。

67. 缑开心：《网络共同犯罪中意思联络的重构》，载《湖北经济学院学报（人文社会科学版）》2022 年第 2 期。

68. 方鹏：《德国刑法竞合理论与日本罪数理论之内容比较与体系解构——兼及中国罪数理论的走向选择和体系重构》，载《比较法研究》2011 年第 3 期。

69. 张军、马光旻、凌志敏：《试论犯罪阻却事由在刑法体系中的定位》，载《江西公安专科学校学报》2006 年第 4 期。

70. 黎宏：《行为无价值论与结果无价值论：现状和展望》，载《法学评论》2005 年第 6 期。

71. 李川：《从注意义务违反到客观归责：医疗过失犯之理论嬗变与归责限缩》，载《法学论坛》2014 年第 5 期。

72. 李冠煜：《结果加重犯的罪过新论》，载《湖北大学学报（哲学社会科学版）》2012 年第 2 期。

73. 刘权：《论必要性原则的客观化》，载《中国法学》2016 年第 5 期。

74. 龙敏：《秩序与自由的碰撞——论风险社会刑法的价值冲突与协调》，载《甘肃政法学院学报》2010 年第 5 期。

75. 卢建平：《国际人权公约视角下的中国刑法改革建议》，载《华东政法学院学报》2006 年第 5 期。

76. 沈玉姗、小庞：《AI 医疗的中国式困境》，载《二十一世纪商业评论》2017 年第 10 期。

77. 彭文华：《犯罪的价值判断与行为的归罪模式》，载《法学》2016 年第

8 期。

78. 孙国祥：《反思刑法谦抑主义》，载《法商研究》2022 年第 1 期。

79. 谈在祥：《刑法上信赖原则的中国处遇及其适用展开》，载《中国刑事法杂志》2012 年第 4 期。

80. 田野、刘霞：《基因编辑的良法善治：在谦抑与开放之间》，载《深圳大学学报（人文社会科学版）》2018 年第 4 期。

81. 吴镝飞：《法秩序统一视域下的刑事违法性判断》，载《法学评论》2019 年第 3 期。

82. 吴情树、颜良伟：《竞合过失理论的再提倡》，载《中国刑事法杂志》2007 年第 2 期。

83. 肖宇、武健 ：《相关国家辅助生殖技术刑事立法概况》，载《新余学院学报》2011 年第 4 期。

84. 袁敏、李久辉、罗会德：《德国〈胚胎保护法〉的建立和发展对我国生命科学研究领域立法的启示》，载《法制与社会》2020 年第 11 期。

85. 《澳大利亚禁止 2002 年禁止克隆人法案（节译）》，谢广宽译，载《法律与医学杂志》2004 年第 1 期。

86. 于慧玲：《人类辅助生殖基因医疗技术滥用的风险与刑法规制——以“基因编辑婴儿事件”为例》，载《东岳论丛》2019 年第 12 期。

87. 于慧玲、李玮：《非法人体试验的实质化犯罪证成与刑法规制》，载《医学与哲学》2020 年第 22 期。

88. 于慧玲：《论法治中国对法律合理性刑罚目的之双重期待》，载《法学论坛》2008 年第 3 期。

89. 田野、刘霞：《基因编辑的良法善治：在谦抑与开放之间》，载《深圳大学学报（人文社会科学版）》2018 年第 4 期。

90. 杨同卫、张新庆：《生命价值论及其在医疗决策中的运用——兼论有待澄清的几个理论误区》，载《科学与社会》2017 年第 4 期。

91. 徐昭曦：《反思与证立：强人工智能法律主体性审视》，载《中共中央党校（国家行政学院）学报》2019 年第 3 期。

92. 张劲松：《人是机器的尺度——论人工智能与人类主体性》，载《自然辩证法研究》2017 年第 1 期。

93. 李久辉等：《法国〈生命伦理法〉立法之路及其伦理学思考》，载《中国医学伦理学》2013 年第 4 期。

94. 曾益康：《我国医疗人工智能相关法律研究进展和国际比较》，载张旭东主编：《中国医疗人工智能发展报告 2020》（人工智能蓝皮书），社会科学文献出版社 2020 年版。

95. 王强：《组织出卖人体器官罪之解读——解析〈刑法修正案（八）〉第 37 条》，载《政治与法律》2011 年第 8 期。

96. 艾四林：《哈贝马斯对韦伯合理性理论的改造》，载《求是学刊》1994 年第 1 期。

97. 黄金荣：《法的形式理性论——以法之确定性问题为中心》，载《比较法研究》2000 年第 3 期。

98. 梁根林：《刑法修正：维度、策略、评价与反思》，载《法学研究》2017 年第 1 期。

99. 周光峰：《医学模式与医疗秩序》，载《医学与哲学（B）》2015 年第 6 期。

100. 徐久生：《德国刑法典的重大变化及其解读》，载《刑事法评论》2017 年第 1 期。

101. 冯锐、张明：《修订中的法国刑法典》，载《中外法学》1991 年第 5 期。

102. 姜涛：《在秩序与自由之间：刑法父爱主义之提倡》，载《江淮论坛》2015 年第 1 期。

103. 夏巍予、林思婷：《论二元的行为无价值论与中国刑法的衔接》，载《学理论》2014 年第 16 期。

104. 吴元元：《法律父爱主义与侵权法之失》，载《华东政法大学学报》2010 年第 3 期。

105. 李仲民：《美国联邦刑法法典化述评》，载《西南政法大学学报》2014 年第 4 期。

106. 王志民：《我国资格刑的立法审视与制度完善》，载《南昌大学学报（人文社会科学版）》2018 年第 4 期。

107. 苏永生：《变动中的刑罚结构——由〈刑法修正案（九）〉引发的思考》，载《法学论坛》2015 年第 5 期。

108. 李晓明：《欧美“轻轻重重”刑事政策及其借鉴》，载《法学评论》

2009 年第 5 期。

109. 张可沁：《功利主义对安乐死合法化的伦理学辩护》，载《读与写》2016 年第 14 期。

110. 李强：《面向刑法教义学的实证研究》，载《政治与法律》2021 年第 12 期。

111. 赵巨西：《〈欧洲人权与生物医学公约〉（节译）》，载《法律与医学杂志》2005 年第 2 期。

二、中文著作

1. 刘长秋：《生命科技犯罪及现代刑事责任理论与制度研究》，上海人民出版社 2011 年版。

2. 刘长秋：《生命法学理论梳理与重构》，中国政法大学出版社 2015 年版。

3. 刘长秋：《生命科技犯罪及其刑法应对策略研究》，法律出版社 2006 年版。

4. 刘建利：《医事刑法重点问题研究》，东南大学出版社 2017 年版。

5. 刘建利：《医事行为的刑法规制》，东南大学出版社 2019 年版。

7. 熊永明：《现代生命科技犯罪及其刑法规制》，法律出版社 2012 年版。

8. 熊永明：《我国人体器官移植犯罪及其刑法规制》，法律出版社 2015 年版。

9. 熊永明：《器官移植的刑法问题研究》，法律出版社 2019 年版。

10. 臧冬斌：《医疗犯罪比较研究》，中国人民公安大学出版社 2005 年版。

11. 郭自力：《生物医学法律关系的刑法调整》，中南大学出版社 2015 年版。

12. 康均心：《人类生死与刑事法律改革》，中国人民公安大学出版社 2005 年版。

13. 刘维新：《医事刑事法初论》，中国人民公安大学出版社 2009 年版。

14. 李长兵：《医疗技术革命对刑法的挑战及其应对》，知识产权出版社 2012 年版。

15. 刘明祥、曹菲、侯艳芳：《医学进步带来的刑法问题思考》，北京大学出版社 2014 年版。

16. 杨丹：《尖端医疗领域刑法理论及立法对策研究》，法律出版社 2016 年版。

17. 杨丹：《医疗刑法研究》，中国人民大学出版社 2010 年版。

18. 陈兴良：《刑法哲学》（修订 3 版），中国政法大学出版社 2004 年版。

19. 陈兴良：《教义刑法学》，中国人民大学出版社 2010 年版。

20. 陈兴良主编：《刑法总论精释》（下）（第 3 版），人民法院出版社 2016 年版。

21. 张明楷：《外国刑法纲要》，清华大学出版社 1999 年版。

22. 张明楷：《刑法格言的展开》，法律出版社 2003 年版。

23. 张明楷：《刑法学》，法律出版社 2016 年版。

24. 高铭暄、马克昌主编：《刑法学》（第 7 版），北京大学出版社 2016 年版。

25. 马克昌主编：《近代西方刑法学说史》，中国人民公安大学出版社 2008 年版。

26. 马克昌：《比较刑法原理——外国刑法学总论》，武汉大学出版社 2002 年版。

27. 陈嘉明：《现代性与后现代性十五讲》，北京大学出版社 2006 年版。

28. 黄丁全：《医事法》，中国政法大学出版社 2003 年版。

29. 黄丁全：《医疗法律与生命伦理》，法律出版社 2007 年版。

30. 杨立新：《人身权法论》，人民法院出版社 2002 年版。

31. 夏勇：《英美刑法：五国刑法论要》，法律出版社 2020 年版。

32. 赖早兴：《英美刑事法热点问题研究》，知识产权出版社 2019 年版。

33. 宋儒亮：《脑死亡与器官移植：关联、争议与立法》，法律出版社 2008 年版。

34. 刘虹、张宗明、林辉主编：《新编医学哲学》，东南大学出版社 2010 年版。

35. 颜厥安：《鼠肝与虫臂的管制：法理学与生命伦理论文集》，台北，元照出版有限公司 2004 年版。

36. 艾尔肯：《医疗损害赔偿研究》，中国法制出版社 2005 年版。

37. 包雯、李玉华等：《21 世纪刑罚价值取向研究》，知识产权出版社 2006 年版。

38. 程皓：《注意义务比较研究：以德国刑法理论和刑事判例为中心》，武汉大学出版社 2009 年版。

39. 杜宣:《二元结果无价值论》，法律出版社 2018 年版。

40. 胡鹰:《过失犯罪研究》，中国政法大学出版社 1995 年版。

41. 林亚刚:《犯罪过失研究》，武汉大学出版社 2000 年版。

42. 龙敏:《风险社会下医疗安全的刑法保护》，上海人民出版社 2014 年版。

43. 汪建荣:《中国医疗法》，法律出版社 2018 年版。

44. 谢望原:《刑罚价值论》，中国检察出版社 1999 年版。

45. 张绍谦:《刑法因果关系研究》，中国检察出版社 1998 年版。

46. 冯亚东:《理性主义与刑法模式:犯罪概念研究》，中国政法大学出版社 1999 年版。

47. 储槐植:《刑事一体化论要》，北京大学出版社 2007 年版。

48. 杨柳:《专断性医疗行为刑法处遇问题研究》，东南大学出版社 2015 年版。

三、中文学位论文

1. 刘玉婷:《生命伦理学视域下基因编辑技术伦理问题研究——以 2018 年“基因编辑婴儿事件”为中心》，上海师范大学 2021 年硕士学位论文。

2. 郑祁:《医学发展中若干新问题的刑法研究》，华东政法大学 2015 年硕士学位论文。

3. 谈在祥:《医疗过失行为的刑法规制研究》，华东政法大学 2014 年博士学位论文。

4. 陈石:《我国医疗犯罪问题研究》，河北师范大学 2013 年硕士学位论文。

5. 王康:《基因权的私法规范》，复旦大学 2012 年博士学位论文。

6. 朱希:《论我国生命科技犯罪的立法缺陷与完善》，广西民族大学 2011 年硕士学位论文。

7. 沈秀芹:《人体基因科技立法规制研究》，山东大学 2010 年博士学位论文。

8. 李坤:《医事犯罪刑法规制研究》，武汉大学 2010 年博士学位论文。

9. 于慧玲:《论法律合理性视野中的刑罚目的》，山东大学 2007 年硕士学位论文。

10. 赵慧:《刑法上的信赖原则研究》，武汉大学 2005 年博士学位论文。

11. 杨书文:《复合罪过形式论纲》，北京大学 2001 年博士学位论文。

四、外文译著

1. ［德］乌尔里希·贝克：《风险社会》，何博闻译，译林出版社2004年版。

2. ［德］埃里克·希尔根多夫：《医疗刑法导论》，王芳凯译，北京大学出版社2021年版。

3. ［德］汉斯·海因里希·耶塞克、［德］托马斯·魏根特：《德国刑法教科书》，徐久生译，中国法制出版社2017年版。

4. ［德］伊曼努尔·康德：《道德行而上学原理》，苗力田译，上海人民出版社1986年版。

5. ［德］李斯特、施密特：《德国刑法教科书：修订译本》，徐久生译，法律出版社2006年版。

6. ［德］康德：《法的形而上学原理——权利的科学》，沈叔平译，商务印书馆1991年版。

7. ［德］克劳斯·罗克辛：《德国刑法学总论》，王世洲译，法律出版社2005年版。

8. ［德］马丁·海德格尔：《尼采》（上卷），孙周兴译，商务印书馆2002年版。

9. ［德］乌尔里希·贝克：《风险社会：新的现代性之路》，张文杰、何博闻译，译林出版社2018年版。

10. 《德国刑法典》，徐久生译，北京大学出版社2019年版。

11. ［德］马克斯·韦伯：《经济与社会（下卷）》，林荣远译，商务印书馆1997年版。

12. ［德］黑格尔：《法哲学原理》，范扬、张企泰译，商务印书馆1961年版。

13. ［意］贝卡里亚：《论犯罪与刑罚》，黄风译，中国大百科全书出版社1993年版。

14. ［意］恩里科·菲利：《犯罪社会学》，郭建安译，中国人民公安大学出版社2004年版。

15. ［日］大谷实：《刑法讲义总论》（新版第2版），黎宏译，中国人民大学出版社2008年版。

16. ［日］大塚仁：《犯罪论的基本问题》，冯军译，中国政法大学出版社 1993 年版。

17. ［日］甲斐克则：《医事刑法的基础理论》，载刘建利主编：《医事刑法重点问题研究》，东南大学出版社 2017 年版。

18. ［日］值木哲：《医疗法律学》，冷罗生、陶芸、江涛等译，法律出版社 2006 年版。

19. 《最新法国刑法典》，朱琳译，法律出版社 2016 年版。

20. ［法］卡斯东·斯特法尼等：《法国刑法总论精义》，罗结珍译，中国政法大学出版社 1998 年版。

21. ［意］切萨雷·贝卡里亚：《论犯罪与刑罚》，黄风译，北京大学出版社 2008 年版。

22. ［英］查尔斯·福斯特：《医事法》，刘文戈译，译林出版社 2020 年版。

23. ［英］乔纳森·赫林、杰西·沃尔：《医事法里程碑判例》，王岳主译，北京大学医学出版社 2020 年版。

24. ［英］杰里米·边沁：《道德与立法原理导论》，时殷弘译，商务印书馆 2000 年版。

25. ［英］约翰·菲尼斯：《自然法与自然权利》，董娇娇、杨奕、梁晓晖译，中国政法大学出版社 2005 年版。

26. ［英］J. C. 史密斯、B. 霍根：《英国刑法》，马清升等译，法律出版社 2000 年版。

27. ［英］安东尼·吉登斯：《失控的世界：风险社会的肇始》，周红云编译，载薛晓源、周战超主编：《全球化与风险社会》，社会科学文献出版社 2005 年版。

28. ［英］厄莱斯代尔·麦克林：《医疗法简明案例》，武汉大学出版社 2004 年版。

29. ［英］维特根斯坦：《哲学研究》，陈嘉映译，上海人民出版社 2001 年版。

30. ［美］保罗·H. 罗宾逊：《刑法的结构与功能》，何秉松、王桂萍译，中国民主法制出版社 2005 年版。

31. ［美］乔治·费莱彻：《反思刑法》，邓子滨译，华夏出版社 2008 年版。

32. ［美］罗纳德·M. 德沃金：《生命的自主权：堕胎、安乐死与个人自由的论辩》，郭贞伶、陈雅汝译，中国政法大学出版社 2013 年版。

33. ［美］约书亚·德雷斯勒：《美国刑法纲要》，姜敏译，中国法制出版社 2016 年版。

34. ［美］H. T. 恩格尔哈特：《生命伦理学基础》，范瑞平译，北京大学出版社 2006 年版。

35. ［美］爱因斯坦：《爱因斯坦文集》，许良英等编译，商务印书馆 2010 年版。

36. ［美］阿丽塔·L. 艾伦、理查德·C. 托克音顿：《美国隐私法：学说判例与立法》，冯建妹等编译，中国民主法制出版社 2004 年版。

37. ［美］库兹韦尔：《奇点临近》，李庆诚、董振华、田源译，机械工业出版社 2011 年版。

38. ［美］E. 博登海默：《法理学：法律哲学与法律方法》，邓正来译，中国政法大学出版社 1999 年版。

39. ［美］R. 德沃金：《法律帝国》，李常青译，中国大百科全书出版社 1996 年版。

40. ［以色列］尤瓦尔·赫拉利：《未来简史——从智人到神人》，林俊宏译，中信出版社 2017 年版。

41. 世界著名法典汉译丛书编委会：《汉穆拉比法典》，法律出版社 2000 年版。

42. ［古希腊］亚里士多德：《政治学》，吴寿彭译，商务印书馆 1965 年版。

43. 《俄罗斯联邦刑法典》，黄道秀译，北京大学出版社 2008 年版。

44. 《瑞士联邦刑法典》（2003 年修订），徐久生、庄敬华译，中国方正出版社 2004 年版。

五、外文文献

1. John Keown, *Euthanasia, Ethics and Public Policy*, Cambridge University Press, 2nd Edition, 2018.

2. Razj, *The Morality of Freedom*, Oxford University Press, 1986.

3. Fikresus Amahazion, *Human Rights, Epistemic Communities, and World Culture: The Diffusion of Legislation, Against the Organ Trade*, Published by ProQuest LLC, 2015.

4. Nuffield Council on Bioethics, Genome editing and human reproduction: social and ethical issues.

5. David Albert Jones, Chris Gastmans, *Euthanasia and assisted suicide: lessons from Belgium*, Cambridge University Press, 2017.

6. Russell Scott, *The Body as Property*, Viking Press, 1981.

7. George Abouna et al. , *The Negative Impact of Paid Organ Donation*, in Walter Land & John Dossetor, eds. , *Organ Replacement Therapy: Ethics, Justice, Commerce* , Berlin; SpringerVerlag, 1991.

8. Robert Young, *Debating the Morality and Legality of Medically Assisted Dying*, Oxford: Hart Publishing, 2013.

9. Michael J. Cholbi, *Euthanasia and Assisted Suicide*, Santa Barbara, California: Praeger, an imprint of ABC – CLIO, LLC, 2017.

10. Savulescu J, *Procreative Beneficence: Why We Should Select the Best Children*, Bioethics , 2001.

11. Elisa Camiscioli&Jean H. Quataert, *Embodied Histories of Violence, Maternity, and Reproduction*, 2016 Journal of Women' s History, Vol. 28 : 2.

12. Charles P. Kindregan, *Thinking About the Law of Assisted Reproductive Technology*, Legal Studies Research Paper Series Research Paper December7, 2007.

13. Michele Goodwin, *A Few Thoughts on Assisted Reproductive Technology*, Minnesota Journal of Law & Inequality, Vol. 27 Issue 2, 2016.

14. Frank G. Madsen, *Organ Transplantation and Transnational Organised Crime*, The RUSI Journal, Vol. 37 Issue 6, 2009.

15. Joshua Dressler, Cases and Materials on Criminal Law, West Publishing House 2009.

16. Janet Radcliffe – Richards, *Abroad for Illegal Organ Transplants*, The degree of Doctor of Philosophy of Faculty of Law University of Alberta, 2017.

17. Ronald Munson, *Raising the Dead: Organ Transplants, Ethics, and Society*, Oxford University Press, 2002.

18. Allen C. , Jardins T. R. D. & Heider Aetal, *Data Governance and Data Sharing Agreements for Community – Wide Health Information – Change: Lessons from the Beacon Communities*, The Journal for Electronic Health Data and Methods, 2014,

2 (1) .

19. Deborah Smith, *The Genome Let Out of the Bottle*, Sydney Morning Herald (Australia), June7, 2007.

20. Michael J. Cholbi , *Euthanasia and Assisted Suicide: Global Views on Choosing to End Life.* Library of Congress Cataloging – in – Publication Data.

21. David Albert Jones & Chris Gastmans, *Euthanasia and Assisted Suicide: Lessons from Belgium*, Cambridge University Press, 2017.

22. Michael Cholbi&Jukka Varelius, *New Directions in the Ethics of Assisted Suicide and Euthanasia* , Springer International Publishing Switzerland 2015.

23. Lindsey&Jaime, *A New Defence of Necessity in the Criminal Law*, UCL Jurisprudence Review, 17, 2011.

24. MoganAngelo, *Medical Paternalism: Still Alive in English Law*, Southampton Student Law Review, 7, 2017.

25. Malloy&S. Elizabeth Wilborn, *Beyond Misguided Paternalism: Resuscitating the Right to Refuse Medical Treatment*, Wake Forest Law Review, Vol. 33: 4 (1998) .

26. Matyas&Melinda, *The Edge of Rationality – Permitted Risk in the Criminal Law.* Journal of Eastern – European Criminal Law, Vol. 2015: 2 (2015) .

27. PlougThomas&Soren Holm, *Doctors, Patients, and Nudging in the Clinical Context – Four Views on Nudging and Informed Consent*, American Journal of Bioethics, Vol. 15: 10 (2015) .

28. Quah&Jun Wei, *Informed Consent and Medical Paternalism: A Prominent Shift in the Paradigm of the Doctor – Patient Relationship*, Southampton Student Law Review, Vol. 6: 1 (2016) .

29. Taylor&Helen J, *What Are Best Interests: A Critical Evaluation of Best Interests Decision – Making in Clinical Practice*, Medical Law Review, Vol. 24: 2 (2016) .

30. Wicks& Elizabeth, *When is Life Not in Our Own Best Interests: The Best Interests Test as an Unsatisfactory Exception to the Right to Life in the Context of Permanent Vegetative State Cases*, Medical Law International, Vol. 13: 1 (2013) .

31. Michael J. & Cholbi, *Euthanasia and Assisted Suicide*, *Santa Barbara*,

California : Praeger, an imprint of ABC - CLIO, LLC, 2017.

32. Martian Iovan, *The Two Thinking and Action Ways Regarding the Issue of Legalizing Euthanasia and The Development of Practice in The FIELD*, Romanian Journal of Bioethics, Vol. 9: 2 (2011) .

33. Neal Nicol & Harry WylieMadison, *Between the Dying and the Dead: Dr. Jack Kevorkian's Life and the Battle to Legalize Euthanasia*, The University of Wisconsin Press, 2006.

34. Mircea Gelu Buta & Liliana Buta, *Organ Donation for Transplant from the Christian Bioethics Perspective*, *Romanian Journal of Bioethics*, Vol. 6: 3 (2008) .

35. Miller Chris, *Causation in Personal Injury: Legal or Epidemiological Common Sense*, Legal Studies, Vol. 26: 4 (2006) .

后记

医疗活动本身是一个极为复杂的问题，现代医学科学时代的医疗充斥着医学科学、生命伦理、社会道德、价值判断等复杂的社会问题。进入二十一世纪以来，现代医学科学以前所未有的广度和深度认识生命，以人类辅助生殖技术、人体器官移植技术、基因医疗技术、AI 医疗技术、安乐死医疗为主要表现形式的现代医疗技术的出现和兴起，为人类医疗事业带来革命性的变化，极大的改善了重大疾病的治疗方式。与此同时，新兴医疗技术亦在一定程度上给人类带来前所所未有的风险，并诱发新型医疗犯罪，极大地冲击着现行刑法理论与制度。专著以人的生命周期为基本线索，研究探索关涉人自出生直至死亡全过程的现代医学科学与新兴医疗技术的相关犯罪与刑法问题。

医疗刑法是以实现医事正义为主旨，维系刑法公平为价值目标。专著力图在前人的研究基础之上更加深入地研究现代医学科学时代的医疗行为、医疗犯罪、医疗刑法等基本范畴，积极探索现代医学科学时代的医疗刑法基本原理。通过对“人类辅助生殖”“人体器官移植”“基因医疗”“AI 辅助医疗”“安乐死医疗”所诱发的新型犯罪与刑法困境的理论与实证研究，检视医疗刑法的功能与价值实现。通过对域外主要国家或地区的现代医疗刑法制度的系统考察和理性分析，探寻植根中国特色社会主义法治土壤、具有鲜明的中国特色、时代特征的我国现代医疗刑法制度改革发展方向、道路。需要说明的是，鉴于作者研究能力所限，加之受三年新冠疫情的影响，原计划参加的国际学术交流与域外学术研讨未能成行，专著一定程度上存在研究视野不够开阔、研究内容不够深化等不足，敬请广大读者雅正。

这部著作是在国家社会科学基金项目《现代医学科学时代的医疗刑法研究》（项目编号：18BFX105）的基础上写作而成，由三位长期从事刑事法学和医药卫生法学教学与研究的人员共同所著，其中于慧玲负责撰写第一章、第四章、第五章、第六章以及全书的策划与论证，景年红负责撰写第二章，李军海负责撰写第三章以及书稿后期的校对与完善。同时，课题项目组的李玮、安琪也为本著作的完成付出了辛勤的劳动，在此要感谢团队成员的无私奉献。此外，著作的撰写得到了刘长秋教授、田思胜教授、张爱艳教授等国内法学专家、医学专家的指导，在此一并向他们表示最诚挚的谢意。

作　者

2023 年 9 月于济南